Lennart Alexy · Andreas Fisahn
Susanne Hähnchen · Tobias Mushoff · Uwe Trepte

Das Rechtslexikon

Begriffe · Grundlagen
Zusammenhänge

DIETZ

Bibliografische Information der Deutschen Nationalbibliothek

Die Deutsche Nationalbibliothek verzeichnet
diese Publikation in der Deutschen Nationalbibliografie;
detaillierte bibliografische Daten sind im Internet
über *http://dnb.dnb.de* abrufbar.

ISBN 978-3-8012-0537-9

1. Auflage, 2019

Satz und Layout:
Kempken DTP-Service | Satztechnik · Druckvorstufe · Mediengestaltung, Marburg

Tabellen und Grafiken:
Kempken DTP-Service | Satztechnik · Druckvorstufe · Mediengestaltung, Marburg
[Nach Entwürfen und Vorgaben von Susanne Hähnchen]

Umschlagentwurf: Groothuis, Lohfert, Consorten, Hamburg
Umschlaggestaltung: Antje Haack | Lichten, Hamburg

Druck und Verarbeitung: CPI books, Leck

Besuchen Sie uns im Internet: *www.dietz-verlag.de*

Inhalt

Vorwort ... 7

Benutzerhinweise ... 9

Abkürzungsverzeichnis ... 11

Lexikonartikel ... 17

Autorin und Autoren ... 315

Vorwort

»Mit dem Gesetz,« denkt der Normalbürger, »bin ich nie in Konflikt geraten.« »Natürlich nicht,« überlegt die Bürgerin, »in Konflikt kommt man mit anderen Menschen, das Gesetz ist der letzte Ausweg, um diese Konflikte zu lösen.« Jeder ist schon mit dem Gesetz in Berührung gekommen, manchmal allerdings ganz ohne Konflikt. Das fängt bei der Geburt an: Jeder Säugling bekommt eine Geburtsurkunde, die man in Deutschland gelegentlich zum Nachweis seiner Existenz braucht – das Recht treibt manchmal auch seltsame Blüten. Kinder lernen, erst nach links und dann nach rechts zu schauen, bevor sie über die Straße gehen. Denn das Gesetz, in diesem Fall die Straßenverkehrsordnung, bestimmt, dass in Deutschland Rechtsverkehr gilt; folglich schaut man besser zuerst nach links. Aber niemand denkt in solchen Situationen an das Recht. Wir kaufen Dinge, gehen arbeiten und machen uns wenige Gedanken über die Verträge, die wir schließen oder erfüllen. Von Hartz IV hat wohl jeder schon mal etwas gehört, aber von den verschiedenen Zweigen der Sozialversicherung? Anders gesagt: Das Gesetz durchzieht – und bestimmt manchmal sogar – weite Teile unseres Alltags, ohne dass uns das bewusst würde. Bemerkenswert, dass Rechtskunde kein allgemeines Schulfach ist.

Umso wichtiger ist es, Rechtskunde zumindest in Form der politischen Bildung zu betreiben. Genau das soll mit diesem Rechtslexikon geschehen: Es werden Grundbegriffe des Rechts und grundlegende Gesetzesmaterien oder -regeln für Interessierte vorgestellt und erklärt. Juristisches Vorwissen wird nicht vorausgesetzt.

Dabei erheben wir keinen Anspruch auf Vollständigkeit. Das Rechtslexikon enthält eine Auswahl zentraler Begriffe des Verfassungs-, Zivil-, Straf-, Arbeits-, Sozial- und Verwaltungsrechts sowie auch des internationalen Rechts. Ausgesucht wurden die Begriffe unter verschiedenen Aspekten. Dazu gehören ihre Bedeutung im Alltag der Menschen, im politischen Geschehen und als Voraussetzung, um das Recht und Rechtsgeschehen zu verstehen. Auch kann das Buch keine Rechtsberatung oder einen vertieften Blick in ein rechtswissenschaftliches Lehrbuch ersetzen.

Wenn Sie, werte Leserin und werter Leser, das Rechtslexikon als eine Orientierungshilfe zum Verständnis grundlegender Rechtsbegriffe und

Strukturen unserer Rechtsordnung zu schätzen wissen, haben wir unser Ziel erreicht.

Autorin und Autoren bedanken sich bei den Mitarbeiterinnen und Mitarbeitern des Verlags J.H.W. Dietz für die vielfältige Unterstützung und Kritik.

Berlin/Bielefeld/Münster im Sommer 2019

Benutzungshinweise

Die Stichwörter sind in alphabetischer Reihenfolge geordnet, wobei, wie heute allgemein üblich, ä wie a, ö wie o und ü wie u eingeordnet sind.

Werden im Artikel relevante Stichwörter genannt, die einen eigenständigen Eintrag im Lexikon haben, ist dies so **Begriff** gekennzeichnet. Weiterführende Stichwörter im Lexikon, die nicht ausdrücklich genannt sind, werden am Ende von Artikeln ebenso angezeigt. Wird der Artikelbegriff im Artikeltext wiederholt, so steht seine Initiale als Abkürzung für Singular, Plural und alle Flexionen. Alle übrigen Abkürzungen sind im separaten Abkürzungsverzeichnis erklärt (➠ S. 11 ff.).

Die Autorin und die Autoren verwenden im Interesse von Lesbarkeit und Prägnanz des Textes das generische Maskulinum. Dabei sind stets Angehörige aller Geschlechter inkludiert.

Für Anregungen oder Kritik zu diesem Lexikon wenden Sie sich bitte an:

Verlag J. H. W. Dietz Nachf. GmbH
Redaktion *Rechtslexikon*
Dreizehnmorgenweg 24
53175 Bonn
E-Mail: alexander.behrens@dietz-verlag.de

Abkürzungsverzeichnis

Abb.	Abbildung
Abs.	Absatz
AEntG	Arbeitnehmer-Entsendegesetz
AEUV	Vertrag über die Arbeitsweise der Europäischen Union
AG	Aktiengesellschaft, Amtsgericht
AGB	Allgemeine Geschäftsbedingungen
AGG	Allgemeines Gleichbehandlungsgesetz
AktG	Aktiengesetz
ArbGG	Arbeitsgerichtsgesetz
ArbSchG	Arbeitsschutzgesetz
ArbStättV	Arbeitsstättenverordnung
ArbZG	Arbeitszeitgesetz
Art.	Artikel
AsylbLG	Asylbewerberleistungsgesetz
AT	Allgemeiner Teil (BGB)
AufenthG	Aufenthaltsgesetz
AÜG	Arbeitnehmerüberlassungsgesetz
BAföG	Bundesausbildungsförderungsgesetz
BAG	Bundesarbeitsgericht
BauGB	Baugesetzbuch
BauNVO	Baunutzungsverordnung
BBodSchG	Bundes-Bodenschutzgesetz
BEEG	Bundeselterngeld- und Elternzeitgesetz
BerHG	Beratungshilfegesetz
BetrVG	Betriebsverfassungsgesetz
BFH	Bundesfinanzhof
BGB	Bürgerliches Gesetzbuch
BGH	Bundesgerichtshof
BImSchG	Bundesimmissionsschutzgesetz
BImSchVO	Bundesimmissionsschutzverordnung
BIP	Bruttoinlandsprodukt
BMAS	Bundesministerium für Arbeit und Soziales
BnotO	Bundesnotarordnung
BPersVG	Bundespersonalvertretungsgesetz
BR	Bundesrat
BRAO	Bundesrechtsanwaltsordnung
BSG	Bundessozialgericht
BtMG	Betäubungsmittelgesetz
BVerfG	Bundesverfassungsgericht
BVerfGG	Bundesverfassungsgerichtsgesetz
BVerwG	Bundesverwaltungsgericht
BVG	Bundesversorgungsgesetz
bzw.	beziehungsweise
CDU	Christlich Demokratische Union Deutschlands
CETA	Comprehensive Economic and Trade Agreement
d. h.	das heißt
DBB	Deutscher Beamtenbund
DGB	Deutscher Gewerkschaftsbund
DRiG	Deutsches Richtergesetz
EGKS	Europäische Gemeinschaft für Kohle und Stahl
EGMR	Europäischer Gerichtshof für Menschenrechte
EMRK	Europäische Menschenrechtskonvention
EP	Europäisches Parlament
EPA	Economic Partnership Agreement
ErbR	Erbrecht

EStG	Einkommensteuergesetz
EU	Europäische Union
EuGH	Europäischer Gerichtshof
EUV	Vertrag über die Europäische Union
EWG	Europäische Wirtschaftsgemeinschaft
EZB	Europäische Zentralbank
f./ff.	folgende
FamFG	Gesetz über das Verfahren in Familiensachen und in den Angelegenheiten der freiwilligen Gerichtsbarkeit
FamilienR	Familienrecht
FDP	Freie Demokratische Partei
FeV	Fahrerlaubnis-Verordnung
FGO	Finanzgerichtsordnung
FpfZG	Familienpflegezeitgesetz
GATS	General Agreement on Trade in Services
GATT	General Agreement on Tariffs and Trade
GbR	Gesellschaft bürgerlichen Rechts
GdB	Grad der Behinderung
GEMA	Gesellschaft für musikalische Aufführungs- und mechanische Vervielfältigungsrechte
GG	Grundgesetz
ggf.	gegebenenfalls
GKG	Gerichtskostengesetz
GmbH	Gesellschaft mit beschränkter Haftung
GmbHG	GmbH-Gesetz
GO	Gemeindeordnung
GoA	Geschäftsführung ohne Auftrag
GVG	Gerichtsverfassungsgesetz
GVO	Gentechnisch veränderte Organismen
HGB	Handelsgesetzbuch
i. d. R.	in der Regel
IfSG	Gesetz zur Verhütung und Bekämpfung von Infektionskrankheiten beim Menschen
IG	Industriegewerkschaft
IGH	Internationaler Gerichtshof
InsO	Insolvenzordnung
IPR	Internationales Privatrecht
JArbSchG	Jugendarbeitsschutzgesetz
JAV	Jugend-/Auszubildendenvertretung
JGG	Jugendgerichtsgesetz
JGH	Jugendgerichtshilfe
JuSchG	Jugendschutzgesetz
JustizG	Justizgesetz
KG	Kammergericht, Kommanditgesellschaft
KPD	Kommunistische Partei Deutschlands
KSchG	Kündigungsschutzgesetz
LBauO	Landesbauordnung
LG	Landgericht
LRiStaG	Landesrichter- und Staatsanwältegesetz
LSG	Landessozialgericht
MdE	Minderung der Erwerbsfähigkeit
MDK	Medizinischer Dienst der Krankenversicherung
MiLoG	Mindestlohngesetz
Mio.	Million
Mrd.	Milliarde
MuSchG	Mutterschutzgesetz
NPD	Nationaldemokratische Partei Deutschlands
Nr.	Nummer
NRW	Nordrhein-Westfalen
NSDAP	Nationalsozialistische Deutsche Arbeiterpartei

OBG	Ordnungsbehördengesetz
OEG	Opferentschädigungsgesetz
OHG	Offene Handelsgesellschaft
OLG	Oberlandesgericht
ÖR	Öffentliches Recht
OSZE	Organisation für Sicherheit und Zusammenarbeit in Europa
OWiG	Gesetz über Ordnungswidrigkeiten
ParteiG	Parteiengesetz
PatG	Patentgesetz
PflegeZG	Pflegezeitgesetz
PKH	Prozesskostenhilfe
Pkw	Personenkraftwagen
PolG	Polizeigesetz
PrivatR	Privatrecht
ProstG	Prostitutionsgesetz
ProstSchG	Prostituiertenschutzgesetz
PStG	Personenstandsgesetz
RelKErzG	Gesetz über die religiöse Kindererziehung
RVO	Rechtsverordnung
SachenR	Sachenrecht
SchwbAwV	Schwerbehindertenausweisverordnung
SGB	Sozialgesetzbuch
SGG	Sozialgerichtsgesetz
SMS	Short Message Service
SOG	Gesetz zum Schutz der öffentlichen Sicherheit und Ordnung
sog.	sogenannt
SozR	Sozialrecht
SPD	Sozialdemokratische Partei Deutschlands
SRP	Sozialistische Reichspartei
StA	Staatsanwaltschaft
StGB	Strafgesetzbuch
StPO	Strafprozessordnung
StR	Strafrecht, Steuerrecht
StrRehaG	Strafrechtliches Rehabilitierungsgesetz
StVG	Straßenverkehrsgesetz
SVG	Soldatenversorgungsgesetz
TA-Lärm	Technische Anleitung Lärm
TA-Luft	Technische Anleitung Luft
TiersSchG	Tierschutzgesetz
TOA	Täter-Opfer-Ausgleich
TRIPs	Agreement on Trade-Related Aspects of Intellectual Property Rights
TTIP	Transatlantic Trade and Investment Partnership
TV-L	Tarifvertrag der Länder
TVöD	Tarifvertrag des öffentlichen Dienstes
TzBfG	Teilzeit- und Befristungsgesetz
u. U.	unter Umständen
UN	United Nations
UN-BRK	UN-Behindertenrechtskonvention
UNO	United Nations Organization
UrhG	Urhebergesetz
USA	United States of America
UZwG	Gesetz über den unmittelbaren Zwang bei Ausübung öffentlicher Gewalt durch Vollzugsbeamte des Bundes
v. a.	vor allem
VA	Verwaltungsakt
VerwR	Verwaltungsrecht
VG	Verwertungsgesellschaft
VN	Versicherungsnehmer
VR	Versicherer
VV	Verwaltungsvorschrift
VVG	Versicherungsvertragsgesetz
VwGO	Verwaltungsgerichtsordnung
VwVfG	Verwaltungsverfahrensgesetz

WEG	Wohneigentumsgesetz
WHG	Wasserhaushaltsgesetz
WoGG	Wohngeldgesetz
WRV	Weimarer Reichsverfassung
WTO	World Trade Organization
z. B.	zum Beispiel
z. T.	zum Teil
ZDG	Zivildienstgesetz
ZivilR	Zivilrecht
ZPO	Zivilprozessordnung

Lexikonartikel

Abfallrecht

Geregelt im Kreislaufwirtschafts- und Abfallgesetz aus dem Jahre 1994. Damals wurde das ältere Abfallgesetz abgelöst. Schon der neue Name macht deutlich, dass auf eine Kreislaufwirtschaft umgesteuert werden sollte, was mehr oder weniger schlecht funktioniert hat.

Abfallrechtliche Prinzipien

Im Abfallrecht gelten fünf Prinzipien, die in dieser Reihenfolge beachtet werden sollen. 1. soll Müll vermieden werden, 2. zur Wiederverwendung vorbereitet, also z. B. repariert oder restauriert werden, 3. sollen Abfälle recycelt, d. h. stofflich verwertet werden. Es folgt 4. die sonstige Verwertung, v. a. energetische Verwertung, also z. B. die Nutzung als Brennstoff und Verfüllung z. B. in Bergwerkschächte oder Gruben und schließlich 5. die Beseitigung, womit die Endlagerung auf der Deponie gemeint ist.

Abfindung

Zahlung des Arbeitgebers an den Arbeitnehmer, die im Zusammenhang mit der Beendigung des Arbeitsverhältnisses geleistet wird (Entlassungsentschädigung). Ihr Zweck ist die Entschädigung für die wirtschaftlichen und sozialen Nachteile, die der Arbeitnehmer durch den Verlust des Arbeitsplatzes erleidet. Die Verpflichtung zur Zahlung einer A. kann im Rahmen eines Kündigungsrechtsstreits durch ein Urteil des Arbeitsgerichts (Arbeitsgerichtsbarkeit) entstehen, wenn dieses Gericht zu dem Ergebnis kommt, dass eine Fortsetzung des Arbeitsverhältnisses den Parteien trotz der Unwirksamkeit der Kündigung nicht zumutbar ist. Außerdem erlangt ein Arbeitnehmer einen Anspruch auf Zahlung einer A., wenn er bei einer betriebsbedingten Kündigung keine Kündigungsschutzklage (siehe auch Kündigungsschutzgesetz (KSchG)) erhebt. Im ersten Fall bestimmt das Gericht die Höhe der A. nach eigenem Ermessen, wobei Lebensalter, Betriebszugehörigkeit und der zuletzt monatlich erhaltene Verdienst ausschlaggebend sind. Das Kündigungsschutzgesetz (KSchG) sieht allerdings nach Alter und Betriebszugehörigkeit gestaffelte Höchstgrenzen zwischen 12 und 18 Monatsverdiensten vor. Im zweiten Fall beträgt die Höhe der A. einen halben Monatsverdienst für jedes Jahr der Betriebszugehörigkeit. Ein Anspruch auf A. kann sich auch aus einem Sozialplan ergeben, den Betriebsrat und Arbeitgeber aufgestellt haben. Den Arbeitsvertragsparteien ist es außerdem möglich, sich auf die Zahlung einer A. zu einigen. Dies kann im Rahmen eines anhängigen Kündigungsrechtsstreits geschehen (gerichtlicher Vergleich) oder durch einen Aufhebungsvertrag. In diesen Fällen steht den Parteien die Bestimmung der Höhe der A. frei, häufig werden aber die genannten Regelungen des Kündigungsschutzgesetzes herangezogen.

Abgeordnete

Mitglieder eines Parlaments. Siehe auch Immunität und Indemnität

Abhilfebescheid

Verwaltungsakt (VA), den die Behörde erlässt, wenn sie einen Widerspruch gegen einen belastenden Verwaltungsakt für begründet erachtet (§ 85 SGG; § 72 VwGO).

Abkommen, völkerrechtliches

Siehe Vertrag, völkerrechtlicher

Ablauf des Strafverfahrens		
Verfahrensstadium + Bezeichnung des Betroffenen	**Öffentlich**	
1. Ermittlungsverfahren Beschuldigter	Nein, aber Akteneinsicht durch Verteidiger spätestens bei Ermittlungsabschluss	Staatsanwaltschaft (StA) prüft hinreichenden Tatverdacht: • Strafbarkeit des untersuchten Verhaltens • Beweismittel ausreichend für die Nachweisbarkeit der Tat: – Soweit nicht ausreichend: weitere Ermittlungen durch die StA oder Polizei in deren Auftrag • Strafverfolgungsvoraussetzungen, z. B.: – Strafantrag vorliegend – Besonderes öffentliches Interesse – Tat nicht verjährt Bei Vorliegen des hinreichenden Tatverdachts Anklageerhebun (oder Einstellung nach Opportunitätserwägungen (§ 169a, 170 I StPO)). Bei Nichtvorliegen Verfahrenseinstellung nach § 170 II StPO.
2. Zwischenverfahren **Angeschuldigter**	Nein, aber Akteneinsicht durch Verteidiger oder Nebenklagevertreter	Anklage zum Gericht (AG/LG/OLG) (gleichzeitig Aktenvorlage bei Gericht (§ 200 StPO)): • Gericht prüft hinreichenden Tatverdacht (wie StA oben), jedoch nicht, ob besonderes öffentliches Interesse vorliegt. • Gericht gibt dem Angeschuldigten Gelegenheit zur Äußerung (Angeschuldigter kann einzelne Beweiserhebungen beantragen, Verteidiger wählen). • U. U. ordnet das Gericht von Amts wegen weitere Beweiserhebungen (Ermittlungen) an (§ 202 StPO).
3. Hauptverfahren Angeklagter	Hauptverhandlung = Öffentlich [a]	Gericht erlässt Eröffnungsbeschluss. Sodann Terminvorbereitung (Terminfestsetzung, Ladung von Angeklagtem/Zeugen/Sachverständigen, evtl. Mitteilung der Gerichtsbesetzung,Verteidigerbestellung). Hauptverhandlung: • Vernehmung des Angeklagten zur Person (Auskunftspflicht (§11 OWiG)) • Verlesung der Anklageschrift (durch die StA) • Vernehmung des Angeklagten zur Sache (freiwillig) • Beweisaufnahme: Zeugen-/Sachverständigenvernehmung (Fragerecht auch durch StA, Verteidiger und Angeklagten) • Augenscheinseinnahme, Urkundenverlesung • Evtl. weitere Beweisanträge • Schließung der Beweisaufnahme • Plädoyers der StA/Verteidiger, evtl. des Angeklagten • Letztes Wort des Angeklagten • Gerichtsberatung mit schriftlicher Fixierung des Urteilstenors

Ablauf des Strafverfahrens (Forts.)		
…erfahrensstadium Bezeichnung des …etroffenen	Öffent-lich	Fortsetzung
…ortsetzung	Hauptverhand-lung = Öffentlich a)	• Mündliche Verkündung des Urteilstenors (im Stehen und im Namen des Volkes) • Mündliche Urteilsbegründung • Belehrung des Angeklagten über Rechtsmittel oder Entschädigungsansprüche (im Falle des Freispruchs) Gericht verfasst schriftliche Urteilsgründe (Frist 5 Wochen).
…Vollstreckungs-…rfahren **…erurteilter**	Nein	Wenn binnen 1 Woche kein Rechtsmittel eingelegt wurde: Rechtskraftvermerk auf Urteilsurkunde durch das Gericht. Akten werden der Vollstreckungsbehörde (StA/Jugendgericht) übergeben.

…ußer in Verfahren gegen Jugendliche oder wenn aus Gründen des Persönlichkeitsschutzes die Öffentlichkeit teil-…eise von der Beweisaufnahme ausgeschlossen wird.

Ablauf des Strafverfahrens

Siehe auch Angeklagter; Anklage; Anklageerhebung; Beschuldigter; Beweismittel; Eröffnungsbeschluss; Hauptverhandlung; Polizei; Rechtsmittel; Staatsanwaltschaft (StA); Strafbarkeit; Strafverfolgungsvoraussetzungen; Tatverdacht, hinreichender; Urteilstenor; Verfahrenseinstellung

Abmahnung

Erklärung einer Partei des Arbeitsvertrags, dass sie ein arbeitsvertragswidriges Verhalten der anderen Seite zukünftig nicht mehr hinnehmen will. In der Praxis ist fast ausschließlich die arbeitgeberseitige A., häufig als Voraussetzung einer verhaltensbedingten Kündigung, relevant. Die Funktion der arbeitgeberseitigen A. besteht darin, den Arbeitnehmer zu warnen, dass sein vertragswidriges Verhalten im Wiederholungsfall Auswirkung auf den Bestand des Arbeitsverhältnisses haben kann. Diese Gefahr muss aus der A. deutlich hervorgehen. Aus diesem Grund muss der dem Arbeitnehmer gemachte Vorwurf tatsächlich zutreffend sein, ein vertragswidriges Tun oder Unterlassen bezeichnen und konkret, also unter Nennung von Zeit, Ort und beteiligten Personen, erfolgen. Eine pauschal erteilte A. ist unwirksam. Eine Frist zur Erteilung einer A. besteht nicht, jedoch kann die von einem vertragswidrigen Verhalten betroffene Partei ihr Recht zur A. verwirken, wenn die andere Partei nach den Umständen des konkreten Falls davon ausgehen kann, dass eine A. nicht mehr erfolgen wird. Eine zuvor ausgesprochene A. ist in aller Regel für die Wirksamkeit einer verhaltensbedingten Kündigung erforderlich. Nur in Ausnahmefällen, v. a., wenn das die Kündigung begründete Verhalten eine gewisse Schwere erreicht oder die andere Partei deutlich gemacht hat, ihr Verhalten nicht ändern zu wollen, kann eine A. entbehrlich sein. Das die Kündigung begründende Verhalten und das zuvor in der A. gerügte Verhalten müssen zudem gleichartig oder zumindest vergleichbar sein. Da die dauerhafte Aufrechterhaltung der Warnfunktion der abgemahnten Seite nicht zumutbar ist, geht die Rechtsprechung häufig von einer Zweijahresfrist der Dauer der Wirksamkeit einer Abmahnung aus.

Abschiebung

Das Aufenthaltsgesetz bestimmt (§ 50), dass Menschen zur Ausreise verpflichtet sind, denen kein Aufenthaltsrecht in Deutschland zusteht. Zunächst geht der Gesetzgeber also davon aus, dass Ausländer ohne Aufenthaltsrecht die Bundesrepublik selbstständig verlassen. Aber alles Recht kann und darf mehr oder weniger gut mit Zwang durchgesetzt werden. Die A. ist die Form des Zwanges, um die Ausreisepflicht durchzusetzen oder zu vollstrecken (siehe Vollstreckung). Die meisten A. werden nach erfolglosem Asylverfahren vom Bundesamt für Migration und Flüchtlinge (BAMF) angeordnet und von der Bundespolizei vollstreckt. Abgeschoben werden können auch Ausländer mit gültigem Aufenthaltsstatus, die eine Straftat begangen haben. Nach § 53 Aufenthaltsgesetz handelt es sich bei der A. um eine sog. präventive Maßnahme mit dem Ziel, die Gefährdung der öffentlichen Sicherheit und Ordnung der Bundesrepublik zu verhindern, wobei das Gesetz ausdrücklich vorschreibt, dass die Verhältnismäßigkeit unter Beachtung des Einzelfalls zu berücksichtigen ist. Der Ausländerbehörde, die abschieben will, obliegt eine hohe Begründungspflicht, da sie die Verhältnismäßigkeit innerhalb jeder Entscheidung umfassend zu prüfen hat.

Absetzbeträge

Geldbeträge, die bei der Grundsicherung für Arbeitsuchende vom zu berücksichtigenden Einkommen in Abzug zu bringen sind (§ 11b SGB II). Dies sind etwa die mit der Erzielung des Einkommens verbundenen Aufwendungen.

Absicht

Siehe Vorsatz

Absolute Mehrheit

Siehe Mehrheit, absolute, einfache und relative

Abstammung

Rechtliche Zuordnung einer natürlichen Person über ihre Eltern zur Verwandtschaft. Die rechtliche A. eines Kindes von seinem Vater und seiner Mutter kann von der biologischen abweichen. Durch die A. entstehen gegenseitige Rechte und Pflichten (siehe Kindschaftsrecht). Äußerlich soll die A. durch den Namen kenntlich werden (vgl. §§ 1616 ff. BGB), der in engem Zusammenhang zum Sorgerecht steht.

Abstandsgebot

Gebäude sind mit einem Abstand zum Nachbargebäude zu errichten. Zweck des A. ist, dass Licht- und Luftzufuhr gewährleistet sind und Feuer nicht so leicht überspringen kann. Die Größe des Abstandes wird in den Landesbauordnungen (LBauO) unterschiedlich geregelt. In Niedersachsen beträgt der Mindestabstand z. B. die Hälfte der Gebäudehöhe, mindestens jedoch 3 m (§ 5 Abs. 2 LBauO-Nds). Abstandsflächen gelten natürlich nicht, wenn der Bebauungsplan eine geschlossene Bauweise vorsieht, also wenn die Häuser mit einer Seite direkt aneinander anschließen. Für den Brandschutz sind dann andere Vorkehrungen vorgesehen.

Abstrakte Normenkontrolle

Siehe Normenkontrolle, abstrakte

Abstraktionsprinzip

Vorstufe ist zunächst das Trennungsprinzip. Dieses bedeutet, dass zwischen Verpflichtungsgeschäft und Verfügungsgeschäft, z. B. bei einem Kauf, unterschieden werden muss. Anders als in den meisten anderen Privatrechtsordnungen ist im deutschen Recht dann die Wirksamkeit der beiden Rechtsgeschäfte voneinander losgelöst (abstrakt) zu beurteilen. Nur weil z. B. ein Kaufvertrag (Verpflichtungsgeschäft) unwirksam ist, kann trotzdem die Übereignung der Kaufsache (Verfügungsgeschäft) wirksam sein. Siehe auch Bereicherungsrecht

Abtreibung

Siehe Schwangerschaftsabbruch

Abwägung, allgemeine

Die Arbeit von Juristinnen und Juristen besteht am Ende häufig in der A. von Argumenten und Rechten. Das ist eine uralte Erkenntnis. Das Sinnbild der antiken Justitia trägt eine Augenbinde, weil sie ohne Ansehen der Person urteilt, eine Waage, mit der die widersprechenden Rechte und Argumente abgewogen werden sollen, und ein Schwert, um ihre Entscheidung am Ende durchsetzen zu können. Im Öffentlichen Recht, v. a. im Verfassungsrecht, hat sich ein Prüfungsschema für die A. herausgebildet, nämlich die Prüfung der Verhältnismäßigkeit. Insbesondere hinter der Prüfung der Angemessenheit verbirgt sich die A. der Rechtsgüter. In vielen Fällen hat jedoch der Gesetzgeber die A. vorgenommen, der Rechtsanwender ist dann an die Entscheidung des Gesetzgebers gebunden (Norm, gebundene).

Abwägung, planungsrechtliche

Im Planungsrecht, etwa bei der Aufstellung von Bauleitplänen (Bauleitplanung) oder bei Planfeststellungsbescheiden (Planfeststellungsbeschluss), muss die Behörde eine planungsrechtliche A. vornehmen. Das bedeutet, sie muss die unterschiedlichen Interessen an der Bodennutzung miteinander vereinbaren, also unter einen Hut bringen. Ähnlich wie beim Ermessen prüfen die Gerichte Abwägungsentscheidungen nicht im Umfang wie bei einer gebundenen Entscheidung (Entscheidung, gebundene), d. h., sie dürfen nicht ihre Planung an die Stelle der Planung der Behörde setzen. Die Rechtskontrolle wird durch die Prüfung von Abwägungsfehlern vorgenommen, die weitgehend analog zur Ermessensfehlerlehre stattfindet.

Abwehrrecht

Siehe Grundrechte

Adhäsionsverfahren

Möglichkeit des Verletzten, im Strafverfahren Entschädigungsansprüche (Schmerzensgeld, Schadensersatz) geltend zu machen, die sonst in einem separaten Zivilverfahren geltend gemacht werden müssten. Das A. dient somit zur Entlastung der Zivilgerichtsbarkeit und kann zugleich dem Geschädigten schneller zu einem durchsetzbaren Vollstreckungstitel verhelfen. Er muss dafür einen Antrag beim Strafgericht stellen. Ein Vergleich im Strafprozess zwischen Geschädigten und Angeklagten ist möglich. Wird das Beantragte durch das Gericht zugesprochen, kann sich das auch strafmildernd auswirken. Der Antrag kann bereits bei der Staatsanwaltschaft im Ermittlungsverfahren eingereicht werden. In diesem Fall ist der Anspruch jedoch nicht rechtshängig, d. h., die Verjährung wird noch nicht unterbrochen. Sollte das Ermittlungsverfahren nicht mit einer Anklage enden, wird der Antrag gegenstandslos, d. h. nicht weiter verfolgt. Der Geschädigte muss dann doch gesondert vor dem Zivilgericht klagen. Siehe auch Nebenklage.

Adoption

Auch: Annahme an Kindes statt. A. führt zur Verwandtschaft. Sie ist in den §§ 1741 ff. BGB, d. h. im Familienrecht geregelt, die Vermittlung von Kindern zur A. im Adoptionsvermittlungsgesetz.

Aktiengesellschaft (AG)

Form der Gesellschaft, genauer eine Kapitalgesellschaft, die i. d. R. den Betrieb eines Unternehmens (Unternehmen, kaufmännisches) zum Gegenstand hat. Die A. ist in einem eigenen Gesetz (AktG) geregelt. Die Gründung der A. kann durch eine oder mehrere Personen erfolgen. Die gesetzlichen Vorschriften dafür sind sehr streng. Die A. muss beim Handelsregister angemeldet werden. Sie ist dann eine juristische Person, hat als solche Rechtsfähigkeit und ein in Aktien zerlegtes Grundkapital (§ 1 AktG). Die Aktie gewährt den Aktionären Stimmrechte in der Gesellschafterversammlung. Hier werden die wichtigsten Entscheidungen (Beschlüsse) getroffen. Der Anteil der Gesellschafter am Gewinn der A. entspricht ihrem jeweiligen Anteil an den Aktien. Die Haftung für Schulden der A. beschränkt sich auf ihr Vermögen, d. h. die Gesellschafter haften grundsätzlich nicht persönlich. Die Geschäftsanteile sind durch Veräußerung der Aktien übertragbar und vererbbar. Die A. muss einen Vorstand zur Vertretung nach außen (Stellvertretung, Parteifähigkeit) und einen Aufsichtsrat (zur Kontrolle des Vorstandes) haben.

Aktueller Rentenwert

Faktor der Rentenformel zur Ermittlung des Monatsbetrags der Rente in der gesetzlichen Rentenversicherung (§ 68 SGB VI). Durch ihn wird die Dynamisierung der Rente, also ihre Anpassung an die Lohnentwicklung, sichergestellt, indem er entsprechend der Entwicklung des Durchschnittsentgelts unter Berücksichtigung von Veränderungen des Beitragssatzes zur allgemeinen Rentenversicherung jährlich angepasst wird (§ 63 Abs. 7 SGB VI). Der bisherige A. wird dann durch den neuen A. ersetzt (§ 65 SGB VI). Die Festsetzung des jeweiligen A. erfolgt durch Verordnung der Bundesregierung mit Zustimmung des Bundesrates.

Alkoholfahrt

Siehe Trunkenheit im Verkehr

Allgemeine Abwägung

Siehe Abwägung, allgemeine

Allgemeine Geschäftsbedingungen (AGB)

Von einem Vertragspartner für eine Vielzahl von Verträgen vorformulierte Vertragsbedingungen (Klauseln), umgangssprachlich oft das »Kleingedruckte« genannt. Damit die A. tatsächlich Bestandteil des Vertrages werden, muss der andere eine zumutbare Möglichkeit der Kenntnisnahme haben und mit ihrer Geltung einverstanden sein (§ 305 BGB). In der Praxis, z. B. beim Internethandel, macht sich der andere allerdings selten wirklich Gedanken, ob er diese A. möchte. Er nimmt sie oft gar nicht zur Kenntnis. Das ist nicht immer schädlich, da es außer der Einbeziehung in den Vertrag auch der Wirksamkeit der A. bedarf. Derjenige, der sie verwendet, hat also nicht unbegrenzte Gestaltungsmöglichkeiten (Ausnahme zum Grundsatz der Vertragsfreiheit). Eine umfangreiche Inhaltskontrolle von A. hat sich in der Rechtsprechung und dort zunächst zum Versicherungsvertrag entwickelt. Versicherer hatten nämlich schon im 19. Jahrhundert ihre Verträge detailreich standardisiert. Heute sind die Kriterien, an denen sich A. messen lassen müssen, in den §§ 307-309 BGB geregelt. Ist eine Klausel danach unwirksam, bleibt der Vertrag im Übrigen grundsätzlich bestehen, und es gelten die gesetzlichen Vorschriften anstelle der Klausel (§ 306 BGB). Die Klausel darf grundsätzlich nicht auf das rechtlich gerade noch Zulässige korrigiert bzw. reduziert werden (Verbot der geltungserhaltenden Reduktion). Das A.-Recht ist zwingendes Recht (Recht, dispositives/zwingendes). A. können zwischen einem markterfahrenen Unternehmer und einem Verbraucher ein strukturelles Ungleichgewicht hervorrufen, weshalb die A.-Kontrolle im Verbraucherschutz eine besonders große Rolle spielt. Wenn hingegen zwischen zwei Unternehmen A. verwendet werden, was auch sehr häufig geschieht, so ist der Maßstab der Kontrolle ein geringerer. Es kann sich aber das Problem ergeben, dass beide Unternehmen einander widersprechende A. verwenden.

Allgemeine Handlungsfreiheit

Das Grundgesetz (GG) garantiert einen weiten Freiheitsbereich in Art. 2 Abs. 1, nämlich die A. als Grundrecht. Darunter versteht man vereinfacht: »Jeder kann tun und lassen, was er will.« Z. B. die Privatautonomie wird hieraus abgeleitet. Es ist offensichtlich, dass diese Freiheit nicht unbegrenzt gelten kann. Der Gesetzgeber kann sie einschränken, wenn die Rechte anderer verletzt werden, gegen die verfassungsmäßige Ordnung oder das Sittengesetz (Sittenwidrigkeit) verstoßen wird. V. a. die verfassungsmäßige Ordnung setzt der Handlungsfreiheit enge Grenzen, denn darunter werden alle verfassungskonformen Gesetze verstanden. Ob Gesetze verfassungskonform sind, obwohl sie gegen die Handlungsfreiheit verstoßen, wird nach dem Grundsatz der Verhältnismäßigkeit beurteilt.
Im Ergebnis wägen die Richter am Bundesverfassungsgericht (BVerfG) ab, was wichtiger ist, die Handlungsfreiheit oder das Ziel, das der Gesetzgeber mit der Einschränkung verfolgt wie z. B. die Vermeidung von Unfällen durch Geschwindigkeitsbegrenzungen. Meist geht die Abwägung zugunsten des Gesetzgebers aus. Zur Begrenzung der A. im Zivilrecht siehe Recht, dispositives/zwingendes.

Allgemeine Wartezeit

Mindestversicherungszeit (§ 34 Abs. 1 SGB VI) für bestimmte Leistungen der gesetzlichen Rentenversicherung. Die A. beträgt 5 Jahre. Sie ist Voraussetzung für die Inanspruchnahme von Regelaltersrente, Renten wegen Erwerbsminderung und Renten wegen Todes (§ 50 Abs. 1 Satz 1 SGB VI).

Allgemeines Persönlichkeitsrecht

Siehe Persönlichkeitsrecht, allgemeines

Allgemeines Verwaltungsrecht

Siehe Verwaltungsrecht, allgemeines)

Allgemeinverbindlichkeit

Erstreckung von Vorschriften eines Tarifvertrags auch auf nicht tarifgebundene Arbeitsverhältnisse innerhalb seines sachlichen und räumlichen Geltungsbereichs. Die A. von Tarifverträgen muss von den Tarifvertragsparteien gemeinsam beantragt werden und wird vom Bundesarbeitsminister im Einvernehmen mit einer aus Arbeitgeber- und Arbeitnehmervertretern besetzten Kommission (Tarifausschuss) durch Allgemeinverbindlichkeitserklärung (AVE) hergestellt, wenn dies im öffentlichen Interesse geboten ist. Dieses Verfahren ist im Tarifvertragsgesetz niedergelegt. Daneben bestehen im Arbeitnehmerüberlassungsgesetz (AÜG) und im Arbeitnehmer-Entsendegesetz (AEntG) branchenspezifische Formen der Allgemeinverbindlichkeitserklärung. Die A. eines Tarifvertrags kann vom Bundesarbeitsminister und der Tarifkommission aufgehoben werden, ansonsten endet sie mit Ablauf des Tarifvertrags.

Allgemeinverfügung

Verwaltungsakt (VA), der sich an einen nach allgemeinen Merkmalen bestimmten oder bestimmbaren Personenkreis richtet oder die öffentlich-rechtliche Eigenschaft einer Sache oder ihre Benutzung durch die Allgemeinheit betrifft (§ 35 Abs. 2 VwVfG). Sie unterscheidet sich vom sonstigen Verwaltungsakt dadurch, dass Letzterer konkret individuell ist und nicht wie die A. konkret allgemein. Das typische Beispiel für eine A. ist ein Verkehrsschild, das sich an alle Verkehrsteilnehmer richtet und nicht nur an einzelne Personen – deshalb ist es allgemein. Gleichzeitig ist es nicht abstrakt, sondern konkret, weil es etwa das Parken genau in dem bezeichneten Bereich verbietet.

Allzuständigkeit

Art. 28 GG schreibt vor, dass die Gemeinde grundsätzlich für alle kommunalen Angelegenheiten zuständig ist, dass sie also ihre Angelegenheiten selbst regeln darf und soll. Den Gemeinden muss demnach eine Gestaltungs- und Regelungskompetenz nicht ausdrücklich – etwa durch Landesrecht – zugewiesen werden, wenn kommunale Angelegenheiten geregelt werden müssen, v. a., wenn neue Fragen, Probleme usw. in der Gemeinde auftauchen. Deshalb spricht man von der A. für kommunale Angelegenheiten. Das eigentliche Problem besteht allerdings darin, zwischen kommunalen bzw. regionalen und staatlichen Angelegenheiten zu unterscheiden. Dürfen sich Kommunen z. B. zur gentechnikfreien oder atomwaffenfreien Zone erklären? Auf den ersten Blick handelt es sich um eine kommunale Angelegenheit, nämlich um die Frage, ob auf dem Territorium der Gemeinde gentechnisch veränderte Organismen (GVO) angebaut oder Atomwaffen gelagert werden sollen. Bei genauerem Hinsehen handelt es sich aber um eine staatliche Entscheidung. GVOs werden durch staatliche Behörden zugelassen und dürfen dann überall verkauft werden. Als politische Meinungsbekundung eines Gemeinderates sind solche Ausweisungen oder Erklärungen jedoch zulässig.

Altersstufen

Regelungen aus den verschiedenen Rechtsgebieten (Zivilrecht, Strafrecht, Öffentliches Recht) beeinflussen die Biografie eines Menschen, aber nicht in jedem Lebensalter gleich. Prägnante Beispiele werden im Folgenden dargestellt (➠ Abb. »Altersstufen«, S. 26 f.). Zwar hat jeder Mensch mit Vollendung der Geburt Rechtsfähigkeit, dennoch sind die rechtlichen Handlungsmöglichkeiten bis zum

18. Geburtstag beschränkt (Geschäftsfähigkeit). Dies dient dem Schutz der Minderjährigen. Aus dem gleichen Grund sind mehrere Stufen vorgesehen, ab wann man für einen Schaden, den man einem anderen zufügt, einstehen muss (Deliktsfähigkeit). Zudem gibt es zahlreiche weitere Schutzvorschriften für Ungeborene, Kinder und Jugendliche. Auch nach der Vollendung des 18. Lebensjahres gibt es rechtlich relevante Grenzen. Z. B. kann für Heranwachsende (bis 21. Geburtstag) noch das Jugendstrafrecht angewendet werden. Weitere Regelungen gibt es im Jugendschutz.

Altersteilzeit

Form der Gestaltung der Arbeitszeit älterer Arbeitnehmer, mit der ihnen ein Übergang in die Rente erleichtert werden soll. Die Verringerung der Arbeitszeit erfolgt im Gleichverteilungsmodell gleichmäßig für den gesamten Zeitraum der Altersteilzeit. Im überwiegend angewandten Blockmodell wird die tatsächliche Arbeitszeit zu Beginn der A. nicht verringert (Arbeitsphase), dafür wird der Arbeitnehmer anschließend vollständig von der Verpflichtung zur Arbeitsleistung freigestellt (Freistellungsphase). Die finanziellen Nachteile, die der Arbeitnehmer durch die Verringerung der Arbeitszeit im Rahmen der A. erleidet, werden zumindest teilweise dadurch ausgeglichen, dass der Arbeitgeber das Arbeitsentgelt und die Beiträge zur Rentenversicherung aufstockt. Nach dem Altersteilzeitgesetz erstattet die Bundesagentur für Arbeit diese Aufstockungsbeträge für Arbeitnehmer, deren A. vor dem 1.1.2010 begonnen hat. Durch den Wegfall der staatlichen Förderung ist die Umsetzung der A. für Arbeitgeber weniger attraktiv geworden, doch gibt es für einzelne Wirtschaftszweige Tarifverträge, aus denen sich ein Anspruch auf A. bzw. eine Aufstockung der Vergütung in der A. ergeben (z. B. Metall- und Elektroindustrie, öffentlicher Dienst).

Altlasten

Verunreinigungen des Bodens durch Chemikalien und Abfälle aller Art, die aus früherer Nutzung herrühren. Um Gesundheitsgefahren zu vermeiden, müssen A. oft recht aufwendig beseitigt werden. Wer, wann und in welchem Umfang verantwortlich ist, wird im Bodenschutzgesetz geregelt, das allerdings weite Interpretationsspielräume eröffnet und auch für Fachleute schwer zugänglich ist.

Amnestie

Gnadenerweis, der für eine unbestimmte Zahl von rechtskräftig ausgeurteilten Strafen gilt, die noch nicht (vollständig) vollstreckt sind. Die A. bedarf (aufgrund des Legalitätsprinzips) eines Gesetzes. Sie kann für einzelne Straftatbestände (selten) oder für Restfreiheitsstrafe (z. B. Weihnachtsamnestie) erlassen werden. Zu unterscheiden von der Begnadigung.

Amtsanwaltschaft

»Kleinere Staatsanwaltschaft«, zuständig für die Verfolgung von Straftaten weniger schwerer Bedeutung. Als eigenständige Behörde noch in Berlin und Frankfurt/Main vorhanden. In anderen Städten sind die Amtsanwälte in die Staatsanwaltschaft eingegliedert. Die Staatsanwaltschaft kann Verfahren der A. übernehmen.

Amtsermittlungsgrundsatz

Maxime im Strafrecht (§§ 152 Abs. 2, 244 Abs. 2 StPO), verschiedener Verwaltungsverfahrensgesetze (z. B. § 24

Altersstufen	
Lebensalter	**Bürgerliches Recht**
Vor der Geburt	Erbfähigkeit (§ 1923 Abs. 2 BGB)
Geburt	Beginn der Rechtsfähigkeit (§ 1 BGB)
1. Geburtstag	
3. Geburtstag	
5. Geburtstag	Mitbestimmung bei der eigenen Namensänderung (§§ 1617a, 1617b, 1617c, 1618 BGB)
6. Geburtstag	
7. Geburtstag	Beschränkte Geschäftsfähigkeit (§ 106 ff BGB) Beschränkte Deliktsfähigkeit (§ 828 Abs. 3 BGB)
10. Geburtstag	Beschränkte Deliktsfähigkeit im Straßenverkehr (§ 828 Abs. 2 BGB)
12. Geburtstag	
13. Geburtstag	Leichte Beschäftigungen von Kindern möglich (§ 5 JArbSchG)
14. Geburtstag	Recht, eine Adoption zu verweigern (§ 1746 BGB) Widerspruchsrecht gegen Übertragung des Sorgerechts (§ 1671 BGB)
15. Geburtstag	Ende des allgemeinen arbeitsrechtlichen Beschäftigungsverbots (§ 5 JArbSchG)
16. Geburtstag	Beschränkte Testierfähigkeit (§ 2229 BGB)
17. Geburtstag	
18. Geburtstag	Volle Geschäftsfähigkeit (§§ 2, 106 BGB) Volle Deliktsfähigkeit (§ 828 Abs. 3 BGB) Ehemündigkeit
21. Geburtstag	
40. Geburtstag	

Altersstufen

Strafrecht	Öffentliches Recht
Schutz des Ungeborenen z. B. durch Verbot des Schwangerschaftsabbruchs (§ 218 StGB)	
	Anspruch auf Krippenplatz (§ 24 Abs. 2 SGB VIII)
	Anspruch auf Kindergartenplatz (§ 24 Abs. 3 SGB VIII)
	Beginn der Schulpflicht (Schulgesetze der Bundesländer)
	Anhörrecht in Fragen der Religionszugehörigkeit (§§ 2, 3 RelKErzG)
	Beschränkte Religionsmündigkeit (§ 5 RelKErzG)
Beginn der Strafmündigkeit (§ 19 StGB) als Jugendlicher (§ 1 Abs. 2 JGG)	Volle Religionsmündigkeit (§ 5 RelKErzG)
	Eigenes Antragsrecht für Sozialleistungen (§ 36 SGB I)
	Ausweispflicht (§ 1 PersonalausweisG) Führerschein Klasse AM und A1 (§ 10 FeV) Wahlrecht Kommunalwahl (z. B. NRW)
	Fahrerlaubnis für PKW (mit Auflagen, § 10 FeV)
Verurteilung als Heranwachsender (§§ 1, 105 JGG)	Aktives und passives Wahlrecht (Wahlgesetze Bund und Länder) Fahrerlaubnis weitere Klassen (§ 10 FeV, z. T. noch höheres Alter erforderlich)
Volle strafrechtliche Verantwortlichkeit als Erwachsener	
	Wählbarkeit zum Bundespräsidenten (Art. 54 GG)

VwVfG, § 20 SGB X) und der öffentlich-rechtlichen Prozessordnungen, namentlich in der Finanzgerichtsordnung (§ 76 Abs. 1), im Sozialgerichtsgesetz (SGG) (§ 103) und in der Verwaltungsgerichtsordnung (VwGO) (§ 86 Abs. 1). Ausnahme im Zivilrecht (§ 26 FGG, siehe Gerichtsbarkeit, freiwillige). Nach dem A. haben die Gerichte und die Verwaltung das Recht, aber auch die Pflicht, den Sachverhalt von Amts wegen zu erforschen, ohne an das Vorbringen und an einen Beweisantrag der Beteiligten gebunden zu sein. Die Verfahrensbeteiligten haben jedoch die Obliegenheit, an der Aufklärung des Sachverhalts mitzuwirken. Zweck der Amtsermittlung ist es, dem öffentlichen Interesse (Interesse, öffentliches) an der Ermittlung der materiellen Wahrheit zu dienen. Das Sozialrecht, Steuerrecht und Verwaltungsrecht zeichnen sich (zumindest zum Teil) durch hochkomplexe, ausdifferenzierte Regelungen aus. Hier ist es zum Schutz des einzelnen Bürgers erforderlich, dass der entscheidungsrelevante Lebenssachverhalt von Fachleuten in der Verwaltung und unabhängigen Berufsrichtern aufgeklärt wird, die mit dieser Materie vertraut sind. Im Strafrecht steht der A. im Zusammenhang mit dem Verbot der Selbstjustiz und persönlichen Rache (siehe Selbsthilfe).

Amtsgericht (AG)

Erste Instanz der ordentlichen Gerichtsbarkeit (Gerichtsbarkeit, ordentliche). Zuständigkeit in Zivilverfahren bis zu einem Streitwert von 5.000 € sowie für weitere Verfahren nach dem Katalog in § 23 Abs. 2 GVG.

Analogie/e contrario-Schluss

Das Leben ist oft bunter, als es sich der Gesetzgeber vorgestellt hat oder vorhersehen kann. Deshalb entsteht Streit unter Juristen gerade über Fragen, die gesetzlich nicht geregelt sind (Gesetzeslücken). Weil aber ein Richter entscheiden muss (Richterrecht), kann er ggf. eine Lücke über eine A. schließen, also über die entsprechende Anwendung eines Gesetzes auf Fälle, für die es eigentlich nicht vorgesehen ist. Voraussetzung ist allerdings, dass die Lücke »planwidrig« entstanden ist, der Gesetzgeber also keine Lücke wollte. Zudem sind im Strafrecht Analogien zum Nachteil des Beschuldigten/Angeklagten untersagt. Das Problem besteht darin, dass dem Rechtsanwender auch eine andere Figur zur Verfügung steht, nämlich der e contrario-Schluss (Umkehrschluss). Weil der Gesetzgeber den Fall nicht geregelt hat, wird dann argumentiert, wollte er die Rechtsfolge gerade nicht. Also wollte er das Gegenteil oder eine andere Rechtsfolge. Dann wendet der Richter das Gesetz nicht analog an. Er kann die Lücke also auf die eine oder auf die gegenteilige Weise behandeln. Es gibt keine feste Regel dafür, welche Rechtsfigur zu wählen ist, die A. oder der e contrario-Schluss. Häufig, aber nicht immer, helfen die Gesetzesmaterialien. Der Richter schafft also durchaus auch selbst Recht und wendet es keineswegs nur an.

Änderungskündigung

Erklärung des Arbeitgebers, das bisherige Arbeitsverhältnis beenden (Kündigung) und zu geänderten Bedingungen fortsetzen (Änderungsangebot) zu wollen. Kündigung und Änderungsangebot müssen dabei in einem Zusammenhang stehen, jedoch nicht zwingend gleichzeitig erfolgen. Nimmt der Arbeitnehmer das Änderungsangebot an, gelten zum vereinbarten Zeitpunkt die veränderten Bedingungen.

Lehnt er es ab, besteht die Möglichkeit, innerhalb einer Dreiwochenfrist Kündigungsschutzklage (siehe Kündigungsschutzgesetz (KSchG)) zu erheben und damit die Unwirksamkeit der Kündigung geltend zu machen. Zum Schutz vor der Wahl zwischen verschlechterten Arbeitsbedingungen und der Gefährdung des Bestands des Arbeitsverhältnisses sieht das Kündigungsschutzgesetz für den betroffenen Arbeitnehmer die Möglichkeit vor, das Änderungsangebot unter dem Vorbehalt anzunehmen, dass die Ä. nicht sozial ungerechtfertigt und damit unwirksam ist. Diese vorbehaltliche Erklärung ist dem Arbeitgeber innerhalb von drei Wochen zu machen. Für die gerichtliche Überprüfung (Änderungsschutzklage) gelten grundsätzlich dieselben Maßstäbe wie für die Kündigungsschutzklage im Fall der Beendigungskündigung, mit der Einschränkung, dass nicht die soziale Rechtfertigung der Beendigung, sondern die Rechtfertigung der Änderung der Arbeitsbedingungen ausschlaggebend ist. Eine Ä. kann personen-, verhaltens- und betriebsbedingt erfolgen, wobei die betriebsbedingte Ä. den häufigsten Fall darstellt. Für den Fall, dass der Arbeitnehmer im Prozess gewinnt, wird das Arbeitsverhältnis zu den vorherigen Bedingungen fortgesetzt, andernfalls gelten die geänderten Arbeitsbedingungen.

Anerkenntnis

Prozesshandlung, die nach allen Prozessordnungen (Verfahrensrecht außer der StPO) möglich ist. Mit dem A. bringt der Anerkennende im Wege einseitiger Erklärung das uneingeschränkte und unbedingte Zugeständnis zum Ausdruck, dass der mit der Klage geltend gemachte Anspruch besteht. Im sozialgerichtlichen Verfahren erledigt das angenommene A. des geltend gemachten Anspruchs insoweit den Rechtsstreit in der Hauptsache (§ 101 Abs. 2 SGG). Im Zivilverfahren ist die anerkennende Partei im Wege eines Anerkenntnisurteils dem A. gemäß zu verurteilen (§ 307 Satz 1 ZPO).

Anfangsverdacht

Voraussetzung für die und Verpflichtung zur Aufnahme von Ermittlungen durch die Staatsanwaltschaft nach dem Legalitätsprinzip. Ein A. liegt vor, wenn zureichende tatsächliche Anhaltspunkte für eine Straftat vorhanden sind. Reine Vermutungen oder Spekulationen reichen hierfür nicht aus.

Anfechtung

Grundsätzlich ist man an ein wirksames Rechtsgeschäft gebunden (Bindung an Rechtsgeschäfte). Durch A. kann ausnahmsweise ein Rechtsgeschäft (z. B. ein Testament) beseitigt werden. Die A. wirkt zurück auf den Zeitpunkt, an dem die angefochtene Willenserklärung abgegeben wurde, sie wirkt also von Anfang an (§ 142 Abs. 1 BGB). D. h., das angefochtene Rechtsgeschäft wird mit allen seinen Wirkungen als niemals geschehen betrachtet. Wenn z. B. jemand arglistig getäuscht wurde und zunächst einen Vertrag geschlossen hat, so beseitigt die A. des Getäuschten die eigene Willenserklärung und damit den gesamten Vertrag.

Angeklagter

Person, gegen die die Staatsanwaltschaft Anklage erhoben und das Gericht das Hauptverfahren eröffnet hat. Siehe Ablauf des Strafverfahrens

Anklage

Die A. ist der Abschluss des Ermittlungsverfahrens durch die

Staatsanwaltschaft, wenn sie das Verfahren nicht einstellt. Durch die Erhebung der A. wird der Sachverhalt gerichtsanhängig und die weitere Leitung des Strafverfahrens wird durch das Strafgericht übernommen. Hierdurch beginnt das Zwischenverfahren. Die Anklageschrift bezeichnet den Angeschuldigten, Zeit und Ort der Tatbegehung und die gesetzlichen Merkmale der Tat. In ihr sind die anzuwendenden Strafvorschriften und die Beweismittel zu benennen. Das Gericht prüft den hinreichenden Tatverdacht (Tatverdacht, hinreichender) und stellt dem Angeschuldigten die Anklage zu, der zu dieser Stellung nehmen kann. Soweit nach der Stellungnahmefrist des Angeklagten keine Bedenken bestehen, wird das Hauptverfahren eröffnet und die Anklage zur Hauptverhandlung zugelassen.

Anlage, bauliche

Die Landesbauordnungen (LBauO) definieren Bauwerke oder bauliche A. In § 2 LBauO-NRW heißt es etwa: »Bauliche A. sind mit dem Erdboden verbundene, aus Bauprodukten hergestellte A.« Der bauplanungsrechtliche Anlagenbegriff unterscheidet sich insoweit von dem bauordnungsrechtlichen, als dass er zusätzlich eine sog. »bodenrechtliche Relevanz« enthalten muss, d. h., bauplanungsrechtliche Belange sind derart betroffen, dass eine Bauleitplanung erforderlich wird. Dies ist v. a. dann der Fall, wenn Belange des § 1 Abs. 6 BauGB durch die jeweilige A. betroffen sind.

Anlage, genehmigungsbedürftige

Bestimmte Industrieanlagen und andere Betriebe wie große Hühnerställe, die besonders viele Emissionen oder Lärm verursachen, müssen nach dem Bundesimmissionsschutzgesetz (BImSchG) genehmigt werden. Welche A. eine immissionsschutzrechtliche Genehmigung brauchen, wird in der 4. Bundesimmissionsschutzverordnung (BImSchVO) tabellarisch aufgelistet. Für diese A. gelten das besondere Zulassungsverfahren des BImSchG und besondere Pflichten des Immissionsschutzrechts. Zu diesen Pflichten gehört z. B., sparsam mit Energie umzugehen. Zum BImSchG sind eine Reihe von Verordnungen sowie die Technische Anleitung Luft (TA-Luft) und die Technische Anleitung Lärm (TA-Lärm) erlassen worden. Diese enthalten Grenzwerte, d. h. Höchstmengen für chemische Stoffe, die emittiert (ausgestoßen) werden dürfen, oder Obergrenzen für Lärm. Wichtig ist neben den genannten technischen Anleitungen (TA) v. a. die 39. BImSchVO, welche die von der EU festgesetzten Grenzwerte enthält. Ansonsten verraten meist die Namen der Verordnungen, was dort geregelt ist. Da es über 40 sind, kann hier kein Überblick gegeben werden. Grenzwerte, z. B. für Lärm, gelten auch für andere Betriebsstätten, z. B. Gaststätten, Klubs oder Gerüstbauunternehmen. Bei diesen handelt es sich nach dem BImSchG um nicht genehmigungsbedürftige A. (Anlage, nicht genehmigungsbedürftige).

Anlage, nicht genehmigungsbedürftige

Betriebsstätten und sonstige A., die nach dem Bundesimmissionsschutzgesetz (BImSchG) nicht genehmigungsbedürftig sind, müssen trotzdem Anforderungen an die Umwelt, d. h. die Verursachung von Luftverschmutzungen und Lärm einhalten. Die Zulassung dieser A. erfolgt nach anderen Gesetzen, meistens nach dem Baurecht. Im Rahmen der Prüfung, ob eine Baugenehmi-

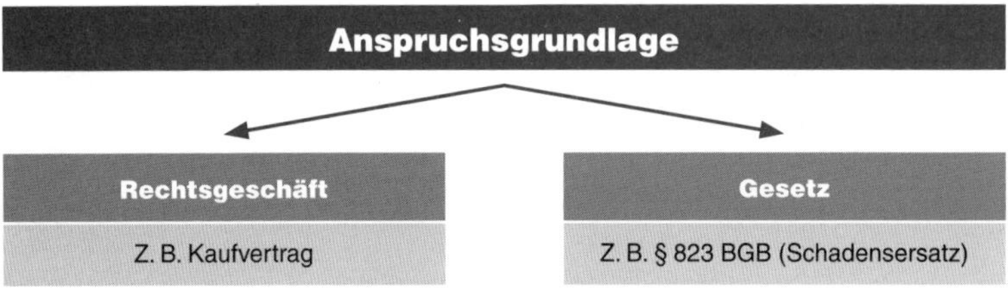

gung erteilt werden kann, werden die zu erwartenden Emissionen geprüft. Hier müssen sich die Betreiber aber nicht an starre Grenzwerte halten. Vielmehr wird geprüft, ob z. B. der verursachte Lärm sozialadäquat ist, also nach geläufiger Praxis hingenommen werden kann. So geht die Rechtsprechung regelmäßig davon aus, dass der Lärm von Kirchenglocken – auch wenn er alle Grenzwerte sprengt – sozialadäquat ist, weil die Kirchen schon seit Jahrhunderten Lärm verursachen dürfen. Bei Biergärten ist die Sache allerdings schon schwieriger. Diese müssen meist – einschlägig ist hier Landesrecht – um 22.00 Uhr schließen.

Annahme der Erbschaft

Eine ausdrückliche A. der Erbschaft ist nach deutschem Recht nicht erforderlich. Es genügt Schweigen des Erben, um automatisch im Wege der Gesamtrechtsnachfolge in die Rechte und Pflichten des Erblassers einzutreten. Wenn der Erbe die Erbschaft aber ausdrücklich angenommen hat, kann er sie nicht mehr ausschlagen. Sofern er sich später anders entscheidet, bleibt nur die Anfechtung nach §§ 1954 ff. BGB. Siehe auch Ausschlagung der Erbschaft

Annahmeverzug

Liegt vor, wenn der Gläubiger die ihm geschuldete, richtig angebotene Leistung nicht annimmt. Vorschriften zum Schutz des Schuldners in diesem Falle finden sich in §§ 293 ff. BGB. Insbesondere geht die Gefahrtragung auf den Gläubiger über. Siehe auch Verzug.

Anschluss- und Benutzungszwang

Die Gemeindeordnungen (GO) der Länder sehen i. d. R. vor, dass Hauseigentümer verpflichtet werden können, sich an das öffentliche Wasser-, Abwasser- und Stromnetz anzuschließen. Das führt wegen der damit verbundenen Gebühren z. B. dann zu Konflikten, wenn der Eigentümer einen Brunnen im Garten hat und dort kostenlos Wasser schöpfen könnte.

Anspruch

Recht, von einem anderen ein (aktives) Tun oder ein Unterlassen zu verlangen (§ 194 BGB). Der A. ist ein zentraler Begriff im Zivilrecht. Wenn ein A. bestritten wird und sich deshalb nicht gegen den Schuldner durchsetzen lässt, kann man Klage erheben, und das Gericht entscheidet, ob der A. begründet ist (Rechtsdurchsetzung, Zivilverfahren). Die Ursache dieses Rechts, die Anspruchsgrundlage, ist entweder ein Rechtsgeschäft (Vertrag) oder eine gesetzliche Vorschrift (➠ Abb. »Anspruchsgrundlage«). Wenn man z. B. mit einem Käufer vereinbart, dass ein Auto für einen bestimmten Preis verkauft wird, dann ist dies zunächst

Typische vertragliche Erfüllungsansprüche		
Anspruchsgrundlage	(Gesetzliche Nennung)	**Gibt Ansprüche auf**
Kaufvertrag	§ 433 BGB	Ware ↔ Kaufpreis
Darlehensvertrag	§ 488 BGB	Geld ↔ Rückzahlung + Zinsen
Mietvertrag	§ 535 BGB	Gebrauch ↔ Miete
Dienstvertrag	§ 611 BGB	Dienste ↔ Vergütung
Werkvertrag	§ 631 BGB	Werk ↔ Vergütung
Reisevertrag	§ 651a BGB	Reise ↔ Reisepreis

(nur) ein Verpflichtungsgeschäft. Man bekommt dadurch den A. auf Bezahlung des Kaufpreises, muss aber selbst auch den A. auf Übergabe des Autos und Übereignung desselben erfüllen. Anspruchsgrundlage ist hier der Vertrag, also der Wille der Parteien zum Kauf. Die A. werden durch § 433 BGB nur beschrieben, nicht begründet. Die Übersicht zeigt typische A. aus Verträgen (➠ Abb. »Typische vertragliche Erfüllungsansprüche«). Anders ist es bei echten A. aus Gesetz: Sie entstehen auch ohne oder gegen den Willen des Verpflichteten. Wenn jemand z. B. einen Verkehrsunfall schuldhaft verursacht, dann gibt es für den Geschädigten verschiedene gesetzliche Anspruchsgrundlagen. Neben § 823 BGB ist das v. a. § 7 StVG (Halterhaftung im Straßenverkehr). Aus beiden gesetzlichen Anspruchsgrundlagen kann ein Tun, nämlich Ersatz des entstandenen Schadens (Schadensersatz) verlangt werden. Ein Beispiel für einen Unterlassungsanspruch findet sich in § 1004 BGB. Wenn ein Nachbar z. B. regelmäßig seine Abfälle über den Zaun wirft, dann kann der betroffene Eigentümer von dem störenden Nachbarn verlangen, dass er dies unterlässt; notfalls auch vor Gericht, wenn der Nachbar nicht einsichtig ist.

Anspruchsgrundlage

Siehe Anspruch

Anstalt

Zusammenfassung persönlicher und sächlicher Mittel (Gebäude, Bücher, Computer usw. und Personal) zur Erfüllung bestimmter Aufgaben. Sie ist eine juristische Person mit Nutzern, nicht mit Mitgliedern, was sie von Körperschaften unterscheidet. A. sind z. B. die so benannten Rundfunk- und Badeanstalten, aber auch Stadtbüchereien. Sie sind von der eigentlichen Verwaltung organisatorisch getrennt, und einige besitzen eine gewisse Eigenständigkeit, die sich allerdings je nach Aufgabe der A. unterscheidet. Die öffentlichen Rundfunkanstalten müssen in ihrer inhaltlichen Gestaltung frei von staatlichen Einflüssen sein. Badeanstalten oder Schulen dagegen besitzen keine Unabhängigkeit und sind unselbstständige Einrichtungen.

Anstiftung

Anstifter ist, wer vorsätzlich einen anderen an seiner eigenen Stelle zu einer vorsätzlich begangenen rechtswidrigen

Tat bestimmt (siehe Täterschaft). Der eigentliche Urheber des Unrechts soll hierbei zur Verantwortung gezogen werden, da mit seinem Verhalten die Gefahr heraufbeschworen wurde. Schuldfähigkeit des Handelnden ist nicht erforderlich (ausgeschlossen z. B. bei Kindern unter 14 Jahren und geistig verwirrten Personen). Soweit der Anstifter von der Schuldunfähigkeit Kenntnis hat und den wesentlichen Tatablauf steuert, kommt auch eine Verurteilung in mittelbarer Täterschaft in Betracht. Ist der Handelnde bereits entschlossen, die Tat zu begehen, kommt die Strafbarkeit wegen versuchter A. nur bei Verbrechen in Betracht. Gleiches gilt für den Fall, dass die A. scheitern sollte, weil es nicht zur Tat kommt. Für die A. gilt die gleiche Strafandrohung wie für die eigentliche Tat.

Antidiskriminierungsgesetz

Siehe Diskriminierungsschutz

Antrag

Anliegen an eine Behörde, tätig zu werden. Siehe z. B. Strafantrag.

Antragstellung

Die meisten Sozialleistungen werden nur auf A. gewährt. Eine A. im Sinne des Sozialleistungsrechts ist eine einseitige, empfangsbedürftige Willenserklärung, mit welcher der Antragsteller gegenüber dem Sozialleistungsträger zum Ausdruck bringt, Sozialleistungen in Anspruch nehmen zu wollen. Ist unklar, ob eine Erklärung ein Antrag sein soll, ist diese vom Leistungsträger auszulegen (siehe Auslegung). Die Leistungsträger sind verpflichtet, darauf hinzuwirken, dass unverzüglich klare und sachdienliche Anträge gestellt und unvollständige Angaben ergänzt werden (§ 16 Abs. 3 SGB I). Anträge auf Sozialleistungen sind beim zuständigen Leistungsträger zu stellen, sie müssen aber auch von allen anderen Leistungsträgern, wie Gemeinden, und z. B. auch von amtlichen Vertretungen der Bundesrepublik Deutschland im Ausland entgegengenommen werden (§ 16 Abs. 1 SGB I). Der unzuständige Leistungsträger hat den Antrag dann weiterzuleiten (§ 16 Abs. 2 SGB I).

Anwalt

Siehe Rechtsanwalt

Anzeige

Mitteilung über das Vorliegen rechtlich relevanter Tatsachen, v. a. einer Straftat bei Polizei, Staatsanwaltschaft oder Amtsgericht (AG).

Anzeigepflicht (Baurecht)

Die Landesbauordnungen (LBauO) sehen vor, dass bestimmte bauliche Anlagen (Anlage, bauliche) keiner Baugenehmigung bedürfen und der Behörde nur angezeigt werden müssen. Die Baubehörde kann dann die eingereichten Unterlagen prüfen und entsprechende Maßnahmen ergreifen. Ihr Schweigen gilt für den Antragsteller als Einverständnis. Dieses Institut ist eingeführt worden, um die Verfahren zu beschleunigen und die Behörden zu entlasten. Welche baulichen Anlagen anzeigepflichtig sind, regeln die Landesbauordnungen der Bundesländer unterschiedlich.

Anzeigepflicht (Strafrecht)

Rechtspflicht zur Anzeige. Für Privatpersonen besteht sie nur bei Kenntnis der Planung schwerster Straftaten (§ 138 StGB).

Arbeitgeber

Der Begriff ist gesetzlich nicht definiert und kann nur durch das Verhältnis zum Arbeitnehmer bestimmt werden. Demnach ist A. derjenige, der von einem per Arbeitsvertrag abhängig Beschäftigten die Ableistung von Arbeit verlangen kann und diesem im Gegenzug zur Zahlung einer Vergütung verpflichtet ist. Sowohl natürliche als auch juristische Personen können A. sein. Die Arbeitgebereigenschaft ist, neben ihrer zentralen Bedeutung für fast alle arbeitsrechtlichen Vorschriften, auch für das Sozialrecht und Steuerrecht erheblich. So ist der A. zur Berechnung und Abführung der Beiträge zu den gesetzlichen Sozialversicherungen und zum Abzug der Lohnsteuer zugunsten der Finanzverwaltung verpflichtet. Unternehmen schließen sich in ihrer Funktion als A. häufig zu allgemeinen oder branchenbezogen Verbänden zusammen (Arbeitgeberverbände). Diese sind nach dem Tarifvertragsgesetz zum Abschluss von Tarifverträgen berechtigt.

Arbeitgeberzuschuss

Sozialleistungen, die zu unterschiedlichen Zwecken von öffentlichen Stellen an Arbeitgeber erbracht werden. Im Sozialgesetzbuch (SGB) gibt es hierzu verschiedene Regelungen, die übereinstimmend das Ziel verfolgen, die Beschäftigung von Personen mit einem besonderen Unterstützungsbedarf zu fördern. So kann etwa die Bundesagentur für Arbeit Zuschüsse zur Ausbildungsvergütung erbringen, um die betriebliche Aus- und Weiterbildung behinderter und schwerbehinderter Menschen (Schwerbehinderung) zu fördern (§ 73 Abs. 1 SGB III). Auch die Leistungen zur Eingliederung in Arbeit nach dem SGB II kennen das Instrument des A., um z. B. Langzeitarbeitslosen beim Erhalt eines sozialversicherungspflichtigen Beschäftigungsverhältnisses zu helfen (§ 16e SGB II).

Arbeitnehmer

Begriff bzw. Status von für das Arbeitsrecht zentraler Bedeutung, da er die Voraussetzung für die Anwendung zahlreicher arbeitsrechtlicher Schutzvorschriften zugunsten des A. bildet. Eine ausdrückliche Legaldefinition gibt es trotzdem nicht. Aber in der Regelung des § 611a BGB zum Arbeitsvertrag sind alle mit der Zeit von der Rechtsprechung zu dieser Frage aufgestellten Kriterien gesetzlich verankert worden. Somit existiert zumindest eine mittelbare Definition. Entscheidend für das Vorliegen der Arbeitnehmereigenschaft ist demnach, dass eine aufgrund eines zivilrechtlichen Vertrags geschuldete Arbeitsleistung in persönlicher Abhängigkeit vom Vertragspartner (Arbeitgeber) erbracht wird. Durch das Kriterium der persönlichen Abhängigkeit wird deutlich, dass der Begriff des A. v. a. von selbstständiger Tätigkeit abzugrenzen ist. Ob persönlich abhängige Tätigkeit vorliegt, ist anhand einer Gesamtbetrachtung aller Umstände zu ermitteln und kann im Einzelfall sehr schwierig sein. Maßgebliche Kriterien sind vorrangig die persönliche Erbringung der Leistung, die Eingliederung in die betriebliche Organisation und die Weisungsgebundenheit. Steht es dem Vertragspartner frei, die Durchführung der geschuldeten Leistung, z. B. die konkrete Verteilung der Arbeitszeit, den Ort der Erbringung der Arbeitsleistung und die Art ihrer Erledigung einseitig zu bestimmen, liegt in aller Regel eine persönlich abhängige Tätigkeit vor. Ist der Beschäftigte nicht zur persönlichen Erbringung der Arbeitsleistung verpflichtet, sondern darf sich dazu anderer Personen (Erfüllungsgehilfen, Hilfsarbeiter) bedienen, spricht das regelmäßig gegen die Arbeitnehmereigenschaft. Eine Eingliederung in die betriebliche Organisation besteht dann, wenn der Beschäftigte dauerhaft einem Gesamtsystem von Arbeitsabläufen, -methoden und -zeiten unterworfen ist (z. B. durch Schichtpläne). Zu diesen Kriterien können weitere hinzukommen, z. B. die verpflichtende Teilnahme an Qualifikationsmaßnahmen oder das Zurverfügungstellen der Arbeitsmittel. Rechtlich nicht erheblich für die Beurteilung der Arbeitnehmereigenschaft ist die wirtschaftliche Abhängigkeit. Ist die Arbeitnehmereigenschaft zwischen den Vertragspartnern strittig, kann dem Arbeitsgericht (Arbeitsgerichtsbarkeit) diese Frage vorgelegt werden (Statusfeststellungsklage). Dies ist besonders zur Überführung von »Scheinselbstständigen« in reguläre Arbeitsverhältnisse ratsam.

Arbeitnehmerähnliche Person

Person, die anderen aufgrund eines Dienstvertrags, Werkvertrags oder vergleichbarer Rechtsverhältnisse zur Erbringung von Leistungen verpflichtet ist, dabei aber nicht wie ein Arbeitnehmer in persönlicher Abhängigkeit steht. Die wirtschaftliche Abhängigkeit muss dabei einen Grad erreichen, der zu einer sozialen Schutzbedürftigkeit führt, die mit der von Arbeitnehmern vergleichbar ist. Zu den A. zählen häufig freie Mitarbeiter, z. B. im Bereich der Medien oder der Weiterbildung. Arbeitsrechtliche Vorschriften, die die Arbeitnehmereigenschaft zur Anwendungsvoraussetzung haben, erfassen A. grundsätzlich nicht. Jedoch ist der persönliche Anwendungsbereich ausdrücklich auf bestimmte einzelne Gesetze ausgedehnt worden (z. B. Bundesurlaubsgesetz, Familienpflegezeitgesetz). In rechtlichen Streitigkeiten aus dem Dienst- oder Werkvertrag von A. sind die Arbeitsgerichte (Arbeitsgerichtsbarkeit) zuständig.

Arbeitnehmer-Entsendegesetz (AEntG)

In seiner ursprünglichen Fassung bestand der Zweck des A. darin, Mindestarbeitsbedingungen für die Baubranche aufzustellen, die auch für grenzüberschreitend übersandte Arbeitnehmer gelten. Dadurch sollten inländische Unternehmen und Arbeitnehmer vor Wettbewerbsverzerrung und Lohnkonkurrenz geschützt werden. Seitdem ist der Anwendungsbereich des A. in mehreren Schritten deutlich erweitert worden, sodass es heute auch als Grundlage für die Festsetzung branchenspezifischer Mindestarbeitsbedingungen dient, sowohl für Arbeitnehmer, die bei ausländischen als auch solchen, die bei inländischen Arbeitgebern beschäftigt sind. Das A. schreibt vor, dass ein Grundbestand von Vorschriften des nationalen Arbeitsschutzrechtes zwingend auch für grenzüberschreitend übersandte Arbeitnehmer gilt. Dazu gehören die Regelungen zum Mindestentgelt und Mindesturlaub, zur Arbeitszeit, zum Schutz vor Gefährdungen am Arbeitsplatz und zum Diskriminierungsschutz. In allen Branchen ermöglicht das A. dem Bundesministerium für Arbeit und Soziales (BMAS) auf Antrag der Tarifparteien einen Tarifvertrag über Mindestarbeitsbedingungen für allgemein verbindlich zu erklären, wenn dies im öffentlichen Interesse (Interesse, öffentliches) liegt. Von der zwingenden Wirkung (Recht, dispositives/zwingendes) eines Tarifvertrages, der so für allgemein verbindlich erklärt wurde, werden dann sämtliche im Inland tätigen Arbeitnehmer erfasst. Wegen der großen Bedeutung kirchlicher Arbeitgeber, die ganz überwiegend keine Tarifverhandlungen führen, z. B. in der Pflegebranche, trifft das A. für diesen Wirtschaftszweig eine andere Regelung. Branchenspezifische Mindestarbeitsbedingungen nach dem A. bestehen derzeit z. B. für das Bauhaupt- und einige Baunebengewerbe (Maler und Lackierer, Gerüstbauer, Bildhauer und Steinmetze), Gebäudereiniger, das Wach- und Sicherheitsgewerbe und die Pflegebranche.

Arbeitnehmerfreizügigkeit

Gibt jedem Staatsangehörigen eines Mitgliedsstaats der Europäischen Union (EU) das Recht auf freien Zugang zu einer Beschäftigung in einem anderen Mitgliedsstaat (Art. 45 AEUV). Eingeschlossen ist die Erlaubnis, sich auf eine angebotene Stelle zu bewerben, sich im Mitgliedsstaat frei zu bewegen, sich dort aufzuhalten und nach den für Arbeitnehmerinnen und Arbeitnehmer dieses Staates geltenden Vorschriften eine Beschäftigung auszuüben sowie auch nach Beendigung der Beschäftigung im Hoheitsgebiet dieses Staates zu verbleiben. Das Diskriminierungsverbot, das diese Grundfreiheit enthält, gilt ausdrücklich nicht für die öffentliche Verwaltung. Beamte müssen in Deutschland weiterhin die deutsche Staatsangehörigkeit besitzen. Jeder EU-Bürger ist berechtigt, sich ohne Bedingungen und Formalitäten drei Monate im Hoheitsgebiet eines anderen EU-Landes aufzuhalten, sofern er über einen gültigen Ausweis verfügt. Arbeitssuchende haben nach der Rechtsprechung des Europäischen Gerichtshofs (EuGH) ohne weitere Bedingungen ein Aufenthaltsrecht von mehr als sechs Monaten. In Deutschland wurde über die Frage gestritten, ob und ab wann zugewanderte EU-Bürger ein Recht auf steuerfinanzierte Sozialleistungen haben. Nachdem der EuGH den Anspruch eines nicht erwerbstätigen Unionsbürgers, der in den Aufnahmemitgliedsstaat allein zu dem Zweck eingereist war, um Leistungen zu beantragen (Rechtssache C-333/13 *Dano*), zurückgewiesen hatte, wurde in Deutschland gesetzlich festgehalten, dass Ausländer aus anderen EU-Staaten, die kein Aufenthaltsrecht nach dem Freizügigkeitsgesetz der EU haben, generell von der Grundsicherung für Arbeitsuchende (Arbeitslosengeld II) und der Sozialhilfe ausgeschlossen sind. Das Gleiche gilt für alle, die ihr Aufenthaltsrecht verloren haben. Wer allein zur Arbeitssuche einreist, hat keinen Anspruch auf Arbeitslosengeld II. Erst nach einem 5-jährigen Aufenthalt in Deutschland erhalten Ausländer Leistungen im jeweiligen Leistungssystem, es sei denn, die betreffende Person ist Arbeitnehmer. Sog. Aufstocker können einen Anspruch auf ergänzende SGB-II-Leistungen haben, wenn die jeweilige Arbeit nicht von völlig untergeordneter Bedeutung ist. Arbeitssuchende EU-Bürger können ein Überbrückungsgeld beantragen. Die Hilfe soll für höchstens 4 Wochen den unmittelbaren Bedarf für Essen, Unterkunft, Körperpflege und medizinische Versorgung abdecken. Danach sollen die Betroffenen ein Darlehen erhalten können, das ihnen die Reise zurück in ihr Heimatland finanziert.

Arbeitnehmerüberlassungsgesetz (AÜG)

Zweck des Gesetzes zur Arbeitnehmerüberlassung, auch Leih- oder Zeitarbeit genannt, ist die Regelung der Bedingungen, unter denen gewerbliche Arbeitnehmerüberlassung erlaubt ist, sowie der individuelle Schutz der Leiharbeitnehmer vor den spezifischen Gefährdungen der Leiharbeit u. a. durch die Festlegung von Mindeststandards. Leiharbeit liegt vor, wenn ein Arbeitgeber (Verleiher) einen mit ihm in einem Arbeitsverhältnis stehenden Arbeitnehmer (Leiharbeitnehmer) einem anderen Arbeitgeber (Entleiher) zur Arbeitsleistung überlässt. Dies geschieht durch einen Vertrag zwischen Verleiher und Entleiher (Arbeitnehmerüberlassungsvertrag). Ein Arbeitsvertrag zwischen dem Entleiher und dem Leiharbeitnehmer kommt dabei nicht zustande, jedoch geht das Weisungsrecht aus dem zwischen dem Leiharbeitnehmer und dem Verleiher bestehenden Arbeitsvertrag auf den Entleiher über. Vergütungspflichtig dem Arbeitnehmer gegenüber bleibt der Verleiher, sowohl während der Überlassung als auch in Zeiten, in denen keine Überlassung erfolgt. Der Überlassungsvertrag bedarf der Schriftform und muss enthalten, welche Merkmale und Arbeitsbedingungen die für den Leiharbeitnehmer beim Entleiher vorgesehene Tätigkeit hat sowie insbesondere die Vergütung vergleichbarer festangestellter Arbeitnehmer. Die zulässige Dauer der Überlassung eines Leiharbeitnehmers ist auf 18 Monate begrenzt. Vor einer erneuten Überlassung an denselben Entleiher müssen mindestens 3 Monate liegen. Während der Überlassung ist der Verleiher grundsätzlich verpflichtet, dem Leiharbeitnehmer die gleichen Arbeitsbedingungen zu gewähren, die für einen vergleichbaren Arbeitnehmer im Betrieb des Entleihers gelten. Dazu gehören neben dem Entgelt auch der Umfang des Urlaubsanspruchs und die wöchentliche Arbeitszeit. Eine praktisch höchst bedeutsame Durchbrechung des Grundsatzes der Gleichbehandlung stellt die Möglichkeit dar, durch Tarifverträge zeitlich begrenzt abweichende Arbeitsbedingungen zu vereinbaren, solange dadurch nicht der durch Rechtsverordnung (RVO) festgelegte Mindestlohn für die Leiharbeitsbranche unterschritten wird. Um den Schutz der Leiharbeitnehmer tatsächlich zu gewährleisten, bedarf es für die gewerbliche Arbeitnehmerüberlassung einer Erlaubnis durch die Bundesagentur für Arbeit. Verstöße gegen das A., z. B. die Arbeitnehmerüberlassung ohne die erforderliche Erlaubnis oder über die zulässige Überlassungsdauer hinaus, führen in vielen Fällen dazu, dass ein Arbeitsverhältnis zwischen dem Leiharbeitnehmer und dem Entleiher zustande kommt.

Arbeitseinkommen

Im Sinne des Sozialversicherungsrechts: Gewinn aus einer selbstständigen Tätigkeit (§ 15 Abs. 1 SGB IV), der nach den allgemeinen Gewinnermittlungsvorschriften des Einkommensteuerrechts ermittelt wurde. Die Ermittlung des A. orientiert sich somit an den Wertungen des Steuerrechts. Ein Verlustvortrag bleibt nach der Rechtsprechung des BSG bei der Ermittlung des A. unberücksichtigt.

Arbeitsentgelt

Arbeitsrecht: Zahlung des A. ist die Hauptleistung des Arbeitgebers aus dem Arbeitsvertrag.
Sozialrecht: A. im Sinne aller Zweige der Sozialversicherung sind alle laufenden oder einmaligen Einnahmen aus einer abhängigen Beschäftigung. Dabei ist es gleichgültig, ob ein Rechtsanspruch auf die Einnahmen besteht, unter welcher Bezeichnung oder in welcher Form (z. B. als Geld- oder als Sachleistung) sie erbracht werden und ob sie unmittelbar aus der Beschäftigung oder im Zusammenhang mit ihr erbracht werden (§ 14 Abs. 1 SGB IV). Das A. ist sowohl für die Begründung einer Versicherungspflicht in der Sozialversicherung als auch für das

Beitragsrecht und Leistungsrecht der Sozialversicherung von Bedeutung. Es ist auch bei den steuerfinanzierten Sozialleistungen von Belang. So wird etwa das A. als Einkommen (§§ 11 ff. SGB II) bei der Bestimmung der Höhe des Anspruchs auf Arbeitslosengeld II berücksichtigt.
Steuerrecht: Im Einkommenssteuerrecht werden die Einkünfte aus nicht selbstständiger Tätigkeit nicht als A., sondern üblicherweise mit den Begriffen Gehalt und (Arbeits-)Lohn umschrieben (§ 19 EStG).

Arbeitsförderung

Siehe Arbeitslosenversicherung

Arbeitsgericht

Siehe Arbeitsgerichtsbarkeit

Arbeitsgerichtsbarkeit

Fachgerichtsbarkeit für arbeitsrechtliche Streitigkeiten, geregelt im Arbeitsgerichtsgesetz (ArbGG). Für Verfahren vor den Arbeitsgerichtsbarkeiten gelten die Vorschriften der Zivilprozessordnung (ZPO), solange das ArbGG keine abweichenden Regelungen vorsieht. Das ist v. a. im Hinblick auf Fristen, die Vertretung durch Prozessbevollmächtigte und die geringeren Gerichtskosten relevant. Die Arbeitsgerichte sind für alle arbeitsrechtlichen Rechtsstreitigkeiten ausschließlich zuständig. Dazu gehören alle zivilrechtlichen Streitigkeiten zwischen Arbeitnehmern und Arbeitgebern (z. B. über den Bestand von Arbeitsverhältnissen und die Rechte und Pflichten aus solchen) sowie zwischen den Tarifvertragsparteien über Rechte und Pflichten aus Tarifverträgen (Urteilsverfahren). Daneben entscheiden die Arbeitsgerichte auch über mitbestimmungsrechtliche Angelegenheiten (z. B. aus dem Betriebsverfassungsgesetz) und über die Tariffähigkeit und -zuständigkeit von Organisationen (Beschlussverfahren). Die A. ist dreistufig aufgebaut. Eingangsgericht ist das Arbeitsgericht, dessen Entscheidungen nach mündlicher Verhandlung durch eine Kammer, bestehend aus 1 Berufsrichter und 2 ehrenamtlichen Richtern (Richter, ehrenamtlicher), ergeht. Im Urteilsverfahren findet vor der mündlichen Verhandlung ein Gütetermin statt mit dem Ziel, die Streitigkeit ohne Urteil des Gerichts beizulegen. Dadurch sollen der Abschluss von Verfahren beschleunigt und die Gerichte entlastet werden. Für Verfahren vor dem Arbeitsgericht gilt kein Vertretungszwang, d. h. die Parteien (Partei, gerichtliche) können sich selbst vertreten. Berufungs- bzw. Beschwerdegericht ist das Landesarbeitsgericht. Die Berufung bzw. Beschwerde ist möglich, wenn sie vom Arbeitsgericht zugelassen wurde oder der Wert des Gegenstands der Beschwer 600 € übersteigt. In Verfahren über den Bestand von Arbeitsverhältnissen ist die Berufung immer zulässig. Das Landesarbeitsgericht entscheidet ebenfalls in Kammern aus 1 Berufsrichter und 2 ehrenamtlichen Richtern. An der Spitze der A. steht als Revisions- bzw. Rechtsbeschwerdeinstanz das Bundesarbeitsgericht (BAG) mit Sitz in Erfurt. Revision und Rechtsbeschwerde sind möglich, wenn sie vom Landesarbeitsgericht zugelassen wurden. Hat das Landesarbeitsgericht Gründe für die Zulassung der Rechtsmittel verkannt, kann diese durch Nichtzulassungsbeschwerde erreicht werden. Das BAG besteht aus derzeit 10 Senaten, die sich aus dem Vorsitzenden Richter (Richter, gesetzlicher) und 2 weiteren Berufsrichtern sowie 2 ehrenamtlichen Richtern zusammensetzen. Will ein Senat von der bisherigen Rechtsprechung eines anderen Senats abweichen, ist die zugrunde liegende Rechtsfrage dem Großen Senat zur Entscheidung vorzulegen. Der Große Senat besteht aus jeweils 1 Berufsrichter jedes Senats und 6 ehrenamtlichen Richtern. In Verfahren vor dem Landes- und Bundesarbeitsgericht herrscht Vertretungszwang, d. h., die Parteien müssen sich von einem Rechtsanwalt oder einem Vertreter einer Gewerkschaft oder eines Arbeitgeberverbandes vertreten lassen. Die ehrenamtlichen Richter in allen Spruchkörpern der A. (Kammern und Senaten) werden jeweils zur Hälfte auf Vorschlag der Gewerkschaften und der Arbeitgeberverbände ernannt.

Arbeitsgerichtsgesetz (ArbGG)

Prozessordnung für die Rechtsdurchsetzung in der Arbeitsgerichtsbarkeit.

Arbeitskampf

Gewerkschaften und Arbeitgeber sollen im Rahmen der Tarifautonomie die Arbeits- und Wirtschaftsbedingungen gestalten (Art. 9 Abs. 3 GG). Dies geschieht i. d. R. durch den Abschluss von Tarifverträgen. Gelingt der einvernehmliche Abschluss eines Tarifvertrags nicht, sind beide Seiten zur Durchführung von Arbeitskampfmaßnahmen berechtigt, um durch die Störung des Arbeitsfriedens den Druck zum Vertragsabschluss auf die andere Seite zu erhöhen. Die Wahl der Arbeitskampfmittel ist grundsätzlich frei, von überwiegender Bedeutung ist jedoch auf Arbeitnehmerseite der Streik. Von Arbeitgeberseite wird diesem vorrangig mit Streikbruchprämien begegnet. Regeln zur Rechtmäßigkeit von Arbeitskampfmaßnahmen bestehen im Gesetz nicht und sind daher von der Rechtsprechung entwickelt worden. Danach sind Arbeitskampfmaßnahmen auf die Erzwingung tarifvertraglich regelbarer Ziele beschränkt. Politische Streiks, die sich an staatliche Organe wenden, sind damit in Deutschland ausgeschlossen. Auch nicht gewerkschaftlich initiierte, sog. »Wilde Streiks«, sind rechtswidrig (Rechtswidrigkeit). Des Weiteren muss die Durchführung des A. verhältnismäßig sein im Hinblick auf sein Ziel und unter Beachtung des Gebots der fairen Kampfführung. Die bloße Beeinträchtigung anderer verfassungsrechtlich geschützter Rechte und Interessen heißt noch nicht, dass die Arbeitskampfmaßnahmen unverhältnismäßig sind, da die Zufügung wirtschaftlicher Nachteile für die Gegenseite gerade deren Wesen ausmacht. Rechtswidrig sind Arbeitskampfmaßnahmen während der Friedenspflicht. Diese ergibt sich aus dem sog. schuldrechtlichen Teil eines Tarifvertrags und kann von den Vertragsparteien über dessen Laufzeit hinaus verlängert werden. Durch die restriktive Rechtsprechung des BAG zur Verhältnismäßigkeit von Aussperrungen finden diese nur noch selten statt. Durch die Teilnahme am Streik werden die Leistungspflichten aus dem Arbeitsvertrag suspendiert, d. h., der Arbeitnehmer ist nicht zur Arbeit und der Arbeitgeber nicht zur Vergütung verpflichtet. Nach dem Ende des Streiks lebt das Arbeitsverhältnis mit seinen gegenseitigen Verpflichtungen wieder auf. An einem Streik können sowohl gewerkschaftlich organisierte Arbeitnehmer des bestreikten Betriebs als auch Nichtgewerkschaftsmitglieder teilnehmen. Streikgeld zur Milderung der wirtschaftlichen Beeinträchtigung durch den Ausfall der Vergütung erhalten nach Satzung der Gewerkschaften jedoch nur Mitglieder.

Arbeitslosengeld I

Leistung der Arbeitslosenversicherung nach dem Sozialgesetzbuch (SGB) III, auf die Arbeitnehmer insbesondere bei Arbeitslosigkeit Anspruch haben, wenn sie sich arbeitslos gemeldet und die Anwartschaftszeit erfüllt haben (§ 137 Abs. 1 SGB III). Voraussetzung ist Arbeitslosigkeit, wobei die Ausübung einer beruflichen Tätigkeit im Umfang von regelmäßig weniger als 15 Stunden in der Woche diese nicht ausschließt. Der Arbeitslose hat sich persönlich bei der zuständigen Arbeitsagentur arbeitslos zu melden (§ 141 Abs. 1 SGB III). Die Anwartschaftszeit, also die versicherungsrechtliche Voraussetzung für den Bezug von A., erfüllt, wer in der sog. Rahmenfrist von 2 Jahren mindestens 12 Monate in einem Versicherungspflichtverhältnis gestanden hat (§ 142 Abs. 1 SGB III). Die Dauer des Anspruchs auf A. ist abhängig von der Dauer des versicherungspflichtigen Beschäftigungsverhältnisses und dem Lebensalter des Versicherten (vgl. § 147 SGB III). Die Höhe des A. richtet sich nach der Höhe des um pauschalierte Abzüge bereinigten Bruttoarbeitsentgelts. Kinder werden berücksichtigt. Bei Versicherten mit 1 oder mehreren Kindern sind es 67 % und bei den übrigen Versicherten sind es 60 % des bereinigten Bruttoarbeitsentgelts (§ 149 SGB III). Ersparnisse müssen nicht aufgebraucht werden.

Arbeitslosengeld II

Auch »Hartz IV« genannt. Im Gegensatz zum Arbeitslosengeld I nicht die Folge einer Versicherung, sondern eine aus Steuern finanzierte Leistung nach dem Sozialgesetzbuch (SGB) II für erwerbsfähige Leistungsberechtigte. Voraussetzung ist Bedürftigkeit, d. h. fehlendes Vermögen oder ausreichendes Einkommen. Bei nicht erwerbsfähigen Leistungsberechtigten, die mit erwerbsfähigen Leistungsberechtigten in einer Bedarfsgemeinschaft leben, kommt ein Anspruch auf Sozialgeld in Betracht. Das A. setzt sich zusammen aus dem Regelbedarf, den Leistungen für Unterkunft und Heizung und ggf. Leistungen für Mehrbedarfe (§ 19 Abs. 1 SGB II).

Arbeitslosenversicherung

Zweig der Sozialversicherung. Die zentralen Vorschriften der A. sind im Sozialgesetzbuch (SGB) III, dem Recht der Arbeitsförderung, geregelt. Das Leistungsspektrum des Arbeitsförderungsrechts setzt sich zusammen aus der mit Ermessen ausgestalteten aktiven Arbeitsförderung (§§ 29 ff. SGB III) und den als passive Leistungen bezeichneten Entgeltersatzleistungen (vgl. § 3 Abs. 4 SGB III). Versicherungspflichtig in der A. sind v. a. Personen, die gegen Arbeitsentgelt oder zu ihrer Berufsausbildung beschäftigt sind (§ 25 Abs. 1 SGB III). Die A. finanziert sich in erster Linie über Beiträge, die von den versicherungspflichtig Beschäftigten und den Arbeitgebern je zur Hälfte getragen werden (§ 346 SGB III). Des Weiteren werden die Leistungen der Arbeitsförderung durch Umlagen (Insolvenzgeld), Mittel des Bundes (§§ 363, 364 SGB III) und sonstige Einnahmen (etwa Gebühren und Bußgelder) finanziert (§ 340 SGB III). Trägerin der A. ist die Bundesagentur für Arbeit. Sie gliedert sich in die Zentrale auf der oberen Verwaltungsebene mit Sitz in Nürnberg, die Regionaldirektionen auf der mittleren Verwaltungsebene und die Agenturen für Arbeit auf örtlicher Ebene (§ 367 Abs. 2 Satz 1 SGB III). Die Leistungen der Arbeitsförderung werden durch die örtlichen

Agenturen für Arbeit erbracht (§ 9 Abs. 1 SGB III). Die Arbeitsförderung soll dem Entstehen von Arbeitslosigkeit entgegenwirken bzw. die Dauer von Arbeitslosigkeit verkürzen und den Ausgleich von Angebot und Nachfrage auf dem Ausbildungs- und Arbeitsmarkt unterstützen (§ 1 Abs. 1 Satz 1 SGB III). Dabei ist besonderes Augenmerk auf die Förderung der Beschäftigungsfähigkeit von Langzeitarbeitslosen und die Gleichstellung von Frauen und Männern zu legen (§ 1 Abs. 1 Sätze 2 und 3 SGB III). Bei Arbeitslosigkeit sollen Entgeltersatzleistungen nach dem SGB III und hierbei v. a. das Arbeitslosengeld I den Lebensunterhalt des Versicherten sichern.

Arbeitslosigkeit

Versicherungsfall der Arbeitslosenversicherung. Arbeitslos im Sinne des Arbeitsförderungsrechts sind Personen, die vorübergehend nicht in einem Beschäftigungsverhältnis stehen, eine versicherungspflichtige Beschäftigung suchen und dabei den Vermittlungsbemühungen der Agentur für Arbeit zur Verfügung stehen und sich bei dieser arbeitslos gemeldet haben (§ 16 Abs. 1 SGB III). Ein Anspruch auf Arbeitslosengeld I setzt zusätzlich gemäß dem Versicherungsprinzip des Sozialversicherungsrechts voraus, dass die gesetzlichen Anwartschaftszeiten erfüllt sind (§§ 137 Abs. 1 Nr. 3, 142 SGB III). Wer diese Anwartschaftszeiten nicht erfüllt und hilfebedürftig im Sinne der Grundsicherung für Arbeitsuchende ist, kann ggf. einen Anspruch auf Arbeitslosengeld II haben.

Arbeitsrecht

Teilgebiete sind das Kollektiv- und das Individualarbeitsrecht. Das individuelle A. ist ein Nebengebiet des Zivilrechts, das vom allgemeinen Dienstvertrag abweichende Regelungen zum Schutz der Arbeitnehmer enthält. Dazu wird insbesondere die Vertragsfreiheit des Arbeitgebers eingeschränkt. Zum kollektiven A. siehe Tarifvertrag und Betriebsvereinbarung/Dienstvereinbarung.

Arbeitsschutzgesetz (ArbSchG)

Umsetzung der europäischen Richtlinie über die Durchsetzung von Maßnahmen zur Verbesserung der Sicherheit und des Gesundheitsschutzes der Arbeitnehmer bei der Arbeit (89/391/EWG) in deutsches Recht. Zweck des A. ist die Förderung des vorbeugenden Schutzes von Arbeitnehmern. Damit dient das A. der verfassungsrechtlichen Schutzpflicht des Staates für das Grundrecht auf Leben und körperliche Unversehrtheit und stellt eine Ausprägung des Sozialstaatsprinzips dar. Es verlangt vom Arbeitgeber, anhand von Gefährdungsbeurteilungen für alle im Betrieb ausgeübten Tätigkeiten die erforderlichen Schutzmaßnahmen zu ermitteln und umzusetzen. Die Beurteilungen und die entsprechenden Maßnahmen sind fortlaufend auf ihre Vereinbarkeit mit dem Stand der Technik, der Medizin und Hygiene sowie anderen arbeitswissenschaftlichen Erkenntnissen zu überprüfen und ggf. anzupassen.
Bei der Übertragung von Aufgaben und Tätigkeiten an Beschäftigte hat der Arbeitgeber sicherzustellen, dass diese in der Lage sind, die getroffenen Schutzmaßnahmen einzuhalten und sie entsprechend zu unterweisen. Arbeitnehmer werden durch das A. verpflichtet, im Rahmen ihrer Möglichkeiten und nach den Unterweisungen des Arbeitgebers für ihre eigene Sicherheit und Gesundheit Sorge zu tragen und erhebliche Gefahren unverzüglich zu melden.

Sie sind berechtigt, dem Arbeitgeber jederzeit Vorschläge zur Verbesserung des Gesundheitsschutzes zu machen und sich, sofern sie aufgrund konkreter Anhaltspunkte der Auffassung sind, dass die vom Arbeitgeber getroffenen Maßnahmen nicht ausreichend sind, an die zuständige Aufsichtsbehörde zu wenden. Betriebs- (Betriebsrat) und Personalräten kommt bei der Überwachung der Umsetzung und Einhaltung der Vorschriften des A. eine zentrale Bedeutung zu. Sie sind gemäß den Vorschriften des Betriebsverfassungsgesetzes (BetrVG) bzw. der Personalvertretungsgesetze umfassend mitwirkungsberechtigt und entsprechend zu schulen, zu unterrichten und anzuhören.

Arbeitsstättenverordnung (ArbStättV)

Eine aufgrund von §§ 18, 19 Arbeitsschutzgesetz (ArbSchG) erlassene Rechtsverordnung (RVO), mit der die europäische Arbeitsstättenrichtlinie in nationales Recht umgesetzt wird. Durch die A. wird das nach dem Arbeitsschutzgesetz vorgeschriebene Verfahren der Gefährdungsbeurteilung konkretisiert, indem Anforderungen und Maßnahmen zur möglichst gefährdungsfreien Einrichtung von Arbeitsstätten bestimmt werden. Die A. enthält zu diesem Zweck u. a. Bestimmungen zur Brand- und Notfallsicherheit, zu Pausen-, Sanitär- und Erste-Hilfe-Räumen und zur Beleuchtung, Belüftung und Beheizung von Arbeitsräumen. In der jüngeren Vergangenheit sind Regelungen zur Gestaltung von Bildschirmarbeitsplätzen und zum Nichtraucherschutz in die A. aufgenommen worden.

Arbeitsunfähigkeit

Voraussetzung für den Bezug von Leistungen der Sozialversicherung, namentlich von Krankengeld und Verletztengeld. Sie besteht, wenn der Versicherte seine zuletzt vor Eintritt des Versicherungsfalls konkret ausgeübte Arbeit wegen Krankheit nicht (weiter) verrichten kann. Endet das Arbeitsverhältnis nach Eintritt der A., so ändert sich der rechtliche Maßstab dahingehend, dass für die Beurteilung der A. nicht mehr die konkreten Verhältnisse an dem letzten Arbeitsplatz maßgebend sind, sondern auf die Art der zuletzt ausgeübten Beschäftigung abzustellen ist. Bei Versicherten, die bereits bei Eintritt der A. arbeitslos sind, wird nicht auf die zuletzt vor der Arbeitslosigkeit ausgeübte Beschäftigung geschaut. Vielmehr sind Arbeitslose gemäß § 2 Abs. 3 der Arbeitsunfähigkeitsrichtlinie des Gemeinsamen Bundesausschusses arbeitsunfähig, wenn sie krankheitsbedingt nicht mehr in der Lage sind, leichte Arbeiten in einem zeitlichen Umfang zu verrichten, für den sie sich bei der Agentur für Arbeit zur Verfügung gestellt haben. Siehe Entgeltfortzahlung.

Arbeitsunfall

Versicherungsfall der gesetzlichen Unfallversicherung (Unfallversicherung, gesetzliche). A. ist ein Unfall eines Versicherten infolge einer den Versicherungsschutz begründenden Tätigkeit (§ 8 Abs. 1 Satz 1 SGB VII). Hiervon erfasst sind auch Wegeunfälle, soweit der zurückgelegte Weg in einem vom Gesetz vorgegebenen Zusammenhang mit der versicherten Tätigkeit steht (§ 8 Abs. 2 SGB VII).

Arbeitsvertrag

Vertragliche Vereinbarung, mit der Arbeitnehmer und Arbeitgeber das Arbeitsverhältnis als Dauerschuldverhältnis (Schuldverhältnis) schließen.

Durch den A. verpflichtet sich der Arbeitnehmer zur Erbringung der Arbeitsleistung, der Arbeitgeber zur Zahlung der vereinbarten Vergütung. Der A. stellt einen Sonderfall des Dienstvertrags dar, dessen Eigenart darin besteht, dass die geschuldete Arbeitsleistung in persönlicher Abhängigkeit, d. h. weisungsgebunden und fremdbestimmt zu erbringen ist. Im Gegensatz zum (freien) Dienstvertrag ist der Arbeitgeber berechtigt, den Arbeitnehmer innerhalb der Grenzen des Vereinbarten und der geltenden Vorschriften (z. B. Gesetze, Tarifverträge) hinsichtlich der Erfüllung seiner Verpflichtung anzuweisen, v. a. über Zeit, Ort und Inhalt der Arbeitsleistung zu bestimmen. Für den Abschluss des A. gelten die allgemeinen Vorschriften des BGB zum Vertragsschluss. Ein Schriftformerfordernis besteht nicht, doch werden A. in aller Regel schriftlich geschlossen. Bedient sich der Arbeitgeber dabei vorformulierter Verträge, finden die Vorschriften des BGB zur AGB-Kontrolle Anwendung. Ist der Vertrag lediglich mündlich geschlossen, ist der Arbeitgeber durch das Nachweisgesetz (NachwG) verpflichtet, spätestens einen Monat nach Beginn des Arbeitsverhältnisses die wesentlichen Vertragsinhalte (z. B. den Arbeitsort, die Arbeitstätigkeit, Höhe und Zusammensetzung der Vergütung) schriftlich niederzulegen und dem Arbeitnehmer auszuhändigen. Neben den genannten Hauptpflichten bestehen zahlreiche, teilweise gesetzlich bestimmte, teilweise durch die Rechtsprechung (siehe auch Richterrecht) entwickelte Nebenpflichten, die – v. a., wenn sie sich an den Arbeitgeber richten – von der Eigenart des A. als wirtschaftlicher Existenzgrundlage der Arbeitnehmer und ihrer daraus resultierenden besonderen Schutzbedürftigkeit sowie des strukturellen Machtungleichgewichts der Vertragspartner geprägt sind. Dazu gehören auf Arbeitgeberseite der Schutz vor Gefährdungen der Gesundheit am Arbeitsplatz, die Erfüllung von Ansprüchen auf Freistellung (z. B. mindestens 24 Werktage Urlaub) und die Pflicht auf Unterrichtung und Anhörung des Arbeitnehmers im Hinblick auf betriebliche Angelegenheiten. Arbeitnehmerseitige Nebenpflichten betreffen vorrangig den Schutz des Arbeitgebers vor betriebsschädigendem Verhalten, z. B. in Form des Wettbewerbsverbots, der Verschwiegenheitspflicht und der Pflicht zum sorgfältigen Umgang mit Arbeitsmitteln. Der A. kann von den Parteien einvernehmlich (Aufhebungsvertrag) oder einseitig durch ordentliche Kündigung oder außerordentliche Kündigung aus wichtigem Grund (z. B. gravierenden Pflichtverletzungen) beendet werden. Die Kündigungserklärung bedarf ebenso wie der Aufhebungsvertrag der Schriftform. Sofern im A. oder durch einen Tarifvertrag nichts Abweichendes vereinbart ist, gelten die gesetzlichen Kündigungsfristen. Diese beträgt im Fall der ordentlichen Kündigung für den Arbeitnehmer vier Wochen zum Fünfzehnten eines Monats oder zum Monatsende und ist für den Arbeitgeber nach der Dauer des Bestandes des Arbeitsverhältnisses gestaffelt. In der Praxis wird die Kündigungsfrist des Arbeitnehmers häufig an die des Arbeitgebers angeglichen. Im Anwendungsbereich des Kündigungsschutzgesetzes (KSchG) treten für die arbeitgeberseitige ordentliche Kündigung neben die formellen Vorschriften noch inhaltliche (soziale Rechtfertigung). Außerdem handelt es sich bei der Kündigung des Arbeitsverhältnisses um eine personelle Einzelmaßnahme, für deren Wirksamkeit die Beteiligung des Betriebsrats bzw. Personalrats nach den Vorschriften des Betriebsverfassungsgesetzes (BetrVG) bzw. des geltenden Personalvertretungsgesetzes erforderlich ist.

Arbeitsvertragsrichtlinien

Siehe Kirchliches Arbeitsrecht

Arbeitszeit

Die Begrenzung der maximalen täglichen und wöchentlichen Dauer der Arbeit, die für den einzelnen Arbeitnehmer zulässig ist, ist spätestens seit der Industrialisierung ein vorrangiges Instrument des Arbeitnehmerschutzes und daher ein anhaltender Streitpunkt zwischen Arbeitnehmer- und Arbeitgeberverbänden. Im Verlauf des 20. Jahrhunderts ist die zulässige Arbeitszeit in mehreren Schritten reduziert worden, gegenwärtig gibt es jedoch Bestrebung, die bestehenden Regelungen zugunsten der Arbeitgeber zu öffnen und dadurch erneut höhere Arbeitszeiten zuzulassen. Die Mindestbedingungen zur Arbeitszeit sind im Arbeitszeitgesetz (ArbZG) geregelt. Danach beträgt die durchschnittliche tägliche Arbeitszeit für Arbeitnehmer maximal 8 Stunden, die von einer 30-minütigen Pause unterbrochen sein müssen. Zwischen zwei Arbeitsschichten muss regelmäßig eine ununterbrochene Ruhezeit von mindestens 11 Stunden liegen. Die Arbeit an Sonn- und Feiertagen ist, mit Ausnahme für die im Gesetz genannten Berufe und Branchen, verboten. Darüber hinaus enthält das Arbeitszeitgesetz zahlreiche Regelungen, die es Gewerkschaften und Arbeitgeberverbänden erlauben, mittels Tarifverträgen abweichende Vereinbarungen unterhalb dieser Mindestbedingungen zu treffen. Dadurch beträgt die wöchentliche Arbeitszeit in vielen Branchen 35 bis 40 Stunden. Außerhalb des Anwendungsbereichs von Tarifverträgen muss die individuelle Arbeitszeit arbeitsvertraglich unter Einhaltung der Regelungen der ArbZG festgelegt werden. Eine Arbeitsleistung, die auf Anordnung des Arbeitgebers über die geschuldete Arbeitszeit hinaus erbracht wird, stellt regelmäßig Mehrarbeit bzw. Überstunden dar. Verstöße gegen die Regelungen des ArbZG können Ordnungswidrigkeiten oder Straftaten darstellen.

Arbeitszeugnis

Mit Beendigung des Arbeitsverhältnisses erhält der Arbeitnehmer einen Anspruch auf Ausstellung eines A. vom (ehemaligen) Arbeitgeber. Anspruchsgrundlage hierfür ist der § 109 Gewerbeordnung. Durch das A. soll einerseits die Dauer der Betriebszugehörigkeit und der Tätigkeitsbereich dokumentiert werden, andererseits soll durch eine wohlwollende Bewertung das berufliche Vorankommen des Arbeitnehmers gefördert werden. Der Arbeitnehmer hat dabei die Wahl, ob sein Zeugnisanspruch durch ein einfaches A., welches nur die Art und Dauer der ausgeübten Tätigkeiten beschreibt, oder ein qualifiziertes Zeugnis, welches zusätzlich noch eine Leistungs- und Verhaltensbewertung enthält, erfüllt werden soll. Für beide gelten dieselben Formerfordernisse: Sie sind schriftlich und unter Angabe des Datums vom Arbeitgeber oder einem dem Arbeitnehmer gegenüber weisungsbefugtem Erfüllungsgehilfen auszufertigen. Im bestehenden Arbeitsverhältnis kann der Arbeitnehmer die Ausfertigung eines Zwischenzeugnisses verlangen, wenn er ein gesondertes Interesse daran geltend machen kann. Dies ist z. B. bei Abteilungswechseln innerhalb des Betriebs oder einem Wechsel der Vorgesetzten der Fall.

Arrest

Siehe Jugendarrest

Artenschutzrecht

Regelungen zum Schutz von Tieren und Pflanzen in den Naturschutzgesetzen des Bundes und der Länder sowie der europäischen Artenschutzverordnung. Grundsätzlich verbietet der Artenschutz, wild lebende Tiere oder Pflanzen zu töten, zu fangen, zu zerstören oder aus der Natur zu entnehmen. Dieses Verbot gilt auch für Brutstätten, Nester oder Eier. Das A. gilt zunächst allgemein, d. h. für alle Tiere und Pflanzen. Abgesehen von den Regelungen für besonders und streng geschützte Arten, sieht das A. allerdings großzügige Ausnahmen von diesen Verboten vor. So dürfen etwa Pflanzen in geringen Mengen und für private Zwecke der Natur entnommen werden. Das Blaubeerpflücken für den eigenen Verzehr ist ebenso erlaubt wie das Flechten von Stirnbändern aus Gänseblümchen. Das ist bei den besonders geschützten Arten anders – sie sind gleichsam unantastbar und dürfen nicht entnommen, getötet oder gefangen werden. Das Problem ist, dass im Gesetz nicht steht, welche Arten besonders oder streng geschützt sind. Dazu wird auf Anhänge europäischer Rechtsakte (Rechtsakte der EU) verwiesen, welche die Arten meist mit lat. Namen auflisten. Das ist ein Problem, denn vielen fällt schwer herauszufinden, welche Art geschützt ist. Die rechtstreue Bürgerin findet einen Anhaltspunkt für den Schutzumfang nur in der Frage, ob es sich um eine seltene Art handelt oder nicht. Bei besonders geschützten Arten sind auch der Handel und der Besitz verboten. Dabei geht es v. a. um seltene Arten aus fremden Kontinenten, die vom Aussterben bedroht sind oder waren, weil sie oder Teile von ihnen (Elfenbein, Nashornpulver, Korallenketten) rücksichtslos vermarktet wurden. Weil man der illegalen Jagd vor Ort nicht Herr werden konnte, wurde im Washingtoner Artenschutzabkommen vereinbart, den Handel international zu verbieten und zu bestrafen. Für die diesbezügliche Kontrolle sind in Deutschland die Zollbehörden zuständig. Aber es gibt auch seltene Arten in Deutschland – so zahlen z. B. Sammler für die Eier mancher Vogelarten hohe Summen, was Nesträuber veranlasst, ihrem »Handwerk« nachzugehen. Dies steht allerdings unter Strafe (§ 71 BNatSchG).

Arztvertrag

Siehe Behandlungsvertrag

Assessor

Volljurist, der aber noch nicht in einen juristischen Beruf (z. B. Staatsanwalt, Rechtsanwalt, Richter) »hineingewachsen« ist. Ursprünglich hatte ein A. unterstützende Tätigkeiten bei Gericht, bis er selbst als Richter ernannt wurde. Daher leitet sich der Name von lat. assessor (Beisitzer, Gehilfe) ab.

Asylbewerberleistungsgesetz (AsylbLG)

Regelt, welche Sozialleistungen Asylsuchende, Geduldete, vollziehbar Ausreisepflichtige und ihre Familienangehörigen erhalten. Früher erhielten diese Gruppen aufgrund ihres Aufenthaltsstatus weniger staatliche Leistungen als z. B. deutsche Hilfsbedürftige nach dem Sozialgesetzbuch (SGB) XII (Sozialhilfe) und der Grundsicherung für Arbeitsuchende (SGB II). Das Bundesverfassungsgericht (BVerfG) hat im Juli 2012 die gekürzten Leistungen für verfassungswidrig erklärt. Die Minderleistungen seien »evident unzureichend, um das menschenwürdige Existenzminimum zu gewährleisten. Zudem ist die Leistungshöhe weder nachvollziehbar berechnet worden, noch ist eine realitätsgerechte, auf Bedarfe orientierte und insofern aktuell existenzsichernde Berechnung ersichtlich«. Das Grundrecht auf Gewährleistung eines menschenwürdigen Existenzminimums gelte für Ausländer wie Deutsche gleichermaßen – eben für alle Menschen. Das BVerfG ließ jedoch eine Differenzierung zu, soweit der Bedarf an existenznotwendigen Leistungen von dem anderer Bedürftiger im Sozialrecht deutlich abweicht.

Asylgrundrecht

Bis zum sog. Asylrechtskompromiss von 1993, mit dem das Grundgesetz (GG) geändert wurde, bestand das A. aus einem einzigen Satz, der lautete: »Politisch Verfolgte genießen Asylrecht«. Dieser Satz steht auch weiter in Art. 16a GG, wurde aber 1993 ergänzt durch einen zweiten Absatz, der in der Essenz das Dublin-Abkommen/-Verordnung von 1997 vorwegnahm, also bestimmte, dass keinen Anspruch auf Asyl hat, wer aus einem Mitgliedsstaat der EU oder aus einem anderen Drittstaat, in dem die Anwendung der Genfer Flüchtlingskonvention sichergestellt ist, nach Deutschland einreist. Die EU ist Deutschland gefolgt, das plötzlich von einem Ring sicherer Drittstaaten umgeben war, weil alle Nachbarn die Konvention unterzeichnet haben und inzwischen, bis auf die Schweiz, EU-Staaten sind. Politische Verfolgung setzt Verfolgung durch staatliche Institutionen voraus, gilt also zunächst nicht für Bürgerkriegs- oder Kriegsflüchtlinge. Diese genießen aber durch die Qualifikationsrichtlinie der EU dennoch Schutz in ihren Mitgliedsstaaten.

Aufenthaltsrecht

Regelt, unter welchen Bedingungen sich Ausländer in Deutschland aufhalten können. Dabei wird zwischen Bürgern aus EU-Staaten (Mitgliedsstaat) und Drittstaatsangehörigen unterschieden. Bürger aus EU-Staaten haben grundsätzlich ein Aufenthaltsrecht in anderen EU-Staaten, was sich aus der Arbeitnehmerfreizügigkeit und aus dem Diskriminierungsverbot aus Art. 18 AEUV ergibt. Drittstaatsangehörige können als Touristen ein Visum für 90 Tage bekommen, sofern mit ihrem Staat nicht ohnehin Visumfreiheit vereinbart wurde. Das Recht zum Aufenthalt in der Bundesrepublik erlangt man weiter durch eine Aufenthaltserlaubnis (§ 7 AufenthG), die Blaue Karte der EU (§ 19a AufenthG), die ICT-Karte (§ 19b AufenthG), die Mobiler-ICT-Karte (§ 19d AufenthG), eine Niederlassungserlaubnis (§ 9 AufenthG) oder eine Erlaubnis zum Daueraufenthalt in der EU (§ 9a AufenthG). Die Aufenthaltserlaubnis ist grundsätzlich befristet und für einen bestimmten Zweck zu gewähren. Blaue Karte und die ICT-Karten bezeichnen den Aufenthaltsstatus von Bürgern, die von Firmen im Austausch oder wegen besonderer Kompetenzen angefordert wurden. Niederlassungserlaubnis und Erlaubnis zum Daueraufenthalt bezeichnen gefestigte Aufenthaltsrechte.

Aufhebung von Verwaltungsakten

Siehe Rücknahme/Widerruf

Aufklärungspflicht

Rechtspflicht, einen anderen ungefragt so zu informieren, dass er die Möglichkeit hat, eine für ihn richtige Entscheidung zu treffen. Sie ergibt sich in verschiedenen Zusammenhängen, z. B. im Verbraucherschutz. Beim Behandlungsvertrag wird diese Pflicht A. genannt. Nach § 630e BGB muss über alle für die Einwilligung in die Behandlung wesentlichen Umstände rechtzeitig vor der Behandlung aufgeklärt werden. Dazu gehören neben der Frage, was gemacht werden soll und inwiefern das notwendig und dringend ist, insbesondere auch die möglichen Folgen und Risiken der Behandlung. Die ordnungsgemäße Aufklärung muss zudem dokumentiert werden. Eine Verletzung der A. kann die Zustimmung des Patienten in die Behandlung unwirksam machen (zu den Folgen siehe Einwilligung).

Auflage

Im Rahmen der Bewährung (Strafaussetzung zur Bewährung) ist eine A. ein dem Verurteilten im Strafrecht auferlegtes Verhalten (z. B. Schadenswiedergutmachung, Zahlung von Schmerzensgeld, Verpflichtung zur Entschuldigung), dessen Nichterfüllung zum Widerruf der Bewährung führen kann. Im Rahmen des Jugendstrafrechts ist eine A. (Jugendstrafrecht) ein Zuchtmittel, dessen schuldhafte Nichterfüllung zu Beugearrest (bis zur vier Wochen) zum Zwecke der Durchsetzung führen kann.

Auflassung

Siehe Übereignung

Aufsichtspflicht

Eltern haben eine A. gegenüber ihren Kindern (Sorgerecht). Je kleiner das Kind ist und je gefährlicher die Situation, desto höher sind die Anforderungen, die an die Eltern bzw. an die Erfüllung ihrer A. zu stellen sind. Wird die A. verletzt und das Kind erleidet deshalb einen Schaden, hat es einen Anspruch auf Schadensersatz gegen die eigenen Eltern. Fraglich ist allerdings die Durchsetzung. Verursacht das Kind einen Schaden bei einem Dritten, hat dieser einen Anspruch gemäß § 832 BGB gegen die Eltern oder gegen die Person, der die A. durch Vertrag übertragen wurde (v. a. bei Aufenthalt im Kindergarten und Schule relevant). Der oft zu lesende Hinweis »Eltern haften für ihre Kinder« ist daher so pauschal nicht richtig. Eltern haften nur, wenn sie ihre A. verletzt haben. Daneben kommt auch eine eigene Haftung des Kindes in Betracht (Deliktsfähigkeit). Es empfiehlt sich der Abschluss einer privaten Haftpflichtversicherung, v. a., wenn man Kinder hat.

Augenscheinsbeweis

Das Gericht kann sich nach allen Prozessordnungen von entscheidungserheblichen Tatsachen einen Eindruck im Wege der Inaugenscheinnahme verschaffen (§§ 371 ff. ZPO, §§ 86 ff. StPO). Der A. erfolgt im Wege der unmittelbaren sinnlichen Wahrnehmung. Diese Sinneswahrnehmung ist nicht auf die optische Wahrnehmung beschränkt, sondern kann sich z. B. auch auf das Gehör oder den Geschmackssinn erstrecken.

Augenscheinsobjekt

Beweismittel (Beweis, Strengbeweis) nach allen Prozessordnungen einschl. Strafverfahren (Hauptverhandlung), das durch Betrachtung oder Anhörung in der mündlichen Verhandlung bzw. Hauptverhandlung in diese eingeführt wird. Dies kann auch mit Hilfsmitteln geschehen, z. B. Video- oder Sprachaufzeichnung und Mitschnitte aus (zulässiger!) Telefonüberwachung.

Ausgleichsabgabe

Private und öffentliche Arbeitgeber sind ab einer bestimmten Betriebs- oder Behördengröße nach dem Schwerbehindertenrecht verpflichtet, auf einem bestimmten Anteil der Arbeitsplätze, der von der Gesamtzahl der Beschäftigten abhängt, schwerbehinderte Menschen (Schwerbehinderung) zu beschäftigen (§ 154 Abs. 1 SGB IX). Kommen die Arbeitgeber dieser Beschäftigungspflicht nicht nach, haben sie für jeden unbesetzten Pflichtarbeitsplatz die A. zu zahlen (§ 160 SGB IX). Die A. soll die Arbeitgeber anhalten, ihrer Beschäftigungspflicht nachzukommen. Weiterhin liegen der A. wettbewerbsrechtliche Überlegungen zugrunde. Diejenigen Arbeitgeber, die sich anstrengen, die Beschäftigungsquote einzuhalten und für behindertengerechte Arbeitsbedingungen sorgen (§ 164 Abs. 4 Satz 1 Nr. 4 SGB IX), sollen gegenüber denjenigen Arbeitgebern nicht wirtschaftlich schlechter dastehen, die gegen diese gesetzlichen Vorgaben verstoßen.

Auskunftsverweigerungsrecht

Grundsätzlich ist ein Zeuge verpflichtet, vor Gericht auszusagen. Das A. ist das Recht eines Zeugen, vor Gericht zum Schutz eigener vorrangiger Interessen bestimmte Fragen ausnahmsweise nicht zu beantworten. Im Strafrecht ist das A. gegeben, wenn die Antwort den Zeugen selbst oder einen Angehörigen der Strafverfolgung aussetzen könnte (§ 55 StPO). Der Angeklagte kann nicht auf der Ausübung des A. durch den Zeugen bestehen. Nach § 384 ZPO kann der Zeuge das Zeugnis verweigern über Fragen, deren Beantwortung dem Zeugen oder einer ihm nahe stehenden Person einen unmittelbaren vermögensrechtlichen Schaden verursachen würde. Siehe auch Zeugnisverweigerungsrecht

Ausländer

Jemand, der nicht die deutsche Staatsbürgerschaft (Staatsbürger) hat.

Ausländerrecht

Siehe Asylgrundrecht und Aufenthaltsrecht

Auslegung

Auch: Interpretation, ist eine universelle Technik zum Verstehen und die zentrale Methode der Rechtswissenschaft und Rechtspraxis. Fast jede menschliche Äußerung, jeder Text, bedarf der A., wobei diese oft unbewusst geschieht. Der reine Wortlaut ist die Basis der A. Wegen möglicher Vieldeutigkeit und Missverständlichkeit von Sprache sind jedoch meist weitere Kriterien erforderlich, um den relevanten Sinn einer Äußerung zu verstehen. Die häufigste und wichtigste juristische A. ist die der Gesetze. Sie ist die Voraussetzung für die Anwendung einer gesetzlichen Regelung auf den Einzelfall durch Subsumtion. Die Ergebnisse der A. sind zudem gute Argumente bei der Begründung von Entscheidungen, z. B. eines Urteils. Siehe auch Hermeneutik. Für die A. der Gesetze gibt es einen Auslegungskanon, also bestimmte Regeln. Dieser Auslegungskanon wird oft Friedrich Carl von Savigny, einem der bekanntesten deutschen Juristen (19. Jh.), zugeschrieben. Das ist so nicht korrekt, da er nur die Grundlage dafür gelegt hat, die aber in jüngerer Zeit ergänzt wurde, insbesondere um die verfassungskonforme Auslegung. Siehe auch Richtlinie und Europarecht (➠ Abb. »Klassischer Auslegungskanon für Gesetze«).

Das jeweilige Ziel der A., d. h. was man ermitteln will, ist abhängig von unterschiedlichen Gegenständen der A. Bei der Auslegung des Gesetzes ist unter Juristen umstritten, ob der Wille des (historischen) Gesetzgebers oder der oftmals vom Auslegenden in das Gesetz hinein gedeutete (normative)

Klassischer Auslegungskanon für Gesetze und seine modernen Ergänzungen

Kriterium	Bedeutung
1. Wortlaut der Vorschrift	Deckt der Wortlaut des Gesetzes die beabsichtigte Anwendung?
2. Entstehungsgeschichte	Anlass des Textes und ggf. spätere Entwicklungen sind wichtig. = Was wollte der Gesetzgeber bzw. was würde er heute wollen?
3. Systematik (Kontext)	Der Textzusammenhang muss berücksichtigt werden.
4. Zweck (Telos)	Was ist Sinn und Zweck der Vorschrift? = Normativ (wertend)
5. Verfassungs- und Europarechtskonformität	Ist die beabsichtigte Anwendung der Norm mit höherrangigem Recht vereinbar?

Gegenstände der Auslegung

Was wird ausgelegt?		Was wird gesucht?
Willenserklärung	⟶	Wille des Einzelnen + objektiver Empfängerhorizont
Vertrag	⟶	Wille der Parteien
Gesetz	⟶	Wille des Gesetzgebers oder normativer Gesetzessinn?

Sinn und Zweck ausschlaggebend sein soll, sofern diese nicht übereinstimmen. Für den Vorrang des Gesetzgeberwillens spricht seine demokratische Legitimierung (➠ Abb. »Gegenstände der Auslegung«).
Wenn ein Vertrag geschlossen wurde und es ergeben sich Unklarheiten über das Vereinbarte, so ist ebenfalls A. erforderlich. Hier ist neben dem Wortlaut nur der Wille der Parteien (nicht Dritter) für die A. relevant. Wenn sie z. B. eine falsche Bezeichnung für den Vertragsgegenstand benutzten, aber das Gleiche meinten, so gilt das Gemeinte (lat.: falsa demonstratio non nocet = Falschbezeichnung schadet nicht, siehe Dissens). (➠ Abb. »Auslegung von Willenserklärungen«, S. 50)
Bei mehrdeutigen Willenserklärungen als Gegenstand der A. ist danach zu differenzieren, ob sie empfangsbe-

Auslegung von Willenserklärungen

Natürliche Auslegung, d. h. Erforschung des wirklichen Willens, § 133 BGB	**Normative** Auslegung, d. h. wertende Maßstäbe, §§ 157, 133 BGB
Im Interesse des Erklärenden	Im Interesse des Empfängers
Passt für nicht empfangsbedürftige Erklärungen	Notwendig bei empfangsbedürftigen Erklärungen
z. B. Testament	z. B. Kündigung

dürftig sind (einem anderen gegenüber abgegeben werden und diesem zugehen mussten) oder nicht. Für eine nicht empfangsbedürftige Willenserklärung, z. B. ein Testament, gilt die natürliche A., d. h. es wird nach dem wahren Willen des Verfassers ausgelegt. Für eine empfangsbedürftige Willenserklärung (z. B. Kündigung) ist hingegen gemäß §§ 133, 157 BGB neben dem wahren Willen des Erklärenden auch zu berücksichtigen, wie ein objektiv Dritter die Willenserklärung verstehen musste. Diese normative (d. h. wertende) A. dient dem Schutz des Rechtsverkehrs. Die Willenserklärung kann aber ggf. durch eine Anfechtung beseitigt werden, wenn das zunächst verbindliche Ereignis der A. nicht dem wahren Willen des Erklärenden entspricht. Gerade beim Testament ist eine korrekte A. wichtig, da der Verfasser sich zum einen oft juristisch ungenau ausdrückt und es zum anderen nur auf seinen (im Testament zumindest andeutungsweise erkennbaren) Willen ankommt. Denn es gibt keinen schutzwürdigen Empfänger eines Testaments, welches der Erblasser bis zu seinem Tod frei widerrufen bzw. ändern kann.

Auslieferung

Kein Deutscher darf an das Ausland ausgeliefert werden (Art. 16 Abs. 2 Satz 1 GG), Ausnahmen bestehen für den Bereich der EU und den Internationalen Gerichtshof (IGH). Ausländische Staatsangehörige können an einen anderen Staat ausgeliefert werden, wenn sowohl nach dem Recht des ersuchenden Staates als auch nach deutschem Strafrecht die Strafverfolgung möglich ist. Die Prüfung erfolgt durch das Oberlandesgericht (OLG). Eine A. erfolgt nicht, wenn dem Betroffenen die Todesstrafe droht oder wenn das Auslieferungsersuchen wegen der Religion oder der politischen Einstellung des Betroffenen gestellt wird. Es muss sichergestellt sein, dass der Betroffene nur wegen der im Auslieferungsersuchen aufgeführten Delikte verfolgt wird.

Aussage

Angaben einer Person vor Gericht oder der Strafverfolgungsbehörde.

Aussageverweigerungsrecht

Siehe Auskunftsverweigerungsrecht, Zeugnisverweigerungsrecht

Ausschlagung der Erbschaft

Mit dem Tod des Erblassers tritt automatisch die Gesamtrechtsnachfolge ein. Es bedarf also keiner ausdrücklichen Annahme der Erbschaft. Wenn der Erbe das Erbe nicht möchte, weil es z. B. überschuldet ist, muss er grundsätzlich innerhalb von 6 Wochen die Erbschaft ausschlagen (§§ 1944 ff. BGB).

Außenbereich

Alles, was nicht durch einen Bebauungsplan oder faktische Bebauung zum Innenbereich wurde. Im A. ist das Errichten oder die Nutzungsänderung von Gebäuden nur unter sehr strengen Voraussetzungen zulässig. Bestimmte Bauten gehören allerdings offenkundig in den A. wie etwa Windanlagen oder Bauernhöfe. Welche Bauvorhaben in dem Sinne privilegiert sind, dass sie im A. zulässig sind, wird in § 35 Abs. 1 BauGB aufgelistet.

Aussperrung

Siehe Arbeitskampf

Ausweisung

Siehe Abschiebung

Autorennen

Siehe Verbotene Kraftfahrzeugrennen

Bagatellsachen

Straftaten von geringem Gewicht, bei denen von der Strafverfolgung abgesehen werden kann. Die Entscheidung liegt bei der Staatsanwaltschaft.

Baugenehmigung

Die Landesbauordnungen (LBauO) sehen vor, dass für die Errichtung, die Änderung, die Nutzungsänderung und den Abbruch baulicher Anlagen (Anlage, bauliche) eine Genehmigung erforderlich ist. Von dieser grundsätzlichen Genehmigungspflicht gibt es jedoch eine Fülle von Ausnahmen. Für bestimmte Gebäude reicht eine Anzeige bei der Baubehörde, andere dürfen völlig frei errichtet oder abgerissen werden. Für welche Gebäude im Einzelnen welches Verfahren erforderlich ist, wird in den Landesbauordnungen unterschiedlich geregelt. In NRW könnten z. B. auch Einfamilienhäuser ohne B. nur nach einer Anzeige bei der Baubehörde errichtet werden. Darauf wird sich ein Bauherr aber vernünftigerweise nicht einlassen, weil eine B. ein Verwaltungsakt (VA) mit Bestandskraft ist, was ihn davor schützt, dass sein Gebäude wegen Rechtswidrigkeit abgerissen werden muss. Ein Gebäude ohne erforderliche B. nennt man »formal illegal« errichtet. Formale Illegalität führt nicht dazu, dass der Bau zu beseitigen ist. Nur wenn er auch nicht genehmigungsfähig, d. h. materiell illegal, ist, muss er abgerissen werden. Ein genehmigtes Gebäude, bei dessen Genehmigung aber ein Fehler unterlaufen ist, die Genehmigung also rechtswidrig erteilt wurde, ist formal legal und material illegal. Wegen der Bestandskraft des Verwaltungsaktes kann der Abriss aber nur mit Entschädigung angeordnet werden. Es gelten die Grundsätze der Rückwirkung (Rückwirkung, echte und unechte) und Aufhebung von Verwaltungsakten.

Baugesetzbuch (BauGB)

Enthält das Bauplanungsrecht. Wegen der Kompetenzverteilung zwischen Bund und Ländern zerfällt das Baurecht in zwei Teile, das Bauplanungsrecht und das Bauordnungsrecht. Die Gesetzgebungskompetenz für das Bauplanungsrecht hat der Bund, während die Länder für das Bauordnungsrecht zuständig sind. Nur beides zusammen ergibt sinnvolle baurechtliche Regelungen. Durch das Bauplanungsrecht wird versucht, die Bodennutzung, also für welche Zwecke der Raum genutzt wird, aufeinander abzustimmen, also etwa dafür zu sorgen, dass das Kurgebiet nicht direkt neben dem lärmenden Industriegebiet liegt oder der Wolkenkratzer in der Einfamilienhaussiedlung. Zu diesem Zwecke stellen die Städte und Gemeinden Flächennutzungspläne und Bebauungspläne auf.

Bauleitplanung

Ist Sache der Kommune, welche durch den Flächennutzungsplan und den Bebauungsplan wahrgenommen wird. B. ist der Oberbegriff für die beiden genannten Pläne.

Bauliche Anlage

Siehe Anlage, bauliche

Baunutzungsverordnung (BauNVO)

Ergänzt das Baugesetzbuch (BauGB) um die planungsrelevanten Gebietstypen. Diese reichen vom Kurgebiet, Kleinsiedlungsgebiet und reinen Wohngebiet, in denen nur wenig »störende Bauten zugelassen sind, bis zum Industrie- und Sondergebiet, das Anlagen mit hoher Lärmemission und Luftverschmutzung vorbehalten ist. Welche Gebäudenutzung zulässig ist, ergibt sich zunächst aus den Vorschriften der B. Gemäß § 3 B. sind in reinen Wohngebieten z. B. nur Wohngebäude und Anlagen zur Kinderbetreuung zulässig. In Industriegebieten sind dagegen keine Wohngebäude zulässig, dafür aber Gewerbebetriebe aller Art, Lagerhäuser, Lagerplätze, öffentliche Betriebe und Tankstellen. Weitere Vorschriften finden sich in der Technischen Anleitung Lärm (TA-Lärm), die zum Bundesimmissionsschutzgesetz (BImSchG) erlassen wurden. Dort wird geregelt, wie hoch die Lärmbelastung – gemessen in Dezibel – in den einzelnen Gebietstypen der B. i. d. R. sein darf.

Baurecht

Siehe Baugesetzbuch (BauGB) und Landesbauordnung (LBauO)

Bauwerk

Siehe Anlage, bauliche

Beamte

Angehörige oder Mitarbeiter des öffentlichen Dienstes, die sich von Arbeitern und Angestellten im öffentlichen Dienst durch eine besondere Rechtsstellung unterscheiden. Voraussetzung ist die deutsche Staatsbürgerschaft. Nach Art. 33 Abs. 4 GG stehen B. in einem öffentlich-rechtlichen Dienst- und Treueverhältnis zum Staat, und deshalb ist es ihnen vorbehalten, hoheitsrechtliche Befugnisse als ständige Aufgabe zu übernehmen. Mit »hoheitsrechtlichen Befugnissen« ist der Eingriff in die Grundrechte von Bürgern gemeint. Deshalb müssen Polizisten oder mindestens die Leitungspersonen des Gefängnispersonals genauso B. sein wie Lehrer, die mit dem Abschlusszeugnis wichtige Entscheidungen für die Schüler treffen. Das Entgelt und die Altersversorgung von B. sind in den Beamtengesetzen besonders geregelt und werden als Besoldung und Versorgung bezeichnet. Besondere Regelungen gibt es außerdem für die Krankenversicherung – hier übernimmt der öffentliche Arbeitgeber die Hälfte der Kosten. Das Dienstverhältnis verpflichtet die B. auf Recht und Gesetz und nicht etwa auf die Regierung oder gar eine

Partei (Partei, politische). Wegen des Treueverhältnisses dürfen B. nicht streiken. Sie sollen neutral sein und nach Leistung und Eignung ausgewählt und befördert werden, was aber in der Praxis nicht selten unterlaufen wird, weil die höheren Beamtenposten an Personen vergeben werden, die dem Dienstherrn politisch nahe stehen. Rund ein Drittel der Beschäftigten im öffentlichen Dienst sind Beamtinnen und B.

Bebauungsplan

Während der Flächennutzungsplan das gesamte Gebiet einer Gemeinde erfasst, und deshalb regelmäßig nur eine Grobplanung darstellt, wird im B. parzellengenau geplant, also die zulässige Bebauung einzelner Grundstücke festgelegt. Es handelt sich somit um die Feinplanung. Festgelegt werden u. a. Baugrenzen, Bauhöhe, Geschosszahl, Geschossflächenzahl, ob mehrere Häuser gemeinsame Wände haben (geschlossene Bauweise) oder freistehend gebaut werden (offene Bauweise). Im B. sollen die verschiedenen Interessen an der Bodennutzung wie Umweltschutz, Verkehr, Wohnen oder Industrie in Einklang gebracht und gegeneinander abgewogen werden. Baugenehmigungen können nur erteilt werden, wenn das Bauvorhaben den Vorgaben des B. nicht widerspricht. B. werden von der Gemeinde als Satzung verabschiedet. Gegen sie können Bürger vor dem Oberverwaltungsgericht nach § 47 VwGO direkt einen Normenkontrollantrag einreichen, wenn sie in ihren Rechten betroffen sind.

Bedarfsgemeinschaft

Zentrales Rechtsinstitut der Grundsicherung für Arbeitsuchende nach dem Sozialgesetzbuch (SGB) II. Der Begriff wird dort selbst nicht definiert. In der Sache handelt es sich um eine rechtliche Verklammerung von Personen mit bestimmten persönlichen Zuordnungsmerkmalen. Wer zur B. gehört, wird in § 7 Abs. 3 SGB II festgelegt. Über die rechtliche Konstruktion der B. werden weitere Personen, die nicht zu den erwerbsfähigen Leistungsberechtigten im Sinne des § 7 Abs. 1 Satz 1 SGB II gehören (z. B. Kinder), in den Kreis der Leistungsberechtigten einbezogen. Auswirkungen hat das Bestehen einer B. auch auf den Bedarf der Leistungsberechtigten im Rahmen der Bedürftigkeitsprüfung, weil bei Personen, die in einer B. leben, auch das Einkommen und Vermögen der anderen Mitglieder der B. Berücksichtigung finden kann (§ 9 Abs. 2 SGB II). Der Begriff der B. ist von dem der Haushaltsgemeinschaft zu unterscheiden. Siehe auch Arbeitslosengeld II

Bedrohung

Nur die B. mit einem Verbrechen ist in § 241 StGB unter Strafe gestellt. Hierfür ist das Ankündigen eines solchen gegenüber einem Menschen oder gegen eine ihm nahestehende Person ausreichend. Nicht erforderlich ist, dass der Täter seine Ankündigung auch wahr machen will. Allerdings muss auch das Umfeld der Äußerung berücksichtigt werden. Ein Satz, der unter miteinander bekannten Jugendlichen ausgesprochen wird, kann anders gewertet werden als die gleiche Äußerung z. B. gegenüber einem fremden Unfallgegner.

Befangenheit

Amtspersonen (vgl. § 21 VwVfG), Dolmetscher (vgl. § 191 GVG), Richter (vgl. exemplarisch § 42 ZPO) und Sachverständige (vgl. § 406 ZPO) haben unparteiisch zu sein. Verfahrensbeteiligte haben die Möglichkeit, einen Befangenheitsantrag zu stellen, wenn aus ihrer Sicht ein Grund vorliegt, der geeignet ist, Misstrauen gegen die Unparteilichkeit der Amtsperson, des Dolmetschers, Richters oder des Sachverständigen zu rechtfertigen. Ist der Antrag begründet, ist die Amtsperson, der Dolmetscher, Richter oder Sachverständige in der Rechtsangelegenheit von der Mitwirkung als befangen ausgeschlossen.

Befristetes Arbeitsverhältnis

Ein Arbeitsvertrag kann zeitlich befristet geschlossen werden. Gesetzliche Regelungen zur Zulässigkeit und inhaltlichen Gestaltung von befristeten Arbeitsverhältnissen finden sich vorrangig im dritten Abschnitt des Gesetzes über Teilzeit und befristete Arbeitsverträge (TzBfG). Mit diesem Gesetz versucht der Gesetzgeber arbeitnehmerseitige Interessen (kein Unterlaufen des Kündigungsschutzrechtes durch Befristung von Arbeitsverträgen) und arbeitgeberseitige Interessen (flexible Beschäftigungsmöglichkeiten) auszugleichen. Ein Arbeitsvertrag ist befristet, wenn seine Dauer nach dem Kalender bestimmt wird (»... *wird bis zum 31.12. beschäftigt*«) oder sein Enden nach dem Willen der Vertragsparteien durch ein zukünftig mit Gewissheit eintretendes Ereignis ausgelöst werden soll (»... *wird bis zum Ende der Elternzeit des Kollegen XY beschäftigt*«). In diesem Fall spricht man von einer Zweckbefristung. Ähnlich gelagert sind Arbeitsverträge mit auflösender Bedingung, wo das zur Beendigung führende Ereignis aber nicht mit Gewissheit eintreten wird. Für solche Arbeitsverträge gilt das TzBfG nicht im vollen Umfang. Nach dem TzBfG sind befristete Arbeitsverträge zulässig, wenn sie durch einen sachlichen Grund gerechtfertigt sind. Auch ohne sachlichen Grund ist die Befristung bis zu einer Höchstdauer von zwei Jahren zulässig. Die Verlängerung eines für einen kürzeren Zeitraum geschlossenen Arbeitsvertrags ist höchstens 3-mal nur bis zu dieser Höchstdauer möglich. Da die Befristung eines Arbeitsvertrags unzulässig ist, wenn mit demselben Arbeitgeber zuvor schon ein Arbeitsvertrag bestanden hat, muss eine solche Verlängerungsvereinbarung vor Ablauf des ursprünglichen Vertrages und zu denselben Bedingungen erfolgen. Andernfalls handelt es sich um einen neuen Arbeitsvertrag. Ausschlaggebend für die Zulässigkeit ist v. a. die Anzahl der einzelnen Verträge und die Dauer der Beschäftigung. Im Fall der kalendermäßigen Befristung endet das Arbeitsverhältnis mit Ablauf des vereinbarten Beschäftigungszeitraums. Der zweckbefristete Vertrag endet frühestens zwei Wochen, nachdem der Arbeitgeber den Arbeitnehmer vom Erreichen des Zwecks unterrichtet hat. Ist ein Arbeitsvertrag unzulässigerweise befristet geschlossen, so gilt er als unbefristeter Arbeitsvertrag. Gleiches gilt, wenn der Arbeitnehmer nach dem Ablauf der Frist oder dem Erreichen des Zwecks vom Arbeitgeber mit dessen Wissen weiterbeschäftigt wird. Vorschriften zur Befristung finden sich außerhalb des TzBfG z. B. im Altersteilzeitgesetz und im Wissenschaftszeitarbeitsgesetz. Auch in Tarifverträgen sind vielerorts abweichende Regelungen zur Zulässigkeit sachgrundloser Befristungen zu finden. Auf dem Arbeitsmarkt sind v. a. jüngere und schlechter ausgebildete Arbeitnehmer befristet beschäftigt, da befristete Arbeitsverträge zunehmend zur Erprobung neu angestellter Arbeitnehmer verwendet werden. Gerade im Bereich gering qualifizierter Tätigkeit zeigt sich zudem der sog. »Drehtüreffekt«, d. h.,

Arbeitnehmer werden bis zur zulässigen Höchstdauer sachgrundlos befristet angestellt, um danach durch Arbeitnehmer ersetzt zu werden, die wiederum befristet beschäftigt werden.

Begnadigung

Absehen von der Strafvollstreckung trotz vorliegender Verurteilung. B. ist immer eine Frage des Einzelfalls (im Gegensatz zur Amnestie) und erfolgt auf Antrag (Gnadengesuch). Die B. kann sich auf die gesamte Strafe oder auf Teile dieser beziehen. Sie stellt einen hoheitlichen Akt des Bundespräsidenten oder der Landesregierungen dar, die diese Befugnis übertragen können. Die Ablehnung ist nicht vor den Gerichten angreifbar.

Behandlungsvertrag

Vertrag zwischen medizinischem Behandler (Arzt, Physiotherapeut, Hebamme usw.) und einem Patienten, geregelt in den §§ 630a-h BGB. Den Behandler treffen vor der Behandlung Aufklärungspflichten. Bei körperlichen Eingriffen, z. B. Operationen oder Impfungen, ist zudem eine nach ordnungsgemäß erfolgter Aufklärung abgegebene Einwilligung des Patienten bzw. bei Kindern der Eltern (Vertreter, gesetzlicher) erforderlich. Anderenfalls macht sich der Behandler strafbar (Körperverletzung) und schadensersatzpflichtig (Delikt). Siehe auch Leistungsstörung und Patientenverfügung

Behinderung

Anknüpfungspunkt verschiedener Rechtsnormen des Arbeitsrechts, Sozialrechts, Steuerrechts und Verwaltungsrechts, durch die Menschen mit B. bestimmte Leistungs- und Abwehrrechte eingeräumt werden. Im Jahr 1994 wurde in Art. 3 Abs. 3 GG der Satz 2 aufgenommen: »Niemand darf wegen seiner B. benachteiligt werden.« An einfach gesetzlichen Rechtsnormen, die Menschen mit B. besondere Ansprüche geben, sind z. B. zu nennen: die Regelungen über die Feststellung des Grades der B. (Behinderung, Grad der), Regelungen zur Eingliederungshilfe und im Schwerbehindertenrecht sowie Pauschbeträge für Menschen mit B. im Steuerrecht (§ 33b EStG) oder Regelungen des Schulrechts. Im Allgemeinen Gleichbehandlungsgesetz (AGG) ist B. ein Anknüpfungspunkt zur Abwehr von Benachteiligungen (§ 1 AGG). Das Verständnis von B. hat sich in der Bundesrepublik immer wieder weiterentwickelt. In der frühen Bundesrepublik wurde B. rein medizinisch begriffen (sog. medizinischer Behindertenbegriff). Menschen mit B. sahen sich Bevormundungen ausgesetzt. Dem ist die Behindertenrechtsbewegung der 1970er- und 1980er-Jahre entgegengetreten und hat den weiteren gesellschaftlichen Diskurs beeinflusst. Das im Jahr 2001 in Kraft getretene Sozialgesetzbuch (SGB) IX nennt die Selbstbestimmung und die volle, wirksame und gleichberechtigte Teilhabe am Leben in der Gesellschaft als elementare Orientierungspunkte des Behindertenrechts (§ 1 SGB IX). Der mit Inkrafttreten des SGB IX verwendete Behindertenbegriff ist nicht mehr rein medizinisch geprägt, sondern bezieht Wechselwirkungen mit Umweltfaktoren ein (sog. bio-psycho-sozialer Behindertenbegriff). Es ist das Verdienst der UN-Behindertenrechtskonvention (UN-BRK) darauf hinzuweisen, dass auch gesellschaftliche Barrieren einschließlich bestehender Vorurteile Auswirkungen auf die Teilhabe von Menschen mit B. am Leben in der Gesellschaft haben. Der heutige Begriff der B. im SGB IX in der Fassung des Bundesteilhabegesetzes geht wesentlich auf die UN-Behindertenrechtskonvention zurück. Seit dem 1.1.2018 befindet sich in § 2 Abs. 1 Satz 1 SGB IX eine neue Legaldefinition: Menschen mit B. sind Menschen, die körperliche, seelische, geistige oder sonstige Sinnesbeeinträchtigungen haben, die sie in Wechselwirkungen mit einstellungs- und umweltbezogenen Barrieren an der gleichberechtigten Teilhabe an der Gesellschaft mit hoher Wahrscheinlichkeit länger als sechs Monate hindern können. Eine Beeinträchtigung in diesem Sinne liegt vor, wenn der Körper- und Gesundheitszustand von dem für das Lebensalter typischen Zustand abweichen (§ 2 Abs. 1 Satz 2 SGB IX).

Behinderung, Grad der

Das Schwerbehindertenrecht räumt dem einzelnen Bürger die Befugnis ein, einen Antrag auf Feststellung einer Behinderung zu stellen. Die Auswirkungen einer oder mehrerer Behinderungen auf die Teilhabe am Leben in der Gesellschaft werden als B. in Zehnergraden abgestuft festgestellt (§ 152 Abs. 1 Satz 5 SGB IX). Die versorgungsmedizinischen Grundsätze (Grundsätze, versorgungsmedizinische) regeln Einzelheiten, mit welchem B. bestimmte Behinderungen zu bewerten sind. Im Falle der amtlichen Feststellung eines B. von 50 gilt die betreffende Person als schwerbehindert (Schwerbehinderung). Ggf. kommt eine Gleichstellung in Betracht (vgl. Gleichgestellte). Mit einem amtlich festgestellte B. – und hierbei v. a. der Feststellung der Schwerbehinderteneigenschaft – können die Menschen mit einer Behinderung bestimmte gesetzlich vorgesehene Sozialleistungen, Nachteilsausgleiche und ggf. den Schutz des Schwerbehindertenrechts, also der Vorschriften des Dritten Teils des SGB IX, in Anspruch nehmen.

Behörde

Staatliche Einrichtung, die gesetzlich vorgeschriebene Aufgaben der öffentlichen Verwaltung sowie Rechtspflege erfüllt, z. B. Ausländerbehörde, Bauamt, Jugendamt, Standesamt sowie Staatsanwaltschaft.

Beibringungsgrundsatz

Prozessmaxime des Zivilprozessrechts. Danach bestimmen die Parteien (Partei, gerichtliche) den Tatsachenstoff, der Grundlage der gerichtlichen Entscheidung sein soll. Das Gericht darf Tatsachen, die nicht von einer Partei vorgetragen wurden, bei der Entscheidung nicht berücksichtigen.

Beihilfe

Neben dem eigentlichen Täter einer Straftat (siehe Täterschaft) kann auch der Gehilfe bestraft werden. Hierfür ist Voraussetzung, dass er dem Täter in Kenntnis von dessen Tat Hilfsdienste leistet, ohne dass er die Tat als seine eigene will; sonst ist er als gleichwertiger Mittäter anzusehen. Der Tatbetrag kann z. B. im Hinfahren des Täters zum Tatort liegen, im Bereitstellen der Tatwerkzeuge oder von Informationen. Der Gehilfe ist milder zu bestrafen als der eigentliche Täter.

Beihilfen, staatliche

Staatliche Beihilfen sind Subventionen für Unternehmen, oder abstrakter ausgedrückt: Finanzmittel wie direkte finanzielle Zuwendungen, Schuldenerlasse, verbilligte Darlehen und auch Bürgschaften, Steuervergünstigungen oder die Bereitstellung von Grundstücken, Waren und Dienstleistungen zu Sonderkonditionen für ein Unternehmen. B. sind in der EU gemäß Art. 107 Abs. 1 AEUV grundsätzlich verboten. Es gibt zwar Ausnahmen vom Beihilfeverbot, die jeweiligen Zuwendungen müssen jedoch i. d. R. von der Kommission (Kommission, EU) genehmigt werden.

Beiladung

Möglichkeit in den öffentlich-rechtlichen Prozessordnungen (§ 60 FGO; § 75 SGG; §§ 65, 66 VwGO), einen Dritten an einem Rechtsstreit zu beteiligen. Man muss zwischen der einfachen B. und der notwendigen B. unterscheiden. Die einfache B. kann von Amts wegen oder auf Antrag erfolgen, wenn berechtigte Interessen durch die Entscheidung berührt werden. Sie steht im Ermessen des Gerichts. Die notwendige B. hat zu erfolgen, wenn an dem streitigen Rechtsverhältnis Dritte derart beteiligt sind, dass die Entscheidung auch ihnen gegenüber nur einheitlich ergehen kann. So müssen z. B. im Streit zwischen einem Bewerber und dem Dienstherrn um eine Beförderungsstelle die Mitbewerber beigeladen werden. Das Sozialgerichtsgesetz (SGG) sieht weiterhin eine notwendige B. vor, wenn sich im Verfahren ergibt, dass bei der Ablehnung des Anspruchs ein anderer Leistungsträger leistungspflichtig werden kann. In einem solchen Fall kann das Gericht ggf. auch den Beigeladenen zur Leistung verurteilen (§ 75 Abs. 5 SGG). Wird eine notwendige Beiladung versäumt, handelt es sich hierbei um einen Verfahrensfehler.

Beiträge

Geldleistungen, die von dem Beitragsschuldner für die potenzielle Inanspruchnahme einer staatlichen Einrichtung oder Leistung erhoben werden, und die wichtigste Quelle zur Finanzierung der Sozialversicherung sind (Sozialversicherungsbeiträge).

Beiträge, freiwillige

Gehört eine Person nicht zum Kreis der Pflichtversicherten (Versicherungspflicht) in der Sozialversicherung, hat sie ggf. die Möglichkeit, sich freiwillig zu versichern und muss dann freiwillige Beiträge erbringen.

Beitragsbemessungsgrenze

Durch die B. werden die Sozialversicherungsbeiträge in ihrer Höhe gedeckelt (vgl. für die gesetzliche Krankenversicherung § 223 Abs. 3 SGB V; für die gesetzliche Rentenversicherung § 157 SGB VI). Dies geschieht dergestalt, dass die Beiträge nach dem Beitragssatz von der Beitragsbemessungsgrundlage nur bis zur B. erhoben werden. Vom Begriff der B. muss derjenige der Jahresarbeitsentgeltgrenze abgegrenzt werden.

Beitragsbemessungsgrundlage

Begriff des Sozialversicherungsrechts, der definiert, welche Einnahmen eines Versicherten Grundlage für die Bemessung seiner Beiträge sind. So sind z. B. im Bereich der gesetzlichen Rentenversicherung für Versicherungspflichtige (Versicherungspflicht) die beitragspflichtigen Einnahmen, also v. a. das erzielte Arbeitsentgelt, die B. (§ 161 Abs. 1 SGB VI). Freiwillig Versicherte dürfen die Mindest-B. nicht unterschreiten und die Beitragsbemessungsgrenze nicht überschreiten (§ 161 Abs. 2 SGB VI).

Beitragsrecht

Regelt die Einzelheiten zur Versicherungspflicht und zur Entstehung, Bemessung, Fälligkeit und Erhebung der Sozialversicherungsbeiträge. Die für alle Zweige der Sozialversicherung geltenden Vorschriften des B. sind im Sozialgesetzbuch (SGB) IV enthalten.

Beitragssatz

Im Bereich des Sozialversicherungsrechts bestimmter Prozentsatz, der von den beitragspflichtigen Einnahmen des Versicherten (Beitragsbemessungsgrundlage) als Beitrag erhoben wird. In Deutschland werden die Beiträge grundsätzlich paritätisch, also je zur Hälfte vom Arbeitgeber und vom Arbeitnehmer getragen. Der B. zur Arbeitslosenversicherung liegt im Jahr 2019 bei 2,6 % (§ 341 Abs. 2 SGB III). Der allgemeine Beitragssatz der gesetzlichen Krankenversicherung beträgt 14,6 % (§ 241 SGB V). Im Bereich der gesetzlichen Rentenversicherung beläuft er sich auf 18,6 % (§ 1 Beitragssatzverordnung). In der gesetzlichen Pflegeversicherung liegt der B. bei 3,05 %. Kinderlose haben einen Beitragszuschlag von 0,25 % zu entrichten (§ 55 Abs. 1, 3 SGB XI).

Beitragszeiten

Rentenrechtlich relevante Zeiten, für die Pflichtbeiträge oder freiwillige Beiträge (Beiträge, freiwillige) gezahlt worden sind oder für die die Pflichtbeiträge als gezahlt gelten (§ 55 Abs. 1 SGB VI). Absolvierte B. haben Auswirkungen auf die Rentenhöhe (§§ 64 Nr. 1, 66 SGB VI).

Beleidigung

Der Tatbestand der B. liegt vor bei ehrverletzenden Äußerungen (mündlich, schriftlich oder durch Handlungen/Gesten) gegenüber dem Geschädigten selbst oder gegenüber Dritten. Neben der direkten B. gegenüber einer Person sind im 14. Abschnitt des Strafgesetzbuchs (StGB) weitere Varianten wie die üble Nachrede, die Verleumdung und die Verunglimpfung des Andenkens Verstorbener mit Strafe bedroht. Alle Beleidigungsdelikte sind nur mit Strafantrag verfolgbar. Die Staatsanwaltschaft ist aber nicht zwingend zu Strafverfolgung verpflichtet, sondern kann zur Verfolgung der Beleidigungstatbestände den Verletzten auf den Weg der Privatklage verweisen. Für den Fall der sofortigen Erwiderung der B. (wechselseitige B.) kann das Gericht beide Beleidigte für straffrei erklären. Hierbei wird der Tatsache Rechnung getragen, dass Beleidigungstaten oftmals aus einer emotionalen Situation heraus begangen werden. Eine B. liegt nicht vor, wenn die Äußerung durch berechtigte Interessen oder durch die Meinungs- oder Kunstfreiheit gedeckt ist, wobei hier die Verhältnismäßigkeit zu beachten ist. Auch ist für das Vorliegen einer B. die Situation, z. B. das soziale Umfeld, in dem die Äußerung abgegeben wird, zu beachten.

Benehmen

Wenn nach dem Gesetz B. mit einer anderen Behörde hergestellt werden soll, muss diese Behörde zu der Entscheidung oder Planung gehört werden. Ihr wird die Gelegenheit gegeben, Bedenken geltend zu machen, über die sich die zuständige Behörde aber hinwegsetzen kann. Das unterscheidet das B. vom Einvernehmen, das Zustimmung verlangt.

Beratungshilfe

Staatliche Hilfe für die Wahrnehmung von Rechten außerhalb eines gerichtlichen Verfahrens (§ 1 Abs. 1 BerHG). Sie wird in erster Linie in Form der Beratung erbracht; ggf. kommt auch eine Vertretung in Betracht (§ 2 Abs. 1 BerHG). Sie wird in allen rechtlichen Angelegenheiten gewährt, setzt jedoch voraus, dass die betreffende Person die Kosten der Rechtsberatung und ggf. der außergerichtlichen Vertretung nicht selbst aufbringen kann, andere Hilfe nicht zur Verfügung steht und die Inanspruchnahme der B. nicht mutwillig erscheint. Die B. wird v. a. durch Rechtsanwälte gewährt (§ 3 Abs. 1 BerHG). Über den Antrag auf B. entscheidet das zuständige Amtsgericht (AG) (§ 4 Abs. 1 BerHG). Für die Tätigkeit im Rahmen der B. erhält der Rechtsanwalt seine Vergütung aus der Landeskasse (§ 44 Satz 1 RVG). Siehe auch Prozesskostenhilfe

Bereicherungsrecht

Bezweckt im Zivilrecht das Zurückerlangen und das Abschöpfen von unberechtigten Vorteilen, die jemand aus dem Vermögen eines anderen erlangt hat. Ursache kann die Rückabwicklung einer Leistung, meist aufgrund eines fehlgeschlagenen Vertrages oder der Eingriff in fremde Rechtsgüter sein. Wenn z. B. ein Kaufvertrag angefochten wurde (Anfechtung), nachdem der Kaufpreis schon bezahlt wurde, dann kann der Käufer diesen nach B. vom Verkäufer zurückverlangen. Denn das Verfügungsgeschäft (Übereignung des Kaufpreises) bleibt zunächst wirksam (Abstraktionsprinzip). Oder wenn jemand eine fremde Sache (Sache, fremde) verkauft und übereignet hat und die Übereignung wirksam ist, dann kann der ursprüngliche Eigentümer zwar nicht vom neuen Eigentümer Herausgabe der Sache verlangen. Er kann jedoch nach B. den Kaufpreis verlangen von demjenigen, der in sein Eigentum durch die Verfügung eingegriffen hat. Es handelt sich in beiden Fällen um ein Schuldverhältnis, das aus Gesetz (§§ 812 ff. BGB) entsteht.

Bereitschaftsdienst

Sonderform der Arbeit, die vorliegt, wenn der Arbeitnehmer sich an einem vom Arbeitgeber bestimmten Ort aufzuhalten hat, um unverzüglich die Arbeit aufnehmen zu können. Der Arbeitgeber kann B. nur anordnen, wenn dieser arbeitsvertraglich oder kollektivrechtlich vorgesehen ist. B. ist, unabhängig davon, ob der Arbeitnehmer sich im Betrieb oder andernorts aufhält, Arbeitszeit im Sinne des Arbeitszeitgesetzes. Dementsprechend ist der B. bei der Ermittlung der zulässigen Höchstarbeits- und vorgeschriebenen Ruhezeit zu berücksichtigen. Das Arbeitszeitgesetz erlaubt es jedoch, durch Tarifvertrag von der gesetzlich zulässigen werktäglichen Höchstarbeitszeit abzuweichen, wenn die Arbeitszeit zu einem erheblichen Anteil aus B. besteht. Aufgrund der geringeren Belastung durch B. ist es rechtens, diesen geringer als Regelarbeit zu vergüten. Üblicherweise werden Vereinbarungen zur Vergütung des B. im Arbeitsvertrag oder einem Tarifvertrag getroffen. Da B. vergütungspflichtige Arbeit im Sinne des Mindestlohngesetzes (MiLoG) darstellt, hat die Vergütung mindestens in Höhe des Mindestlohns zu erfolgen.

Berichterstatter

Berufsrichter, der bei einem Kollegialgericht im Rahmen der internen Geschäftsverteilung (§ 21g GVG) mit der Bearbeitung des Rechtsstreits betraut ist.
Zu den Aufgaben des B. gehört die Bearbeitung der Akten der ihm übertragenen Verfahren, die Fertigung eines Votums als Grundlage für die Beratung und Entscheidung (z. B. Urteil) des Spruchkörpers, die Darstellung des Sachverhalts in der mündlichen

Verhandlung, der Sachvortrag in der Beratung des Spruchkörpers und die Erstellung des Entscheidungsentwurfs.

Berliner Testament

Besondere Form des gemeinsamen Testaments. Grundsätzlich dürfen nur Ehegatten ein gemeinsames Testament errichten (§ 2265 BGB). Beim B. setzen sich die Ehegatten gegenseitig zum alleinigen Erben ein und bestimmen zugleich, wer nach Versterben des zweiten Erbe sein soll.
I. d. R. sind das die Kinder, es können aber auch Dritte sein. Dadurch soll u. a. dem überlebenden Ehegatten das Vermögen erhalten bleiben. Allerdings können Kinder auch schon nach dem Tod des ersten Ehegatten ihren Pflichtteil verlangen.

Berücksichtigungszeiten wegen Kindererziehung

Erziehungszeiten eines Elternteils bis zum vollendeten 10. Lebensjahr des Kindes, soweit die Voraussetzungen für die Anrechnung von Kindererziehungszeiten gegeben sind (§ 57 SGB VI). Der Gesetzgeber honoriert mit der Berücksichtigung dieser Zeiten den Wert der Kindererziehung für die Allgemeinheit und die gesetzliche Rentenversicherung. B. können sich im Rahmen der Gesamtleistungsbewertung rentensteigernd, bei der Wartezeit (Allgemeine Wartezeit) von 35 Jahren als Voraussetzung der Altersrente (Renten wegen Alters) für langjährig Versicherte oder der Altersrente für schwerbehinderte Menschen (Schwerbehinderung) (§§ 50 Abs. 4, 51 Abs. 3 SGB VI) anspruchsbegründend und bei den Renten wegen Erwerbsminderung anspruchserhaltend (§ 43 Abs. 4 Nr. 2 SGB VI) zugunsten des Versicherten auswirken.

Berufsausbildung

Vermittlung von Fertigkeiten, die zur Ausübung eines Berufs erforderlich sind. Dafür gibt es in Deutschland das Duale System. Es ist in einen praktischen betrieblichen Teil und einen fachlich-theoretischen schulischen Teil geteilt. Den gesetzlichen Rahmen bilden in den meisten Fällen das Berufsbildungsgesetz (BBiG) sowie besondere Ausbildungsvorschriften, v. a. für medizinisch-pflegerische Berufe und die Ausbildung in handwerklichen Berufen (Handwerksordnung). Die Begründung eines Berufsausbildungsverhältnisses erfolgt durch den Abschluss eines Ausbildungsvertrags zwischen dem Auszubildenden und dem Ausbildenden. Die Neuaufnahme oder Änderung eines Ausbildungsverhältnisses muss in das Berufsausbildungsverzeichnis der zuständigen Industrie- und Handelskammer, Handwerkskammer oder Berufskammer (z. B. Ärztekammer, Rechtsanwaltskammer) eingetragen werden. Mit dem Ausbildungsvertrag verpflichtet sich der Ausbildende, dem Auszubildenden die zur Berufsausübung erforderlichen Fertigkeiten zu vermitteln. Das umfasst auch die kostenlose Gewährung von Ausbildungsmitteln und die Freistellung für die Teilnahme am Unterricht der Berufsschule. Der Auszubildende verpflichtet sich u. a., die ihm übertragenen Tätigkeiten sorgfältig zu verrichten, den Berufsschulunterricht zu besuchen und Ausbildungsnachweise zu führen. Dem Auszubildenden ist während der Ausbildung eine angemessene Vergütung zu zahlen, die mit der Ausbildungsdauer steigen muss. Das Berufsausbildungsverhältnis unterscheidet sich deutlich vom Arbeitsverhältnis, das von der Erbringung der Arbeitsleistung gegen Zahlung eines Entgelts geprägt ist. Da das Ausbildungsverhältnis befristet auf die Dauer der in der Ausbildungsordnung festgelegten Zeit geschlossen wird, endet es mit deren Ablauf, üblicherweise mit dem Bestehen der Abschlussprüfung. Falls diese früher erfolgreich abgelegt wird, endet die Ausbildung mit Bekanntgabe des Prüfungsergebnisses. Bei Nichtbestehen verlängert sich das Ausbildungsverhältnis bis zur nächstmöglichen Wiederholung der Prüfung. Innerhalb einer Probezeit von mindestens 1 und höchstens 4 Monaten kann das Ausbildungsverhältnis von beiden Seiten fristlos und ohne Angabe von Gründen gekündigt werden. Nach Ablauf der Probezeit ist eine **Kündigung** nur noch bei Vorliegen wichtiger Gründe möglich. Für die Kündigung durch den Ausbildenden gilt: Um das Gewicht des Kündigungsgrunds zu würdigen, ist die besondere Schutzbedürftigkeit des Auszubildenden als Berufsanfängers zu berücksichtigen. Eine Pflicht zur Übernahme des Auszubildenden in ein Arbeitsverhältnis nach erfolgreichem Abschluss der Ausbildung besteht grundsätzlich nicht. Eine solche kann aber einzelvertraglich vereinbart werden oder sich aus einem Tarifvertrag ergeben. Wird der Auszubildende im Anschluss an das Ausbildungsverhältnis vom Ausbildenden mit dessen Kenntnis weiterbeschäftigt, gilt ein **Arbeitsvertrag** als zustande gekommen. Sind Auszubildende Mitglied in der **Jugend-/Auszubildendenvertretung (JAV)** oder im **Betriebsrat** oder **Personalrat**, können sie vom Ausbildenden verlangen, in ein Arbeitsverhältnis übernommen zu werden. Die zuständigen Kammern richten zur Beilegung von Streitigkeiten zwischen den Parteien des Ausbildungsvertrags häufig Schlichtungsstellen ein, deren Beteiligung vor Anrufung des Arbeitsgerichts (**Arbeitsgerichtsbarkeit**) verpflichtend ist.

Berufsausbildungsbeihilfe

Sozialleistungen für Auszubildende, um den ansonsten nicht (vollständig) gesicherten Lebensunterhalt während der Ausbildung in einem anerkannten Ausbildungsberuf zu decken. Der erfolgreiche Abschluss der Ausbildung soll nicht durch fehlende finanzielle Mittel gefährdet werden. Voraussetzung für die Bewilligung von B. nach dem Arbeitsförderungsrecht durch die Bundesagentur für Arbeit ist die Absolvierung einer förderungsfähigen Ausbildung (§ 57 SGB III), ferner, dass die betreffende Person zum förderungsfähigen Personenkreis gehört (§ 59 SGB III) und schließlich die fehlende Bedarfsdeckung, wobei neben dem Lebensunterhalt auch die im Zusammenhang mit der Ausbildung stehenden Aufwendungen Berücksichtigung finden (§ 56 Abs. 1 Nr. 3 SGB III). Förderungsfähig sind die erste und, unter bestimmten Voraussetzungen, auch eine zweite Ausbildung (§ 57 Abs. 2 SGB III).

Berufsausbildungsförderung

Steuerfinanzierte **Sozialleistungen** auf der Grundlage des Bundesausbildungsförderungsgesetzes (BAföG). Es soll grundsätzlich jedermann durch Zurverfügungstellung finanzieller Mittel eine Ausbildung entsprechend seiner Neigung, Eignung und Leistung ermöglichen, wenn dem Auszubildenden die für seinen Lebensunterhalt und seine Ausbildung erforderlichen Mittel anderweitig nicht zur Verfügung stehen (§ 1 BAföG). Ziel der Ausbildungsförderung nach dem BAföG ist dementsprechend die Herstellung gleicher Bildungschancen. Zu den förderungsfähigen Bildungsgängen gehören u. a. der Besuch weiterführender allgemeinbildender Schulen und Berufsfachschulen, Abendschulen, höherer Fachschulen und Hochschulen (§ 2 BAföG). Die Bewilligung von Leistungen nach dem BAföG ist einkommensabhängig. Das Gesetz berücksichtigt Einkommen des Auszubildenden und von dessen Eltern, Ehegatten oder Lebenspartner (§§ 23, 24 BAföG). Leistungen nach dem BAföG werden grundsätzlich nur für die Erstausbildung, unter bestimmten Voraussetzungen allerdings auch für eine Zweitausbildung gewährt (§ 7 BAföG). Es gibt des Weiteren Altersgrenzen einer Förderung (§ 10 BAföG). Das sog. Meister-BAföG ist keine Leistung nach dem BAföG. Es ist vielmehr eine Leistung auf der Grundlage des Aufstiegsfortbildungsförderungsgesetzes (AFBG), um Teilnehmerinnen und Teilnehmer an Maßnahmen der beruflichen Aufstiegsfortbildung zu unterstützen (§ 1 AFBG).

Berufsfreiheit

Durch Art. 12 GG geschützt. Geschützt wird sowohl die freie Berufswahl als auch die freie Berufsausübung. Ersteres betrifft die Frage, ob die Person einen Beruf ergreifen kann, während die Berufsausübung die Frage betrifft, wie der Beruf auszuüben ist. Beide Freiheitsrechte werden durch viele Gesetze eingeschränkt. Natürlich muss man Medizin studieren und seine Examen bestehen, bevor man Chirurg werden kann (Berufswahl). Und selbstverständlich muss ein Restaurantbetreiber Hygienevorschriften beim Betrieb seines Restaurants einhalten (Berufsausübung).

Berufskrankheit

Einer der Versicherungsfälle der gesetzlichen Unfallversicherung (Unfallversicherung, gesetzliche) (§ 7 Abs. 1 SGB VII). B. sind Krankheiten von Versicherten, die durch Rechtsverordnung (RVO) als Berufskrankheit bezeichnet wurden und die im Einzelfall infolge einer versicherten Tätigkeit erlitten werden (§ 9 Abs. 1 Satz 1 SGB VII).

Berufsrichter

Richter, die Kraft ihrer Ernennung in ein Richterverhältnis im Dienste des Bundes oder eines Bundeslandes Aufgaben der Rechtsprechung ausüben (§§ 1, 3, 17 DRiG). In ein Richterverhältnis als B. darf nur berufen werden, wer Deutscher ist (Art. 116 GG), die Gewähr dafür bietet, dass er jederzeit für die freiheitliche demokratische Grundordnung im Sinne des Grundgesetzes eintritt, die Befähigung zum Richteramt besitzt (§ 5 Abs. 1 DRiG, d. h. Volljurist ist) und über soziale Kompetenz verfügt (§ 9 DRiG).

Berufsverbot

Es besteht die Möglichkeit, durch Strafurteil einem Täter die Ausübung bestimmter beruflicher Tätigkeiten auf Zeit, im Extremfall für immer, zu verbieten (§ 70 StGB). Hierfür ist jedoch eine enge Verbindung der Tat mit der beruflichen Tätigkeit erforderlich und die Gefahrenprognose, dass der Täter bei Gesamtwürdigung der Tat und seiner Person weitere Taten begehen wird, die ihm gerade aufgrund der beruflichen Stellung möglich sind. Keine Berufsgruppe ist grundsätzlich ausgenommen (z. B. auch nicht Journalisten). Ein B. wird am ehesten im erzieherischen, medizinischen und pflegerischen Bereich, aber auch im kaufmännischen, steuer- oder rechtsberatenden Bereich verhängt. Der Ausspruch stellt einen erheblichen Eingriff in das Grundrecht der Berufsfreiheit (Art. 12 GG) dar und muss daher verhältnismäßig sein. Das B. kann auch zur Bewährung (Strafaussetzung zur Bewährung) ausgesetzt werden. Das B. gehört zu den Maßregeln der Besserung und Sicherung und ist daher keine Strafe.

Berufung

Zweite Tatsacheninstanz. Im Strafrecht ist die B. nur zulässig gegen erstinstanzliche Urteile des Amtsgerichts (AG). Entschieden wird dann in 2. Instanz durch das Landgericht (LG). Überprüft wird das Urteil sowohl in tatsächlicher Hinsicht (Wurde die Tat nachgewiesen?) als auch in rechtlicher Hinsicht (Wurde das Recht richtig angewendet?). Gegen Urteile 1. Instanz des Landgerichts und des Oberlandesgerichts (OLG) ist nur die Revision zulässig. Eine vollwertige zweite Tatsacheninstanz ist die B. im sozialgerichtlichen Verfahren (§ 157 SGG). Demgegenüber ist das Berufungsgericht etwa im Zivilprozessrecht grundsätzlich an die Tatsachenfeststellungen des angefochtenen Urteils gebunden, soweit nicht konkrete Anhaltspunkte Zweifel an der Richtigkeit oder Vollständigkeit der entscheidungserheblichen Feststellungen begründen (§ 529 Abs. 1 Nr. 1 ZPO). Wird die B. vom erstinstanzlichen Gericht nicht zugelassen, setzt die Zulässigkeit der B. im Arbeitsgerichts-, Sozialgerichts- und Zivilprozess voraus, dass der Wert des Beschwerdegegenstands die Berufungssumme überschreitet (vgl. § 64 Abs. 2 Buchstabe b ArbGG; § 144 Abs. 1 SGG; § 511 Abs. 2 Nr. 1 ZPO). Ggf. kommt die Einlegung einer Nichtzulassungsbeschwerde mit dem Ziel der Zulassung der B. durch das Berufungsgericht in Betracht.

Bescheid

Umgangssprachliche Bezeichnung für Verwaltungsakt (VA).

Beschlagnahme

Zu den Standardmaßnahmen der Polizei (Standardmaßnahme, polizeiliche) gehört die Sicherstellung von Sachen, für die eine Gefahr besteht oder von denen eine Gefahr ausgeht, z. B. bei einer Pistole. Umgangssprachlich spricht man von B. Die sichergestellte Sache wird dann von der Polizei in Verwahrung genommen, also aufbewahrt, bis sie möglicherweise verwertet, also verkauft oder vernichtet wird. Die Gründe, warum Letzteres erfolgt, sind sehr unterschiedlich. Die Verwertung kann geschehen, weil die Sache nicht haltbar (verderblich) ist, weil die Verwahrung hohe Kosten verursacht oder weil der Besitzer nicht auffindbar ist. Die B. unterliegt dem Richtervorbehalt. Ein Verbot der B. besteht für die Korrespondenz zwischen dem Beschuldigten und Personen, die ihm gegenüber ein Zeugnisverweigerungsrecht haben. Beschlagnahmt werden kann auch ein Führerschein (Fahren ohne Fahrerlaubnis).

Beschluss

Neben dem Urteil wichtigste Form einer gerichtlichen Entscheidung. Details regeln die jeweiligen Prozessordnungen, insbesondere, wann durch B. zu entscheiden ist und welche Rechtsmittel es dagegen gibt. Z. B. in der freiwilligen Gerichtsbarkeit (Gerichtsbarkeit, freiwillige) wird ausschließlich durch B. entschieden.

Beschlussverfahren

Siehe Arbeitsgerichtsbarkeit

Beschuldigter

Person, gegen die strafrechtliche Ermittlungen geführt werden. Siehe auch Ablauf des Strafverfahrens, insbesondere Ermittlungsverfahren.

Beschwerde

Rechtsmittel gegen gerichtliche Entscheidungen, die nicht aufgrund mündlicher Verhandlung bzw. einer Hauptverhandlung ergehen und mit den Rechtsmitteln der Berufung oder Revision angegriffen werden können. Z. B. im Strafrecht gegen gerichtliche Entscheidungen, die nicht den Strafausspruch betreffen. Wenn z. B. ein Pflichtverteidiger (Verteidiger) nicht antragsgemäß bestellt wird oder eine Beschlagnahme im Verfahren erfolgt, so kann dies mittels B. überprüft werden. Oft wird die B. außerhalb der Hauptverhandlung erhoben. Die B. ist teilweise fristgebunden (»sofortige B.«). Beschwerdegericht ist i. d. R. das nächsthöhere Gericht. Die Entscheidung ergeht ohne mündliche Verhandlung. Bei nicht »sofortigen« B. kann das ursprüngliche Gericht selbst abhelfen und seine angegriffene Entscheidung korrigieren.

Besetzung des Gerichts im Strafrecht

Siehe Gerichtsbesetzung

Besitz

Im Unterschied zum Eigentum die tatsächliche Sachherrschaft einer Person über eine Sache. Allgemein wird unter B. die zumeist physische Einwirkungsmöglichkeit auf eine Sache verstanden. Der B. hat eine wichtige Funktion: Es wird vermutet, dass der Besitzer auch Eigentum an der Sache hat (§ 1006 BGB). Zur Bedeutung siehe Rechtsschein. Die meisten Regelungen zum B. finden sich im ersten Abschnitt des Sachenrechts (§§ 854 ff. BGB). Es wird unterschieden zwischen unmittelbarem und mittelbarem B. Der mittelbare Besitzer hat meist mit demjenigen, der die Sache tatsächlich (unmittelbar) hat, einen Vertrag. Etwa bei einem Mietverhältnis stehen sich der Mieter als unmittelbarer Besitzer des zur Nutzung überlassenen Sache und der Vermieter als mittelbarer Besitzer (und meist auch Eigentümer) gegenüber. Es entsteht ein sog. Besitzmittlungsverhältnis. In § 868 BGB sind in nicht abschließender Aufzählung Beispiele genannt. Der Mieter besitzt zudem den vermieteten Gegenstand für einen anderen, denn er weiß, dass ihm die Sache nicht gehört. Es ist also auch zwischen Eigen- und Fremdbesitz zu unterscheiden (vgl. § 872 BGB). Zu beachten ist, dass der Erbe im Zeitpunkt des Erbfalls automatisch Besitzer wird. Beim Erbenbesitz (§ 857 BGB) kommt es also gerade nicht auf die tatsächliche Beziehung zu einer Sache an. Nicht verwechselt werden darf der Erbenbesitz mit dem sog. Erbschaftsbesitz. Nicht nur der Eigentümer hat eine geschützte Rechtsposition, sondern grundsätzlich auch der Besitzer (§§ 858-864 BGB).

Bestandskraft

Ein Verwaltungsakt (VA) wird bestandskräftig, wenn der Bürger nicht rechtzeitig mit Widerspruch oder Klage gegen den Verwaltungsakt vorgeht. B. bedeutet, dass der VA auch dann wirksam ist und vollzogen werden kann, wenn er eigentlich rechtswidrig ist. Kurz: Der Bürger kommt nur noch unter erschwerten Bedingungen zu seinem Recht. Umgekehrt hat auch der Bürger den Vorteil der B. bei einem begünstigenden rechtswidrigen VA.

Bestechlichkeit

Straftatbestand, den nur ein Amtsträger begehen kann. Der Amtsträger muss sich einen Vorteil versprechen lassen und seine Dienstpflicht verletzen (§ 332 StGB). Z. B. Annahme von

Schmiergeld und Erteilung einer Baugenehmigung, auf die kein Anspruch besteht.

Bestechung

Wer einem Amtsträger einen Vorteil dafür verspricht, dass er eine Diensthandlung vornimmt und dadurch seine Dienstpflicht verletzt, macht sich strafbar (§ 334 StGB). Z. B. Zahlung von Schmiergeld, um an einen öffentlichen Auftrag (z. B. im Straßenbau) zu gelangen.

Bestimmtheitsgebot

Teil des Rechtsstaatsprinzips. Es besagt, dass Gesetze und Verwaltungsakte (VA) so klar und bestimmt formuliert sein müssen, dass der Bürger erkennen kann, was von ihm erwartet wird. Gesetze, die gegen das B. verstoßen, sind theoretisch verfassungswidrig. Praktisch hat die Rechtsprechung einen Ausweg gefunden, auch bei unbestimmten Rechtsbegriffen keinen Verstoß gegen das B. anzunehmen. Das B. sei nämlich dann nicht verletzt, wenn durch die Rechtsprechung und die Rechtswissenschaft geklärt ist, wie unbestimmte Rechtsbegriffe (Rechtsbegriff, unbestimmter) zu verstehen sind. So verstoße die Formulierung »Sicherheit und Ordnung« oder »Gute Sitten« (Sittenwidrigkeit) nicht gegen das B., weil die Rechtsprechung seit dem 19. Jahrhundert geklärt hat, wie diese Begriffe zu verstehen sind.

Betäubungsmittelgesetz (BtMG)

Strafbar nach dem B. ist die Herstellung, der Handel, der Besitz, die Abgabe, die Einfuhr, der Erwerb oder das sich Verschaffen von Betäubungsmitteln. In schwerwiegenden Fällen (z. B. Abgabe an Jugendliche, bei bandenmäßiger Begehung, bei größeren Mengen) liegen Verbrechen vor. Der Konsum selbst ist nicht mit Strafe bedroht, dieser fällt aber i. d. R. mit dem Besitz von Betäubungsmitteln zusammen. Eine Strafbarkeit ist nicht gegeben, wenn der Betroffene eine Erlaubnis für den Erwerb hat durch das Bundesinstitut für Arzneimittel und Medizinprodukte. Auch liegt keine Strafbarkeit bei Ärzten, Apothekern oder deren gewerblichen Transportunternehmern vor. Welche Stoffe als Betäubungsmittel anzusehen sind, ist in verschieden Anlagen zum B. geregelt. Von der Verfolgung des Besitzes kann durch die Staatsanwaltschaft mangels öffentlichen Interesses abgesehen werden, so bei geringen Mengen, die nur dem Eigenverbrauch dienen (z. B. Besitz eines Joints, wenige Gramm Cannabis). Eine Strafmilderung oder Absehen von Strafe sieht das B. für Täter vor, die freiwillig ihr Wissen den Ermittlungsbehörden zur Verfügung stellen und damit zur Aufklärung schwerer Taten betragen. Bei Straftaten, auch außerhalb des B. (z. B. Diebstahl), die aufgrund einer Betäubungsmittelabhängigkeit begangen wurden, kann die Strafvollstreckungsbehörde bei Strafen bis zu 2 Jahren die Vollstreckung zurückstellen, wenn der Verurteilte sich in eine Entzugsbehandlung begibt. Deren Dauer kann auf die Strafe angerechnet werden. So kann auch bereits im Ermittlungsverfahren vorläufig von einer Anklageerhebung abgesehen werden, wenn durch die Behandlung bereits eine Resozialisierung zu erwarten ist.

Beteiligtenfähigkeit

Fähigkeit, in einem Rechtsstreit Beteiligter zu sein, und damit eine Prozessvoraussetzung. Im Verfahren vor dem Verwaltungs- oder Sozialgericht verfügen v. a. natürliche und juristische

Personen, nicht rechtsfähige Personenvereinigungen und Behörden, soweit das Landesrecht dies bestimmt, über die B. (§ 70 SGG; § 61 VwGO). Das Zivilprozessrecht verwendet den Begriff der Parteien und der Parteifähigkeit.

Betreuung

Kann durch das Familiengericht für Erwachsene angeordnet werden, denen entweder die Geschäftsfähigkeit ganz fehlt (Vertreter, gesetzlicher) oder die zumindest Unterstützung in rechtlichen Angelegenheiten benötigen. Für Kinder und Jugendliche gibt es die entsprechende Möglichkeit der Vormundschaft (Pflegschaft). Die B. muss aufgrund einer psychischen Krankheit oder einer körperlichen, geistigen oder seelischen Beeinträchtigung erforderlich sein (vgl. § 1896 BGB). Das Gericht wird entweder auf Antrag des Betroffenen oder von Amts wegen zu dessen Schutz tätig und bestellt einen Betreuer oder eine Betreuerin. Gegen den Willen des Betroffenen darf eine B. nur angeordnet werden, wenn die Notwendigkeit durch ein Sachverständigengutachten festgestellt wurde. Betreuer haben klar definierte rechtliche (nicht pflegerische oder soziale) Aufgabenkreise, z. B. ausschließlich die Gesundheitsfürsorge (siehe auch Patientenverfügung) und/oder die Vermögensverwaltung. Die sog. Entmündigung wurde abgeschafft. Für den unfreiwillig von einer B. Betroffenen sind die Unterschiede aber eher terminologisch.

Betrieb

Anknüpfungspunkt für zahlreiche arbeitsrechtliche Vorschriften, v. a. für das Betriebsverfassungsgesetz (BetrVG). Eine gesetzliche Definition des Begriffs B. besteht nicht, jedoch hat die Rechtsprechung Kriterien für seine Bestimmung entwickelt. Demnach ist ein B. eine organisatorische Einheit, innerhalb derer der Arbeitgeber mit den Arbeitnehmern unter Einsatz technischer und immaterieller Mittel einen bestimmten arbeitstechnischen Zweck festsetzt und nicht nur zur Befriedigung des Eigenbedarfs verfolgt. Maßgeblich ist ein einheitlicher Leitungsapparat, der die für den B. wesentlichen Entscheidungen trifft. Eine räumliche Einheit ist hingegen nicht erforderlich. Die Anwendung dieser Kriterien ist wichtig mit Blick auf den Schutz durch arbeitsrechtliche Vorschriften. Vom B. abzugrenzen ist das Unternehmen. Während der Betriebsbegriff sich auf die tatsächliche Arbeitsorganisation und ihre Einrichtungen bezieht, meint der Begriff des Unternehmens einen Rechtsträger, der z. B. Eigentums- oder Verwertungsrechte an den Arbeitsmitteln hat oder Vertragspartner von Beschäftigten und Kunden wird.

Betriebliche Altersversorgung

Leistungen, die dem Arbeitnehmer aufgrund eines Arbeitsverhältnisses zur Alters-, Invaliditäts- oder Hinterbliebenenversorgung zugesagt worden sind. Die B. stellt neben der gesetzlichen Rentenversicherung und der privaten Altersversorgung eine der 3 Säulen der Altersversorgung für Arbeitnehmer dar. Die grundlegenden Vorschriften zur B. finden sich im Gesetz zur Verbesserung der betrieblichen Altersversorgung (Betriebsrentengesetz, BetrAVG). Daneben sind weitere Vorschriften, auch aus dem Steuerrecht und Sozialrecht, maßgeblich. Durch das BetrAVG wird der Arbeitgeber verpflichtet, Arbeitnehmern und Auszubildenden Zugang zur B. in Form der Entgeltumwandlung zu verschaffen. In diesem Fall kann die B. ausschließlich vom Arbeitnehmer finanziert werden, indem ein Teil des Entgelts in Höhe von maximal 4 % der Beitragsbemessungsgrenze der gesetzlichen Rentenversicherung (2019 sind das für die alten Bundesländer 6.700 €, für die neuen 6.150 € monatlich) nicht als Gehalt ausgezahlt, sondern in Anwartschaften der B. umgewandelt wird. Die Finanzierung der B. kann auch unter Beteiligung oder ausschließlich durch den Arbeitgeber erfolgen. Eine derartige Verpflichtung kann sich aus dem Arbeitsvertrag, betrieblicher Übung, einer Gesamtzusage des Arbeitgebers, einer Betriebsvereinbarung oder einem Tarifvertrag ergeben.

Betriebliche Übung

Rechtsinstitut, das den Arbeitgeber verpflichtet, in der Vergangenheit freiwillig gewährte Leistungen an Arbeitnehmer zukünftig weiterhin zu erbringen. Dabei handelt es sich um Gewohnheitsrecht, das gesetzgeberisch bisher nur im Betriebsrentengesetz anerkannt wurde. In der Praxis sind Fragen besonderer Geldleistungen (z. B. zusätzliche Monatsgehälter, Treuegeld, Fahrt- und Essensgeldzuschuss), Regelungen der betrieblichen Altersversorgung und die Arbeitszeit (Pausenregelungen, freie Tage an/vor Feiertagen und Brauchtumstagen wie Fastnacht) von der B. berührt. Das Entstehen eines Anspruchs aus B. setzt die wiederholte und vorbehaltlose Erbringung der Leistung in der Vergangenheit gegenüber einer Mehrzahl von Arbeitnehmern voraus. I. d. R. soll eine dreimalige Wiederholung ausreichend sein, je nach Inhalt des Anspruchs kann aber auch eine erheblich höhere Anzahl von Wiederholungen erforderlich sein. Auch Arbeitnehmer, die erst nach Entstehen der B. in ein Arbeitsverhältnis eintreten, kommen in ihren Genuss, sofern dies nicht ausdrücklich im Arbeitsvertrag ausgeschlossen wird. Da der Inhalt B. nach der Auffassung des Bundesarbeitsgerichts zu einem Teil des Arbeitsvertrages wird, ist es für den Arbeitgeber nahezu unmöglich, sich einseitig wieder von dieser zu lösen. Praktisch kommen nur vertragliche Anpassungen wie der Änderungsvertrag oder die Änderungskündigung in Betracht.

Betriebsrat

Kollektive Interessenvertretung von Arbeitnehmern in privatwirtschaftlichen Betrieben. Aufgaben, Rechte und Pflichten des B. ergeben sich vorrangig aus dem Betriebsverfassungsgesetz (BetrVG). Bestehen in einem Unternehmen mehrere Betriebe mit B., errichten diese einen Gesamtbetriebsrat. Innerhalb eines Konzerns können die Gesamtbetriebsräte einen Konzernbetriebsrat bilden. B. können in Betrieben, in denen mindestens 5 Arbeitnehmer beschäftigt sind, eingerichtet werden. Ihre Zusammensetzung wird in einer geheimen und unmittelbaren Betriebsratswahl nach den Grundsätzen der Verhältniswahl bestimmt. Dazu machen Arbeitnehmer oder Gewerkschaften Wahlvorschläge in Form von Wahllisten. Lediglich in Kleinbetrieben bis 50 Arbeitnehmern und für den Fall, dass nur eine Wahlvorschlagsliste beim Wahlvorstand eingereicht wurde, ist die Mehrheitswahl (Personenwahl) vorgeschrieben. Wahlberechtigt sind alle tatsächlich im Betrieb beschäftigten Arbeitnehmer, die am Wahltag das 18. Lebensjahr vollendet haben. Die Möglichkeit, für den Betriebsrat zu kandidieren, setzt eine Betriebszugehörigkeit von mindestens 6 Monaten voraus. Die Anzahl der zu wählenden Betriebsratsmitglieder bestimmt sich nach der

Größe des Betriebs. Die Amtszeit des B. beträgt regelmäßig 4 Jahre. Sie endet nur dann früher, wenn vor Ablauf dieses Zeitraumes ein neuer B. gewählt werden muss, z. B. weil der alte zurückgetreten ist. Der B. überwacht die Einhaltung von Schutzvorschriften durch den Arbeitgeber, gestaltet aktiv die Arbeitsbedingungen, z. B. durch den Abschluss von Betriebsvereinbarungen, und entscheidet in sozialen Angelegenheiten mit. Zur Wahrnehmung dieser Aufgaben ist der Arbeitgeber verpflichtet, den B. über zukünftige Planungen und Veränderungen zu unterrichten. Besonderes Gewicht kommt der Mitbestimmung bei personellen Einzelmaßnahmen (Einstellung, Versetzung, Ein- und Umgruppierung, Kündigung) zu. Hier muss der B. immer zustimmen. Im Fall von Betriebsänderungen, also grundlegenden Änderungen der Betriebsorganisation, Betriebsstilllegungen und -einschränkungen oder Betriebszusammenschlüssen, ist es Aufgabe des B., mit dem Arbeitgeber zusammen Vereinbarungen zu treffen, die die Arbeitnehmerinteressen schützen (Interessenausgleich) und entstehende Nachteile (Sozialplan) ausgleichen. Die Mitglieder des B. üben ihre Tätigkeit ehrenamtlich aus und sind dafür von ihrer Arbeit freizustellen, wenn die Betriebsratstätigkeit dies erfordert. In größeren Betrieben ist eine gesetzlich bestimmte Anzahl der Betriebsratsmitglieder dauerhaft freizustellen. Die Kosten, die durch die Tätigkeit des B. entstehen, trägt der Arbeitgeber. Für die Betriebsratsmitglieder gilt ein Benachteiligungs- und Begünstigungsverbot. Dies wird durch den besonderen Kündigungsschutz (Kündigungsschutzgesetz (KSchG)) für Betriebsratsmitglieder, der sich auch auf Mitglieder des Wahlvorstands erstreckt, konkretisiert.

Betriebsübergang

Wechsel der Inhaberschaft eines Betriebs oder Betriebsteils, bei dem die wirtschaftliche Identität des übergehenden Betriebs oder Betriebsteil unter dem neuen Inhaber im Wesentlichen gewahrt bleibt. Die gesetzlichen Vorschriften zum B. (§ 613a BGB) sollen die Arbeitnehmer vor betriebsbedingten Kündigungen durch den bisherigen Arbeitgeber und Verschlechterungen der Arbeitsbedingungen durch den neuen Arbeitgeber schützen. Daher gilt der Grundsatz, dass der neue Betriebsinhaber in alle Rechte und Pflichten des alten Inhabers eintritt. Aus Sicht des Arbeitnehmers ändert sich also der Vertragspartner des Arbeitsvertrags, ohne dass dessen Inhalt sich verändert. Galt für das Arbeitsverhältnis ein Tarifvertrag, wird er durch den B. Bestandteil des Arbeitsvertrags, auch, wenn der neue Inhaber nicht an einen Tarifvertrag gebunden ist. Frühestens nach Ablauf einer Jahresfrist kann dies zum Nachteil des Arbeitnehmers geändert werden. Ebenso bleiben die Rechte und Pflichten aus einer Betriebsvereinbarung/Dienstvereinbarung Inhalt des Arbeitsvertrages und unterliegen der Veränderungssperre, sofern es im Betrieb des neuen Inhabers dazu keine eigene Vereinbarung gibt. Der Arbeitgeber ist verpflichtet, die betroffenen Arbeitnehmer umfassend über den geplanten Zeitpunkt und den Grund des B. sowie dessen rechtliche, wirtschaftliche und soziale Folgen schriftliche zu unterrichten. Die Arbeitnehmer haben die Möglichkeit dem B. innerhalb einer vierwöchigen Frist nach Erhalt der Unterrichtung schriftlich zu widersprechen. Durch den Widerspruch bleibt das Arbeitsverhältnis mit dem bisherigen Arbeitgeber bestehen. Dadurch sollen sie vor einem unfreiwilligen Wechsel des Arbeitsvertragspartners geschützt werden. Damit geht aber häufig ein hohes Risiko einher, betriebsbedingt gekündigt zu werden, da nach dem B. der bisherige Arbeitsplatz beim alten Arbeitgeber weggefallen ist.

Betriebsvereinbarung/Dienstvereinbarung

Verträge zwischen dem Betriebsrat und dem Arbeitgeber, die *zwingend* und *unmittelbar* auf das Arbeitsverhältnis zwischen Arbeitnehmer und Arbeitgeber einwirken. Sie müssen schriftlich fixiert, ausreichend bestimmt und im Betrieb für die Beschäftigten einsehbar sein. *Unmittelbar* bedeutet, dass der Arbeitnehmer aus der B. Rechte erlangt, ohne dass sie in den Arbeitsvertrag übernommen werden oder auf ihn Bezug nehmen müssen. *Zwingend* meint, dass eine Abweichung von der B. zuungunsten einzelner Arbeitnehmer, egal wie, ausgeschlossen ist. B. kommen durch freiwillige Einigung der Parteien oder durch Beschluss der Einigungsstelle zustande. B. können sich auf Regelungen zum Abschluss, zu den Bedingungen und zur Beendigung von Arbeitsverhältnissen beziehen, sofern dem kein gesetzliches oder tarifliches Verbot entgegensteht. Allerdings können konkrete Arbeitsentgelte nicht durch eine B. bestimmt werden, wohl jedoch Entgeltsysteme. B. können von jeder Vertragspartei unter Einhaltung einer gesetzlichen Kündigungsfrist von 3 Monaten oder einer abweichend vereinbarten Frist gekündigt werden. In Angelegenheiten, in denen der Betriebsrat gesetzlich oder tarifvertraglich abstimmungsberechtigt ist, gelten die Regelungen der B. auch nach der Kündigung so lange weiter, bis sie durch andere Abmachungen ersetzt werden.

Betriebsverfassungsgesetz (BetrVG)

Beinhaltet die zentralen Vorschriften zur Interessenvertretung der Arbeitnehmer in Betrieb und Unternehmen und dient dazu, die strukturelle Unterlegenheit abhängig Beschäftigter gegenüber dem Arbeitgeber auszugleichen. Das B. sieht verschiedene Gremien vor, die verschiedene Mitwirkungs- und Mitbestimmungsrechte haben. Des Weiteren enthält das B. Regelungen, die die Mitglieder dieser Gremien schützen, was durch ihre herausgehobene Stellung im betrieblichen Alltag erforderlich ist. Die unmittelbarste Vertretung der Arbeitnehmer erfolgt durch die Betriebs- oder Abteilungsversammlung, der alle Beschäftigten angehören. Wichtigstes Gremium der betrieblichen Interessenvertretung ist der Betriebsrat. Zur Vertretung der Interessen junger Arbeitnehmer und Auszubildender werden Jugend- und Auszubildendenvertretungen (JAV) gewählt, die mit dem Betriebsrat zusammenarbeiten. Für Unternehmen mit mehr als 100 Arbeitnehmern schreibt das B. die Einrichtung eines Wirtschaftsausschusses zur Beratung und Information in wirtschaftlichen Angelegenheiten vor. Die Behinderung der Wahl oder der Tätigkeit dieser Gremien ist durch das B. strafbewehrt. Für Tendenzbetriebe, das sind Betriebe die überwiegend politischen, konfessionellen, karitativen, erzieherischen, wissenschaftlichen, künstlerischen oder journalistischen Zwecken und nicht der Gewinnerzielung dienen, findet das B. nur eingeschränkt Anwendung. Keine Anwendung findet das Gesetz auf den öffentlichen Dienst und die Betriebe und Dienststellen der Religionsgemeinschaften. Für diese finden sich Vorschriften zur Beschäftigtenvertretung in den Personalvertretungsgesetzen des Bundes und der Länder und den Mitarbeitervertretungsordnungen der evangelischen und katholischen Kirche.

Betrug

Häufig vorkommendes Delikt, das in Teilen der Bevölkerung als »Kavaliersdelikt« angesehen wird (z. B. gegenüber Versicherungen oder Finanzämtern). Schutzgut des Straftatbestandes B. ist das Vermögen. Beim B. wird durch Täuschung ein Irrtum erregt, der zu einer ungerechtfertigten Vermögensverfügung führt. Damit ein B. vorliegt, muss der Täter sich bereichert und ein anderer einen Schaden erlitten haben. Der erlangte Vorteil muss die Kehrseite des Vermögensschadens sein. Der B. kann auch durch Unterlassen begangen werden, wenn ein anderer hierdurch bewusst irregeleitet werden soll, und durch die Entstellung von Tatsachen, d. h. durch eine nicht ganz genaue Schilderung von Tatsachen, wenn bei genauer Kenntnis der Getäuschte die Vermögensverfügung nicht getroffen hätte. Das gilt v. a. dann, wenn eine Rechtspflicht zur Offenbarung besteht (z. B. zunächst rechtmäßiger Bezug von Leistungen BAföG (siehe auch Berufsausbildungsförderung) oder Arbeitslosengeld I und Wegfall der Voraussetzungen während des Bezugszeitraums, Arbeitsaufnahme, Abbruch der Ausbildung).

Bewährung

Siehe Strafaussetzung zur Bewährung

Bewährungshelfer

Im Regelfall hauptamtlicher (ausnahmsweise ehrenamtlicher) Mitarbeiter der Justizverwaltung. Er hat eine Doppelfunktion. Zum einen soll er dem Verurteilten, dessen Freiheitsstrafe zur Bewährung (Strafaussetzung zur Bewährung) ausgesetzt wurde, helfend und betreuend zur Seite stehen, damit dieser die Bewährungszeit erfolgreich meistert. Zum anderen berichtet der B. dem Gericht über den Bewährungsverlauf. Der B. überwacht die Einhaltung von Weisungen und die Erfüllung von Auflagen. Er wird vom Gericht bestellt, wenn dies erforderlich erscheint.

Bewährungszeit

Siehe Strafaussetzung zur Bewährung

Beweis

Im rechtlichen Sinne zu unterscheiden vom naturwissenschaftlichen. Dient der Überzeugung des Richters bzw. der Feststellung von Tatsachen, die den Tatbestand einer Rechtsnorm erfüllen sollen. Nur Fakten können also bewiesen werden, nicht Rechtsansichten. Die klassischen Beweismittel sind Augenscheinsbeweis, Urkunde, Sachverständiger, Zeuge und die Vernehmung einer Partei bzw. eines Verfahrensbeteiligten.

Beweisantrag

Mit einem B. kann ein Verfahrensbeteiligter ein bestimmtes Beweismittel zum Beweis bestimmter Tatsachen in den Prozess einführen. Der Beteiligte bringt damit zum Ausdruck, dass er eine weitere Aufklärung des Sachverhalts für erforderlich hält. Geht z. B. im Strafrecht das Gericht diesem B. ohne hinreichenden Sachgrund (vgl. § 244 Abs. 3 StPO) nicht nach, kann hierin ein Verstoß gegen den Amtsermittlungsgrundsatz liegen, der in der Revision gerügt werden kann. Vom B. sind Beweisermittlungsanträge abzugrenzen, bei denen die Angabe einer bestimmten Tatsache oder eines bestimmten Beweismittels fehlt und die den Zweck haben, dem Beweismittelführer erst eine Grundlage für seine Behauptungen zu liefern. Bloßen Behauptungen »ins Blaue hinein« muss das Gericht nicht nachgehen.

Beweisaufnahme

Feststellung des Sachverhalts durch das Gericht, wobei dieses im Zivilverfahren an den Tatsachenvortrag der Parteien gebunden ist. Im Strafverfahren ist die B. das Kernstück der Hauptverhandlung. Nach der Einlassung des Angeklagten zur Sache werden die vorliegenden Beweismittel (Beweis) mündlich eingeführt (Unmittelbarkeit, Grundsatz der). Dies geschieht durch Vernehmung der Zeugen, Augenscheinsbeweis (auch Bilder, Video- oder Tonaufnahmen), Urkundenverlesung und Anhörung von Sachverständigen. Die Reihenfolge der Einführung der Beweismittel bestimmt das Gericht (der Vorsitzende). Nach jedem Teil der B. kann der Angeklagte Stellung nehmen. Der Ablauf der B. muss nicht vorher feststehen. Durch den Inhalt eines bereits in die Hauptverhandlung eingeführten Beweismittels können weitere Beweismittel nötig oder überflüssig werden. Am Ende der B. haben der Angeklagte (oder sein Verteidiger) und die Staatsanwaltschaft die Gelegenheit, noch weitere Beweisanträge zu stellen, über die das Gericht entscheiden muss. Danach wird die B. geschlossen.

Bezirke, kommunale

In den größeren Städten werden unterhalb des Stadtrates und der Stadtverwaltung kleinere Verwaltungseinheiten gebildet, nämlich die B. Wann und ob sie gebildet werden müssen, wie groß sie sein dürfen und welche Kompetenzen sie haben, bestimmen die Gemeindeordnungen (GO) der Länder unterschiedlich.

Bezirksversammlung

Analog zum Gemeinderat werden für die kommunalen Bezirke (Bezirke, kommunale) Vertretungen gewählt, welche über die Angelegenheiten des Bezirks, die meist vergleichsweise begrenzt sind, entscheiden dürfen.

BGB-Gesellschaft

Siehe Gesellschaft bürgerlichen Rechts (GbR)

Bigamie

Bedeutet, dass ein Mensch mehrere Ehegatten (oder Lebenspartner, vgl. Lebenspartnerschaft) hat, d. h. mindestens zwei. Nach mitteleuropäischen Moralvorstellungen wird dies abgelehnt. Nach deutschem Recht ist die Monogamie (Einehe) Wesensmerkmal der Ehe. Hat dennoch eine zweite Eheschließung stattgefunden (z. B. Fehler des Standesamtes oder nach ausländischem Recht), so ist diese Ehe aufhebbar. Außerdem ist B. strafbar (§ 172 StGB).

Bildungsurlaub

Besondere Form des Urlaubs, der beruflicher und politischer (Fort-)bildung von Arbeitnehmern dient. Vorschriften zum B. sind landesgesetzlich geregelt, für NRW z. B. im Arbeitnehmerweiterbildungsgesetz. Solche Gesetzte gibt es in allen Bundesländern, mit Ausnahme von Bayern und Sachsen. Der Anspruch auf B. beträgt in den meisten Fällen 5 Tage jährlich. Während der Inanspruchnahme von B. ist der Arbeitgeber zur Fortzahlung des Entgelts verpflichtet. Die Kosten für die Bildungsmaßnahme (z. B. Anreise-, Unterbringungs- und Seminarkosten) sind in aller Regel vom Arbeitnehmer zu tragen.

Billigkeit

Entscheidungen von Gerichten sollen recht und billig sein. Recht sind sie, wenn sie dem Recht oder den Gesetzen entsprechen. Für einen gewissen Spielraum sorgen hierbei die Generalklauseln und unbestimmten Rechtsbegriffe (Rechtsbegriff, unbestimmter). Zudem enthalten Gesetze oft Ausnahmeregeln oder Härtefallklauseln, um im Einzelfall aus Gründen der B. anders entscheiden zu können, als es das Gesetz in der Regel vorsieht. In seltenen Fällen führt jedoch die Anwendung auch des an sich gerechten Rechts zu ungerechten Ergebnissen. Nach dem Grundsatz der Gewaltenteilung sind die Parlamente Gesetzgeber. Ein Gericht darf sich nicht zum »Ersatzgesetzgeber« erklären. Wenn Richter in demokratischen Staaten abweichend (praeter legem) oder gar gegen das Gesetz (contra legem) entscheiden, wirft das die Frage nach der Legitimität ihrer Entscheidung auf. Anders als der Gesetzgeber sind Richter nicht unmittelbar vom Volk, sondern nur mittelbar durch die Gesetze legitimiert, an die sie sich deshalb halten müssen. Ausnahmsweise gibt es jedoch auch zulässiges Richterrecht. Zudem spielt die B. auch im Zivilrecht unter dem Begriff Treu und Glauben eine Rolle.

Bindung an Rechtsgeschäfte

Wenn man ein Rechtsgeschäft, insbesondere einen Vertrag abschließt, dann entstehen daraus Rechte und Rechtspflichten, deren Erfüllung die Vertragsschließenden durch den Vertrag versprechen. Man bindet sich also selbst damit (Privatautonomie, v. a. Vertragsfreiheit). Es gilt der im Zivilrecht einklagbare Grundsatz der Vertragstreue (Pacta sunt servanda). Durch die Vereinbarung entsteht ein Schuldverhältnis, welches von vornherein auf eine bestimmte Zeit konstruiert sein kann (z. B. Buchung eines Hotelzimmers für eine Nacht) oder unbefristet (z. B. Dauermietverhältnis). Diese B. kann man aber i. d. R. auch beseitigen, wofür im Gesetz oder im Vertrag besondere Voraussetzungen enthalten sind. Siehe auch Rücktritt, Kündigung, Anfechtung, Widerruf

BKA

Siehe Bundeskriminalamt

Blutentnahme

Ermittlungsmaßnahme im Rahmen einer körperlichen Untersuchung. Sie dient zur Feststellung der Alkoholkonzentration oder von anderen Rauschmitteln im Blut des Beschuldigten. Das Ergebnis kann für den Beschuldigten auch entlastend sein oder Strafmilderungsmöglichkeiten wegen verminderter Schuldfähigkeit eröffnen. Die B. darf nur durch einen Arzt durchgeführt werden. Sie unterliegt dem Richtervorbehalt, soweit der Betroffene nicht zustimmt, mit Ausnahme derjenigen Blutentnahmen, die zur Aufklärung von Trunkenheit im Verkehr dienen sollen.

Bodenschutzgesetz

Siehe Bundes-Bodenschutzgesetz (BBodSchG)

Bonitätsprüfung

Wenn jemand ein Darlehen erbittet, so sind Kreditinstitute (Banken) verpflichtet, seine wirtschaftliche und persönliche Bonität (Kreditwürdigkeit) zu prüfen. Dies dient zum einen dem Schutz des Darlehensnehmers vor Insolvenz, ist aber auch im eigenen Interesse des Darlehensgebers, damit er sein Geld zurückerhält. Für das Verbraucherdarlehen enthält §§ 505a-e BGB besondere Regelungen.

Bote

Im rechtlichen Sinne Überbringer der Willenserklärung eines anderen. Z. B. kann ein Mitarbeiter im Callcenter einer Firma eine telefonische Bestellung aufnehmen und weitergeben (sog. Empfangsbote). Damit ein Vertrag (Vertrag, privatrechtlicher) zustande kommt, muss der in der Firma dafür Zuständige entscheiden. Der B. hat nur die zum Abschluss des Vertrages erforderliche Willenserklärung des Anrufenden entgegengenommen. Oder wenn man den Brief eines Mieters mit der Kündigung beim Vermieter abgibt, dann ist man ebenfalls nur B. (sog. Erklärungsbote). Der B. hat gerade nicht die Befugnisse eines Vertreters. Die Unterscheidung ist wichtig für die Frage, ob überhaupt und ggf. wann eine Willenserklärung zugegangen ist und ob ein wirksames Rechtsgeschäft vorliegt. Da der B. keine eigene Erklärung abgibt, muss er nicht geschäftsfähig (Geschäftsfähigkeit) sein. Merke: Ist das Kindlein noch so klein, kann es doch schon Bote sein.

Boykott

Politische, wirtschaftliche oder soziale Ablehnung von Leistungen oder Waren. Kann juristische Konsequenzen haben, wenn zur Begründung unwahre Tatsachen behauptet werden.

Brandschutz

Für die Sicherheit baulicher Anlagen (Anlage, bauliche) ist der B. von herausragender Bedeutung. So widmen sich große Teile der Landesbauordnungen (LBauO) dem B. Die allgemeinen Voraussetzungen beschreibt z. B. in NRW die Generalklausel in § 14 LBauO-NRW, wo es heißt: Bauliche Anlagen »sind so anzuordnen, zu errichten, zu ändern und instand zu halten, dass der Entstehung eines Brandes und der Ausbreitung von Feuer und Rauch (Brandausbreitung) vorgebeugt wird und bei einem Brand die Rettung von Menschen und Tieren sowie wirksame Löscharbeiten möglich sind.« Diese allgemeine Anweisung wird weiter ausgeführt, so sind z. B. Feuerschutzwände, die eine bestimmte Materialbeschaffenheit haben müssen, in einem bestimmten Abstand vorgeschrieben. In den Häusern muss neben dem Treppenhaus ein weiterer Fluchtweg nach draußen bestehen u. v. a. m.

Brandstiftung

Besondere Form der Sachbeschädigung mit hohem Gefahrenpotenzial. Geregelt im Abschnitt über »Gemeingefährliche Straftaten« des Strafgesetzbuchs (StGB).

Brief-, Post- und Fernmeldegeheimnis

Durch Art. 10 GG gegenüber dem Staat geschütztes Grundrecht, das auch von Privatpersonen zu wahren ist. Wer z. B. unbefugt fremde Briefe öffnet oder Telefonate abhört, kann sich nach § 202 oder § 206 StGB strafbar machen. Strafverfolgungsbehörden kann dies unter engen Voraussetzungen erlaubt sein (Richtervorbehalt nach §§ 99 ff. StPO).

Bundesanwaltschaft

Siehe Generalbundesanwalt

Bundesarbeitsgericht (BAG)

Siehe Arbeitsgerichtsbarkeit

Bundesausbildungsförderungsgesetz (BAföG)

Siehe Berufsausbildungsförderung

Bundes-Bodenschutzgesetz (BBodSchG)

1999 in Kraft getreten und damit im Vergleich zu den anderen Umweltgesetzen ein junges Gesetz. Der Boden war das letzte Umweltmedium, das nach Wasser, Luft und »Natur« durch ein spezielles Gesetz geschützt wurde. Das Problem im Rahmen des Bodenschutzes besteht v. a. darin, wer die Kosten für die Säuberung von Boden oder Erde, die durch Altlasten verseucht ist, übernimmt. Das Gesetz ist stark um Kompromisse bemüht, sodass die Regelungen oft unklar sind.

Bundesfinanzhof

Einer der 5 Obersten Gerichtshöfe des Bundes und Teil der Finanzgerichtsbarkeit. Er hat seinen Sitz in München (§ 2 FGO). Der B. entscheidet über Revisionen gegen Urteile sowie über Beschwerden gegen sonstige Entscheidungen der Finanzgerichte (§ 36 FGO).

Bundesgerichte

Die Obersten Gerichtshöfe des Bundes, das Bundespatentgericht und das Bundesverfassungsgericht. (➠ Abb. »Die Rechtsgebiete und ihre Gerichte«, S. 209)

Bundesgerichtshof (BGH)

Oberstes Gericht für die ordentliche Gerichtsbarkeit (Gerichtsbarkeit, ordentliche) mit Sitz in Karlsruhe. Entscheidet über strafrechtliche und zivilrechtliche Revisionen (➠ Abb. »Die Rechtsgebiete und ihre Gerichte«, S. 209).

Bundesgesetzblatt

Publikationsorgan, in welchem Gesetze und andere wichtige Texte der Bundesrepublik veröffentlicht werden.

Bundeshaushalt

Hält fest, für welche Zwecke die Steuer- und sonstigen Einnahmen des Bundes ausgegeben werden. Sie werden den einzelnen Fachministerien zugeordnet. Ein großes Budget erhält etwa das Sozialministerium. Der Haushalt wird als Gesetz durch den Bundestag beschlossen und gilt für 1 oder 2 Jahre.

Bundesimmissionsschutzgesetz (BImSchG)

Regelt, welche Emissionen von Anlagen ausgehen dürfen und welche Immissionen auf einen Rezipienten wirken dürfen.

Bundesimmissionsschutzverordnung (BImSchVO)

In den B. sowie in der Technischen Anleitung Luft (TA-Luft) und der Technischen Anleitung Lärm (TA-Lärm), werden die Grenzwerte für die Emissionen und Immissionen von Stoffen oder Geräuschen festgeschrieben.

Bundeskanzler

Regierungschef in der Bundesrepublik Deutschland, der zusammen mit den Ministern die Bundesregierung bildet. Der B. wird vom Bundestag gewählt, im 1. Wahlgang auf Vorschlag des Bundespräsidenten mit absoluter Mehrheit (Mehrheit, absolute, einfache und relative). Erreicht die vorgeschlagene Person diese Mehrheit nicht, gibt es laut Verfassung einen 2. Wahlgang, in dem ein B. mit absoluter Mehrheit ohne Vorschlag des Bundespräsidenten gewählt werden kann. Erreicht kein Kandidat diese Mehrheit, kann in einem 3. Wahlgang ein B. auch mit relativer Mehrheit gewählt werden. Im letzteren Fall kann der Bundespräsident entscheiden, ob er den B. ernennen oder den Bundestag auflösen will. In der Geschichte der Bundesrepublik sind bisher alle B. im 1. Wahlgang gewählt worden. Das Grundgesetz (GG) hat gleichsam Vorkehrungen für Krisensituationen getroffen und ist darauf angelegt, dass Minderheitsregierungen eine Ausnahme bleiben. Der B. bestimmt die Minister, welche vom Bundespräsidenten ernannt werden. Die Minister werden aber nicht vom Bundestag gewählt oder bestätigt. In der Legislaturperiode kann der B. nur mit einem konstruktiven Misstrauensvotum abgelöst werden. Regulär endet seine Amtsperiode, wenn ein neuer Bundestag zusammentritt. Kann dieser zunächst keinen B. wählen, z. B., weil sich die Koalitionsverhandlungen als schwierig entpuppen, kann der Bundespräsident den B. und die Minister bitten, die Geschäfte übergangsweise weiterzuführen. Die Kompetenzen des B. ergeben sich aus Art. 65 GG und beinhalten die Geschäftsleitungs-, Organisations-, Personal- und Richtlinienkompetenz.

Bundeskriminalamt (BKA)

Bundesoberbehörde, die dem Innenministerium unterstellt ist. Koordiniert die Arbeit der Landeskriminalämter, da Strafverfolgung Sache der Länder ist. Die genauen Aufgaben enthält das B.-Gesetz.

Bundesländer

Die Bundesrepublik Deutschland ist ein föderaler Bundesstaat. Als B. werden die Teilstaaten der Bundesrepublik bezeichnet. Insgesamt hat Deutschland 16 B., davon 3 Stadtstaaten. Die B. gelten in der Rechtswissenschaft als Staaten. Daher haben sie eigene Landesverfassungen, die, ähnlich wie das Grundgesetz (GG), die Institutionen des Landes und die Rechte der Menschen normieren, dem Grundgesetz jedoch nicht widersprechen dürfen (Art. 28 GG). Sie haben auch weitere Befugnisse als Gesetzgeber (siehe auch Gesetzgebungskompetenz).

Bundespolizei

Strafverfolgungs- und Sicherheitsbehörde des Bundes. Insbesondere zuständig für den Schutz des Flug- und Bahnverkehrs.

Bundespräsident

Oberstes Staatsorgan der Bundesrepublik. Er vertritt diese völkerrechtlich, was bedeutet, dass er völkerrechtliche Verträge (Vertrag, völkerrechtlicher) im Namen der Bundesrepublik ratifiziert (Ratifikation). Gesetze müssen vom B. gemäß Art. 82 Abs. 1 GG ausgefertigt (unterzeichnet) werden, damit sie gültig sind. Dabei handelt es sich nicht nur um formale Akte. Der B. darf die Ausfertigung verweigern, wenn er verfassungsrechtliche Bedenken hat. Ansonsten hat der B. eher repräsentierende Aufgaben. Der B. wird für 5 Jahre von der Bundesversammlung gewählt, die nur zu diesem Zweck gebildet wird. Sie besteht aus den Abgeordneten des Bundestages und einer gleichen Anzahl von Vertretern, die von den Landtagen gewählt werden.

Bundesrat (BR)

Vertretung aller Bundesländer im Bund. Er ist an der Gesetzgebung des Bundes beteiligt, wobei zwischen Zustimmungsgesetzen und Einspruchsgesetzen zu unterscheiden ist. Jedes Land hat im Bundesrat mindestens 3 und höchstens 6 Stimmen. So stellt der B. keine repräsentative, d. h. der Größe der Bevölkerungszahl eines Landes entsprechende Vertretung dar. Bremen z. B. hat mit ca. 700.000 Einwohnern (das sind etwa so viele wie in Dortmund) 3 Stimmen, während Nordrhein-Westfalen mit ca. 18 Mio. Einwohnern nur die doppelte Stimmzahl hat. Gerechtfertigt wird dies mit den historischen Besonderheiten der jeweiligen Region, die deshalb eigenständig im Bundesrat vertreten sein soll.

Bundesrecht

Geht Landesrecht vor (Art. 72 Abs. 1 GG). Genauer siehe Gesetzgebungskompetenz

Bundesregierung

Besteht aus Bundeskanzler und den Bundesministern (Art. 62 GG). Die B. stellt die ausführende Gewalt (Exekutive) auf Bundesebene dar, wobei jeder Minister seinen Geschäftsbereich selbstständig und in eigener Verantwortung leitet (Art. 65 GG). Siehe auch Gewaltenteilung

Bundesrepublik

Deutschland ist ein Bundesstaat, d. h. aus mehreren Teilstaaten bestehend (föderal). Siehe Bundesländer

Bundessozialgericht (BSG)

Einer der 5 Obersten Gerichtshöfe des Bundes und Teil der Sozialgerichtsbarkeit. Es hat seinen Sitz in Kassel (§ 38 SGG). Das B. entscheidet über Revisionen (§ 39 Abs. 1 SGG) und im ersten und letzten Rechtszug über Streitigkeiten zwischen Bund und Bundesländern sowie zwischen verschiedenen Bundesländern (§ 39 Abs. 2 SGG), soweit der Rechtsweg zu den Sozialgerichten eröffnet ist (§ 51 SGG).

Bundesstaat

In Art. 20 Abs. 1 GG wird festgestellt, dass die Bundesrepublik ein demokratischer und sozialer B. ist. Ein B. muss abgegrenzt werden von einem Zentralstaat. Frankreich, Italien oder Griechenland z. B. sind Zentralstaaten, während Deutschland, Österreich oder die USA bundesstaatlich organisiert sind. Neben der Zentralregierung des Staates gibt es in einem B. auf regionaler Ebene, auf der Ebene der Bundesländer, weitere Regierungen, und in demokratischen Staaten auch Parlamente. Die Bundesrepublik besteht aus 16 Bundesländern, die ihrerseits in der Rechtswissenschaft als Staaten gelten, aber eben nicht als eigenständige Staaten. Wenn das Grundgesetz (GG) normiert, dass die Bundesrepublik ein B. ist, bedeutet dies, dass die Länder nicht abgeschafft werden können. Nun bestimmt aber Art. 29, unter welchen Bedingungen Länder neu organisiert werden können. Sie können z. B. zusammengelegt oder getrennt werden. Das ist der einzige Fall, für den das Grundgesetz explizit einen Volksentscheid vorsieht. Eine Volksabstimmung über eine Länderfusion gab es nach dem Anschluss der DDR nur einmal in Deutschland. Die Regierungen und Parlamente hatten für eine Fusion der Länder Berlin und Brandenburg optiert. Sie scheiterten mit diesem Vorschlag jedoch in der Volksabstimmung im Jahre 1996. Aber auch durch Volksentscheid können nicht alle Länder verschmolzen werden. Wie viele übrig bleiben müssen, um von einem B. zu sprechen, ist müßig zu diskutieren, weil es keine politischen Kräfte gibt, welche alle Bundesländer abschaffen wollen. Die Organisation der Bundesrepublik als B. folgt aus der deutschen Geschichte – das Deutsche Reich wurde 1871 als B. geschaffen. Nur die Nationalsozialisten schalteten die Länder aus und schufen einen Zentralstaat, um keine Gegenkräfte aufkommen zu lassen. Das war Grund für die Mütter und Väter des Grundgesetzes, den B. in der Verfassung festzuschreiben. Die bundesstaatliche Ordnung hat also auch die Funktion einer Gewaltenbalance. Übermäßige Machtkonzentration soll verhindert werden. In der Geschichte der Bundesrepublik funktionierte das auch vergleichsweise gut, weil in den Bundesländern oft andere politische Parteien (Partei, politische) regierten als im Bund.

Bundestag

Volksvertretung der Bundesrepublik Deutschland. Der B. hat 3 wesentliche Aufgaben: Er wählt den Bundeskanzler oder die Kanzlerin, er verabschiedet Gesetze für die Bundesrepublik und er beschließt den Bundeshaushalt. Das Wahlrecht sieht vor, dass der B. nach dem Prinzip der personalisierten Verhältniswahl (Verhältniswahl, personalisierte) gewählt wird. Gesetzlich vorgesehen ist, dass der B. 598 Abgeordnete hat. Durch Überhangmandate ist der B. i. d. R. größer.

Bundesverfassungsgericht (BVerfG)

Überprüft Gesetze und deren Anwendung auf ihre Verfassungskonformität, also darauf, ob deren Regelungsgehalt oder ihr Vollzug durch den Staat mit den Geboten der Verfassung übereinstimmen. Das B. besteht aus 2 Senaten mit jeweils 8 Richtern und Richterinnen. Die 16 Richterinnen und Richter des Bundesverfassungsgerichts werden jeweils zur Hälfte vom Bundestag und vom Bundesrat (BR) gewählt. Der Bundestag wählt einen Wahlausschuss, welcher dem Plenum einen Kandidaten oder eine Kandidatin vorschlägt. Gewählt ist, wer eine Mehrheit von zwei Dritteln der abgegebenen Stimmen des Bundestags erhält. Auch die Kandidaten und Kandidatinnen, die vom Bundesrat gewählt werden, brauchen dort eine Zweidrittelmehrheit. Da diese Mehrheit i. d. R. eine Absprache von Oppositions- und Regierungsparteien voraussetzt, ist es Praxis gewesen, dass die beiden großen Parteien (Partei, politische) abwechselnd Vorschläge unterbreiteten, die von der jeweils anderen mitgetragen wurden. Die kleineren Parteien wurden dabei insofern berücksichtigt, als der große dem kleinen Koalitionspartner das Vorschlagsrecht überlassen hat. In der gegenwärtigen politischen Landschaft sind weitergehende Absprachen erforderlich. Mindestens 3 Mitglieder jedes Senats müssen aus dem Kreis der Richterinnen und Richter der obersten Bundesgerichte (Bundesgerichtshof (BGH), Bundesverwaltungsgericht (BVerwG), Bundesfinanzhof (BFH), Bundesarbeitsgericht (BAG) und Bundessozialgericht (BSG) gewählt werden. Die übrigen sind i. d. R. Hochschullehrer. Siehe auch Verfassungsbeschwerde

Bundesversammlung

Wahlorgan für die Wahl des Bundespräsidenten. Die B. setzt sich zusammen aus allen Mitgliedern des Bundestages und einer gleichen Anzahl von Vertretern, die durch die Parlamente der Bundesländer bestimmt werden (Art. 54 Abs. 3 GG).

Bundesverwaltungsgericht (BVerwG)

Höchstes Instanzgericht für Streitigkeiten im Öffentlichen Recht mit Sitz in Leipzig, soweit nicht mit der Finanz- und Sozialgerichtsbarkeit besondere Verwaltungsgerichte zuständig sind (➠ Abb. »Die Rechtsgebiete und ihre Gerichte«, S. 209).

Bundeswehr

Armee der Bundesrepublik Deutschland (siehe Wehrrecht).

Der Aufbau des BGB	
1. Buch	**Allgemeiner Teil** (§§ 1-240)
2. Buch	Recht der **Schuldverhältnisse**
	• Allgemeines Schuldrecht (§§ 241-432)
	• Besonderes Schuldrecht (§§ 433-853)
	– Vertragliche Schuldverhältnisse
	– Gesetzliche Schuldverhältnisse
3. Buch	**Sachenrecht** (§§ 854-1296)
4. Buch	**Familienrecht** (§§ 1297-1921)
5. Buch	**Erbrecht** (§§ 1922-2385)

Bundeszentralregister

Vom Bundesamt für Justiz geführtes Register über strafrechtliche Verurteilungen und weitere Entscheidungen der Strafverfolgungs- und anderer Behörden hinsichtlich einer Person (z. B. Entzug des elterlichen Sorgerechts, Suchvermerke, Abschiebung). Das B. umfasst auch das Erziehungsregister und erteilt das Führungszeugnis. Es wird grundsätzlich nach Geburtsnamen, Vornamen, Geburtsdatum und Geburtsort geführt. Daher sind Namensänderungen dem B. mitzuteilen.

Bürgerbegehren

Siehe Volksgesetzgebung

Bürgerentscheid

Auf der Ebene der Länder gibt es die Volksgesetzgebung. Dabei wird im Volksentscheid über ein Landesgesetz entschieden.
Auf der kommunalen Ebene existiert ein analoges Instrument mit dem B. Durch den B. werden per Abstimmung der Bürger Beschlüsse des Rates ersetzt, also etwa ein Beschluss über eine Baumsatzung oder einen Bebauungsplan, die Schließung eines Schwimmbades und anderes.
Auch der B. ist in den Gemeindeordnungen (GO) als letzte Stufe des Verfahrens geregelt, dem z. B. in Nordrhein-Westfalen das Bürgerbegehren vorausgeht (§ 26 GO-NRW). Möglich ist aber auch, eine Bürgerinitiative vorzuschalten. Die Quoren, die für das Bürgerbegehren und den B. erfüllt sein müssen, unterscheiden sich in den Ländern und sind i. d. R. abhängig von der Größe der Gemeinde.

Bürgerliches Gesetzbuch (BGB)

Darin sind die wichtigsten Regelungen des Bürgerlichen Rechts enthalten. Das B. ist in 5 »Bücher« unterteilt. Der Aufbau orientiert sich an den Grundbegriffen des Privatrechts. Das 1. Buch ist der Allgemeine Teil (AT), der wie in der Mathematik »vor die Klammer gezogen« (mit gewissen Einschränkungen) für die 4 folgenden Teile (Schuldrecht, Sachenrecht, Familienrecht, Erbrecht) gilt. Im AT ist v. a. die Lehre vom Rechtsgeschäft enthalten.

Die Tabelle »Der Aufbau des BGB« zeigt den Inhalt aller Bücher.

Bürgerliches Recht

Rechtsgebiet, das die rechtlichen Beziehungen der Bürger und Bürgerinnen untereinander regelt. Teilgebiet des Zivilrechts. Abzugrenzen vom Öffentlichen Recht. Die wichtigsten Regelungen enthält das BGB. Es gilt der Grundsatz der Privatautonomie.

Bürgermeister

In einer Gemeinde der Leiter ihrer Verwaltung und Vorsitzender des Gemeinderates. Er vertritt die Gemeinde nach außen, d. h., er ist zuständig für Rechtsgeschäfte im Namen der Verwaltung. Er wird – inzwischen in allen Bundesländern – direkt vom Volk gewählt. Er bestimmt die Tagesordnung des Rates und kann begrenzte Entscheidungen für die Gemeinde auch ohne den Rat treffen – die genaue Reichweite der Kompetenzen wird in den Kommunalgesetzen des jeweiligen Landes bestimmt. Die Amtszeit der B. ist in den Ländern sehr unterschiedlich geregelt. In kleinen Gemeinden, z. B. in Baden-Württemberg, kann das Amt ein Ehrenamt sein, regelmäßig wird es jedoch hauptamtlich bekleidet. Oft wird verlangt, dass der B. oder einer seiner Stellvertreter ein ausgebildeter Volljurist ist.
Aber auch das ist in den Ländern unterschiedlich geregelt. Der B. der Stadtgemeinde Bremen heißt »Bürgermeister« und »Präsident des Senats« und ist damit gleichzeitig Regierungschef des Landes Bremen. Der B. der Freien Hansestadt Hamburg ist der »Erste Bürgermeister« und der Berliner B. ist der »Regierende Bürgermeister« – auch diese beiden sind die Regierungschefs der Stadtstaaten.

Bürgermeisterwahl

Siehe Bürgermeister und Kommunalwahl

Bürgerrechte

Rechte des Bürgers im Verhältnis zum Staat. Oft identisch verwendet wie Menschenrechte bzw. Grundrechte.
Im Gegensatz zu diesen setzen B. aber die Zugehörigkeit zu einem Staat (Staatsbürger) oder Gemeinwesen (z. B. Gemeinde) voraus. Genauer kann man differenzieren, dass einige Grundrechte allen Menschen zustehen (Menschenrechte sind), anderen B., was man an der Formulierung »Alle Deutschen haben das Recht …« erkennt (z. B. in Art. 8 GG, Versammlungsfreiheit oder Art. 9 GG, Vereinigungsfreiheit). Zu den B. gehören insbesondere das aktive und passive Wahlrecht, auch bei den Kommunalwahlen.

Bürgschaft

Einseitige Willenserklärung, durch die sich der Bürge gegenüber einem Gläubiger bereit erklärt, für die Verpflichtung des eigentlich Verpflichteten (Schuldner) einzustehen (§ 765 BGB). Die B. dient zur Absicherung des Gläubigers gegen eine mögliche Zahlungsunfähigkeit (Insolvenz) des Schuldners.
Für eine B. ist Schriftform als Ausnahme vom Grundsatz der Formfreiheit erforderlich. Sie kann (zeitlich oder bzgl. der Höhe des Betrages) beschränkt und unbeschränkt abgegeben werden.

Bußgeld

Siehe Ordnungswidrigkeiten

Charta der Vereinten Nationen

Siehe UN-Charta

Comprehensive Economic and Trade Agreement (CETA)

Freihandelsvertrag zwischen Kanada und der EU, der gegenwärtig (Sommer 2019) unterzeichnet, aber noch nicht von allen Mitgliedsstaaten der EU ratifiziert (Ratifikation) worden ist.

Contra legem

Lat. Bezeichnung für »gegen das Gesetz«. Wenn die Interpretation (Auslegung) einer Rechtsnorm deren Wortlaut widerspricht, also gegen das Gesetz erfolgt, wird dieser Begriff verwendet. Grundsätzlich ist dies untersagt, weil sich der Normbefehl nur mit seinem demokratischen Ursprung legitimieren lässt. Siehe auch Richterrecht und Praeter legem

Copyright

Von engl. copy (Kopie) und right (Recht). Steht dem Urheber eines geistigen Werkes zu. Siehe Urheberrecht.

Culpa in contrahendo

Lat. Bezeichnung für ein Verschulden bei Vertragsschluss.

Darlehen

In §§ 488 ff. BGB geregelter Vertrag zwischen einem Darlehensgeber (oft eine Bank) und einem Darlehensnehmer. Dabei überlässt der Darlehensgeber dem Vertragspartner einen Geldbetrag für eine bestimmte Zeit. Im Gegenzug entsteht ein Anspruch auf Rückzahlung der Darlehenssumme und auf Zahlung der vereinbarten Zinsen. Siehe auch Bonitätsprüfung, Vorfälligkeitsentschädigung und Verbraucherdarlehen.

Daseinsvorsorge

Bezeichnet in etwas altertümlicher Weise die sozialen Dienstleistungen des Staates, die man als Standard für das Leben in einer modernen Gesellschaft begreift, also etwa Strom- und Verkehrsangebote oder die Wasserversorgung. Große Teile dieser D. sind seit 1990 privatisiert worden, d. h., die Versorgung wird nicht mehr direkt vom Staat erbracht, sondern von privaten Anbietern. Der Staat hat durch Gesetz übernommen, dass alle Bürger ordnungsgemäß versorgt werden, was man Gewährleistung nennt.

Datenschutz

Die Notwendigkeit, Daten zu schützen, ist eine Konsequenz des Rechts auf informationelle Selbstbestimmung, welches das Bundesverfassungsgericht (BVerfG) aus Art. 2 Abs. 1 GG in Verbindung mit Art. 1 Abs. 1 GG entwickelt hat. Gesetzlich ist der D. in den Datenschutzgesetzen des Bundes und der Länder geregelt. Die Datenschutzgesetze erfassen zum größeren Teil die Datenverarbeitung durch staatliche Institutionen, während die Datensammelwut in der Wirtschaft nur bruchstückhaft geregelt ist. Strenger sind in dieser Beziehung inzwischen die Datenschutzverordnungen der Europäischen Union (EU).

Deal

Siehe Verständigung im Strafverfahren

Delikt

Rechtswidrige und schuldhafte Schädigung eines anderen (Rechtswidrigkeit, Verschulden), auch als »unerlaubte Handlung« bezeichnet. D. ist einer der Grundbegriffe des Privatrechts, wird aber auch im Strafrecht anstelle von Straftatbestand verwendet. Tatsächlich haben Strafrecht und zivilrechtliches Deliktsrecht gemeinsame Wurzeln. Aber während es heute auf der einen Seite um den Strafanspruch des Staates wegen der Verletzung von Strafgesetzen geht, soll auf der anderen Seite ein privater Ausgleich von Schäden stattfinden. Die wichtigsten Regelungen hierfür finden sich in den §§ 823 ff., §§ 249 ff. BGB. Zu unterscheiden ist das D. von der Gefährdungshaftung, die gerade kein Verschulden erfordert.

Delikte, politische

Die ersten Abschnitte mit den konkreten Straftatbeständen (Besonderer Teil) des StGB (§§ 80-145d) regeln die Strafbarkeit von Angriffen auf den Staat und seine Organe. Die Stellung vorn im StGB ist historisch durch das besondere Eigeninteresse des Staates als Gesetzgeber begründet. Es finden sich neben Hochverrat und Landesverrat insbesondere Tatbestände zum Schutz der Verfassungsorgane und zum Schutz der freien Wahlen. Siehe auch Widerstand gegen Vollstreckungsbeamte.

Deliktsfähigkeit

Liegt vor, wenn jemand die geistigen Voraussetzungen dafür hat, die Tragweite seiner unerlaubten Handlungen (Delikt) zu erkennen. Dann muss er für einen Schaden haften (Haftung). Durch die §§ 827, 828 BGB werden Menschen mit geistigen Beeinträchtigungen sowie Kinder und Jugendliche geschützt, d. h., sie müssen nur ausnahmsweise haften, wenn sie einen Schaden verursachen. Es kommt aber ein Einstehenmüssen der Aufsichtsperson, v. a. der Eltern, wegen Verletzung der Aufsichtspflicht in Betracht.
Kinder haften bis zum 7. Geburtstag generell und bis zum 10. Geburtstag im Straßenverkehr nicht selbst. Danach bis zur Volljährigkeit kommt es auf die Einsichtsfähigkeit an. Siehe auch die Übersicht bei Altersstufen im Recht.

Demokratie

Wörtlich (griech.) Herrschaft des Volkes. Rückbindung allgemein verbindlicher Entscheidungen an die Adressaten dieser Entscheidung. Allgemein verbindliche Entscheidungen sind solche, die für größere Gruppen gelten und insofern für diese verbindlich sind, als sie mit Gewalt – z. B. Polizeigewalt – durchgesetzt werden können. Der Gesetzesbefehl ist insofern an die Adressaten zurückgebunden, als die Bürger Abgeordnete wählen und am politischen Willensbildungsprozess auch außerhalb des Parlaments teilnehmen können. Das sichert eine Rückbindung der verabschiedeten Gesetze an den Bürgerwillen. Intensiver ist diese Rückbindung bei der Volksgesetzgebung, aber auch da besteht das Problem, dass diejenigen, die mit Nein gestimmt haben, sich der Entscheidung der Mehrheit beugen müssen. Rückbindung bedeutet also nicht Zustimmung, sondern nur Beteiligung am Prozess der Willensbildung, die der Entscheidung über ein Gesetz vorangeht. Die Definition impliziert, dass es demokratische Institutionen auf verschiedenen gesellschaftlichen Ebenen gibt, also nicht nur im Staat, sondern auch in den Gemeinden, in Vereinen, Parteien (Partei, politische), Gewerkschaften oder auch in öffentlichen Körperschaften (Körperschaft, öffentlich-rechtliche) wie der Rechtsanwaltskammer. Um von einer demokratischen Rückbindung sprechen zu können, müssen bestimmte Mindestvoraussetzungen erfüllt sein, wie die Wahlrechtsgrundsätze des Art. 38 GG, wozu insbesondere die Freiheit und Gleichheit der Wahl gehören. Voraussetzung ist aber auch eine halbwegs funktionierende Öffentlichkeit, die durch Grundrechte wie die Versammlungsfreiheit, Meinungsfreiheit und

Pressefreiheit abgesichert werden. Eine eher konservative, hierarchische Interpretation von D. versteht darunter die Legitimation von staatlicher Herrschaft durch Wahlen. Ein emphatischer Begriff der D. würde die politische D. erweitern und v. a. auch auf wirtschaftliche Entscheidungen anwenden. D. ist danach die Rückbindung allgemein *wirkender* Entscheidungen an die Adressaten dieser Entscheidung. Entscheidungen großer Konzerne haben oft eine größere Bedeutung für viele Bürger und Bürgerinnen als etwa die Entscheidungen einer Gemeinde. Sie wirken allgemein, ohne sich vor der Allgemeinheit rechtfertigen zu müssen.

Demokratie, parlamentarische

Form der Demokratie, in der das Parlament die zentrale Bedeutung bei der Wahl der Exekutive und bei der Gesetzgebung hat. Andere Formen sind etwa die Rätedemokratie, die sich in Deutschland in der Organisation der meisten Parteien wiederfindet, oder die direkte Demokratie, bei der das Volk etwa über Gesetze abstimmt. Siehe Volksgesetzgebung.

Demokratiedefizit der EU

Wenn vom D. die Rede ist, geht es zumeist um das Wahlsystem und die daran geknüpfte Kompetenzverteilung zwischen den gewählten bzw. nicht gewählten Institutionen. Das zentrale Defizit liegt darin, dass es in der EU kein gleiches Stimmrecht gibt. Eine Abgeordnete des Europäischen Parlaments (EP) vertritt in Deutschland oder Frankreich 857.000, in Luxemburg 83.000 und in Malta 67.000 Unionsbürgerinnen und -bürger. D. h., eine Abgeordnete aus Deutschland oder Frankreich vertritt überschlägig mehr als 10-mal so viele Wähler wie eine Abgeordnete aus Luxemburg oder Malta. Der demokratische Grundsatz »one man, one vote«, d. h. die Wahlrechtsgleichheit, gilt bei der Wahl zum Europäischen Parlament nicht. Das Bundesverfassungsgericht (BVerfG) meint deshalb euphemistisch: Die EU sei erheblich »überföderalisiert«. Obwohl das Parlament inzwischen den meisten Rechtsakten der EU zustimmen muss, bleiben einige Politikbereiche ausschließliche Angelegenheit des Rates (Europäischer Rat), d. h., dieser beschließt ohne oder nur nach Anhörung des Parlaments. Schließlich gibt es ein materiales D., was bedeutet, dass die Politik der EU durch die Verträge (Vertrag über die Arbeitsweise der Europäischen Union (AEUV), Vertrag über die Europäische Union (EUV)) v. a. wirtschaftspolitisch soweit festgelegt ist, dass ein politischer Richtungswechsel nur schwer durchzusetzen ist. Die Verträge legen die EU auf eine »offene Marktwirtschaft« mit freiem Wettbewerb fest und buchstabieren diesen Grundsatz im Detail aus.

Demokratieprinzip

Eines der Staatsstrukturprinzipien der Bundesrepublik, das in Art. 20 und 28 GG verankert ist und den Staat auf einen demokratischen Aufbau verpflichtet. Siehe Demokratie.

Demonstrationsrecht

Siehe Versammlungsfreiheit

Diebstahl

Wegnahme einer fremden beweglichen Sache (Sache, fremde) in rechtswidriger (Rechtswidrigkeit) Zueignungsabsicht. Für den Fall der Weggabe durch den Berechtigten unter Zwang kommt der Tatbestand der Erpressung in Betracht. Der Wert der Sache ist für die grundsätzliche Strafbarkeit unerheblich. Jedoch ist bei Sachen von geringem Wert zur Strafverfolgung ein Strafantrag oder das Vorliegen eines besonderen öffentlichen Interesses (Interesse, öffentliches) erforderlich. Neben der objektiven Wegnahmehandlung ist der Wille des Täters erforderlich, die Sache (für sich oder einen Dritten) zu behalten (Zueignungswille) oder zu verwerten. Er muss sich eine eigentümerähnliche Stellung anmaßen. Der Enteignungswille muss auf Dauer vorliegen. Für den Fall der nur vorübergehenden Nutzung (Gebrauchsanmaßung) hat der Gesetzgeber für Kraftfahrzeuge und Fahrräder den Sondertatbestand des unbefugten Gebrauchs eines Fahrzeugs geschaffen, der nur mit Strafantrag verfolgbar ist. Für andere Sachen (z. B. Fußball zum Spielen) ist der reine Gebrauch straflos. Erfüllt das Handeln jedoch weitere Tatbestände (z. B. Benutzung von fremden Ausweispapieren) oder wird der Wert der Sache durch die Nutzung erheblich gemindert (z. B. Abheben von Geld von einem fremden Sparbuch), so ist dies strafbar. Wenn der Täter bereits im Besitz der Sache ist und diese nicht zurückgeben will, kommt Unterschlagung in Betracht. Die Strafbarkeit ist nur gegeben, wenn die Handlung nicht durch Rechtfertigungsgründe gedeckt ist. Solche Gründe können z. B. bei Anspruch auf Übereignung oder gerichtlichen Entscheidungen (Beschlagnahmebeschlüsse) oder deren Vollzug (durch Gerichtsvollzieher) vorliegen. Neben dem einfachen D., der mit Freiheitsstrafe bis zu 5 Jahren bestraft werden kann, sind einzelne Begehungsformen mit einem Strafrahmen von bis zu 10 Jahren Freiheitsstrafe bedroht, da hierbei eine besondere Gefährlichkeit vorliegt (Mitführung von Waffen oder gefährlichen Gegenständen, bandenmäßige Begehung, Einbruchsdiebstahl). Bei Einbruchsdiebstahl aus dauerhaft genutzten Privatwohnungen ist eine Mindestfreiheitsstrafe von 1 Jahr vorgesehen, sodass ein Verbrechen vorliegt. Auch können besonders schwere Fälle mit bis zu 10 Jahren Freiheitsstrafe geahndet werden. Hierunter fallen z. B. gewerbsmäßiger D., D. unter Überwindung von Wegnahmeschutzvorrichtungen (Fahrradschlösser), D. von Sachen der Religionsausübung oder Sachen, die von Bedeutung für Wissenschaft, Kunst oder Geschichte sind. Wird die Wegnahmehandlung mittels Gewalt begangen, liegt Raub vor. Bei D. im familiären Bereich oder beim gemeinsamen Wohnen ist zwingend ein Strafantrag für die Strafverfolgung erforderlich. Da Strom keine Sache ist, gibt es auch hierfür den Sondertatbestand der Entziehung elektrischer Energie. In den Fällen der Aneignung herrenloser Sachen, die also nicht fremd sind, können die Tatbestände der Jagd- oder Fischwilderei vorliegen.

Dienstleistungsfreiheit und Niederlassungsfreiheit

Die Art. 49 ff. AEUV regeln die N., Art. 56 ff. AEUV die D. in der EU. Die N. umfasst die Aufnahme und Ausübung selbstständiger Erwerbstätigkeiten sowie die Gründung und Leitung von Unternehmen. Ermöglicht wird also die Gründung von Unternehmen, aber auch von Tochtergesellschaften, Zweigstellen usw. im EU-Ausland. Dienstleistungen werden definiert als »Leistungen, die i. d. R. gegen Entgelt erbracht werden«, was nicht besonders weiterhilft. Deshalb nennt Art. 56 AEUV Beispiele, nämlich gewerbliche, kaufmännische, handwerkliche und freiberufliche Tätigkeiten. Die D. unterscheidet sich von der N. dadurch, dass sie vorübergehend ist. Der Dienstleister hat z. B. seinen Unternehmenssitz in Polen, verlegt aber in Karlsruhe die Fliesen seines Kunden. Die N. ermöglicht ihm, sein Unternehmen ganz nach Karlsruhe zu verlegen (was natürlich auch nur vorübergehend möglich ist). D. wirken v. a. als Diskriminierungsverbot. In 2 intensiv diskutierten Urteilen Viking (Rs. C-438/05) und Lavall (Rs. C-341/05) schränkte der EuGH die – in die nationale Kompetenz fallende – Streikfreiheit zugunsten der N. von Unternehmen ein und setzte sich so über national garantierte Grundrechte hinweg.

Dienstvertrag

Vertrag, bei dem sich die eine Seite zur Leistung von Diensten und die andere Seite zur Zahlung eines Entgelts verpflichtet (§ 611 BGB; Anspruch). Gegenstand können die verschiedensten Tätigkeiten sein, z. B. das Unterrichten an Musikinstrumenten oder Nachhilfe. Im Unterschied zum Werkvertrag ist nur ein Tätigwerden, kein bestimmter Erfolg geschuldet. Der wichtigste und praktisch häufigste D. ist der Arbeitsvertrag, zu dem das Bürgerliche Gesetzbuch (BGB) kaum Regelungen enthält.

Direktmandat

Mandat, das bei der personalisierten Verhältniswahl (Verhältniswahl, personalisierte) in den Wahlkreisen von dem Bewerber mit den meisten Stimmen gewonnen wird.

Diskriminierungsschutz

Der Grundsatz der Gleichheit aus Art. 3 GG verbietet die rechtliche Ungleichbehandlung von Gleichem, also benachteiligende Diskriminierungen. Lat. discriminare heißt eigentlich nur unterscheiden/differenzieren. Der Begriff ist jedoch heute negativ besetzt. Für das Zivilrecht und den Arbeitsvertrag enthält das Allgemeine Gleichbehandlungsgesetz (AGG) zahlreiche Regelungen, die v. a. die Vertragsfreiheit einschränken. Das AGG verbietet Diskriminierungen nach »Rasse« (leider wird dieser Begriff immer noch auch für Menschen verwendet) »oder wegen der ethnischen Herkunft, des Geschlechts, der Religion oder Weltanschauung, einer Behinderung, des Alters oder der sexuellen Identität«. Rechtspolitischer Hintergrund des D. sind oft europäische Richtlinien. Siehe auch Recht, dispositives/zwingendes, Behinderung, Kirchliches Arbeitsrecht, Religionsfreiheit

Dispositives/zwingendes Recht

Siehe Recht, dispositives/zwingendes

Dissens

Liegt vor, wenn Willenserklärungen, durch welche ein Vertrag zustande kommen sollte, trotz Auslegung verschiedene Inhalte haben. Bei D. kommt kein Vertrag zustande. Siehe auch Konsens

Dogmatik

Theoretische Rechtsfragen und Regeln sowie deren Anwendung auf konkrete Fälle. Leitet sich her von dem griech.-lat. Wort Dogma, d. h. Lehrmeinung, die gelegentlich auch im Gegensatz zur gerichtlichen Praxis steht.

Doppelbestrafung, Verbot der

Auch als Strafklageverbrauch bezeichnet. Niemand darf wegen derselben Tat aufgrund der allgemeinen Strafgesetze mehrmals bestraft werden (Art. 104 Abs. 3 GG, lat.: »ne bis in idem«). Das Verbot der D. gilt teilweise auch für ausländische Strafurteile, v. a. in der EU. Disziplinar- oder berufsrechtliche Maßnahmen (z. B. im Beamtenrecht oder der Entzug der ärztlichen Approbation) sind durch das Verbot der D. nicht gehindert.

Dringender Tatverdacht

Siehe Tatverdacht, dringender

Drittwirkung der Grundrechte

Ursprünglich galten Grundrechte nur im Verhältnis zwischen Bürger und Staat und hatten keine D., also Konsequenzen im Zivilrecht für die Rechtsbeziehungen der Bürger untereinander. Im Verhältnis zwischen Arbeitgeber und Arbeitnehmer z.B. ordnet Art. 9 Abs. 3 GG eine unmittelbare D. an. Eine mittelbare D. entsteht im Zivilrecht über Generalklauseln und unbestimmte Rechtsbegriffe (Rechtsbegriff, unbestimmter). Sie wird abgeleitet aus dem Lüth-Urteil des BVerfG, obwohl das BVerfG nur moniert hatte, dass die Zivilgerichte zivilrechtliche Normen nicht verfassungskonform ausgelegt hatten (Auslegung, verfassungskonforme). Dazu werden sie aber durch Art. 1 Abs. 3 GG ohnehin verpflichtet, der bestimmt, dass die Grundrechte »Gesetzgebung, vollziehende Gewalt und Rechtsprechung als unmittelbar geltendes Recht« binden. In der Rechtswissenschaft wird die mittelbare D. daher teilweise abgelehnt.

Drogen

Siehe Betäubungsmittelgesetz (BtMG)

Drohung

Rechtswidriges in Aussicht stellen eines Übels. Zu strafrechtlichen Konsequenzen siehe Bedrohung. Wenn jemand zur Abgabe einer Willenserklärung durch D. genötigt wird, so ist diese anfechtbar (Anfechtung).

Dublin-Abkommen/-Verordnung

Regelung des Aufenthaltsrechts in der Europäischen Union (EU). Danach müssen Flüchtlinge in dem europäischen Mitgliedsstaat um Asyl nachsuchen, d. h. das Verfahren durchlaufen, den sie zuerst betreten haben. Seither sind die Mittelstaaten wie Deutschland oder Österreich nur für Flüchtlinge zuständig, die über den Luftweg einreisen. Benachteiligt werden v. a. die Länder in Südeuropa wie Italien, Spanien, Griechenland und Malta – sie sind das Tor zur EU. Das System ist schon vor 2015 (der großen Fluchtbewegung) gescheitert. Insbesondere Italien war mit der Zuwanderung von vielen Flüchtenden überfordert und ließ sie weiter nach Norden reisen, nachdem es mit dem Anliegen, die Verteilung der Flüchtenden nach einer Quote zu organisieren, im Norden (besonders Deutschland) auf taube Ohren gestoßen war. Nach der Zuwanderung einer Vielzahl von Menschen im Jahre 2015 über die sog. Balkanroute wollte die EU das System auf Quoten umstellen und hat dazu entsprechende Rechtsvorschriften erlassen. Diese aber scheitern faktisch am Widerstand einiger Oststaaten, der sog. Visegrád-Gruppe, die sich grundsätzlich weigert, Flüchtlinge – v. a. muslimische – aufzunehmen. Die EU verlegte sich auf den kleinsten gemeinsamen Nenner, nämlich die Flüchtlingsabwehr durch Frontex und Rückschiebabkommen mit afrikanischen Staaten und der Türkei. Das D. war zunächst ein völkerrechtlicher Vertrag (Vertrag, völkerrechtlicher), deshalb »Abkommen«, das später in Europarecht überführt und zur EU-Verordnung wurde, aber seinen »Vornamen« beibehielt. Das

Abkommen trat 1997 in Kraft, die entsprechende EU-Verordnung 2003.

Durchsuchung

Ermittlungsmaßnahme, die zum Auffinden von Beweismitteln (z. B. Diebesgut) oder zur Ergreifung des Beschuldigten möglich ist. Sie betrifft sowohl Räumlichkeiten (z. B. auch das Kraftfahrzeug) als auch die Person selbst und ihr gehörende Sachen. Auch bei anderen Personen kann eine D. zu diesen Zwecken erfolgen. Werden bei der D. relevante Gegenstände aufgefunden, erfolgt eine Beschlagnahme. Die D. unterliegt dem Richtervorbehalt. Zur Nachtzeit (21.00 bis 6.00 Uhr) bedarf die D. einer Wohnung mit wenigen Ausnahmen einer besonderen Anordnung.

Durchsuchungsbeschluss

Wegen des Eingriffs in Art. 13 und 14 GG erforderliche richterliche Anordnung zum Betreten von Wohnungen, Grundstücken, Geschäftsräumen oder Fahrzeugen zur Durchführung einer Durchsuchung.

Düsseldorfer Tabelle

Vom Oberlandesgericht (OLG) in Düsseldorf alle 1-2 Jahre aktualisierte Übersicht für die Höhe des Unterhalts. Ob überhaupt ein Anspruch besteht, ergibt sich aus dem BGB. Die D. ist kein Gesetz und daher grundsätzlich unverbindlich. Dennoch orientieren sich viele Familiengerichte daran. Daneben gibt es auch weniger bekannte Tabellen anderer Gerichte.

Man kann sich die D. im Internet anschauen: http://www.olg-duesseldorf.nrw.de/infos/Duesseldorfer_Tabelle/. Sie beginnt mit einer Übersicht für den Kindesunterhalt, gestaffelt nach Alter des Kindes und Einkommen des Verpflichteten. Es folgen der Ehegatten-, der Verwandtenunterhalt und der Unterhalt für unverheiratete Mütter bzw. Väter. Dazwischen wird thematisiert, wie viel dem Unterhaltsverpflichteten als sog. Selbstbehalt für seinen eigenen Bedarf verbleiben muss. Gegenüber minderjährigen Kindern sind dies z. B. 1.080 € im Monat, sofern der Schuldner erwerbstätig ist, sonst 880 € (Stand 2019). Außerdem werden z. B. Empfehlungen gegeben, wenn ein sog. Mangelfall vorliegt, d. h., wenn es mehrere Gläubiger gibt, das Einkommen des Schuldners jedoch nicht ausreicht, um alle Ansprüche zu erfüllen.

e contrario-Schluss

Siehe Analogie/e contrario-Schluss

E-Akte

Abkürzung für elektronische Akte. In Behörden und Gerichten findet eine allmähliche Reduzierung von Papierakten statt. Siehe auch Legal Tech

Echte Rückwirkung

Siehe Rückwirkung, echte und unechte

Economic Partnership Agreement (EPA)

Freihandelsvertrag zwischen 1 oder mehreren Staaten. E. wurden vermehrt abgeschlossen, nachdem sich herausgestellt hatte, dass die Weiterentwicklung eines Freihandelsregimes innerhalb der World Trade Organization (WTO) aufgrund divergierender Interessen zwischen dem globalen Norden und dem globalen Süden unmöglich geworden war. Innerhalb von kleineren Verhandlungsrunden konnte die ökonomische Stärke des Nordens besser ausgespielt werden.

Effektiver Rechtsschutz

Das Grundgesetz gebietet in Art. 19 Abs. 4, dass Bürger gegen Verletzungen ihrer Rechte durch den Staat ein Gericht anrufen können. Das GG garantiert also einen E.

Ehe

Einer der Grundbegriffe des Privatrechts. Die E. steht unter dem besonderen Schutz der staatlichen Ordnung (Art. 6 GG). Hintergrund ist (nach traditioneller Auffassung) der Gedanke, dass die E. die Keimzelle der Familie und damit der Gesellschaft und des Staates ist. Das kann man heute infrage stellen, da zahlreiche Kinder auch in nichtehelichen Lebensgemeinschaften geboren werden und aufwachsen. Ehegatten haben nicht nur Abwehrrechte gegen den Staat, zum Schutz ihrer Privatsphäre, sondern es besteht darüber hinaus eine sog. Institutsgarantie der E. und eine Förderungspflicht des Staates. Umstritten ist allerdings, ob die steuerliche Begünstigung (Ehegattensplitting) gerade für Ehen, in denen ein Partner mehr Einkommen hat als der andere, erforderlich oder umgekehrt verfassungswidrig ist. Das BGB enthält vor allem im 4. Buch (Familienrecht), aber u. a. auch im Erbrecht wichtige Regelungen. Die E. wird nach § 1353 BGB auf Lebenszeit geschlossen. Die Realität sieht allerdings anders aus (Scheidung). Siehe auch Ehe für alle, Kinderehe und Bigamie

Ehe für alle

Meint die 2017 in Deutschland eingeführte Möglichkeit, dass nicht nur ein Mann und eine Frau, also Heterosexuelle, sondern auch homosexuelle Menschen miteinander verheiratet sein können. Vorher gab es die Lebenspartnerschaft. Siehe auch Homosexualität

Eheähnliche Lebensgemeinschaft

Siehe Ehegatten, Nichteheliche Lebensgemeinschaft

Ehegatten

Bezeichnung, die das Gesetz für miteinander verheiratete Menschen gleichen oder verschiedenen Geschlechts verwendet (vgl. § 1353 BGB). Durch die Eheschließung entstehen besondere Rechte und Pflichten der E. untereinander. Sie sind sich z. B. während der Ehe, bei Trennung und, sofern besondere Voraussetzungen vorliegen, auch nach der Scheidung zum Unterhalt verpflichtet. Die Garantenstellung der E. soll ein besonderes Einstehen füreinander und die gegenseitige Hilfe in Notsituationen sicherstellen (siehe auch Unterlassungsdelikte). Die gesetzliche Konzeption kann durch Ehevertrag in gewissen Grenzen abgeändert werden.

Ehegattenerbrecht

Das Recht eines Ehegatten auf das Erbe nach dem Tod des anderen Ehegatten (Erbfall) kann sich (vorrangig) aus einer Verfügung von Todes wegen (Testament, Berliner Testament, Erbvertrag) oder (nachrangig) aus der gesetzlichen Erbfolge ergeben. Das gesetzliche E. ist nach erbrechtlichen und güterrechtlichen Aspekten zu bestimmen. Zum einen ist der Anteil am Erbe danach zu berechnen, welche Verwandten es gibt (§ 1931 BGB), zum anderen danach, in welchem Güterstand die Ehegatten gelebt haben (Zugewinngemeinschaft, Ehevertrag). Bei Enterbung des Ehegatten bleibt ihm zumindest der Anspruch auf den Pflichtteil.

Eheschließung

Die Ehe wird begründet durch eine vor einem Beamten des Standesamts geäußerte Erklärung des übereinstimmenden

Ehewillens der künftigen Ehegatten. Darin wird ein Vertrag gesehen, aber nicht ein Ehevertrag (meint etwas anderes). Durch die E. entstehen Rechte und Pflichten der Ehegatten untereinander. Eine kirchliche Trauung allein hat keine rechtliche Verbindlichkeit, d. h., sie wird vom Staat nicht als ausreichend angesehen. Trauzeugen sind heute nicht mehr erforderlich.

Ehevertrag

Die Ehe kommt zwar auch durch Vertrag zustande (Eheschließung). Mit dem E. ist juristisch korrekt jedoch etwas anderes gemeint. Wenn Ehegatten von den gesetzlichen Regelungen für die Ausgestaltung der Rechte und Pflichten innerhalb der Ehe abweichen wollen, können sie das grundsätzlich unter Mitwirkung eines Notars tun (keine Formfreiheit). Typische mögliche Inhalte sind Vereinbarungen hinsichtlich des Güterstandes (Zugewinngemeinschaft), der Scheidungsfolgen und des Ehegattenerbrechts. Da jedoch oft der wirtschaftlich stärkere Partner den Inhalt des E. vorgibt, findet eine gerichtliche Kontrolle statt, wenn es zu Streitigkeiten kommt. Dabei wird insbesondere überprüft, ob Sittenwidrigkeit vorliegt, weil ein Partner (objektiv) schwächer war und der andere dies auch (subjektiv) ausgenutzt hat.

Ehrenamtlicher Richter

Siehe Richter, ehrenamtlicher

Eid

In seltenen Fällen verlangt das Gericht von einem Zeugen nach Abschluss seiner Aussage in der Hauptverhandlung, diese zu beschwören. Die Eidesleistung kommt nur in Betracht, wenn die Aussage von ausschlaggebender Bedeutung für die Sachverhaltsaufklärung ist oder zur Herbeiführung einer wahren Aussage notwendig erscheint. Wer unter E. lügt, macht sich strafbar (Meineid). Die Vereidigung ist auch bei Sachverständigen (Sachverständiger) möglich.

Eigene Sache

Siehe Sache, eigene

Eigentum

Wird durch das Grundgesetz (GG) als Grundrecht gewährleistet. Allerdings steht es unter dem Vorbehalt, dem Allgemeinwohl zu dienen (Art. 14 GG). Sein Inhalt und seine Schranken sollen durch das Gesetz bestimmt werden. E. gibt es im Unterschied zum Besitz nur als rechtlich definiertes Institut. E. und Besitz werden von Laien oft nicht getrennt bzw. verwechselt. Z. B. ist der »Hausbesitzer« rechtlich korrekt der Eigentümer. Genauer zum zivilrechtlichen Gehalt des E. (➠ Abb. S. 89). Die Nutzung des E. wird im Öffentlichen Recht beschränkt, um Schaden für die Allgemeinheit abzuwenden. Die Schranken sind vielfältig und betreffen unterschiedlichste Nutzungen des E.: Selbstverständlich darf man sein Kfz nicht dazu gebrauchen, um mit 180 km/h durch Ortschaften zu rasen. Oder Chemiefabrikanten werden in ihrem E. durch das Immissionsschutzgesetz begrenzt, das z. B. verbietet, krebserregende Stoffe in die Luft freizusetzen. Zum Wohle der Allgemeinheit kann der Eigentümer enteignet werden. Das geschieht gar nicht so selten, wenn z. B. neue Straßen gebaut werden sollen, die Eigentümer sich aber weigern, ihre Grundstücke zu verkaufen. Die Eigentümer sind bei Enteignungen zu entschädigen, was allerdings nicht zwingend bedeutet, dass der Marktwert zu zahlen ist. Grund und Boden und Schlüsselindustrien können enteignet

Abtrennbare Aspekte des Eigentums

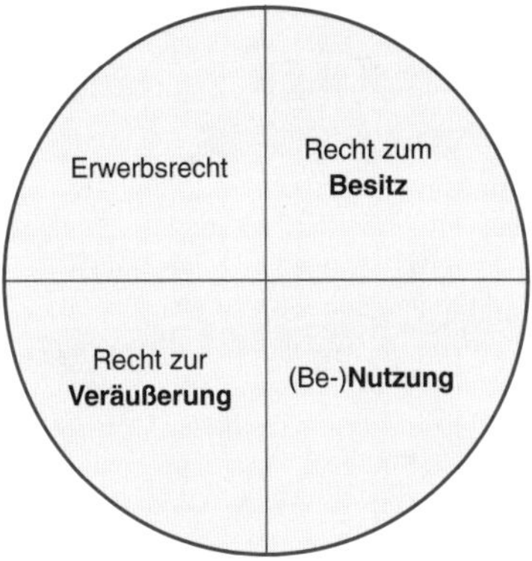

werden, um sie in Gemeineigentum zu überführen, bestimmt Art. 15 GG. Damit wird darauf hingewiesen, dass die kapitalistische Marktwirtschaft nicht die einzige Wirtschaftsform ist, die das Grundgesetz zulässt. Gemeineigentum ist dabei keineswegs nur als Staatseigentum zu verstehen, sondern kann z. B. auch E. der Beschäftigten bedeuten. E. ist auch einer der Grundbegriffe des Privatrechts. Die wichtigsten bürgerlich-rechtlichen Regelungen sind im Sachenrecht enthalten. Im Gegensatz zum Besitz beschreibt das E. nicht das tatsächliche, sondern das rechtliche Verhältnis. Das E. wird verstanden als die umfassende Herrschaftsbefugnis einer Person über eine Sache (vgl. § 903 BGB). Teilaspekte kann der Eigentümer an andere übertragen. Er kann z. B. aufgrund Miete den Besitz dem Mieter überlassen oder einem Interessenten ein Vorkaufsrecht (Erwerbsrecht) einräumen oder seine Sache ganz veräußern (➠ Abb. »Abtrennbare Aspekte des Eigentums«). Nach den Vorschriften des BGB kann E. auf unterschiedliche Weise begründet werden. Regelmäßig erfolgt der Erwerb durch Übereignung. Daneben kann E. kraft Gesetzes (gemäß §§ 937 ff. BGB bzw. durch Gesamtrechtsnachfolge) oder durch hoheitlichen Akt (z. B. im Rahmen einer Zwangsversteigerung) übergehen. Dem Eigentümer steht es ebenso frei, auf sein E. einseitig zu verzichten; dann wird die Sache herrenlos. Korrespondierend zu den umfassenden Rechten gewährt das BGB dem Eigentümer auch weitgehenden Schutz. Vom zuvor beschriebenen E. an körperlichen Gegenständen ist das sog. geistige E. (geregelt im Immaterialgüterrecht) zu unterscheiden. Rechteinhaber z. B. an einem Kunstwerk oder einer Erfindung werden im Urheber-, Patent- und Markenrecht geschützt (siehe Urheberrecht).

Eigentumsvorbehalt

Wenn bei einem Kaufvertrag der Käufer die Ware schon erhält, obwohl er erst später bezahlt, dann ist ein E. sinnvoll und üblich. Der Käufer bekommt nur den Besitz und das Eigentum bleibt beim Verkäufer, solange bis der Kaufpreis vollständig gezahlt wurde (§ 449 BGB).

Eilrechtsschutz

Siehe Rechtsschutz, einstweiliger

Einbruch

Siehe Diebstahl

Einbürgerung

Möglichkeit für Ausländer, die längere Zeit (gegenwärtig acht Jahre) in der Bundesrepublik leben, die deutsche Staatsbürgerschaft zu erwerben. In der Regel muss mit der Antragstellung die alte Staatsbürgerschaft aufgegeben werden. Ausnahmen bestehen bei solchen

Staaten, die ihre Staatsangehörigen nicht ausbürgern.

Einfache Mehrheit

Siehe Mehrheit, absolute, einfache und relative

Eingliederungshilfe

Aufgabe der E. ist es, Personen, die durch eine Behinderung wesentlich in ihrer Fähigkeit, an der Gesellschaft teilzuhaben, eingeschränkt oder von einer solchen wesentlichen Behinderung bedroht sind (§ 53 Abs. 1 SGB XII), eine individuelle Lebensführung zu ermöglichen, die der Menschenwürde entspricht, und ihre volle, wirksame und gleichberechtigte Teilhabe am Leben in der Gesellschaft zu fördern (§ 90 Abs. 1 Satz 1 SGB IX in der ab dem 1.1.2020 geltenden Fassung). Leistungen der E. umfassen Leistungen zur medizinischen Rehabilitation, Leistungen zur Teilhabe am Arbeitsleben, Leistungen zur Teilhabe an Bildung und Leistungen zur Sozialen Teilhabe (§ 102 SGB IX, Fassung ab 1.1.2020). E. wird nur nachrangig gewährt. Nur wer die erforderliche Leistung nicht von anderen oder von Trägern anderer Sozialleistungen erhält, bekommt E. (§ 91 SGB IX, Fassung ab 1.1.2020). Die zuständigen Träger der E. bestimmen die Länder (§ 94 SGB IX).

Eingriffsregelung

Zum Schutz naturnaher Umwelt vor Zersiedlung und Durchschneidung mit Verkehrswegen gibt es einen allgemeinen Schutz mit der E., die verlangt, dass die meisten Bauprojekte und andere Eingriffe in Natur und Landschaft auf ihre Verträglichkeit mit dem Umweltschutz zu prüfen sind. Vorgeschrieben sind die Prüfung von umweltschonenderen Alternativen, die Durchführung von Ausgleichs- und Ersatzmaßnahmen, die mit einer ökologischen Aufwertung anderer Flächen verbunden sind, und eine Abwägung des Naturschutzes mit dem Ziel des jeweiligen Vorhabens.

Eingruppierung

Ermittlung einer Entgeltgruppe für die Vergütung der Leistung in einem Arbeitsverhältnis. Die Vergütungsordnungen, auf denen die E. basiert, werden i. d. R. von den Tarifvertragsparteien vereinbart (Entgelttarifvertrag, Lohn- oder Gehaltstarifvertrag, Entgeltordnung), können aber auch als Betriebsvereinbarung/Dienstvereinbarung zwischen dem Betriebsrat und dem Arbeitgeber abgeschlossen oder vom Arbeitgeber einseitig aufgestellt werden. Die Entgeltgruppen in Vergütungsordnungen sind aufgrund allgemeiner Tätigkeitsmerkmale und persönlicher Voraussetzungen (Berufsausbildung, Hochschulabschluss) unterschieden. Die allgemeinen Tätigkeitsmerkmale (körperlich schweres Arbeiten, Anweisungsbefugnis über mindestens 5 ständig beschäftigte Arbeitnehmer, vielseitige Fachkenntnisse) werden meistens durch Regelbeispiele, also Bezeichnungen konkreter Tätigkeiten, ergänzt. Die E. erfolgt erstmals mit der Begründung des Arbeitsverhältnisses und kann sich im Verlauf dessen ändern. Im Fall einer falschen Zuordnung sollte dem Arbeitgeber gegenüber die E. in die richtige Entgeltgruppe, verbunden mit dem Anspruch auf Zahlung des Differenzbetrags, der sich durch die richtige Entgeltgruppe ergibt, schriftlich geltend gemacht werden. Ist diese Geltendmachung erfolglos, kann Eingruppierungsfeststellungsklage erhoben werden.

Einigungsstelle

Das Betriebsverfassungsgesetz (BetrVG) verlangt von Arbeitgeber und Betriebsrat, über strittige Fragen mit dem ernsthaften Willen zur Einigung zu verhandeln. Gelingt das nicht, ist in vielen Fällen eine Entscheidung der E. gesetzlich vorgesehen (z. B. Freistellung von Betriebsratsmitgliedern, Mitbestimmung in sozialen Angelegenheiten, Erstellung eines Sozialplans). Die E. setzt sich aus einer geraden Anzahl von Beisitzern zusammen, die von den Betriebsparteien jeweils zur Hälfte berufen werden, und dem einvernehmlich bestimmten Vorsitzenden. Auch über die Größe der E. haben Betriebsrat und Arbeitgeber Einvernehmen zu erzielen. Scheitert das ordnungsgemäße Einsetzen der E., entscheidet das Arbeitsgericht (Arbeitsgerichtsbarkeit) über die Größe und die Person des Vorsitzenden. In der Praxis besteht die E. häufig aus 1 bis 2, in komplexeren Angelegenheiten jedoch auch 3 oder mehr Beisitzern für jede Seite. Den Vorsitz übernehmen regelmäßig Richter der Arbeitsgerichte, wobei sicherzustellen ist, dass diese nicht für eine evtl. spätere gerichtliche Überprüfung des Beschlusses der E. zuständig sind. Die E. beschließt nach vorheriger mündlicher Beratung in nicht öffentlicher Abstimmung nach dem Mehrheitsprinzip. In einer 1. Abstimmung gibt der Vorsitzende keine Stimme ab. Erst wenn eine 2. Abstimmung durch ein Stimmenpatt erforderlich wird, stimmt auch der Vorsitzende mit ab. Der gefasste Beschluss wird daraufhin schriftlich niedergelegt und den Betriebsparteien unverzüglich zugeleitet. Er kann wegen inhaltlicher oder Verfahrensfehler von den Betriebsparteien innerhalb einer Frist von 2 Wochen angefochten werden. Sämtliche Kosten für das Einigungsstellenverfahren trägt der Arbeitgeber.

Einigungsvertrag

Vertrag, mit dem der Beitritt der DDR zur Bundesrepublik geregelt wurde.

Einkommenssteuer

Im Einkommenssteuergesetz geregelte Steuer, die auf Einkommen natürlicher Personen erhoben wird. Einkommen sind nach § 2 EStG: Einnahmen aus nicht selbstständiger und selbstständiger Arbeit, Gewerbebetrieb oder Land- und Forstwirtschaft, Kapitalvermögen, Vermietung und Verpachtung oder sonstige Einnahmen (z. B. Altersversorgung, Abgeordnetenbezüge).

Einlassungen des Angeklagten

In der strafrechtlichen Hauptverhandlung abgegebene Erklärung des Angeklagten zum Tatgeschehen, die auch über seinen Verteidiger abgegeben werden kann. Im Falle des Einräumens des Tatgeschehens liegt ein Geständnis vor. Es können auch Angaben zur Motivation oder zum Vorgeschehen gemacht werden, die dann in der Strafzumessung Berücksichtigung finden.

Einspruch

Rechtsbehelf gegen Entscheidungen der Verwaltung und Gerichte. Statthaft ist dieser, soweit das jeweilige Verfahrensrecht bzw. die jeweilige Prozessordnung einen entsprechenden Rechtsbehelf vorsieht. Im Ordnungswidrigkeitenrecht kann der Bürger gegen einen Bußgeldbescheid innerhalb von zwei Wochen E. einlegen. Dies hat zur Folge, dass das zuständige Amtsgericht (AG) über die Rechtmäßigkeit des Bußgelds entscheiden muss (§§ 67, 68 OWiG). Im Steuerrecht Rechtsbehelf u. a. gegen Einkommenssteuerbescheide. Die Funktion des E. besteht in der nochmaligen Überprüfung der Rechtmäßigkeit des Bescheids durch die Verwaltung. Soweit das Einspruchsverfahren gesetzlich vorgeschrieben ist, ist es grundsätzlich notwendige Voraussetzung für einen ggf. angestrebten Prozess vor dem zuständigen Finanzgericht (§ 44 FGO). Auch gegen Strafbefehle kann der Angeklagte innerhalb von zwei Wochen E. einlegen (§ 410 StPO). Der ordnungsgemäß eingelegte E. führt dazu, dass der Strafbefehl nicht rechtskräftig wird. Das Gericht hat dann eine Hauptverhandlung anzusetzen (§ 411 StPO). Im Zivilverfahren kann ein E. gegen ein Versäumnisurteil eingelegt werden. Ist der E. zulässig, so wird der Prozess in die Lage versetzt, in der er sich vor Eintritt der Versäumnis befand (§ 342 ZPO).

Einspruchsgesetz

Zu unterscheiden vom Zustimmungsgesetz. In beiden Fällen geht es um die Mitwirkungsrechte des Bundesrates (BR) bei der Gesetzgebung. Der Bundesrat kann gegen ein Gesetz, das vom Bundestag beschlossen wurde, mit Mehrheit Einspruch einlegen. Die Folge ist, dass ein Vermittlungsausschuss angerufen wird. Wird dort keine Einigung erzielt, kann der Bundestag den Einspruch zurückweisen. Das Gesetz kommt dann auch zustande, wenn der Bundesrat dagegen gestimmt hat. Allerdings muss der Bundestag den Einspruch des Bundesrates mit gleicher Mehrheit zurückweisen, mit der sie im Bundesrat beschlossen wurde. Dies ist dann relevant, wenn die Oppositionsparteien im Bundesrat eine Zweidrittelmehrheit haben, die Regierungsparteien im Bundestag aber nicht. Alle vom Bundestag beschlossenen Gesetze, die keine Zustimmungsgesetze sind, sind E.

Einstweilige Anordnung

Siehe Rechtsschutz, einstweiliger

Einstweilige Verfügung

Siehe Verfügung, einstweilige

Einstweiliger Rechtsschutz

Siehe Rechtsschutz, einstweiliger

Einvernehmen

Wenn nach dem Gesetz E. mit einer anderen Behörde hergestellt werden soll, muss diese Behörde der Entscheidung oder Planung zustimmen. Das ist zu unterscheiden vom Benehmen, das nur die Anhörung meint.

Einwilligung

Zum einen die vorherige Zustimmung eines Dritten zu einem Vertrag oder einem einseitigen Rechtsgeschäft (§§ 182, 183 BGB). Zum anderen wird auch beim Behandlungsvertrag oder bei einer Körperverletzung (Delikt) das Einverständnis des Patienten bzw. des Verletzten so genannt. In der zweiten Bedeutung lässt die E. grundsätzlich die Rechtswidrigkeit und damit die Strafbarkeit bzw. Haftung und den Anspruch auf Schadensersatz entfallen. Es gibt jedoch Grenzen, z. B. darf man nicht in die Verletzung des eigenen Lebens einwilligen (siehe Sterbehilfe und Totschlag).

Einzelrichter

Berufsrichter, der anstelle eines kollegialen Spruchkörpers eines Gerichts entscheidet. Es ist zwischen dem kraft Gesetzes vorgesehenen originären E. (§ 348 ZPO) und der Konstellation der Übertragung der Entscheidung (Urteil) des Rechtsstreits vom Kollegialgericht auf den E. (vgl. z. B. § 155 Abs. 3 SGG; § 87a Abs. 2 VwGO), dem sog. konsentierten E., zu unterscheiden.

Einziehung

Tatmittel (z. B. Einbruchswerkzeug), Tatprodukte (z. B. durch Hehlerei erzielter Erlös) oder das durch die Straftat Erlangte (z. B. Diebesgut) können eingezogen, d. h. dem Täter weggenommen werden (§§ 73 ff. StGB). Der Grund liegt zum einen in der Vermeidung weiterer Taten. Zum anderen soll der Täter nicht die Vorteile der Tat genießen dürfen. Spezielle Einziehungsvorschriften kennt das StGB z. B. für gefälschte Urkunden, da von diesen regelmäßig eine weitere Gefährdung der Rechtsordnung ausgeht. Auch im Betäubungsmittelrecht und im Waffenrecht gibt es besondere Regelungen. Bei Fahren ohne Fahrerlaubnis oder bei Verstößen gegen das Pflichtversicherungsgesetz kommt eine E. des Tatfahrzeugs (Kfz) in Betracht. Durch die E. geht das Eigentum auf den Staat über. Im Zivilrecht kann ein unrichtiger Erbschein durch das Nachlassgericht eingezogen werden, um zu verhindern, dass jemand zu Unrecht als Erbe ausgewiesen ist. Siehe auch Beschlagnahme

Elterliche Sorge

Siehe Sorgerecht

Eltern haften für ihre Kinder

Siehe Aufsichtspflicht

Elterngeld

Steuerfinanzierte Sozialleistung mit Lohnersatzfunktion. Es soll den Eltern zugutekommen, die nach der Geburt ihres Kindes ihre Erwerbstätigkeit zeitweilig unterbrechen oder zumindest reduzieren und ihr Kind betreuen. Anspruchsberechtigt nach dem Bundeselterngeld- und Elternzeitgesetz (BEEG) ist, wer seinen Wohnsitz oder gewöhnlichen Aufenthalt in Deutschland hat, mit seinem Kind in einem Haushalt lebt, dieses Kind selbst betreut und erzieht und keine oder keine volle Erwerbstätigkeit ausübt (§ 1 Abs. 1 BEEG). Das E. kann in der Zeit vom Tag der Geburt bis zur Vollendung des 14. Lebensmonats des Kindes bezogen werden (sog. Basiselterngeld, § 4 Abs. 1 Satz 1 BEEG). Anspruch auf E. besteht für einen Elternteil grundsätzlich für höchstens 12 Monate. Um die Bereitschaft der Väter zu erhöhen, sich an der Kindererziehung zu beteiligen, hat der Gesetzgeber 2 sog. Partnermonate geschaffen. Beziehen beide Eltern E. erhöht sich seine Dauer, wenn der andere Elternteil ebenfalls 2 Monate E. in Anspruch nimmt, auf insgesamt 14 Monate (§ 4 Abs. 3 Satz 2 BEEG). E. wird in Höhe von 67 % des Einkommens aus Erwerbstätigkeit vor der Geburt des Kindes gewährt und ist auf einen Betrag von 1.800 € für volle Monate gedeckelt (§ 2 Abs. 1 BEEG). Es beträgt mindestens 300 € im Monat. Auch Personen, die vor der Geburt ihres Kindes kein Einkommen aus Erwerbstätigkeit hatten, können es in Anspruch nehmen (§ 2 Abs. 4 BEEG). Zum 1.1.2015 hat der Gesetzgeber ein sog. E. Plus geschaffen. Dieses kann auch nach dem 14. Lebensmonat des Kindes bezogen werden, solange das E. Plus dann in aufeinanderfolgenden Lebensmonaten von mindestens 1 Elternteil in Anspruch genommen wird (§ 4 Abs. 1 Satz 2 BEEG). Es gibt den Eltern die Möglichkeit, den Bezug des E. zu verlängern und statt 1 Monat Basis-E. jeweils 2 Monate E. Plus in Anspruch zu nehmen (§ 4 Abs. 4 Satz 1 BEEG). Das E. Plus beträgt monatlich höchstens die Hälfte des Basis-Elterngeldes (§ 4 Abs. 4 Satz 2 BEEG). Entscheiden sich beide Elternteile in Teilzeit zu gehen, besteht die Möglichkeit, einen sog. Partnerschaftsbonus im Umfang von 4 weiteren Monatsbeträgen E. Plus in Anspruch zu nehmen (§ 4 Abs. 4 BEEG).

Elternzeit

Siehe Elterngeld

Emission

Bei der Verschmutzung des Wassers spricht man von Abwässern oder Einleitungen. Bei der Luftverschmutzung von E. und Immissionen. E. sind die Stoffe, die von einem technischen Gerät in einem Betrieb, einem Stall oder einem Auto in die Luft freigesetzt werden. Gemessen werden die E. am Entstehungsort, z. B. am Ende des Schornsteins oder am Auspuff. Das unterscheidet sie von den Immissionen, die bei demjenigen gemessen werden, der damit belästigt oder geschädigt wird, also am Aufnahmeort. Während der Immissionsschutz zur Gefahrenabwehr gerechnet wird, handele es sich – so die herrschende Meinung der Juristen – beim Emissionsschutz nur um Vorsorge.

Enteignung

Entzug des Eigentums durch den Staat. Eine E. ist nur zum Wohle der Allgemeinheit zulässig, muss auf Grundlage eines Gesetzes erfolgen und ist zu entschädigen (Art. 14, 15 GG).

Enterbung

Wenn jemand nach dem Gesetz (§§ 1924 ff. BGB) Erbe wäre, der Erblasser aber eine entgegenstehende Verfügung von Todes wegen getroffen hat. Grundsätzlich geht der Wille des Erblassers (Testierfreiheit) dem Gesetz (Gesetzliche Erbfolge) vor. Es kommt aber für den Enterbten bei Vorliegen bestimmter Voraussetzungen ein Pflichtteil in Betracht oder auch die Anfechtung eines Testaments.

Entgeltfortzahlung

Der Anspruch auf E. bei Krankheit und an Feiertagen ist im Entgeltfortzahlungsgesetz geregelt. Er dient sowohl dem Interesse der erkrankten Arbeitnehmer an wirtschaftlicher Absicherung als auch dem Gemeinwohl, indem er die Krankenkassen entlastet. Voraussetzung ist eine Beschäftigungsdauer von mindestens 4 Wochen. Der Anspruch besteht für die Dauer von 6 Wochen. Erkrankt der Arbeitnehmer nach dem Erhalt von E. erneut, ist zu unterscheiden, ob es sich um eine andersartige Erkrankung oder um dieselbe handelt (Fortsetzungserkrankung). Im ersten Fall entsteht wiederum ein Anspruch auf E. Im Fall der Fortsetzungserkrankung entsteht ein neuer Anspruch nur, wenn seit Beginn der ersten Erkrankung mindesten 12 Monate vergangen sind oder die letztmalige Arbeitsunfähigkeit infolge derselben Erkrankung mindesten 6 Monate zurückliegt. Der Arbeitgeber ist verpflichtet, den erkrankten Arbeitnehmer so zu stellen, als hätte er seine Arbeitsleistung im geschuldeten Umfang erbracht. D. h., die Höhe des Anspruchs beträgt 100 % des Arbeitsentgelts. Der Arbeitnehmer ist verpflichtet, den Arbeitgeber unverzüglich über die Arbeitsunfähigkeit und ihre voraussichtliche Dauer zu unterrichten. Die Mitteilung kann in jeglicher Form erfolgen und bedarf keiner Angaben zu Art oder Schwere der Krankheit. Dauert die Arbeitsunfähigkeit länger als 3 Tage, muss der Arbeitnehmer spätestens am vierten Tag eine ärztliche Arbeitsunfähigkeitsbescheinigung vorlegen. Der Arbeitgeber kann die Vorlage einer ärztlichen Bescheinigung auch früher verlangen.

Entgeltpunkte

Die Höhe einer Rente in der gesetzlichen Rentenversicherung richtet sich

v. a. nach der Höhe der Beiträge des Versicherten, die an seinen Arbeitsentgelten und seinem Arbeitseinkommen bemessen wurden (§ 63 Abs. 1 SGB VI). Da sich die Löhne ständig verändern, hat der Gesetzgeber entschieden, dass das zugrunde liegende Arbeitsentgelt und Arbeitseinkommen in E. umgerechnet wird (§ 63 Abs. 2 Satz 1 SGB VI). Hierdurch soll erreicht werden, dass der Status des Rentners demjenigen aus der Zeit seiner Erwerbstätigkeit entspricht, und es soll verhindert werden, dass Rentner von der Wirtschaftsentwicklung der Gesellschaft abgekoppelt werden (sog. dynamische Rente).

Entgeltpunkte, persönliche

Parameter, der nach der Rentenformel für die Ermittlung der Monatsrente in der gesetzlichen Rentenversicherung zu berücksichtigen ist. Die E. ergeben sich, indem die Summe aller Entgeltpunkte für absolvierte rentenrechtliche Zeiten mit dem sog. Zugangsfaktor vervielfältigt wird. Bei Hinterbliebenenrenten wird ein Zuschlag erhöhend berücksichtigt (§ 66 Abs. 1 SGB VI).

Entmündigung

Gibt es heute in Deutschland nicht mehr. Siehe Betreuung

Entschädigung

Ein Anspruch auf E. kann in verschiedenen Zusammenhängen entstehen. Wenn der Staat jemandem sein Eigentum entzieht, so muss das Gesetz eine E. vorsehen (Art. 14 Abs. 3 GG). Auch eine erlittene Strafverfolgungsmaßnahme kann zu entschädigen sein, z. B. wenn jemand nach Untersuchungshaft vom Gericht freigesprochen wird. Opfer von Straftaten können nach dem Opferentschädigungsgesetz eine E. erhalten.

Entscheidung

Für Gerichte siehe Urteil, Beschluss und Gerichtsbescheid. Für Behörden siehe Verwaltungsakt (VA).

Entscheidung, gebundene

Manche Gesetzesnormen bestimmen, dass eine Behörde eine Maßnahme zu ergreifen hat, etwa einem Bauantrag stattgeben muss, wenn die tatbestandlichen Voraussetzungen erfüllt sind. Macht die Behörde das nicht, geschieht das rechtswidrig (Rechtswidrigkeit). Im Gesetzestext heißt es dann meist: »*Die Behörde hat … zu genehmigen*« oder »*Die Behörde … genehmigt*«. Der Behörde bleibt – anders als beim Ermessen – kein Entscheidungsspielraum, der über die Auslegung von Generalklauseln oder unbestimmten Rechtsbegriffen (Rechtsbegriff, unbestimmter) hinausgeht. Die Entscheidung ist somit gebunden. Gerichte können überprüfen, ob die Behörde die Normen richtig ausgelegt hat oder nicht, und im letzten Fall können sie ihre Entscheidung auch an die Stelle der Entscheidung der Behörde setzen, also z. B. das beantragte Gebäude genehmigen.

Entsenderichtlinie

Die »Richtlinie 96/71/EG über die Entsendung von Arbeitnehmern« soll sicherstellen, dass Beschäftigte, die über längere Zeit in einem anderen EU-Land leben, den Beschäftigten dieses Landes in einigen Aspekten gleichgestellt werden. Vorher galt dies nur, soweit der aufnehmende Staat gesetzliche Arbeitsschutzgesetze erlassen oder Tarifverträge für allgemein verbindlich erklärt hatte. Das hatte in vielen nordwesteuropäischen Staaten u. a. zur Folge, dass südosteuropäische Firmen ihre Arbeiter zu sehr viel niedrigeren Löhnen arbeiten lassen konnten, als am

Arbeitsort üblicherweise gezahlt wird. Es kam zu Wanderungsbewegungen in den Nordwesten der EU, während v. a. die ehemaligen Ostblockstaaten geradezu Auswanderungswellen erlebten. Ab 2020 soll eine neue E. gelten, für die der Grundsatz »gleicher Lohn für gleiche Arbeit am gleichen Ort« gelten soll. Kritiker behaupten allerdings, auch hier bleibe es bei einem Flickenteppich, der das Lohndumping in der EU nicht beende. Siehe Arbeitnehmer-Entsendegesetz

Entziehung der Fahrerlaubnis

Maßnahme (Maßregeln der Besserung und Sicherung) zur Gefahrenabwehr. Die E. ist keine Strafe, auch wenn sie vom Betroffenen oft so empfunden wird. E. wird bei folgenden Straftaten i. d. R. angeordnet: Trunkenheit im Verkehr, Gefährdung des Straßenverkehrs, Unerlaubtes Entfernen vom Unfallort bei einem bedeutenden Fremdschaden (ca. 1.500 €) oder Personenschaden. Das Strafgericht ordnet zugleich eine Sperrfrist für die Neuerteilung einer Fahrerlaubnis an. Bereits vor einem Urteil kann ein entsprechender Beschluss des Gerichts ergehen, nach § 111a StPO, um eine weitere Gefährdung der Allgemeinheit durch den Beschuldigten bis zur rechtskräftigen Entscheidung zu vermeiden. Die E. kann auch im Verwaltungsrechtswege erfolgen, z. B. bei zu vielen Eintragungen im Fahreignungsregister.

Erbbaurecht

Früher Erbpacht: das Recht, auf einem Grundstück ein Haus zu errichten und es für eine vereinbarte Dauer (z. B. 40 oder 100 Jahre) zu nutzen. Im Gegenzug muss meist ein Erbbauzins gezahlt werden. Eine derartige Vereinbarung ist v. a. für diejenigen interessant, die nicht die finanziellen Möglichkeiten haben, das Eigentum an dem Grundstück zu erwerben. Besondere Regelungen finden sich im Erbbaurechtsgesetz.

Erbe

Person, die im Todesfall des Erblassers dessen Vermögen durch Gesamtrechtsnachfolge erwirbt. Jede natürliche oder juristische Person kann E. sein. Selbst ein zum Zeitpunkt des Erbfalls schon gezeugtes, aber noch nicht geborenes Kind (»Leibesfrucht«) kann E. sein. Aber auch das Vermögen selbst, die Erbschaft wird kurz E. genannt.

Erbfall

Tritt im Moment des Todes des Erblassers ein. Damit geht automatisch das Vermögen des Erblassers auf den oder die Erben über (Gesamtrechtsnachfolge, § 1922 BGB).

Erbfolge, gesetzliche

Siehe Gesetzliche Erbfolge

Erblasser

Natürliche Person, die stirbt und eine Erbschaft hinterlässt. Zu Lebzeiten kann der E. durch Verfügung von Todes wegen (Testament, Erbvertrag) darauf Einfluss nehmen, wer sein Erbe wird oder wer ein Vermächtnis erhält. Soweit es keine (wirksame) willentliche Regelung gibt, tritt die gesetzliche Erbfolge ein.

Erbrecht

Einer der Grundbegriffe des Privatrechts. Die wichtigsten Regelungen sind im 5. Buch des BGB enthalten. Art. 14 Abs. 1 GG schützt das E. als Grundrecht; Erbschaftssteuer ist jedoch (maßvoll) verfassungsgemäß. Im E. geht es um den Übergang einer Erbschaft vom Erblasser auf den oder die Erben (Erbfall). Der Privatautonomie

Erbrecht

Aufgabe des Erbrechts	Realisierung des Willens und der Freiheit des **Einzelnen** (Erblasser)	Schutz der **Familie** durch Bindung des Vermögens
Mittel zur Realisierung	**Testament** Erbvertrag	**Gesetzliche Erbfolge + Pflichtteil**

entspricht eine weitgehende Freiheit des Erblassers, auch über seinen Tod hinaus über sein Vermögen zu verfügen (Testierfreiheit). Dies geschieht v. a. durch Testament und Erbvertrag. Staat und Recht haben aber nicht nur die Aufgabe, die Privatautonomie zu gewährleisten, sondern auch die Familie zu schützen (Art. 6 GG). Soweit keine Verfügung von Todes wegen vorliegt, gilt daher die gesetzliche Erbfolge. Zudem wird der Wille des Erblassers durch den Pflichtteil beschränkt (➠ Abb. »Erbrecht«).

Erbschaft

Gesamtheit der Rechtsverhältnisse, die im Erbfall vom Erblasser auf den Erben übergeht (Vermögen). Dazu gehören neben Eigentum, Besitz, Forderungen und Rechten auch die Schulden (Nachlassverbindlichkeiten, z. B. Vermächtnis). Bei Überschuldung des Nachlasses ist eine Ausschlagung der Erbschaft zu überlegen.

Erbschaftsbesitz

Gemäß § 2018 BGB ist Erbschaftsbesitzer, wer zu Unrecht etwas aus dem Nachlass erlangt hat, obwohl er tatsächlich nicht Erbe ist. Nicht zu verwechseln mit dem Erbenbesitz (siehe Besitz).

Erbschein

Amtlicher Nachweis, dass jemand Erbe ist. Er wird auf Antrag bei Nachweis der Berechtigung vom Nachlassgericht erteilt. Siehe auch Rechtsschein und Einziehung

Erbvertrag

Neben dem Testament eine weitere Verfügung von Todes wegen. Es gibt viele Gemeinsamkeiten, aber auch Unterschiede zum Testament. Während das Testament ein einseitiges Rechtsgeschäft des Erblassers zur Realisierung seines Willens ist, ist der E., wie der Name schon sagt, ein Vertrag. Dieser kann nur beim Notar geschlossen werden (§ 2276 BGB) und bindende Wirkung gegenüber dem Erblasser haben.

Erfüllung

Ein Schuldverhältnis erlischt durch E., d. h., wenn der Schuldner die Leistung an den Gläubiger erbringt (§ 362 Abs. 1 BGB).

Erkennungsdienstliche Behandlung

Maßnahme für die Beweisgewinnung im Strafverfahren oder polizeiliche Präventivmaßnahme. Hierbei werden Messungen durchgeführt, Fotografien oder Fingerabdrücke vom Betroffenen angefertigt. Im Strafverfahren kann die E. in verschiedenen Stadien erfolgen (siehe Ablauf des Strafverfahrens). Die Anordnung ist möglich durch die Staatsanwaltschaft oder Polizei (siehe Polizeiaufgaben, repressive) im Ermittlungsverfahren (kein Richtervorbehalt) oder nach der Erhebung der Anklage durch das Strafgericht. Die E. beinhaltet keine körperlichen Untersuchungen, wie z. B. die Blutentnahme. Als polizeiliche Präventivmaßnahme dient die E. der Aufklärung zukünftiger Straftaten (z. B. Aufnahme in die Lichtbildvorzeigekartei), wobei für ihre Zulässigkeit bestimmte Anforderungen vorliegen müssen. Für den Fall der Weigerung der Mitwirkung kann unmittelbarer Zwang angewendet werden. Im Strafverfahren steht gegen die Maßnahme der E. der Rechtsbehelf der Beschwerde zur Verfügung, bei präventiver E. steht der Verwaltungsrechtsweg offen.

Erlass

Veraltet für Verordnung (Rechtsverordnung). Auch eine Schuld (Schuldverhältnis) oder Strafe (Begnadigung, Kronzeuge) kann erlassen werden.

Ermächtigungsgrundlage

Der Staat darf nur aufgrund eines Gesetzes oder durch ein Gesetz in Grundrechte eingreifen. Da Art. 2 Abs. 1 GG in weitem Umfang die Allgemeine Handlungsfreiheit schützt, braucht es in einer Vielzahl von Fällen eine gesetzliche Vorschrift, die einen Eingriff erlaubt. Diese nennt man E. Sie ermächtigt den Staat unter bestimmten Bedingungen, die in der Vorschrift selbst und in anderen Vorschriften normiert sind, den Bürger zu belasten oder ihn in seiner Freiheit zu beschränken.

Ermessen

Das Wörtchen »kann« in einer gesetzlichen Norm deutet i. d. R. auf ein E. der Behörde hin. Das E. unterscheidet die Norm von der gebundenen Norm (Norm, gebundene). Bei einer Ermessensnorm wird der Behörde das Recht eingeräumt zu entscheiden, *ob* sie einschreitet (Entschließungsermessen) und *wie* sie möglicherweise einschreitet (Auswahlermessen). Z. B. hat eine Behörde bei Ordnungswidrigkeiten, etwa im Straßenverkehr, sowohl ein Entschließungsermessen, d. h., sie muss nicht jeden Verstoß verfolgen, als auch ein Auswahlermessen, d. h. meistens, sie entscheidet über die Höhe des Bußgeldes.
Ermessensvorschriften räumen der Behörde also einen Entscheidungsspielraum ein. Gerichte sind deshalb bei der Rechtmäßigkeitskontrolle solcher Entscheidungen beschränkt. Sie prüfen nur, ob ein Ermessensfehler vorliegt, d. h., sie dürfen das E. der Behörde nicht durch ein gerichtliches E. ersetzen, also durch eigene Erwägungen, was das Gericht für sinnvoll und vernünftig hält.

Ermessensfehler

Bei Ermessensentscheidungen der Behörde kann und darf ein Gericht – anders als bei einer gebundenen Entscheidung (Entscheidung, gebundene) – sein Ermessen nicht an die Stelle des Ermessens der Behörde setzen.
Das Gericht kann nur feststellen, dass die Behörde ermessensfehlerhaft gehandelt hat und die Behörde in einem Bescheidungsurteil verpflichten, eine neue Entscheidung unter Berücksichtigung der gerichtlichen Beanstandungen zu treffen.
Die Ermessensfehlerlehre hat die Punkte zusammengefasst, die bei der

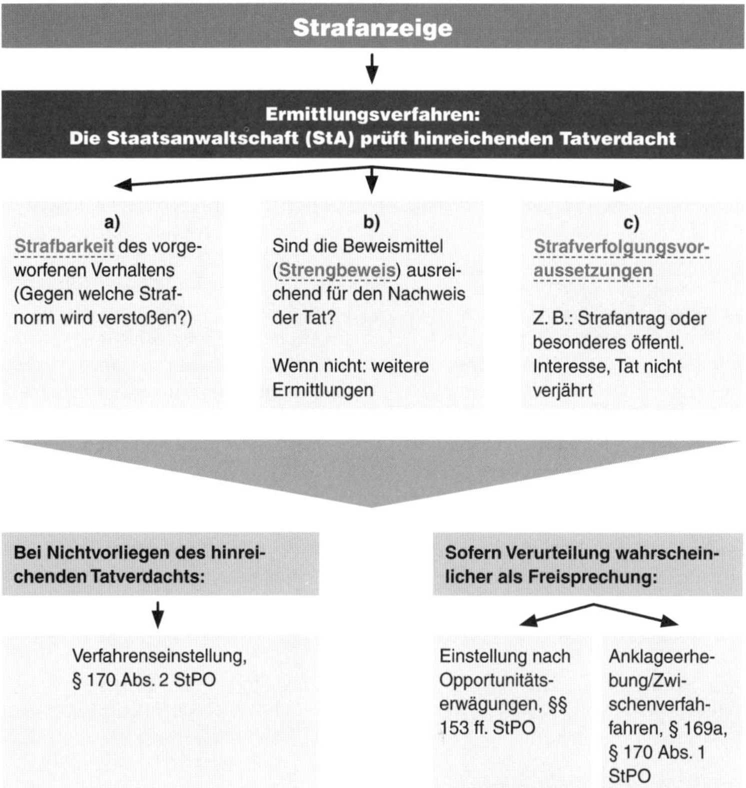

Prüfung der richtigen Ermessensausübung zu berücksichtigen sind. Das sind: a) der Ermessensausfall, d. h., ein Ermessen wurde überhaupt nicht ausgeübt; b) das Ermessensdefizit, d. h. nicht alle relevanten Gesichtspunkte in der Ermessensentscheidung sind berücksichtigt; c) der Ermessensfehlgebrauch, d. h., Gesichtspunkte wurden deutlich falsch gewichtet oder sachfremde Erwägungen einbezogen; d) die Ermessensüberschreitung, d. h., es wurde eine falsche, von der Norm nicht gedeckte Rechtsfolge gewählt.

Ermittlungsrichter

Richter beim Amtsgericht (AG) oder dem Bundesgerichtshof (BGH), der über Eingriffe in Grundrechte von Personen vor Anklageerhebung auf Antrag der Staatsanwaltschaft zu entscheiden hat, da solche Grundrechtseingriffe generell dem Richtervorbehalt unterliegen.

Ermittlungsverfahren

Dient der Aufklärung möglicher Straftaten und obliegt der Staatsanwaltschaft. In der Praxis beginnen

Ermittlungen jedoch zumeist bei den Polizeibehörden (siehe Polizeiaufgaben, repressive). Ein E. ist einzuleiten, sobald ein Anfangsverdacht besteht, wobei sich dieser noch nicht gegen eine konkrete Person richten muss. Die Ermittlungen haben sich auf den gesamten Sachverhalt zu erstrecken und damit auch auf entlastende Tatsachen. Das E. endet mit Erhebung der Anklage beim Strafgericht oder mit der Einstellung des Verfahrens. Siehe ➠ Abb. S. 99 und auch Ablauf des Strafverfahrens.

Eröffnungsbeschluss

Mit dem E. (§ 203 StPO) beginnt das strafrechtliche Hauptverfahren (siehe auch Ablauf des Strafverfahrens). Das Gericht prüft selbst, ob ein hinreichender Tatverdacht (Tatverdacht, hinreichender) für das Vorliegen einer Straftat und die Strafverfolgungsvoraussetzungen gegeben sind. Ansonsten lehnt es die Eröffnung des Hauptverfahrens ab. Es ist nicht an die rechtliche Bewertung der Tat durch die Staatsanwaltschaft gebunden.

Erpressung

Nötigung mit dem Zweck der Bereicherung, wobei dem Vermögen des Genötigten oder eines anderen ein Nachteil zugefügt wird. Sofern der Täter allerdings glaubt, einen Anspruch auf das durch die E. Erlangte zu haben, fehlt es an der Nachteilszufügungsabsicht und die Strafbarkeit (jedenfalls wegen E.) entfällt.

Ersatzfreiheitsstrafe

Im Strafverfahren angeordneter Freiheitsentzug für den Fall der Nichtzahlung einer Geldstrafe, wobei der Verurteilte zunächst die Möglichkeit hat, Ratenzahlung zu beantragen oder die Strafe durch gemeinnützige Tätigkeit abzuarbeiten.

Ersatzvornahme

Wenn ein Bürger oder eine Bürgerin eine ordnungsbehördliche Anweisung zur Beseitigung einer Gefahr für die öffentliche Sicherheit, die i. d. R. von einer Sache ausgeht, für welche der Bürger verantwortlich ist, nicht nachkommt, so kann die Ordnungsbehörde oder die Polizei die Gefahr auf Kosten des Verantwortlichen oder Störers beseitigen. Z. B.: Ein alter Baum droht nach einem Sturm auf die Straße zu fallen und Menschen zu verletzen oder Sachen zu beschädigen. Die Ordnungsbehörde verpflichtet den Eigentümer (Eigentum), den Baum zu fällen, was dieser aber nicht macht. Dann kann die Behörde jemanden beauftragen, den Baum fachgerecht zu fällen. Die Handlung, zu welcher der Bürger verpflichtet ist, wird ersetzt. Deshalb spricht man von E., die neben dem Zwangsgeld und dem unmittelbaren Zwang (Zwang, unmittelbarer) für den Vollzug behördlicher Entscheidungen eingesetzt werden kann. Die E. muss vorher angedroht werden, was aber gleichzeitig mit der eigentlichen Anordnung geschehen kann.

Ersatzzwangshaft

Siehe Zwangsgeld

Erschleichen von Leistungen

Besonderer Fall des Betruges ohne konkrete Täuschung einer Person. Hier ist allein die Inanspruchnahme einer Leistung unter Strafe gestellt, soweit die Gegenleistung nicht erbracht ist. Hauptanwendungsfall des E. ist das sog. »Schwarzfahren«, d. h. die bewusste Nutzung des öffentlichen Personennah- und -fernverkehrs ohne Fahrschein. Seit Jahren ist umstritten, ob die Strafbarkeit abgeschafft werden sollte. Auch der Zutritt zu Veranstaltungen, die gegen Entgelt angeboten werden (z. B. Konzertbesuch durch Überklettern eines Zaunes), fällt unter den Straftatbestand oder die Nutzung des Pay-TV mit sog. »Piratenkarten«.

Erweitertes Schöffengericht

Siehe Schöffengericht, erweitertes

Erwerbsfähigkeit

Erwerbsfähig ist, wer nicht wegen Krankheit oder Behinderung auf absehbare Zeit außerstande ist, unter den üblichen Bedingungen des allgemeinen Arbeitsmarktes mindestens 3 Stunden täglich erwerbstätig zu sein (§ 8 Abs. 1 SGB II). Die Frage der E. spielt im Sozialrecht in verschiedenen Bereichen eine Rolle. Nur wer erwerbsfähig ist, gehört zum Kreis der Leistungsberechtigten bei der Grundsicherung für Arbeitsuchende (§ 7 Abs. 1 Satz 1 Nr. 2 SGB II). Wer nicht erwerbsfähig ist, kann Grundsicherung im Alter und bei Erwerbsminderung nach dem Sozialhilferecht (vgl. § 41 SGB XII) beanspruchen. Bereits bei einem zeitlichen Leistungsvermögen auf dem allgemeinen Arbeitsmarkt von unter 6 Stunden können Versicherte der gesetzlichen Rentenversicherung ggf. Rente wegen teilweiser Erwerbsminderung beanspruchen und bei einem unter dreistündigen Leistungsvermögen Rente wegen voller Erwerbsminderung (Renten wegen Erwerbsminderung), soweit auch die entsprechenden versicherungsrechtlichen Voraussetzungen hierfür vorliegen.

Erwerbsminderung

Siehe Renten wegen Erwerbsminderung

Erziehungsmaßregeln

Weisungen im Jugendstrafrecht, die den jugendlichen Straftäter von weiteren Straftaten abhalten sollen. Hierbei kommen v. a. Weisungen zum Aufenthaltsort, zu Arbeitsleistungen (»Sozialstunden«) oder zu sozialen Trainingskursen in Betracht. Die Abgrenzung zu Auflagen als Zuchtmittel ist schwierig. Auch kann eine Betreuungsweisung angeordnet werden, die eine Aufsicht darstellt (ähnlich wie ein Bewährungshelfer), ohne dass eine Bewährungsstrafe ausgesprochen wurde. Der Täter muss Kontakt halten und soll in seiner Lebensführung geleitet und beraten werden. Bei Verstößen gegen die Weisungen kann Jugendarrest (Ungehorsamsarrest) angeordnet werden.

Erziehungsregister

Teil des Bundeszentralregisters, in dem jugendstrafrechtliche Entscheidungen und deren Folgemaßnahmen (z. B. Strafmakelbeseitigung) eingetragen werden.

Grenz- und Küstenwache

Siehe Frontex

Europäische Gemeinschaft

Vorläufer der Europäischen Union.

Europäische Menschenrechtskonvention (EMRK)

Siehe Europarat

Europäische Sozialcharta

Ein am 18.10.1961 geschlossenes völkerrechtliches Abkommen, mit dem sich die Mitgliedsstaaten zur Anerkennung und Umsetzung wichtiger sozialpolitischer Ziele verpflichteten. In ihr sind etwa ein »Recht auf Arbeit« und auf »Soziale Sicherheit« enthalten. Individuelle Rechtsansprüche sind aus ihr aber nicht ableitbar. Sie wird jedoch vom Europäischen Gerichtshof für Menschenrechte bei der Auslegung der Europäischen Menschenrechtskonvention berücksichtigt.

Europäische Union (EU)

Zusammenschluss von europäischen Staaten zu einer internationalen Organisation, der von den Staaten weitreichende Kompetenzen übertragen wurden, etwa die Kompetenz, das Wirtschafts-, Umwelt- oder das Landwirtschaftsrecht zu regeln, eine gemeinsame Handelspolitik sowie »Sicherheits- und Außenpolitik« zu gestalten. Die E. gilt weder als Staat noch als internationale Organisation. Für sie hat sich der Begriff supranationale Organisation eingebürgert. Das Bundesverfassungsgericht (BVerfG) bezeichnet die E. als »Staatenverbund, auf den Hoheitsrechte übertragen werden. Der Begriff des Verbundes erfasst eine enge, auf Dauer angelegte Verbindung souverän bleibender Staaten, die auf vertraglicher Grundlage öffentliche Gewalt ausübt«. Die E. entwickelte sich sukzessive aus ihren Vorgängern, nämlich der Europäischen Gemeinschaft für Kohle und Stahl (EGKS), der Europäischen Wirtschaftsgemeinschaft (EWG) und der Europäischen Gemeinschaft (EG). Die Namensänderungen sollen symbolisieren, dass die Ziele und Aufgaben der E. sich erweitert haben von der reinen Wirtschaftsgemeinschaft zur Union der Bürger und Staaten mit weitreichenden Kompetenzen zur Angleichung der Rechtsvorschriften in den Staaten. Im Kern hat sich die Gemeinschaft von einer Gemeinschaft zur Kontrolle der deutschen Kriegsindustrien (Kohle und Stahl) über eine Zollunion entwickelt zu einer Wirtschaftsordnung, die den »freien« Markt oder die »offene Marktwirtschaft« zum obersten Prinzip erklärt hat, was in den Regeln zur Europäischen Wirtschaftsordnung festgeschrieben wurde.

Europäische Wirtschaftsordnung

Beruht auf dem »Grundsatz einer offenen Marktwirtschaft mit freiem Wettbewerb« (Art. 119 AEUV). Art. 120 AEUV verpflichtet die Mitgliedsstaaten »im Einklang mit dem Grundsatz einer offenen Marktwirtschaft mit freiem Wettbewerb« zu handeln, »wodurch ein effizienter Einsatz der Ressourcen gefördert wird« (ähnlich Art. 127 für die EZB). Art. 3 Abs. 3 EUV erklärt dagegen: Die EU »wirkt auf die nachhaltige Entwicklung Europas auf der Grundlage eines ausgewogenen Wirtschaftswachstums und von Preisstabilität, eine in hohem Maße wettbewerbsfähige soziale Marktwirtschaft, die auf Vollbeschäftigung und sozialen Fortschritt abzielt, sowie ein hohes Maß an Umweltschutz und Verbesserung der Umweltqualität hin. Sie fördert den wissenschaftlichen und technischen Fortschritt«. Während die »offene Marktwirtschaft« in den sonstigen Vorschriften des AEUV, z. B. durch die Grundfreiheiten, die Verpflichtung der Europäischen Zentralbank (EZB) zur Preisstabilität oder das Beihilfeverbot (Beihilfen, staatliche), detailliert ausbuchstabiert wird, sind die »soziale Marktwirtschaft«, Vollbeschäftigung und Nachhaltigkeit eher abstrakte Zielbestimmungen, die weitgehend folgenlos blieben.

Europäische Zentralbank (EZB)

Der AEUV spricht von einem System Europäischer Zentralbanken (ESZB), weil die nationalen Zentralbanken weiter existieren, aber in der E. zusammengefasst werden. Die Präsidenten der nationalen Zentralbanken der

Eurozone bilden zusammen mit dem Direktorium den EZB-Rat, das oberste Entscheidungsgremium der E. Das Direktorium der E. setzt sich aus dem Präsidenten, dem Vizepräsidenten und 4 weiteren Mitgliedern zusammen, die von den Staats- und Regierungschefs der Länder des Euroraums für eine Amtszeit von 8 Jahren ernannt werden. Das Direktorium ist zuständig für die Tagesgeschäfte, während der Rat die grundsätzlicheren Entscheidungen treffen soll. Er bewertet die wirtschaftliche und finanzielle Entwicklung, legt die Währungspolitik für den Euroraum fest und bestimmt die Zinssätze, zu denen sich Geschäftsbanken Geld von der Bank beschaffen können. Der Präsident der E. repräsentiert die Bank auf Tagungen in der EU und auf internationaler Ebene. Art. 127 AEUV gibt der E. deutlich eine Aufgabe vor: Ihr »vorrangiges Ziel« ist es, »die Preisstabilität zu gewährleisten. […] Das ESZB handelt im Einklang mit dem Grundsatz einer offenen Marktwirtschaft mit freiem Wettbewerb, wodurch ein effizienter Einsatz der Ressourcen gefördert wird«. In der Währungskrise 2012 zeigte sich, dass der Euro gefährdet ist, wenn die E. diese eingeschränkte Zielstellung verfolgt. Ihr Präsident Mario Draghi kündigte deshalb an, gegen Währungsspekulationen vorzugehen und im Zweifel zu tun, »whatever it takes«, also was es auch koste. Er legte ein entsprechendes Aufkaufprogramm für Staatsanleihen auf. Weil die E. die Staatsanleihen nicht direkt von den Staaten kaufen darf, wurden kommerzielle Geschäftsbanken zwischengeschaltet.

Europäischer Gerichtshof (EuGH)

Definiert seine Aufgaben selbst in folgender Weise: »Der Gerichtshof der Europäischen Union legt das Europarecht aus und gewährleistet damit, dass es in allen EU-Ländern auf die gleiche Weise angewendet wird. Außerdem entscheidet er in Rechtsstreitigkeiten zwischen nationalen Regierungen und EU-Institutionen.« Der E. entscheidet v. a., ob nationales Recht und dessen Ausführung mit dem EU-Recht vereinbar sind. Das geschieht meist auf Antrag der Kommission (Kommission, EU), wenn diese (Art. 259 AEUV) meint, dass ein Mitgliedsstaat gegen eine Verpflichtung aus den europäischen Verträgen verstoßen hat. Wichtig ist auch die Vorabentscheidung nach Art. 267 AEUV. In diesem Fall meint ein nationales Gericht, dass eine nationale Rechtsvorschrift, auf die es in seiner Entscheidung ankommt, nicht mit dem EU-Recht vereinbar ist. Das nationale Gericht legt dem E. die Frage vor, ob die nationale Norm europarechtskonform ist oder nicht. Der E. überwacht außerdem gemäß Art. 263, 265 AEUV die Rechtmäßigkeit der Gesetzgebungsakte sowie der Handlungen des Parlaments (Europäisches Parlament (EP)), des Rates (Europäischer Rat), der Kommission und der Europäischen Zentralbank (EZB), die entsprechend ebenfalls befugt sind, den E. anzurufen. Der E. wird oft anerkennend als »Motor der Integration« bezeichnet. Dies geschieht v. a., weil er schon in den 1970er-Jahren die Grundfreiheiten sehr weit ausgelegt hat, um den Wettbewerb in der EU zu fördern, der als Voraussetzung des Binnenmarktes gilt. Kritiker wenden ein, dass er damit seine Kompetenzen (Zuständigkeit) überschritten habe und immer wieder überschreite, weil das Tempo und v. a. die Form der Integration von demokratisch legitimierten Organen, also von der Politik bestimmt werden sollten, nicht jedoch von einem Gericht.

Rechtsstaat und Demokratie geraten durch die extensive Inanspruchnahme der gerichtlichen Kompetenzen in ein Spannungsverhältnis, das es in einer Demokratie nicht geben sollte.

Europäischer Gerichtshof für Menschenrechte (EGMR)

Siehe Europarat

Europäischer Rat

Höchste Ebene der Zusammenarbeit zwischen den Mitgliedsstaaten. Im E. versammeln sich die Regierungschefs (Präsidenten, Kanzler, usw.) der EU und bestimmen die Ausrichtung und Agenda der Politik der EU. Der Rat entscheidet über die allgemeine Ausrichtung der EU-Politik und ihre Prioritäten, ist aber nicht zum Erlass von Rechtsvorschriften befugt, das ist Aufgabe des Ministerrats. Ministerrat und E. werden meist verkürzt als »der Rat« bezeichnet. Der E. ist vom Europarat zu unterscheiden.

Europäisches Parlament (EP)

Neben dem Ministerrat das Gesetzgebungsorgan der EU. Es wird von den Bürgern der EU für 5 Jahre gewählt. Das Wahlsystem richtet sich nach nationalen Vorschriften, d. h. es gibt kein einheitliches Wahlsystem (Mehrheitswahl oder Verhältniswahl) und es gibt keine europäischen Wahllisten und damit auch keine europäischen Parteien (Partei, politische). Vielmehr entsenden die nationalen Parteien Abgeordnete in das E., dort schließen sie sich dann meist zu Fraktionen zusammen. Die Wahlen zum Parlament sind frei, geheim und allgemein, aber nicht gleich. Denn jedes Land entsendet mindestens 3 und höchstens 99 Abgeordnete. So kommt es, dass ein Abgeordneter aus Deutschland oder Frankreich etwa 10-mal so viele Bürger vertritt wie seine Kollegin aus Malta oder Luxemburg. Das Bundesverfassungsgericht (BVerfG) bezeichnete diese Situation als Überföderalisierung der EU, die mit einem Demokratiedefizit der EU verbunden ist, weil der Grundsatz der Stimmengleichheit nicht gilt. Die meisten Rechtsakte der EU benötigen die Zustimmung des E. Allerdings gibt es auch Politikbereiche mit Gesetzgebungsverfahren, die nur eine Anhörung des E. vorsehen (z. B. Rechtsakte über indirekte Steuern Art. 113 AEUV); hier entscheidet der Ministerrat einstimmig nach Anhörung des E.

Europarat

Nicht zu verwechseln mit dem Europäischen Rat, der ein Organ der Europäischen Union ist, was der E. nicht ist. Der E. wurde am 5.5.1949 von 10 Staaten mit dem Ziel gegründet, Frieden, Demokratie und Stabilität in Europa wiederherzustellen und zu sichern. Deutschland trat 1950 dem E. bei, dem inzwischen 47 Staaten angehören. Gremien des E. sind die Parlamentarische Versammlung und der Ministerrat. Der E. beschließt Abkommen und Konventionen, die seine Mitglieder binden. Das bekannteste und bedeutendste Abkommen ist die Europäische Menschenrechtskonvention (EMRK), die 1950 als erstes internationales Dokument zum Schutz der Menschenrechte unterzeichnet wurde. Der Europäische Gerichtshof für Menschenrechte (EGMR) wacht über die Einhaltung der EMRK und fällt nicht selten Urteile, welche die nationalen Rechtsordnungen wesentlich korrigieren.

Europarecht

Gesamtheit der Rechtsakte der Europäischen Union, also z. B. der Lissabonner Vertrag, wie auch der Richtlinien und Verordnungen der EU. Das

E. hat großen Einfluss auf das deutsche Recht. Siehe z. B. Diskriminierungsschutz und Verbraucherschutz.

EU-Verordnung

Siehe Verordnung

Ewigkeitsklausel

Vorschrift in Art. 79 Abs. 3 GG, die bestimmt, dass eine Grundgesetzänderung unzulässig ist, wenn die »Gliederung des Bundes in Länder, die grundsätzliche Mitwirkung der Länder bei der Gesetzgebung oder die in den Artikeln 1 und 20 niedergelegten Grundsätze berührt werden«. D. h., unveränderbar ist das Bundesstaatsprinzip als Element der Gewaltenbeschränkung, die Menschenwürde ist unantastbar und kann auch nicht durch Grundgesetzänderungen angetastet werden. Unveränderbar sind die Staatsstrukturprinzipien in Art. 20 GG, nämlich das Demokratieprinzip, das Sozialstaatsprinzip und das Rechtsstaatsprinzip. Die Garantie ihres Bestands ist eine Antwort auf die Nazidiktatur, die als eine der ersten Maßnahmen die Länder entmachtete und später in den Konzentrationslagern die Würde der Menschen in einem Ausmaß mit Füßen getreten hat, das in der Geschichte einmalig war und bisher geblieben ist. Während das Grundgesetz (GG) gemäß Art. 79 Abs. 2 GG mit einer Zweidrittelmehrheit in Bundestag und Bundesrat (BR) geändert werden kann, können die im dritten Absatz genannten Vorschriften niemals geändert werden. Das bedeutet auch, dass ihr Normgehalt nicht durch Änderung anderer Vorschriften verändert werden kann. Dazu ein Beispiel: Die Zulassung des »großen Lauschangriffs« durch eine Änderung des Art. 13 GG (also akustische Wohnraumüberwachung) wurde vom Bundesverfassungsgericht (BVerfG) teilweise als Verstoß gegen die Menschenwürde qualifiziert, nämlich dort, wo das Abhören in den Intimbereich der Betroffenen vordringt. Das kann auch durch Grundgesetzänderung nicht erlaubt werden. Insofern war die Änderung von Art. 13 GG verfassungswidrig. Im Ergebnis kann es also verfassungswidriges Verfassungsrecht geben, nämlich wenn dieses gegen die E. des Art. 79 Abs. 3 GG verstößt, der selbst natürlich auch nicht geändert oder gestrichen werden kann, sonst wäre er sinnlos.

Exekutive

Ausführende Gewalt in einem Staat. Im englischen Sprachraum spricht man von Administration, hierzulande auch von Verwaltung. Die E. ist abzugrenzen von der Legislative, d. h. der gesetzgebenden Gewalt, und der Jurisdiktion, d. h. der Rechtsprechung. Die Unterscheidung der Gewalten sowie ihrer Aufgaben und Kompetenzen macht das Prinzip der Gewaltenteilung oder -trennung aus.

Existenzminimum

Das Bundesverfassungsgericht (BVerfG) hat ein Grundrecht auf Gewährleistung eines menschenwürdigen E. aus der Menschenwürde in Verbindung mit dem Sozialstaatsprinzip entwickelt. Dieses Grundrecht steht deutschen und ausländischen Staatsbürgern, die sich in der Bundesrepublik aufhalten, gleichermaßen zu. Es sichert jedem Hilfebedürftigen diejenigen materiellen Voraussetzungen, die für seine physische Existenz zwingend benötigt werden. Dazu gehören Nahrung, Kleidung, Hausrat, Unterkunft, Hygiene und Gesundheit. Bestandteil des geschützten E. sind auch diejenigen Leistungen, die für ein Mindestmaß an Teilhabe am gesellschaftlichen, kulturellen und politischen Leben unerlässlich sind. Die Festlegung der Höhe des ggf. durch Sozialleistungen zu sichernden E. hat das BVerfG dem Aufgabenbereich des Gesetzgebers zugewiesen. Geht es um Leistungen der Grundsicherung für Arbeitsuchende, nach dem Sozialhilferecht oder nach dem Asylbewerberleistungsgesetz (AsylbLG), die als monatlicher Festbetrag gewährt werden, muss der Gesetzgeber alle existenznotwendigen Aufwendungen in einem transparenten und sachgerechten Verfahren realitätsgerecht und aufgrund verlässlicher Zahlen und schlüssiger Berechnungsverfahren bemessen, um den Anspruchsumfang zu ermitteln. Für Bedarfe, die von dem Festbetrag nicht erfasst werden, aber unabweisbar sind und nicht nur einmal auftreten, hat er zusätzliche Leistungsansprüche zu schaffen, damit das E. in jedem Einzelfall gewahrt ist.

Exterritorialität

Außerhalb des Staatsgebietes und damit der Hoheitsgewalt eines Staates. Ist vor allem für Botschaften wichtig.

Fachaufsicht

Geht über die Rechtsaufsicht hinaus. Die F. ist ein Instrument zur Gewährleistung der Recht- und Zweckmäßigkeit sowie der Einheitlichkeit des Verwaltungshandelns. Die F. ist daher bei Ermessensentscheidungen nicht auf die Prüfung der Grenzen des Ermessens beschränkt, sondern ist zu einer inhaltlichen Prüfung der zweckmäßigen Ermessensausübung berechtigt. Instrumente der F. sind z. B. Dienstbesprechungen, Erlasse und Weisungen.

Fahndung

Suche nach verdächtigen oder verurteilten Personen durch Polizei (Polizeiaufgaben, repressive), Staatsanwaltschaft oder Strafgericht.

Fahreignungsregister

Verkehrszentralregister in Flensburg, das vom Kraftfahrtbundesamt geführt wird, v. a. um die Eignung von Personen zur Teilnahme am Straßenverkehr mittels Kfz zu beurteilen. In das F. werden strafrechtlichen Verurteilungen und erhebliche Ordnungswidrigkeiten, die in Zusammenhang mit dem Verkehr stehen, eingetragen sowie sonstige Fahrerlaubnismaßnahmen. Die Eintragungen unterliegen unterschiedlichen Löschungsfristen und können bei Häufung zur Entziehung der Fahrerlaubnis im Verwaltungsweg führen.

Fahren ohne Fahrerlaubnis

Besonderer Straftatbestand (§ 21 StVG) außerhalb des StGB, der im Straßenverkehrsgesetz (StVG) geregelt ist. Der Tatbestand F. kann vorsätzlich oder fahrlässig begangen werden. Auch das Führen eines Kraftfahrzeugs bei bestehendem Fahrverbot ist mit Strafe bedroht. Neben der Strafe kann im Wiederholungsfall die Einziehung des Tatfahrzeugs angeordnet werden. Auch der Fahrzeughalter, der das F. zulässt, macht sich strafbar, wobei hier auch Fahrlässigkeit unter Strafe gestellt ist. Siehe Fahrerlaubnis

Fahrerlaubnis

Staatliche Berechtigung zum Führen von Kraftfahrzeugen. Umgangssprachlich wird die F. oft als Führerschein bezeichnet, was aber juristisch korrekt nur das Dokument, nicht die Berechtigung meint. Wer auf öffentlichen Straßen ein Kraftfahrzeug führen will, braucht grundsätzlich eine F., die in verschiedene Klassen erteilt wird. Die Voraussetzungen für die Erteilung der

F. sind im Straßenverkehrsgesetz (StVG) und in der Fahrerlaubnis-Verordnung (FeV) geregelt. Das Mindestalter ist abhängig von der jeweiligen Klasse (➠ Tab. »Altersstufen«, S. 26 f.; vgl. Tabelle in § 10 FeV). Fahrerlaubnisfrei gefahren werden können u. a. Mofas (bis 25 km/h) und Krankenfahrstühle (bis 15 km/h). Neben der in einer Prüfung nachzuweisenden Ausbildung muss man auch körperlich und geistig geeignet sein. Liegen hier Einschränkungen vor, so sind Auflagen möglich (z. B. Tragen einer Brille). Wird die F. erstmalig erteilt, so geschieht das i. d. R. auf Probe mit verschärften Bedingungen (u. a. Alkoholverbot); genauer dazu § 2a StVG. Ein Entzug der F. kann erfolgen durch die F.-Behörde wegen fehlender Eignung oder durch ein Strafgericht als Maßregel der Besserung und Sicherung oder als vorläufige Maßnahme (§ 111a StPO). Das Fahren ohne Fahrerlaubnis ist eine Straftat (§ 21 StVG).

Fahrlässigkeit

Fahrlässig handelt, wer die im Verkehr erforderliche Sorgfalt außer Acht lässt (§ 276 Abs. 2 BGB). Die F. ist eine Form der Schuld im Strafrecht bzw. des Verschuldens im Zivilrecht. Zivilrechtlich ist F. Voraussetzung für verschiedene Ansprüche, v. a. auf Schadensersatz. Der Maßstab der F. ist hier grundsätzlich objektiv, um den Geschädigten zu schützen. Strafrechtlich ist fahrlässiges Handeln hingegen nur relevant, wenn zusätzlich speziell für diesen Täter (subjektiv) der Erfolg vorhersehbar und vermeidbar war. Hintergrund für die verschiedenen Maßstäbe (objektiv/subjektiv) ist die unterschiedliche Funktion von Strafrecht und Zivilrecht. Eine besondere Form der F. im Strafrecht ist die Leichtfertigkeit. Sie ist mit der groben F. (Fahrlässigkeit, grobe) im Zivilrecht vergleichbar.

Fahrlässigkeit, grobe

Form des Verschuldens im Zivilrecht. Sie liegt vor, wenn jemand die verkehrsübliche Sorgfalt in besonders grobem Maße verletzt, d. h. selbst einfachste, jedem einleuchtende Überlegungen nicht anstellt. Wer z. B. eine rote Ampel überfährt oder alkoholisiert Auto fährt, möchte zwar meist nicht, dass es zu einem Unfall kommt. Er handelt jedoch in hohem Maße sorgfaltswidrig. Relevant ist die F. v. a. bei der Haftpflichtversicherung, wo sie zum Ausschluss der Leistung der Versicherung führen kann. Vergleichbar der Leichtfertigkeit im Strafrecht.

Fahruntauglichkeit, absolute

Siehe Trunkenheit im Verkehr

Fahruntauglichkeit, relative

Siehe Trunkenheit im Verkehr

Fahrverbot

Strafe, die i. d. R. ausgesprochen wird, wenn bei Trunkenheit im Verkehr keine Entziehung der Fahrerlaubnis angeordnet wird. Das F. ist die einzige Nebenstrafe im Strafgesetzbuch (StGB). Es kann für die Dauer von 1 bis 6 Monaten verhängt werden. Wenn im Straßenverkehr nur eine Ordnungswidrigkeit begangen wurde, kann ein F. von bis zu 3 Monaten angeordnet werden.

Fallpauschale

Die Vergütung von Krankenhausleistungen erfolgt heute ganz überwiegend nicht mehr nach der Dauer einer Behandlung, sondern in pauschalierter Form nach F. je Behandlungsfall (vgl.

§ 17b KHG). Der Gesetzgeber verspricht sich von der Abrechnung nach F. ein leistungsorientiertes und pauschalierendes Vergütungssystem und damit eine Kostenersparnis. Die Abrechnung nach F. birgt auf der anderen Seite die Gefahr, dass Patienten aus ökonomischen Erwägungen zu schnell aus dem Krankenhaus entlassen werden.

Falsche Versicherung an Eides statt

Siehe Meineid

Familie

Einer der Grundbegriffe des Privatrechts und in Art. 6 GG geschützt. Man unterscheidet 2 Bedeutungen: die Kleinfamilie (die in einem Haushalt lebenden Personen, meist Eltern mit ihren Kindern) und die F. im weiteren Sinne (Verwandtschaft) (➠ Abb. »Familie«). Für beide enthält das Bürgerliche Gesetzbuch (BGB) v. a. im 4. Buch, aber u. a. auch im Erbrecht, wichtige Regelungen. Die Vertragsfreiheit ist zum Schutz der Schwächeren im Familienrecht sehr eingeschränkt. Möglich ist aber insbesondere ein Ehevertrag. Die gesetzlichen Regelungen sind unterteilt in das Recht der Ehe (Abschnitt 1), der Verwandtschaft (Abschnitt 2, einschließlich Kindschaftsrecht) und der Vormundschaft, Betreuung und Pflegschaft (Abschnitt 3). Siehe auch Standesamt und Familiengericht

Familiengericht

Spezielle Abteilung des Amtsgerichts (AG), die für sog. Familiensachen (Familienrecht) zuständig ist. Die Richter sollten besondere psychologische und pädagogische Fähigkeiten auf diesem zwischenmenschlich besonders sensiblen Gebiet haben. Siehe auch Jugendamt

Familienlastenausgleich

Das BVerfG hat aus dem Schutz der Familie (Art. 6 Abs. 1 GG) und dem Sozialstaatsgebot (Sozialstaat) eine allgemeine Pflicht zum F. entwickelt. Hintergrund sind die wirtschaftlichen Belastungen, denen Eltern mit Kindern ausgesetzt sind. Der Gedanke des F. findet sich im Sozialrecht und Steuerrecht wieder. Im Bereich des Sozialrechts existieren Sozialleistungen, die an das Bestehen einer Familie und die Versorgung von Kindern anknüpfen.

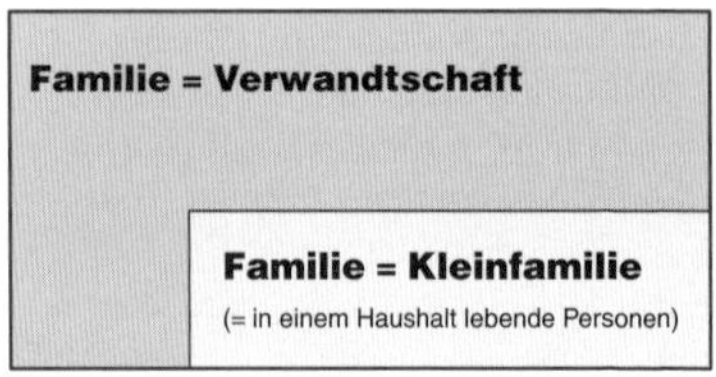

Weiterhin gibt es Bestimmungen, die eine Reduzierung von wirtschaftlichen Belastungen von Eltern vorsehen (§ 6 SGB I). So müssen Kinderlose im Bereich der sozialen Pflegeversicherung einen Beitragszuschlag entrichten (§ 55 Abs. 3 Satz 1 SGB XI). Der steuerrechtliche F. garantiert die steuerliche Freistellung eines Einkommensbetrags in Höhe des Existenzminimums eines Kindes einschließlich der Bedarfe für Betreuung und Erziehung oder Ausbildung entweder durch Freibeträge oder durch Kindergeld (vgl. §§ 31 Satz 1, 32 Abs. 6, 62 ff. EStG).

Familienpflegezeitgesetz (FpfZG)

Soll die Vereinbarkeit von Beruf und familiärer Pflege fördern, indem Beschäftigten (Arbeitnehmer, Auszubildende oder arbeitnehmerähnliche Personen) ein Anspruch auf zeitlich begrenzte Reduzierung der Arbeitszeit eingeräumt wird, um nahe Angehörige zuhause zu pflegen. Die Inanspruchnahme der Familienpflegezeit, ferner ihre Dauer und der Umfang, in dem die Arbeitszeit reduziert werden soll, sowie die gewünschte Verteilung derselben müssen dem Arbeitgeber mindestens 8 Wochen vor Beginn schriftlich mitgeteilt werden. Der Arbeitgeber hat den gewünschten Bedingungen Folge zu leisten, es sei denn, dem stehen dringende betriebliche Gründe entgegen. Die letztlich vereinbarten Bedingungen der Familienpflegezeit sind schriftlich niederzulegen. Der Anspruch umfasst eine Verringerung der Arbeitszeit für 24 Monate auf eine Mindestarbeitszeit von 15 Wochenstunden. Die Familienpflegezeit endet vor Ablauf des beantragten Zeitraumes, wenn die Pflegedürftigkeit des Angehörigen entfällt oder eine häusliche Pflege nicht mehr zumutbar ist. Während der Familienpflegezeit hat der Beschäftigte keinen Anspruch auf Entgeltfortzahlung. Zur Überbrückung der finanziellen Nachteile kann beim Bundesamt für Familie und zivilgesellschaftliche Aufgaben ein zinsloses Darlehen in Höhe der Hälfte der Differenz des Nettoeinkommens vor und während der Familienpflegezeit beantragt werden. Aufgrund dieser einseitig den Beschäftigten auferlegten Finanzierung wird die Pflegezeit selten in Anspruch genommen. Vom Zeitpunkt der Ankündigung der Familienpflegezeit, frühestens jedoch 12 Wochen vor deren Beginn, besteht für den Pflegenden ein Sonderkündigungsschutz.

Familienrecht

Im 4. Buch des BGB geregelt (§§ 1297-1921). Es geht um die Rechtsverhältnisse von Personen untereinander, die nicht Gegenstand des Schuldrechts sind, v. a. um Ehe, Verwandtschaft und Kindschaftsrecht. Siehe auch Familie

Familienversicherung

Beitragsfreie Mitversicherung von Familienangehörigen des Versicherten in der gesetzlichen Krankenversicherung (§ 10 SGB V).

Feiertag

Gesetzlich geregelter arbeitsfreier Tag. Einige Feiertage gelten bundesweit, wie Weihnachten oder der »Tag der Deutschen Einheit«, andere gelten nur in bestimmten Bundesländern meist abhängig von der christlichen Mehrheitsreligion in dem Bundesland (z. B. Mariä Himmelfahrt im katholischen Bayern und Saarland).

Fernabsatz

Meint Vertriebswege, die ein Unternehmer gegenüber Verbrauchern nutzt, bei denen es nicht zu einem direkten persönlichen Kontakt zwischen den beiden kommt. Dazu gehört der Versandhandel aufgrund von Bestellkarten in Katalogen ebenso wie über das Telefon oder das Internet. Da der Verbraucher nicht die Möglichkeit hat, sich selbst ein Bild von der Ware zu machen, steht ihm aus Gründen des Verbraucherschutzes ein Widerrufsrecht (Widerruf) zu, und den Unternehmer treffen zahlreiche Informationspflichten.

Festnahme

Kann bei einer Person aufgrund eines Haftbefehls (siehe Untersuchungshaft) erfolgen; dann liegt eine Verhaftung vor. Ohne Haftbefehl kann eine Person durch Polizeibeamte oder die Staatsanwaltschaft (vorläufig) festgenommen werden, bei Gefahr im Verzug, wenn die Voraussetzungen eines Haftbefehls vorliegen (§ 127 Abs. 2 StPO). Ein Festnahmerecht besteht auch für jede Person (also nicht nur für Strafverfolgungspersonen), wenn jemand auf frischer Tat angetroffen wird und seine Identität nicht sofort festgestellt werden kann oder wenn er der Flucht verdächtig ist (§ 127 Abs. 1 StPO). I. d. R. wird sofort die Polizei hinzuzuziehen sein. Ein Haftbefehl ist dann bis zum Ende des nächsten Tages zu erlassen. Geschieht das nicht, hat eine Freilassung zu erfolgen.

Finanzausgleich

Verteilung der Steuereinnahmen zwischen reichen und armen **Bundesländern** und zwischen reichen und armen Kommunen (**Gemeinden**). Dabei meint reich, dass die Steuereinnahmen in dem Bundesland sehr hoch sind und umgekehrt arm, dass sie sehr niedrig sind.
Der F. ist nach dem **Grundgesetz** (GG) vorgeschrieben und dient dem Ziel, einheitliche Lebensverhältnisse in der BRD herzustellen.

Finanzgerichtsbarkeit

Eigenständige **Gerichtsbarkeit**, die von besonderen Verwaltungsgerichten ausgeübt wird (§ 1 FGO). Sie ist zuständig vor allem bei öffentlich-rechtlichen Streitigkeiten über Abgabenangelegenheiten (§ 33 Abs. 1 Nr. 1, Abs. 2 FGO). Gerichte der F. sind in den Ländern die Finanzgerichte als obere Landesgerichte und im Bund der **Bundesfinanzhof** (§ 2 FGO). Die **Spruchkörper** bei den Finanzgerichten heißen Senate (§ 5 Abs. 2 FGO).

Finanzverfassung

Bestimmungen des **Grundgesetzes** über Steuergesetze, Einnahmeverteilung und **Finanzausgleich**.

Finderlohn

Wer einen **Fund** macht, soll durch den F. dazu motiviert werden, dafür zu sorgen, dass die **Sache** zurück zu ihrem Eigentümer bzw. zum sonst Berechtigten kommt. Nach § 971 BGB kann deshalb der Finder bis zu einem Wert der Sache von 500 € einen F. von 5 % verlangen; ist die Sache wertvoller oder ein Tier 3 %. Hat die Sache nur einen Wert für den Eigentümer oder Berechtigten, ist der F. nach freiem Ermessen zu bestimmen. Verheimlicht der Finder jedoch den Fund, hat er keinen **Anspruch** auf F. und macht sich strafbar (**Unterschlagung**).

Firma

Name eines **Handelsgewerbes**. Die F. muss sich von den Bezeichnungen anderer unterscheiden, um Verwechslungen zu vermeiden.

Fischwilderei

Straftatbestand (§ 293 StGB) und notwendige Ergänzung des **Diebstahls**, da Fische oftmals nicht in fremdem Eigentum stehen (Ausnahme Zuchtbecken).

Flächennutzungsplan

Gemeinden sind durch das **Baugesetzbuch (BauGB)** i. d. R. verpflichtet, für ihr Gebiet F. und **Bebauungspläne** aufzustellen. Der F. umfasst das gesamte Gemeindegebiet und betrifft folglich die Grobplanung der Gemeinde. Ziel ist, dass Lärm und Luftverschmutzung möglichst von den Wohn- und den Schlafstätten der Bevölkerung und erst recht von Kur- oder Klinikgebieten räumlich getrennt sind, also die Industriegebiete nicht neben den Wohngebieten liegen oder Industrieproduktion in einem Kurgebiet stattfindet. Aus dem F. ist der Bebauungsplan zu entwickeln, der in den Festsetzungen dem F. nicht widersprechen darf. Rechtlich ist der F. ein Rechtsakt sui generis, also eigener (rechtlicher) Art, er gilt also weder als Verwaltungsakt (VA) noch als Satzung o. ä. Der Bürger kann gegen einen F. nicht klagen, weil er dadurch (noch) nicht in seinen Rechten verletzt ist.

Föderalismus

Siehe Bundesländer

Föderalismusreform

Änderungen des Grundgesetzes in den Jahren 2006 und 2009. Mit der Föderalismusreform 2006 wurde die Kompetenzverteilung zwischen Bund und Ländern neu geregelt. Mit der Reform 2009 wurde vor allem die »Schuldenbremse« in das Grundgesetz aufgenommen.

Forderung

Im Zivilrecht, genauer im Schuldverhältnis, das Recht des Gläubigers, vom Schuldner eine Leistung zu verlangen. Die F. ist eine Art des Anspruchs. Während es Ansprüche aber auch im 3., 4. und 5. Buch des BGB (Sachenrecht, Familienrecht, Erbrecht) gibt, spielt die F. nur im Schuldrecht, also im 2. Buch des BGB, eine Rolle. Typische F. ist z. B. die des Verkäufers gegen den Käufer auf Zahlung des Kaufpreises aus einem Kaufvertrag oder die F. auf Zahlung von Schadensersatz aus einem Delikt.

Formfreiheit

Element der Vertragsfreiheit. Die F. gilt als Grundsatz auch für die meisten einseitigen Rechtsgeschäfte (z. B. Kündigung, Mahnung). Ein Vertrag ist dementsprechend auch grundsätzlich ohne eine bestimmte Form gültig. Zwar meinen viele Menschen, es sei nicht verbindlich, wenn sie »nichts unterschrieben« haben. Das ist aber so allgemein nicht richtig. Tatsächlich werden gerade im Alltag die meisten Verträge mündlich geschlossen, z. B. wenn man im Supermarkt einkaufen geht (Kaufvertrag). Formvorschriften als Ausnahmen haben bestimmte Funktionen (oft Schutz einer Vertragspartei oder Beweisbarkeit des Vereinbarten) und müssen im Gesetz enthalten oder ausdrücklich vereinbart sein. Z. B. muss ein Kaufvertrag über ein Grundstück beim Notar beurkundet werden (§ 311 b BGB). Das Gleiche gilt für das Versprechen einer Schenkung (§ 518 BGB). Auch die Kündigung eines Mietvertrages (Miete) muss schriftlich erfolgen (§ 568 BGB). Wird eine vereinbarte oder gesetzlich vorgeschriebene Form nicht eingehalten, so ist das Rechtsgeschäft grundsätzlich nichtig, d. h. unwirksam (§ 125 BGB), es sei denn, dies widerspräche gerade dem Schutzzweck der Formvorschrift.

Formvorschriften

Wenn durch eine Vereinbarung (Vertrag, privatrechtlicher) oder das Gesetz ausnahmsweise eine bestimmte Form (z. B. Schriftform) angeordnet wird, so dient dies verschiedenen Funktionen (z. B. Schutz vor Übereilung, bessere Beweisbarkeit). Genauer siehe Formfreiheit (Grundsatz).

Fraktion

Parteien (Partei, politische) oder Zusammenschlüsse von Parteien (etwa CDU/CSU) mit gleicher oder ähnlicher Programmatik in einem Parlament. Eine F. im Bundestag muss mindestens 5 % der Abgeordneten als Mitglieder haben. Zusammenschlüsse, die nicht auf 5 % der Abgeordneten kommen, können eine Gruppe bilden. Mit dem Status F. sind verschiedene Rechte verbunden,

v. a. bekommen F. deutlich mehr Mittel für Arbeit.

Freibeweis

Hat geringere Anforderungen als der Strengbeweis. Im F. können Verfahrensvoraussetzungen geprüft werden, wie z. B. Fragen der Verjährung (Strafbarkeitsvoraussetzungen) oder die Wirksamkeit eines Strafantrages.

Freihandelsvertrag

Mit dem Begriff Freihandel wird eine wirtschaftsliberale Außenhandelspolitik bezeichnet. In Abgrenzung dazu bezeichnet »Gewerbefreiheit« die Durchsetzung einer nachfeudalen, liberalen Wirtschaftsordnung nach innen. Freihandel definiert eine Politik, in der die Regierung Im- und Exporte in keiner Weise benachteiligt oder diskriminiert, etwa durch Schutzzölle oder Devisenbeschränkungen. Grundlage der Freihandelstheorie sind die Ideen von Adam Smith und David Ricardo. Essenzieller Bestandteil des »Freihandels« ist der »freie« Warenverkehr (Warenverkehrsfreiheit), der durch den Abbau von Zöllen erleichtert wird. Das eigentliche Kernstück der »modernen« Freihandelsabkommen ist aber der Abbau von nicht tarifären Handelshemmnissen (»non-tariff-barriers«, NTB). Nicht tarifäre Handelshemmnisse sind z. B. mengenmäßige Beschränkungen: Der Importstaat gestattet nur die Einfuhr einer bestimmten Menge von Waren. Es darf z. B. nur eine bestimmte Zahl an Autos, Tonnen Stahl oder Liter Wein eingeführt werden. Das Verbot mengenmäßiger Beschränkungen findet sich bereits in den EU-Verträgen (Vertrag über die Arbeitsweise der Europäischen Union (AEUV), Vertrag über die Europäische Union (EUV)) und im General Agreement on Tariffs and Trade (GATT). Ein weiterer Schritt im freien Warenverkehr ist das Verbot von »Maßnahmen gleicher Wirkung« wie mengenmäßige Beschränkungen. Das sind alle Maßnahmen, mit denen der Handel zwischen den Staaten faktisch erschwert oder ganz verhindert wird. Was man unter faktischer Erschwerung versteht, lässt sich sehr eng oder sehr weit interpretieren. Zu denken ist z. B. an die Pflicht, bestimmte Produkte als »gentechnisch verändert« zu kennzeichnen oder mit dem Hinweis »Rauchen gefährdet die Gesundheit« zu versehen. Das lässt sich als faktische Erschwerung verstehen oder eben auch nicht, wenn man von einem mündigen Konsumenten ausgeht, der das Recht hat, auf Gefahren hingewiesen zu werden. Moderne F. garantieren überdies freien Dienstleistungsverkehr, einschließlich von Finanzdienstleistungen und freien Kapitalverkehr. Darüber hinaus haben die Staaten begonnen, nicht staatliche Schiedsgerichte (➠ S. 228 f.) einzurichten, die darüber entscheiden sollen, ob eine staatliche Maßnahme eine unzulässige Eigentumsbeschränkung für den Investor aus dem Vertragsstaat darstellt und deshalb schadensersatzpflichtig (Schadensersatz) ist.

Freiheitsstrafe

Möglichkeit des Strafgerichts, eine Tat zu sanktionieren. Das Strafrecht gibt die Höchst- oder Mindestfreiheitsstrafe als gesetzlichen Rahmen vor, in dem das Gericht eine angemessene Strafe für Tat und Täter finden soll und zu begründen hat. In vielen Strafnormen ist auch Geldstrafe vorgesehen. Soweit das Gesetz kein Höchststrafmaß vorsieht, liegt die Obergrenze bei 15 Jahren F. Lebenslängliche F. ist vorgesehen z. B. bei Mord, besonders schwerem Fall des Totschlags und anderen Straftaten, bei denen der Todeseintritt durch den Täter nicht gewollt war, aber eintrat. Soweit kein Mindestmaß für die F. vorgesehen ist, liegt dieses bei 1 Monat. Eine F. von unter 6 Monaten soll nicht ausgesprochen, sondern in Geldstrafe umgewandelt werden. Siehe auch Strafaussetzung zur Bewährung.

Freiwillige Beiträge

Siehe Beiträge, freiwillige

Freiwillige Gerichtsbarkeit

Siehe Gerichtsbarkeit, freiwillige

Fremde Sache

Siehe Sache, fremde

Frist

Aus Gründen der Rechtsklarheit sind in der deutschen Rechtsordnung in verschiedenen Bereichen F. vorgesehen. F. sind Zeiträume, innerhalb derer eine bestimmte Rechtshandlung vorgenommen werden muss. Beispielsweise muss gegen einen Verwaltungsakt innerhalb der Widerspruchsfrist der Rechtsbehelf des Widerspruchs eingelegt werden, sonst wird der Verwaltungsakt bestandskräftig (siehe Bestandskraft). Hat jemand eine bestimmte Frist versäumt, kommt ggf. ein Antrag auf Wiedereinsetzung in den vorherigen Stand in Betracht.

Frontex

Grenzsicherungsagentur der Europäischen Union. Die offizielle Bezeichnung lautet Europäische Agentur für die Grenz- und Küstenwache, englisch European Border and Coast Guard (EBCG).
F. soll die Mitgliedsstaaten mit EU-Außengrenzen beim »Schutz« dieser Außengrenzen unterstützen, also helfen zu verhindern, dass Menschen ohne entsprechende Einreiseerlaubnis diese Grenzen passieren. Die Sicherung der Außengrenzen durch F. ist zunehmend zu einer Asylabwehr geworden, weil versucht wird, zu verhindern, dass Flüchtende in einen Mitgliedsstaat gelangen, um dort Asyl (Asylgrundrecht) beantragen zu können. Die EU hat beschlossen, F. finanziell und personell erheblich aufzustocken. F. wird kritisiert als Instrument zum Ausbau der »Festung Europa«.

Frühförderung

Sozialleistungen, die Kindern mit Behinderungen oder von Behinderung bedrohten Kindern gewährt werden.
F. geht mit Maßnahmen der Früherkennung einher. Leistungen der Früherkennung und F. sollen eine drohende oder bereits eingetretene Behinderung zum frühestmöglichen Zeitpunkt erkennen helfen oder eine eingetretene Behinderung durch gezielte Förder- und Behandlungsmaßnahmen ausgleichen oder mildern (§ 46 Abs. 1 SGB IX).
F. wird regelmäßig als Komplexleistung durch ärztliche und nicht ärztliche Leistungen erbracht. Dazu gehören neben den ärztlichen nicht ärztliche sozialpädiatrische, psychologische, heilpädagogische und psychosoziale Leistungen und die Beratung der Erziehungsberechtigten. F. gehört zum Leistungsspektrum der Leistungen zur medizinischen Rehabilitation (§ 42 Abs. 2 Nr. 2 SGB IX).

Führerschein

Amtliche Bescheinigung zum Nachweis der Fahrerlaubnis.

Führungsaufsicht

Art der Nachkontrolle des Täters durch den Staat nach Verbüßung einer Freiheitsstrafe. In einigen Fällen ist sie gesetzlich vorgeschrieben, in anderen wird sie durch das Gericht angeordnet. Die F. kommt bei Tätern mit schlechter Sozialprognose in Betracht. Im Rahmen der F. können dem Täter Weisungen erteilt werden (z. B. seinen Aufenthalt, Tätigkeiten oder Alkohol betreffend). Ein Verstoß gegen die Weisungen stellt eine erneute Straftat dar (§ 145a StGB).

Führungszeugnis

Auszug aus dem Bundeszentralregister. Im F. werden grundsätzlich keine Geldstrafen bis 90 Tagessätze oder Freiheitsstrafen bis 3 Monate aufgeführt. Nach bestimmten Fristen sind die Eintragungen nicht mehr aufzunehmen.

Fund

Wenn jemand eine fremde Sache (Sache, fremde) findet, ist er verpflichtet, den F. dem Eigentümer oder einer zuständigen Behörde (z. B. Fundbüro) anzuzeigen und die Sache abzuliefern. Dafür hat er einen Anspruch auf Finderlohn. Dieser Anspruch entsteht aus einem gesetzlichen Schuldverhältnis und ähnelt der Geschäftsführung ohne Auftrag (GoA). Genauere Regelungen finden sich im Sachenrecht (§§ 965 ff. BGB). Diese dienen dem Schutz des Eigentums im Zivilrecht. Die Unterschlagung einer gefundenen Sache ist zudem strafbar.

Fünfprozentklausel

Nach dem Bundeswahlgesetz und allen Wahlgesetzen der Länder werden nur solche Parteien (Partei, politische) bei der Vergabe von Sitzen im Parlament berücksichtigt, die mindestens 5 % der abgegebenen Stimmen gewonnen haben. Eine Ausnahme sieht das Gesetz nur für den Fall vor, dass eine Partei 3 Direktmandate gewonnen hat, dann wird sie im Parlament in der Stärke vertreten, in der sie Stimmen erhalten hat.

Garantenpflicht

Siehe Garantenstellung und Unterlassungsdelikte

Garantenstellung

Strafbar durch Unterlassen (Nichtstun) macht sich, wer den Eintritt einer strafbaren Folge (z. B. Körperverletzung) nicht verhindert, obwohl er dazu verpflichtet ist. Eine solche Verpflichtung kann sich aus Gesetz (z. B. unter Ehegatten), aus Vertrag (z. B. Beherbergung, Obhut im Kindergarten, ärztlichem Behandlungsvertrag) oder aus gefahrverursachendem Vorverhalten (z. B. nicht ausreichend gesicherte Baustelle, mangelnde Wartung gefährlicher Anlagen) ergeben. Siehe auch Unterlassungsdelikte

Garantie

Über die gesetzlich vorgesehene Gewährleistung hinausgehende, freiwillige Zusicherung einer Beschaffenheit oder Qualität der Sache während einer bestimmten Garantiefrist. Sie kann z. B. durch den Verkäufer, aber auch durch den Hersteller abgegeben werden. Wer garantiert hat, ist wichtig für die Frage, gegen wen ein Anspruch aus der G. entsteht. Oft verweisen aber Verkäufer zu Unrecht nur auf die Herstellergarantie, um ihrer daneben bestehenden gesetzlichen Pflicht zur Gewährleistung zu entgehen.

Gebietskörperschaft

Siehe Körperschaft, Gebiets-

Gebundene Entscheidung

Siehe Entscheidung, gebundene

Gebundene Norm

Siehe Norm, gebundene

Gefahr

Liegt vor, wenn eine Sachlage oder ein Verhalten, das ungehindert abläuft, und zwar so, wie es objektiv zu erwarten ist, mit hinreichender Wahrscheinlichkeit und in absehbarer Zeit ein Rechtsgut schädigen wird. Vergleichsweise klar ist noch der Begriff »geschütztes Rechtsgut«, er meint die öffentliche Sicherheit und Ordnung (Sicherheit und Ordnung, öffentliche), also den Bestand des Staates und aller Rechtsnormen, einschließlich der individuellen Rechtsgüter. Je größer der mögliche Schaden, umso geringer sind die Anforderungen an die Wahrscheinlichkeit des Schadenseintritts. Deshalb ist z. B. das Rauchen auf einer Tankstelle polizeilich verboten. Das Polizeirecht setzt vor den Gefahrenbegriff noch verschiedene Adjektive, die eine Abgrenzung ermöglichen sollen, tatsächlich aber in der Definition ebenso unbestimmt sind und damit der Polizei weite Handlungsspielräume einräumen. Eine abstrakte G. liegt vor, wenn ein Gefahrenpotenzial zwar besteht, ein sofortiger Handlungsbedarf jedoch nicht gegeben oder kein sofortiges Einschreiten erforderlich ist. Eine Beeinträchtigung der Sicherheit ist in diesem Fall »nur« möglich. Von einer konkreten G. spricht man, wenn im entsprechenden Einzelfall bzw. nach der Lebenserfahrung ein sofortiger Handlungsbedarf besteht, also mit hinreichender Wahrscheinlichkeit in naher Zukunft mit einem Schadenseintritt zu rechnen ist. Bei einer gegenwärtigen G. hat die Schädigung schon begonnen oder steht unmittelbar bevor.

Gefährder

Begriff aus den neueren Polizeigesetzen (PolG). G. sind Personen, welche die Polizei in Verdacht hat, dass sie möglicherweise schwere Straftaten begehen. Es liegt weder eine Straftat noch eine konkrete Gefahr vor, die ein präventives Einschreiten der Polizei rechtfertigen würde, trotzdem wird die Polizei ermächtigt, gegen diese G. vorzugehen, was bis zur »Vorbeugehaft« gehen kann. Gegen dieses Instrument werden schwere verfassungsrechtliche Bedenken erhoben, und einige Polizeigesetze liegen dem Bundesverfassungsgericht (BVerfG) zur Kontrolle vor. Für den G. ist die »drohende« Gefahr neu in das Begriffsrepertoire des Polizeirechts aufgenommen worden, deren Konturen sind aber so unscharf, dass erhebliche Bedenken wegen des Bestimmtheitsgebotes bestehen.

Gefährdung der öffentlichen Sicherheit und Ordnung

Siehe Gefahr, Sicherheit und Ordnung, öffentliche

Gefährdung des Kindeswohls

Siehe Kindeswohl

Gefährdung des Straßenverkehrs

Liegt vor, wenn während einer Trunkenheit im Verkehr eine konkrete Gefährdung von Personen oder Sachen von bedeutendem Wert (laut Rechtsprechung ca. 750 €) entsteht. Der tatsächliche Schadenseintritt ist nicht Voraussetzung für die Strafbarkeit nach § 315c StGB. Neben der Trunkenheit führen die sog. »sieben Todsünden« im Straßenverkehr bei daraus resultierender Gefährdung zur Strafbarkeit. Die einzelnen Fälle sind: 1. Nichtbeachten der Vorfahrt, 2. falsches Überholen, 3. Falschfahren an Fußgängerüberwegen (»Zebrastreifen«), 4. zu schnelles Fahren bei bestimmten Verkehrssituationen, 5. Nichteinhalten des Rechtsfahr-

gebotes an unübersichtlichen Stellen, 6. Wenden oder Rückwärtsfahren auf Autobahnen und Kraftfahrstraßen und 7. mangelhafte Sicherung liegengebliebener Fahrzeuge.
Die Handlung kann vorsätzlich oder fahrlässig begangen werden, wobei auch die fahrlässige G. mit Strafe bedroht ist. Es muss ein grob verkehrswidriges und rücksichtloses Verhalten vorliegen. Grob verkehrswidrig ist ein Verstoß, wenn er sich als besonders schwer darstellt. Rücksichtlos ist ein Verhalten, das aus eigensüchtigen Gründen oder Gleichgültigkeit erfolgt und sich über die Pflichten gegenüber anderen Verkehrsteilnehmern hinwegsetzt. Damit scheiden leichte Verstöße aus, die jedoch eine Ordnungswidrigkeit darstellen können.

Gefährdungshaftung

Verpflichtung, für einen Schaden aus einem erlaubten Risiko einstehen zu müssen. Diese Haftung muss aber jeweils gesetzlich bestimmt sein (z. B. Halterhaftung für Kraftfahrzeuge, Tierhalterhaftung und Produkthaftung). Hintergrund ist der Gedanke, dass bestimmte Verhaltensweisen, auch wenn sie potenzielle Risiken mit sich bringen, wirtschaftlich oder gesellschaftlich gewünscht werden und deshalb erlaubt sind. Realisiert sich allerdings das Risiko (z. B. Unfall oder Hundebiss), dann soll der Schaden dem Geschädigten ersetzt werden. Dafür ist kein eigenes Verschulden des Kfz- oder Tierhalters erforderlich. Insofern ist die G. vom Delikt zu unterscheiden, welches Rechtswidrigkeit und Verschulden als Voraussetzungen für einen Anspruch auf Schadensersatz erfordert. Typisch für die G. sind Höchstgrenzen, also im Gesetz festgelegte Summen, bis zu denen maximal gehaftet wird. Dies erleichtert die Versicherung der Risiken (Haftpflichtversicherung).

Gefahrenabwehr

Die Aufgabe der Polizei besteht aus zwei gleich wichtigen Teilen. Da ist zum einen die Strafverfolgung, die als repressive Funktion bezeichnet wird. Der andere Teil ist die G., die präventiv geschehen soll. Aufgabe der Polizei ist es, Gefahren für die öffentliche Sicherheit (Sicherheit und Ordnung, öffentliche) abzuwehren. Siehe Polizeiaufgaben, präventive und Maßregeln der Besserung und Sicherung

Gefahrtragung

In einem Schuldverhältnis kann die Leistung durch Zufall, also ohne Verantwortlichkeit (Verschulden) des Gläubigers oder auch des Schuldners, nicht möglich sein (Unmöglichkeit). Dann stellt sich die Frage, wer dieses Risiko tragen soll. Wenn z. B. ein Pkw verkauft (Kaufvertrag) und vor Übergabe an den Käufer durch einen von einem Dritten verursachten Unfall zerstört wird, dann kann der Verkäufer seine Verpflichtung aus dem Vertrag nicht mehr erfüllen. Ob der Käufer trotzdem den Kaufpreis zahlen muss oder nicht, hängt davon ab, wer die Gefahr trägt. Grundsätzlich muss dies bis zur Übergabe der Verkäufer, es sei denn, der Käufer ist im Annahmeverzug, d. h., es lag an ihm, dass die Übergabe nicht bereits vereinbarungsgemäß stattgefunden hat.

Gegendarstellung

Das Recht zur G. ist in den Pressegesetzen der Länder verankert (z. B. § 11 Landespressegesetz NRW). Wenn über eine Person eine Tatsache verbreitet wurde, die diese für falsch hält, kann sie eine G. im gleichen Medium (z. B. in der gleichen Zeitung) verlangen, d. h. den Sachverhalt selbst schildern. Auch in einem anderen Zusammenhang gibt es das Recht auf G.: Ein Arbeitnehmer hat nach Einsicht in seine Personalakte die Möglichkeit, eine G. zu verfassen und der Akte beifügen zu lassen (§ 83 BetrVG).

Gehbehinderung, außergewöhnliche

Die Feststellung einer G. führt zu einem Nachteilsausgleich nach dem Schwerbehindertenrecht. Sie berechtigt zur Benutzung eines Behindertenparkplatzes. Das Vorliegen der G. kann als Merkzeichen mit der Abkürzung »aG« in den Schwerbehindertenausweis eingetragen werden. Schwerbehinderte Menschen mit G. sind Personen mit einer erheblichen mobilitätsbezogenen Teilhabebeeinträchtigung, die einem Grad der Behinderung (Behinderung, Grad der) von mindestens 80 % entspricht. Eine erhebliche mobilitätsbezogene Teilhabebeeinträchtigung liegt vor, wenn sich Menschen dauernd nur mit fremder Hilfe oder mit großer Anstrengung außerhalb ihres Kraftfahrzeuges bewegen können (§ 229 Abs. 3 SGB IX).

Gehbehinderung, erhebliche

Die Feststellung einer G. führt zu einem Nachteilsausgleich nach dem Schwerbehindertenrecht. Sie berechtigt den erheblich gehbehinderten Menschen zur Inanspruchnahme unentgeltlicher Beförderung im öffentlichen Personennahverkehr (vgl. § 228 SGB IX). Das Vorliegen der G. kann als Merkzeichen mit der Abkürzung »G« in den Schwerbehindertenausweis eingetragen werden. In seiner Bewegungsfähigkeit im Straßenverkehr erheblich beeinträchtigt ist, wer nicht ohne erhebliche Schwierigkeiten oder nicht ohne Gefahren für sich oder andere Wegstrecken im Ortsverkehr zurückzulegen vermag, die üblicherweise noch zu Fuß zurückgelegt werden (§ 229 Abs. 1 SGB IX).

Gehilfe

Siehe Beihilfe

Geistiges Eigentum

Siehe Eigentum

Geldstrafe

Möglichkeit des Strafgerichts, eine Tat zu sanktionieren. Das Strafgesetzbuch (StGB) sieht in einer Vielzahl von Normen vor, statt einer Freiheitsstrafe eine G., zu verhängen jedoch nicht bei Verbrechen. Die G. beträgt mindestens 5, höchstens 360 Tagessätze. Ein Tagessatz soll dem durchschnittlichen Einkommen des Täters für einen Tag entsprechen. Soweit der Angeklagte keine Angaben zu seinem Einkommen oder Vermögen macht, kann dieses durch das Gericht geschätzt werden. Eine Ratenzahlung kann bereits durch das Gericht im Urteil bewilligt oder durch den Verurteilten nachträglich beantragt werden. Wenn die G. nicht gezahlt wird oder im Vollstreckungsverfahren nicht beigetrieben werden kann, so tritt an Stelle der G. Ersatzfreiheitsstrafe für jeden Tagessatz G., der nicht bezahlt wurde. Die Kosten des Strafverfahrens sind von der G. zu unterscheiden. Für diese kann keine Ersatzfreiheitsstrafe angeordnet werden.

Gemeinde

Kommunalrechtlich eine Gebietskörperschaft (Körperschaft, Gebiets-), also ein durch Gebietsgrenzen festgelegtes

Territorium, das als G. anerkannt ist und ein Selbstverwaltungsrecht besitzt. G. ist der kommunalrechtliche Oberbegriff für Städte und G., die sich in ihrer Größe unterscheiden. G. haben gemäß Art. 28 Abs. 2 GG ein Selbstverwaltungsrecht, was im Grundgesetz (GG) beschrieben wird als Recht, »alle Angelegenheiten der örtlichen Gemeinschaft im Rahmen der Gesetze in eigener Verantwortung zu regeln«. Die G. hat gewissermaßen eine Zwitterstellung: Sie ist einerseits Teil der staatlichen Verwaltung und vollzieht die staatlichen Gesetze – so werden etwa Personalausweise von der G. ausgestellt. Andererseits regelt sie ihre eigenen Angelegenheiten autonom, weshalb das Grundgesetz vorschreibt, dass Länder, Kreise und G. eine Volksvertretung haben müssen. Ein Teil der Rechtswissenschaft bezeichnet die G. aufgrund dieser »gemischten« Aufgaben als mittelbare Staatsverwaltung und grenzt die Selbstverwaltung scharf von Demokratie ab, die es erst auf Länderebene geben könne. Das ist wenig überzeugend. Die G. ist in örtlichen Angelegenheiten demokratisch organisiert, die lokale Organisationsform einer demokratischen Gesellschaft. Gleichzeitig übernimmt die Gemeindeverwaltung einen Teil des Gesetzesvollzugs, was sowohl Bundes- als auch Landesgesetze betrifft. G. ist örtliche Demokratie mit Verwaltungsstrukturen, die auch überörtliche Gesetze vollzieht.

Gemeindehaushalt

Ein wichtiges Steuerungsmittel ist auf allen politischen Ebenen, so auch für die Gemeinden, die Finanzplanung. Die Gemeinden erlassen ihren Haushaltsplan als Haushaltssatzung. Die Gemeindeordnungen (GO) normieren regelmäßig Grundsätze der Haushaltsführung, die sich aber widersprechen können. So verlangt § 75 GO-NRW, dass die Aufgaben der Gemeinde erfüllt werden. Gleichzeitig ist in die Vorschrift eine sog. Schuldenbremse eingebaut. Die Gemeinde muss einen ausgeglichenen Haushalt vorlegen. Ist die Gemeinde überschuldet, muss sie zunächst ein Haushaltssicherungskonzept erstellen, um die Schuldenlast zu reduzieren. Kredite dürfen nur ausnahmsweise aufgenommen werden, was Folge der Schuldenbremse im Grundgesetz (GG) ist, denn die Gemeinden werden den Ländern zugerechnet und diese dürfen ab 2020 keine neuen Schulden mehr machen. Der G. wird von der Aufsichtsbehörde auf seine Rechtmäßigkeit überprüft. Gelingt es nicht, einen ausgeglichenen Haushalt aufzustellen, kann ein Staatskommissar bestellt werden. In § 124 GO-NRW heißt dieser »Beauftragter«, der vom Ministerium eingesetzt wird und befugt ist, »alle oder einzelne Aufgaben der Gemeinde« auf ihre Kosten wahrzunehmen. Weil viele Kommunen überschuldet sind, sind einige solcher Staatskommissare eingesetzt worden.

Gemeindeordnung (GO)

Die Bundesländer erlassen für ihre Kreise und Gemeinden G. Die G. normieren sowohl die Verfassung der Gemeinden – also die Institutionen wie Gemeinderat oder Bürgermeister – als auch deren Kompetenzen, die Finanzen und vieles mehr.

Gemeinderat

Parlament einer Kommune oder Gemeinde. Der G. ist grundsätzlich befugt, über alle Angelegenheiten der Gemeinde zu beraten und zu beschließen. Diese sog. Allzuständigkeit wird aber in der Wirklichkeit sehr eng begrenzt durch die Bundes- und Landesgesetze, an die sich die Gemeinde halten muss und die den

Gemeinden vielfältige Aufgaben und Pflichten – von der Ausstellung von Personalausweisen über die Schulen bis zur Sozialhilfe – zuweisen. Gemeinderäte werden von den Bürgern der Gemeinde in freien und gleichen Wahlen gewählt. Näher ausgestaltet wird die Wahl in den Kommunalwahlgesetzen der Länder.

Gemeinsame Einrichtung

Mischbehörde aus Bundes- und Landesbehörde (§ 42b SGB II), namentlich der Träger der Grundsicherung für Arbeitsuchende. Sie besteht aus der Bundesagentur für Arbeit und den kommunalen Trägern (§ 6 SGB II), um die Aufgaben der Grundsicherung für Arbeitsuchende nach einheitlichen Maßstäben wahrzunehmen und die Leistungen aus einer Hand anbieten zu können. G. führen die Bezeichnung Jobcenter (§ 6d SGB II) und sind befugt, Bescheide und Widerspruchsbescheide zu erlassen. Ihre zentralen Organe sind der Geschäftsführer (§ 44d SGB II) sowie die Trägerversammlung (§ 44c SGB II). Die Aufgaben der G. werden von Beamten und Arbeitnehmern der Träger erledigt.

Genehmigung

Im Öffentlichen Recht: Erlaubnis, insbesondere Verwaltungsakt. Im Zivilrecht nachträgliche Zustimmung zu einem Rechtsgeschäft (siehe z. B. Vertreter, rechtsgeschäftlicher).

Genehmigungsbedürftige Anlage

Siehe Anlage, genehmigungsbedürftige

General Agreement on Tariffs and Trade (GATT)

Als Reaktion auf die Abschottung während des Zweiten Weltkrieges 1947 beschlossenes Abkommen, das zwar eine Beseitigung von Handelsschranken und den Abbau von Zöllen anstrebte, den Mitgliedsstaaten aber vergleichsweise große Freiräume zur Regulierung des nationalen Marktes ließ. Das Abkommen war vergleichsweise erfolgreich. Die Zölle z. B. zwischen den USA und Europa wurden mit dem G. drastisch verringert. So sind die Zölle auf Industrieprodukte von ca. 45 % in den 1950er-Jahren auf durchschnittlich 4 % seit 1994 gesunken. Trotz der niedrigen Durchschnittszölle gibt es allerdings Waren, auf welche die USA, und andere Waren, auf die die EU hohe Zölle erheben. Beide Seiten haben etwa beim Handel mit Chemikalien, Transportausrüstung und medizinischen Gütern deutlich über dem Durchschnitt liegende Zolltarife. Das G. lässt sich allerdings nicht isoliert verstehen. Am 22.7.1944 beschlossen 44 Staaten unter Führung der USA die Vereinbarung von Bretton Woods, mit einem System fester Wechselkurse zwischen ihren Währungen, dem US-Dollar als offizieller Leitwährung und IWF und Weltbank als Steuerungsinstrumente für den Kreditverkehr und für die Aufbauhilfe des zerstörten Europas. Der Abbau von Zöllen geschah also in einer stark regulierten Umgebung, die ab den 1970er-Jahren abgebaut wurde. Auf die Erweiterung des GATT zur WTO lässt sich der Übergang zu einem globalen Freihandelssystem datieren.

Generalbundesanwalt

Leiter der Bundesanwaltschaft, die die Staatsanwaltschaft durch die Bundesanwälte vor dem Bundesgerichtshof (BGH) vertritt. Die Bundesanwaltschaft ist befugt, Ermittlungsverfahren und Strafverfahren an sich zu ziehen, wenn die (hohe) Bedeutung der Sache es erfordert.

Generalklausel

Liegt vor, wenn der Gesetzgeber mehr Spielraum für die Praxis offengelassen hat, als nur einen Begriff (Rechtsbegriff, unbestimmter). Auch hier sollen möglichst viele tatsächliche Situationen von einer Rechtsnorm erfasst werden. Z. B. im Polizeirecht bezeichnet man als G. eine Ermächtigungsgrundlage, die auf unbestimmte Rechtsbegriffe zurückgreift und deshalb ein weites Feld für Maßnahmen des Staates eröffnet und legitimiert (Legitimität). Dazu gehört z. B., dass die Polizei alle notwendigen Maßnahmen treffen darf, »um eine im einzelnen Falle bestehende, konkrete Gefahr für die öffentliche Sicherheit oder Ordnung (Gefahr) abzuwehren« (§ 8 PolG-NRW).

Generalprävention

Siehe Strafzweck

Generalversammlung der UNO

Vollversammlung aller Mitglieder der Vereinten Nationen (UNO). Jeder Staat, ob groß oder klein, ob mächtig oder nicht, hat hier eine Stimme. Die Beschlüsse der G. sind nicht bindend, dennoch haben ihre Resolutionen eine erhebliche politische Bedeutung.

Genfer Flüchtlingskonvention

Völkerrechtlicher Vertrag (Vertrag, völkerrechtlicher) von 1951, der nach den Erfahrungen der Verfolgung durch das Naziregime erstmals die Rechte von politisch Verfolgten und anderen Flüchtlingen regelte und bis heute Maßstab für die Rechte von Flüchtlingen ist. Insgesamt 148 Staaten sind bisher der G. beigetreten. Das »Abkommen über die Rechtsstellung der Flüchtlinge« ist in Deutschland durch Gesetz umgesetzt worden und am 22. April 1954 in Kraft getreten. In der G. werden der Begriff des Flüchtlings umfassend definiert und eine Reihe von grundlegenden Rechten und Pflichten festgelegt. So hat ein Flüchtling u. a. ein Recht auf Schutz vor Diskriminierung aufgrund von Rasse, Religion oder des Herkunftslandes (Art. 3), auf Religionsfreiheit (Art. 4), auf Zugang zu den Gerichten (Art. 16), auf Straffreiheit in Bezug auf die illegale Einreise bei unmittelbarer Einreise aus dem Fluchtland und sofortiger Meldung bei den Behörden (Art. 31 Abs. 1), auf Gleichbehandlung gegenüber anderen Ausländern (Art. 7 Nr. 1) und vor allem ein Recht auf Ausweisungsschutz (Art. 33). Die Konvention normiert den Grundsatz der Nichtzurückweisung, d. h. das Verbot der Zurückweisung in ein Land, in dem der Flüchtling Verfolgung fürchten muss (Non-Refoulement-Prinzip).

Genossenschaft

Juristische Person des Privatrechts (Zivilrecht) mit Mitgliedern (Genossen), welche gemeinsame Ziele verfolgen, die in einer Satzung niedergelegt sind. Zwecke können rein wirtschaftliche, soziale oder kulturelle sein. Beispiele sind Wohnungsbaugenossenschaften, Einkaufsgemeinschaften und manche Kleingärtner. Um Rechtsfähigkeit zu erlangen, muss die G. im Genossenschaftsregister beim Amtsgericht eingetragen werden (e. G. = eingetragene Genossenschaft). Die G. wird vertreten durch den Vorstand, der von den Mitgliedern gewählt wird.

Gerechtigkeit

Prinzip, an dem sich das Recht ausrichten soll. Kern der Gerechtigkeit ist die Gleichheit der Menschen. Wie diese allerdings genau auszusehen hat, wird seit der griechischen Antike in Europa kontrovers diskutiert und ist weltweit noch einmal schwieriger zu fassen. Siehe auch Radbruchformel

Gericht

Staatliche Einrichtung, die die Aufgabe der Rechtsprechung wahrnimmt. Diese Aufgabe wird von unabhängigen Richtern ausgeübt. Der Grundsatz der Gewaltenteilung (Art. 20 Abs. 2 GG) garantiert die Eigenständigkeit und Unabhängigkeit der Rechtsprechung von der Exekutive und Legislative. Art. 92 GG konkretisiert den Grundsatz der Gewaltenteilung dahingehend, dass die rechtsprechende Gewalt ausschließlich Richtern anvertraut ist. Aus Gründen der Spezialisierung existieren verschiedene Gerichtsbarkeiten. Neben den staatlichen G. gibt es private Schiedsgerichte.

Gerichtliche Partei

Siehe Parteifähigkeit

Gerichtsbarkeit

Die staatlichen Gerichte sind aus Gründen der Spezialisierung in verschiedene Zweige, sog. G., aufgeteilt. Art. 95 GG nennt die Arbeitsgerichtsbarkeit, Finanz-, die ordentliche (Gerichtsbarkeit, ordentliche), die Sozialgerichtsbarkeit und die Verwaltungsgerichtsbarkeit. 1961 wurde das Bundespatentgericht mit Sitz in München gegründet (§ 65 PatG). Die Verfassungsgerichte der Bundesländer und das Bundesverfassungsgericht (BVerfG) bilden die Verfassungsgerichtsbarkeit. Die deutsche Rechtsordnung lässt es in bestimmten Bereichen ausdrücklich zu, dass Parteien statt der Inanspruchnahme staatlicher Gerichte zur Beilegung eines Rechtsstreits ein privates Schiedsgericht anrufen. Siehe auch Abb. »Die Rechtsgebiete und ihre Gerichte«, ➠ S. 209

Gerichtsbarkeit, freiwillige

Teil der ordentlichen Gerichtsbarkeit (Gerichtsbarkeit, ordentliche), in dem anstelle der Zivilprozessordnung (ZPO) das Gesetz über das Verfahren in Familiensachen und in den Angelegenheiten der freiwilligen Gerichtsbarkeit (FamFG) gilt. Es gibt keine klare Definition. Die Bezeichnung soll von der »streitigen« Gerichtsbarkeit abgrenzen, bei der sich zwei Parteien als Gegner gegenüberstehen. Dass die Verfahren der G. aber freiwillig und harmonisch sind, stimmt so nicht immer. Wesentlicher Unterschied zur streitigen Gerichtsbarkeit ist, dass in der freiwilligen meist der Amtsermittlungsgrundsatz gilt. Zur G. zählen u. a. Verfahren, die mit folgenden Gegenständen zu tun haben: Familienrecht, Betreuung, Erbrecht, Erbschein, Grundbuch, Handelsregister.

Gerichtsbarkeit, ordentliche

Für das Zivilrecht und das Strafrecht zuständige Gerichte (siehe Rechtsgebiete und Instanzenzug). Der Begriff lässt sich nur historisch verstehen, da er ursprünglich zur Abgrenzung von der Verwaltungsrechtspflege diente, in welcher Beamte (außerordentlich) tätig waren. Hintergrund war das besondere Interesse des Staates, dass die Entscheidungen der Verwaltung nicht von unabhängigem Personal (Richter) überprüft wurden. Die Beibehaltung der Bezeichnung ist reine Tradition. Heute sind wegen Gewaltenteilung und Rechtsstaatlichkeit auch die Verwaltungsgerichte mit unabhängigen Richtern besetzt.

Gerichtsbescheid

In finanz-, sozial- und verwaltungsgerichtlichen Verfahren kann das Gericht erster Instanz ohne mündliche Verhandlung per G. entscheiden, wenn die Streitsache keine besonderen Schwierigkeiten tatsächlicher oder rechtlicher Art aufweist, der Sachverhalt geklärt ist und die Verfahrensbeteiligten zu einer Entscheidung per G. angehört wurden (§ 90a FGO; § 105 SGG; § 84 VwGO). Der G. hat die Wirkung eines Urteils. In der Zivilgerichtsbarkeit gibt es vergleichbar den Mahnbescheid und in der Strafgerichtsbarkeit den Strafbefehl.

Gerichtsbesetzung

Alle Gerichtsordnungen haben verbindliche Regelungen zur Besetzung der jeweiligen Spruchkörper. Dies ist eine Ausgestaltung des Rechtes aus Art. 101 Abs. 1 Satz 2 GG (Richter, gesetzlicher). Beispiel Strafrecht: Das Amtsgericht (AG) entscheidet bei Vergehen durch einen einzelnen Berufsrichter, wenn nicht mehr als 2 Jahre Freiheitsstrafe zu erwarten sind. Aber bei Verbrechen oder einer Straferwartung von mehr als 2 Jahren entscheidet ein Schöffengericht mit 1 Berufsrichter und 2 Schöffen. Das Landgericht (LG) entscheidet als Große Strafkammer (in 1. Instanz) mit 2 oder 3 Berufsrichtern und 2 Schöffen. Das Oberlandesgericht (OLG) entscheidet als Strafsenat (in 1. Instanz) mit 3 oder 5 Berufsrichtern (keine Mitwirkung von Schöffen; ➠ Abb. »Die wichtigsten Zuständigkeiten der Strafgerichte«, S. 310).

Gerichtshof der Europäischen Union

Siehe Europäischer Gerichtshof (EuGH)

Gerichtsöffentlichkeit

Die Verhandlung vor dem Gericht ist öffentlich (§ 169 GVG). Die G. dient der Kontrolle der Rechtsprechung durch die Öffentlichkeit, insbesondere auch durch die Presse. Es gibt vielfältige Ausnahmen zum Schutz der Privatsphäre, z. B. in Familiensachen (Familienrecht) und Betreuungssachen sowie zum Schutz von Jugendlichen. Ton- und Bildaufnahmen sind nicht zulässig.

Gerichtsstand

Örtliche Zuständigkeit eines Gerichts (siehe Zuständigkeit). Teilweise wird auch die sachliche Zuständigkeit so bezeichnet.

Gerichtsverfassungsgesetz (GVG)

Regelt seit 1887 die Zuständigkeiten und die Organisation der ordentlichen Gerichte (Gerichtsbarkeit, ordentliche). Für andere Gerichte finden sich Regelungen in den jeweiligen Prozessordnungen (Verwaltungsgerichtsordnung, Sozialgerichtsgesetz, Finanzgerichtsordnung und Arbeitsgerichtsgesetz). Für Jugendliche und Heranwachsende finden sich im Strafrecht abweichende Regelungen im Jugendgerichtsgesetz (JGG).

Gerichtsvollzieher

Berufsbezeichnung für Personen, welche die Urteile von Gerichten vollstrecken dürfen (siehe Vollstreckung, Verbot der Selbsthilfe). Ein G. sorgt also z. B. dafür, dass der Kläger auch das Geld bekommt, das ihm durch ein Urteil zugesprochen wurde. Bekannt sind G. vor allem, weil sie den »Kuckuck« an Sachwerte im Eigentum von Personen kleben, die ihre Schulden nicht freiwillig zahlen. Der »Kuckuck« zeigt an, dass der wertvolle Gegenstand gepfändet ist. Heute werden zwar zuerst Konten oder Gehaltszahlungen gepfändet, was elektronisch geschieht, dennoch hat das Pfandsiegel (»Kuckuck«) nicht ausgedient. Siehe auch

Rechtswidrigkeit und Rechtfertigungsgrund

Geringfügige Beschäftigung

Liegt im Sinne sämtlicher Zweige der Sozialversicherung (vgl. § 8 Abs. 1 SGB IV) dann vor, wenn das Arbeitsentgelt aus dieser Beschäftigung regelmäßig im Monat 450 € nicht übersteigt (sog. Entgeltgeringfügigkeit) oder die Beschäftigung innerhalb eines Kalenderjahres auf längstens 2 Monate oder 50 Arbeitstage durch ihre Eigenart oder im Voraus vertraglich begrenzt ist – es sei denn, dass die Beschäftigung berufsmäßig ausgeübt wird und ihr Entgelt 450 € im Monat übersteigt (sog. Zeitgeringfügigkeit). Die Ausübung einer G. ist für den Arbeitnehmer versicherungsfrei in der Arbeitslosenversicherung (§ 27 Abs. 2 SGB III), der gesetzlichen Krankenversicherung (§ 7 SGB V), Rentenversicherung (§ 5 Abs. 2 SGB VI) und Pflegeversicherung (§ 7 SGB V analog). Der Arbeitgeber zahlt jedoch eine pauschale Abgabe.

Gesamtrechtsnachfolge

Übergang eines Vermögens mit allen Rechten und Pflichten. Der Rechtsnachfolger tritt in die rechtliche Stellung des Rechtsvorgängers ein. G. gilt insbesondere zwischen Erblasser und Erben (im Erbfall, d. h. im Moment des Todes des Erblassers, § 1922 BGB) und bei der Fusion (Umwandlung) von Kapitalgesellschaften. Es gehen bei G. also nicht nur das Eigentum und andere Rechte über, sondern auch Schulden und andere nicht persönliche Verpflichtungen. Davon zu unterscheiden ist die Einzelrechtsnachfolge, z. B. bei der Übereignung einer einzelnen Sache. Bei der G. hingegen bedarf es keines besonderen Rechtsaktes, sondern das Vermögen geht unmittelbar (automatisch) und insgesamt über.

Gesamtzusage

Verpflichtung des Arbeitgebers zu einmaligen oder dauerhaften zusätzlichen Leistungen gegenüber allen Beschäftigten oder einem nach sachlichen Kriterien begrenzten Beschäftigtenkreis. Üblicherweise geschieht dies durch Aushänge im Betrieb oder durch betriebliche Mailverteiler. Inhalt einer G. ist häufig die Verpflichtung zu besonderer Einmalzahlung (»Weihnachtsgeld«, Urlaubsgeld), zusätzlichen Urlaubstagen oder Zuschüssen (z. B. Essens- und Fahrtzuschüsse).
Die G. wird wirksam, sobald sie vom Arbeitgeber veröffentlicht worden ist. Eine ausdrückliche Annahme durch den Arbeitnehmer ist nicht erforderlich, da sie nach der Verkehrssitte nicht zu erwarten ist. Der Inhalt der G. wird Bestandteil des Arbeitsvertrags, sodass ein einseitiges Lösen von der Verpflichtung durch den Arbeitgeber ausgeschlossen ist. G. berechtigen auch Arbeitnehmer, deren Arbeitsverhältnisse erst nach ihrer Erklärung begründet werden, sofern dies nicht im Arbeitsvertrag ausgeschlossen wird.

Geschäftsbedingungen, allgemeine

Siehe Allgemeine Geschäftsbedingungen (AGB)

Geschäftsfähigkeit

Teilaspekt der Rechtsfähigkeit. Wer am Rechtsverkehr teilnehmen, ein Rechtsgeschäft tätigen, z. B. einen Vertrag (Vertrag, privatrechtlicher) schließen möchte, muss geschäftsfähig sein.
Dies setzt grundsätzlich Volljährigkeit voraus, da Minderjährige (Minderjährigkeit) keine Verpflichtungen eingehen sollen, deren Folgen sie nicht vorher-

»Stufen« der Geschäftsfähigkeit

(Volle) **Geschäftsfähigkeit**
(Regelfall ab 18. Geburtstag, d. h. mit Volljährigkeit)

***Beschränkte* Geschäftsfähigkeit**
(»Minderjährigkeit«)

Geschäftsunfähigkeit
(Kinder bis 7. Geburtstag + dauerhafte Geistesstörung)

sehen können. Da aber auch Kinder und Jugendliche sich an den Rechtsverkehr gewöhnen und geschäftliche Erfahrungen sammeln müssen, gibt es verschiedene Schritte oder »›Stufen‹ der G.«, die in obiger Grafik dargestellt werden. Kinder bis zum 7. Geburtstag und auch Volljährige mit einer dauerhaften Störung der Geistestätigkeit sind zu ihrem eigenen Schutz geschäftsunfähig (§ 104 BGB). D. h., dass sie weder Verträge schließen noch Testamente errichten noch sonst rechtsverbindlich handeln können. Ab dem 7. bis zum 18. Geburtstag sind Minderjährige beschränkt geschäftsfähig. Sie können mit Einwilligung ihrer Eltern (genauer Vertreter, gesetzlicher) rechtlich verbindlich handeln, z. B. einen Kaufvertrag abschließen. Die Überlassung von Taschengeld gilt als generelle Einwilligung (§ 110 BGB). Darüber hinaus können beschränkt Geschäftsfähige auch ohne Einwilligung rechtlich vorteilhafte Rechtsgeschäfte tätigen. Dabei ist aber zu beachten, dass z. B. ein Kaufvertrag – sei er wirtschaftlich noch so günstig – auch einen Nachteil mit sich bringt, nämlich die Rechtspflicht zur Erbringung der Gegenleistung. Ist der Minderjährige der Käufer, so wird er durch den Vertrag zur Bezahlung des Kaufpreises verpflichtet, und ist er der Verkäufer, zur Übergabe und Übereignung der Kaufsache. Daher werden typischerweise nur Schenkungen an den Minderjährigen als rein vorteilhaft angesehen. Siehe auch Altersstufen.

Geschäftsführung ohne Auftrag (GoA)

Schuldverhältnis, das nicht aufgrund eines Rechtsgeschäfts, sondern gesetzlich entsteht. Ein Geschäftsführer (GF) ist für einen Geschäftsherrn (GH) tätig geworden, ohne dass vorher eine Beauftragung hierfür erfolgte. Grundsätzlich geschieht dies altruistisch (zum fremden Nutzen), d. h. im Interesse des GH. Wenn man z. B. die Tür zu einem fremden Haus beschädigt, weil Qualm und Hilferufe aus dem Haus dringen, dann soll man nicht hinterher Schadensersatz für die Reparatur der Tür leisten müssen. Das Gesetz achtet den guten Willen, schützt aber auch vor Übergriffen, d. h. Einmischung in fremde Angelegenheiten. Denn es kann ein Konflikt zwischen den Interessen des GH und des GF bestehen, der durch die §§ 677 ff. BGB gelöst werden soll. Daher kommen Ansprüche für beide

Parteien in Betracht. Wenn z. B. dem GF Kosten (sog. Aufwendungen) entstanden sind, so sind ihm diese vom GH zu ersetzen. Der GF ist aber auch verpflichtet, alles, was er im Rahmen der Tätigkeit erlangt hat, herauszugeben. Der Anwendungsbereich der G. ist nicht leicht erkennbar und hat Überschneidungen u. a. mit dem Bereicherungsrecht. Ein Unterfall der G. ist der Fund, für den es aber spezielle Regelungen gibt.

Geschäftsgrundlage

Wenn man einen Vertrag schließt, dann steht dahinter immer ein Motiv. Wer z. B. ein Brautkleid kauft, will meist heiraten. Grundsätzlich steht dieses Motiv außerhalb des Vertrages und ist uninteressant für die Erfüllung des Vertrages (hier: Zahlung des vereinbarten Betrages), auch wenn die Hochzeit nicht stattfinden würde. Eine rechtlich relevante G. liegt jedoch vor, wenn die Beteiligten bei Abschluss des Vertrages gemeinsame Vorstellungen hatten oder der eine Vertragspartner sich nach Treu und Glauben auf die Motive und Vorstellungen des anderen einlassen muss. Probleme ergeben sich, wenn diese G. nicht den Tatsachen oder weiteren Entwicklungen entspricht (sog. Störung bzw. Wegfall der G.). Dann liegt eine Leistungsstörung vor. Nach § 313 BGB kann der Vertrag den Vorstellungen angepasst werden oder ein Rücktritt bzw. eine Kündigung (bei auf Dauer angelegtem Schuldverhältnis, z. B. Miete) kommt in Betracht. Gesetzlich besonders geregelte Fälle (und gute Beispiele für den Wegfall der G.) gibt es bei der Schenkung. Die Vorstellung des Schenkenden ist u. a., dass ihm selbst grundsätzlich genug Vermögen zum Leben bleibt und dass der Beschenkte sich ihm gegenüber dankbar zeigt. Wenn der Schenker aber später verarmt oder der Beschenkte z. B. versucht, ihn zu töten, um an das gesamte Erbe zu kommen, kann der Schenker das Geschenk zurückfordern (§§ 528, 530 BGB).

Geschworene

Frühere Bezeichnung der ehrenamtlichen Richter (Richter, ehrenamtlicher) beim Schwurgericht. Heute Schöffen.

Gesellschaft

Durch Vertrag (Gesellschaftsvertrag) geregelter Zusammenschluss von Personen zu einem bestimmten Zweck. Aus dem Vertrag entstehen die Rechte und Pflichten der Gesellschafter untereinander. Die G. ist im Zivilrecht sehr häufig zu finden und kommt in verschiedensten Formen vor. Man unterscheidet zwischen Personengesellschaft (z. B. Gesellschaft bürgerlichen Rechts (GbR)) und Kapitalgesellschaft (z. B. Gesellschaft mit beschränkter Haftung (GmbH), Aktiengesellschaft (AG)). Nach dem (philosophischen) Konzept des Naturrechts entsteht auch der Staat durch einen Gesellschaftsvertrag seiner Bürger (Verfassung). Siehe auch Unternehmen, kaufmännisches

Gesellschaft bürgerlichen Rechts (GbR)

Auch BGB-Gesellschaft genannt, ist die einfachste Form der Gesellschaft. Sie ist ein Zusammenschluss von mindestens 2 Personen (Gesellschafter) durch Vertrag. Dieser Gesellschaftsvertrag enthält den Gesellschaftszweck und begründet die Rechte und Pflichten der Gesellschafter untereinander. Die G. ist die Grundform der Personengesellschaft und in den §§ 705 ff. BGB geregelt. Möglich ist jeder rechtlich zulässige Zweck, z. B. ein Gewerbe, ein kaufmännischer Zweck (Kaufmann), eine Wohngemeinschaft oder eine Lotto-Tipp-Gemeinschaft. Die G. hat Rechtsfähigkeit und Parteifähigkeit, sofern sie nach außen auftritt. Die Entscheidungen (Geschäftsführung) stehen allen Gesellschaftern gemeinsam zu, es sei denn, dass sie im Gesellschaftsvertrag etwas anderes vereinbaren. Das Vermögen der Gesellschafter entsteht durch Beiträge der Gesellschafter und erworbene Gegenstände und steht den Gesellschaftern gemeinsam zu, im Zweifel zu gleichen Teilen, sonst anteilig nach dem Gesellschaftsvertrag (vgl. §§ 718, 722, 742 BGB). Auf der Grundform G. bauen die Offene Handelsgesellschaft (OHG) und die Kommanditgesellschaft (KG) rechtlich auf.

Gesellschaft mit beschränkter Haftung (GmbH)

Form der Gesellschaft, genauer eine Kapitalgesellschaft (die häufigste in Deutschland), und primär in einem eigenen Gesetz (GmbHG) geregelt. Daneben finden andere Gesetze Anwendung. Die Gründung (Errichtung) der G. kann durch eine oder mehrere Personen erfolgen. Der dafür erforderliche Vertrag (Satzung, Gesellschaftsvertrag) muss grundsätzlich vor einem Notar geschlossen werden, es gilt keine Formfreiheit. Zum Inhalt siehe § 3 GmbHG. Die Gesellschafter müssen sog. Einlagen (insgesamt mindestens 25.000 € Stammkapital, das nicht in Geld bestehen muss) leisten. Zudem ist eine Eintragung der G. und ihrer Gesellschafter in das Handelsregister ist notwendig. Die G. ist eine juristische Person (§ 13 GmbHG) und hat als solche Rechtsfähigkeit. Um aber auch tatsächlich handeln zu können, im Rechtsverkehr (Stellvertretung) und vor Gericht (Parteifähigkeit), braucht sie mindestens 1 Geschäftsführer. Ein weiteres Organ der G. ist die Gesellschafterversammlung als Gesamtheit aller Gesellschafter. Hier werden die wichtigsten Entscheidungen (Beschlüsse) getroffen. Der Anteil der Gesellschafter am Gewinn der G. entspricht ihrem jeweiligen Geschäftsanteil. Die Haftung für Schulden der G. beschränkt sich auf ihr Vermögen, d. h. die Gesellschafter haften grundsätzlich nicht persönlich. Die Geschäftsanteile sind (in notarieller Form) übertragbar und vererbbar.

Gesetz

Vom Gesetzgeber in einem ordnungsgemäßen Verfahren verabschiedete abstrakt, generelle Rechtsnorm. Abstrakt heißt: Das G. gilt für eine Vielzahl von Sachverhalten, d. h., es beschreibt Lebenssachverhalte in einer verallgemeinerten Form, die dann aber auf viele Fälle anwendbar ist. Generell heißt, dass das G. für eine Vielzahl von Personen gilt und nicht nach Herkunft, Geschlecht, Stand usw. unterschieden wird. Als G. wird außerdem eine Kodifikation, also ein Gesetzbuch bezeichnet. Dabei handelt es sich um eine Ansammlung von Rechtsnormen, die sich auf ein komplexes Gebilde von Lebensverhältnissen beziehen, welche sich unter mindestens einem Aspekt zusammenfassen lassen. So spricht man z. B. vom Sozial- oder vom Strafgesetzbuch. Diese G. können sehr speziell sein, wie das Mutterschutzgesetz (MuSchG) oder – mit Blick auf die Lebensverhältnisse – sehr umfassend wie das Bürgerliche Gesetzbuch (BGB). Die abstrakt, generelle Norm ist eine Erscheinung der Moderne, mittelalterliche Normen waren dagegen oft sehr speziell und für Angehörige unterschiedlicher Stämme (Sachsen, Franken usw.) galten unterschiedliche Regeln – die Normen galten also nicht allgemein. Als G. werden sowohl Naturgesetze wie Rechtsnormen bezeichnet. Rechtsnormen sind jedoch nicht wahr oder falsch, höchstens gut oder schlecht. Und Rechtsnormen lassen sich anders als Naturgesetze durch Menschen ändern. Die Bezeichnung als G. vermittelt einen anderen Eindruck und verschafft den Rechtsnormen eine zusätzliche Dignität.

Gesetz über Ordnungswidrigkeiten (OWiG)

Regelt (ähnlich der Strafprozessordnung (StPO)) den formellen Weg der Verfolgung von Ordnungswidrigkeiten, die Sanktionen und den Rechtsweg gegen diese. Auch die Vollstreckung der Sanktionen und das Zusammentreffen von Ordnungswidrigkeit und Straftat ist dort geregelt (1. und 2. Teil). Daneben sind auch einzelne (wenige) Ordnungswidrigkeiten normiert, da diese zumeist in speziellen Verwaltungsgesetzen ihre Regelung erfahren haben.

Gesetzesvorbehalt

Einschränkungen von Grundrechten dürfen ebenso wie wesentliche Regelungen nur durch Gesetz geschehen, nicht jedoch durch untergesetzliche Normen wie Rechtsverordnungen.

Gesetzgebende Gewalt

Siehe Gewaltenteilung und Parlament

Gesetzgeber

Institution, die im Einklang mit der Verfassung eines Staates oder Bundeslandes die Gesetze beschließt. In parlamentarischen Demokratien sind das die Parlamente, in Deutschland also der Bundestag bzw. die Landtage.

Gesetzgebungskompetenz

Zwischen Bund und Ländern aufgeteilt. Grundsätzlich stehen den Länder alle Kompetenzen zu (Art. 30 GG) und dem Bund nur in den Fällen, in denen das Grundgesetz (GG) dies ausdrücklich vorsieht. Schon in den Artikeln 73 und 74 GG werden dem Bund aber so viele G. zugewiesen, dass sich der Grundsatz umgekehrt hat. Weitere Kompetenzzuweisungen finden sich in speziellen Normen der einzelnen Rechtsbereiche. Man unterscheidet zwischen ausschließlicher und konkurrierender G.

Bei der ausschließlichen G. (Art. 73 GG) darf nur der Bund Gesetze in diesem Bereich erlassen. Bei der konkurrierenden G. (Art. 74 GG) haben die Länder die G. solange und soweit der Bund keine Regelungen erlassen hat, was aber in (fast) allen Bereichen geschehen ist. Die meisten Gesetze sind deshalb Bundesgesetze und nur in wenigen Bereichen sind den Ländern Kompetenzen geblieben. Zu den wichtigsten Bereichen gehören das Polizei- und Ordnungsrecht, das Schulrecht und überwiegend das Hochschulrecht sowie das Presserecht.

Gesetzgebungsverfahren

Vorschriften, in welchem Prozedere Gesetze in den Bundestag und Bundesrat eingebracht und wie sie beschlossen werden. Siehe Zustimmungsgesetz und Einspruchsgesetz.

Gesetzliche Erbfolge

Gegenüber dem Willen des Erblassers nachrangige Erbfolge. Sie hat zwei Funktionen: Die Bestimmung, wer Erbe ist, wenn es keine entsprechende Verfügung von Todes wegen (Testament, Erbvertrag) gibt und die Beschränkung der Testierfreiheit des

Erblassers zugunsten der Familie (Erbrecht, Pflichtteil). Das Gesetz enthält im Fünften Buch des BGB Regelungen dazu, wer (»gesetzlicher«) Erbe wird. In Betracht kommen die Verwandtschaft und Ehegatten. In den §§ 1924-1929 BGB werden je nach Nähe zum Erblasser verschiedene Ordnungen von Verwandten gebildet. Zur ersten Ordnung gehören die Abkömmlinge des Erblassers, d. h. seine Kinder und Kindeskinder, zur zweiten Ordnung die Eltern des Erblassers und deren Abkömmlinge (Geschwister, Nichten etc.), zur dritten Ordnung die Großeltern des Erblassers und deren Abkömmlinge (Onkel, Tanten etc.) usw. Solange ein Verwandter einer vorhergehenden Ordnung lebt, sind alle entfernteren Ordnungen von der Erbfolge ausgeschlossen (§ 1930 BGB). Innerhalb der Ordnungen schließt jeweils die ältere noch lebende Generation die nachfolgenden von der Erbfolge aus. Z. B. erben die Eltern oder Geschwister des Erblassers (2. Ordnung) nichts, wenn er Kinder oder Enkel (1. Ordnung) hat. Oder wenn nur eine Schwester und ein Neffe (beide 2. Ordnung) zur Zeit des Erbfalls leben, dann schließt die Schwester den Neffen von der Erbfolge aus. Das Ehegattenerbrecht ist hinsichtlich der Höhe des Erbteils abhängig davon, welche Verwandten einer bestimmten Ordnung vorhanden sind (§ 1931 BGB). Bestimmte gesetzliche Erben haben im Falle ihrer Enterbung Anspruch auf einen Pflichtteil.

Gesetzliche Unfallversicherung

Siehe Unfallversicherung, gesetzliche

Gesetzlicher Richter

Siehe Richter, gesetzlicher

Gesetzlicher Vertreter

Siehe Vertreter, gesetzlicher

Geständnis

Einräumen der tatsächlichen Handlung durch den Beschuldigten oder Angeklagten (siehe Ablauf des Strafverfahrens) gegenüber einem Richter. Die rechtliche Bewertung steht jedoch dem Gericht zu. Z. B.: »Ich gebe den Mord zu.« – Ob es tatsächlich ein Mord war, hat das Gericht zu entscheiden. Wenn ein Beschuldigter eine strafbare Handlung vor der Polizei oder der Staatsanwaltschaft einräumt, spricht man von geständiger Einlassung. Der grundsätzliche Unterschied liegt in der Verwertbarkeit im späteren Strafprozess.

Gewährleistung

Gibt es insbesondere beim Kaufvertrag und beim Werkvertrag. Es ist die Haftung des Verkäufers bzw. Bestellers dafür, dass der Gegenstand des Vertrages frei von einem Sachmangel oder Rechtsmangel ist. Die Rechte des Käufers sind in § 437 BGB aufgezählt, die des Bestellers beim Werkvertrag in § 634 BGB. Die beiden Vorschriften sind sehr ähnlich konstruiert. Sie verweisen zum einen auf das allgemeine Recht der Leistungsstörung (insb. Rücktritt und Schadensersatz kommen in Betracht) und zum anderen auf die zusätzlichen speziellen Möglichkeiten des Kauf- bzw. Werkvertragsrechts. Die G. ist zu unterscheiden von der weitergehenden Garantie. Einschränkungen der Gewährleistungsrechte sind zwar durch den jeweiligen Vertrag grundsätzlich möglich, aber nicht unbegrenzt zulässig (Recht, dispositives/zwingendes).

Gewahrsam von Personen

Die Polizei kann Personen vorübergehend in G. nehmen, wenn hochwertige Rechtsgüter in Gefahr sind und wenn dies unerlässlich ist, um diese zu schützen. Wird eine Person in G. genommen, muss unverzüglich eine richterliche Entscheidung über die Rechtmäßigkeit dieser Maßnahme herbeigeführt werden. Die Voraussetzungen für den G. sind streng. Wenn z. B. Demonstranten als Gruppe durch Polizeibeamte eingekesselt werden, ist weder eine Fortsetzung des Demonstrationszuges möglich, noch können einzelne Versammlungsteilnehmer die Versammlung verlassen. Dabei muss man davon ausgehen, dass weder von jedem einzelnen Teilnehmer eine Gefahr ausgeht noch unverzüglich eine richterliche Bestätigung erwirkt wird, weil die Identität der Personen meist nicht feststeht. So hat das Bundesverfassungsgericht (BVerfG) Freiheitsentziehung durch Einkesseln für unvereinbar mit dem Grundgesetz (GG) erkannt und die Verletzung gleich mehrerer Grundrechte moniert. Siehe auch Festnahme.

Gewalt

Für das Strafrecht siehe Nötigung, Erpressung, Raub.

Gewaltenteilung

Wesentliches Prinzip eines Rechtsstaats. G. bedeutet, dass Gesetzgebung (Legislative, siehe Gesetzgeber), Verwaltung (Exekutive) und Rechtsprechung (Judikative) voneinander getrennt sind. Die ausführende Gewalt soll nur die erlassenen Gesetze umsetzen und keinen Einfluss auf die Gerichte ausüben. Umgekehrt haben die Gerichte die kontrollierende Funktion gegenüber der Verwaltung. In der Bundesrepublik wird das Prinzip der G. ergänzt durch die Verfassungsgerichtsbarkeit (v. a. das Bundesverfassungsgericht (BVerfG)), die bei allen 3 Gewalten die Beachtung der Verfassung sichert.

Gewaltmonopol

Ausschließliche Kompetenz des Staates, physische Gewalt gegenüber Bürgern anzuwenden, indem sie z. B. eingesperrt oder einer »polizeilichen Maßnahme« unterzogen werden, die mit Gewalt verbunden ist – Juristen sprechen von unmittelbarem Zwang (Zwang, unmittelbarer). Natürlich ist es faktisch nicht nur der Staat, der Gewalt anwendet, aber er nimmt für sich in Anspruch, dass er der Einzige ist, der dies legitimerweise darf. Die Legitimität unterscheidet ihn von einer Verbrecherorganisation, in der es auch ein faktisches G. geben kann. Das G. ist ein zivilisatorischer Fortschritt, soweit die staatliche Gewalt durch demokratische und rechtsstaatliche Mittel gezügelt wird, weil so das Recht des Stärkeren aufgehoben ist. Umgekehrt: Wo diese Bindungen fehlen, wie im NS-Regime, kann die staatliche Allmacht, der gewaltige Machtapparat, der mit Militär und Polizei vom Staat aufgebaut wurde, um so fürchterlicher wirken und eine erhebliche Beeinträchtigung für den Bürger in seinen Freiheiten darstellen.

Gewaltverhältnis, besonderes

Überholter Begriff. Siehe Sonderrechtsverhältnis

Gewerbe

Jede erlaubte, auf Gewinn gerichtete, auf eine gewisse Dauer angelegte, selbstständige Tätigkeit (z. B. Handelsgewerbe oder Gaststättengewerbe). Außerdem zählen hierzu das Handwerk, die Industrie und die Verkehrsbetriebe. Grundsätzlich nicht zum G. gehören die sog. Urproduktion (z. B. Landwirtschaft und Bergbau) und die freien Berufe (z. B. Ärzte und Rechtsanwälte). Es gilt zwar der Grundsatz der Gewerbefreiheit, die als Teil der Berufsfreiheit in Art. 12 GG geschützt wird. Dennoch gibt es für G. zahlreiche Regulierungen, im Zivilrecht v. a. das Handelsrecht und im Öffentlichen Recht v. a. das Gewerbe- und Steuerrecht. Siehe z. B. Arbeitszeugnis. Siehe auch Unternehmen, kaufmännisches

Gewerbesteuer

Steuer, die auf den Ertrag eines Gewerbes erhoben wird. Sie fließt in die Haushalte der Gemeinden und ist daher für diese eine wichtige Einnahmequelle (Gemeindehaushalt). Der Steuersatz wird von der jeweiligen Gemeinde bestimmt.

Gewerkschaft

Freiwillige, auf Dauer angelegte Zusammenschlüsse von Arbeitnehmern zur gemeinsamen und solidarischen Verfolgung geteilter wirtschaftlicher, politischer und sozialer Interessen. Die Bildung von G. ist verfassungsrechtlich durch Art. 9 III GG (Koalitionsfreiheit) geschützt. G. heben sich von anderen Organisationen, die die Interessen abhängig Beschäftigter vertreten (z. B. Parteien), durch ihre Tariffähigkeit ab, d. h., sie sind berechtigt, Tarifverträge abzuschließen. Voraussetzung für die Tariffähigkeit, und damit für die Gewerkschaftseigenschaft, ist ein hinreichender Grad an Durchsetzungsfähigkeit und Wirkungsmacht gegenüber der Arbeitgeberseite. Durch die Gestaltung der Arbeits- und Wirtschaftsbedingungen über Tarifverträge stellen G. ein Gegengewicht zu den Interessen der Arbeitgeberseite dar, die ansonsten dem einzelnen Arbeitnehmer strukturell überlegen ist. Daneben sind G. an der betrieblichen Mitbestimmung (Betriebsratswahlen) und der Unternehmensmitbestimmung (Entsendung von Aufsichtsräten nach dem Mitbestimmungsgesetz) unmittelbar beteiligt. Auch bei der Besetzung der Arbeitsgerichte mit ehrenamtlichen Richtern (Richter, ehrenamtlicher) wirken G. mit. In Deutschland existieren zahlreiche G., die alle Branchen und Berufsgruppen abdecken. Die mitgliederstärksten G. sind die IG Metall (ca. 2,3 Mio. Mitglieder) und die Vereinte Dienstleistungsgewerkschaft ver.di (ca. 2 Mio. Mitglieder). Die bedeutendsten gewerkschaftlichen Dachorganisationen sind der Deutsche Gewerkschaftsbund (DGB) (ca. 6 Mio. Mitglieder) und der Deutsche Beamtenbund (DBB) (ca. 1,3 Mio. Mitglieder). Jeder 5. Arbeitnehmer in Deutschland ist gewerkschaftlich organisiert.

Gewissensfreiheit

Niemand darf gegen sein Gewissen zum Kriegsdienst mit der Waffe gezwungen werden (Art. 4 Abs. 3 GG). Seit Abschaffung der Wehrpflicht 2011 hat dieses Grundrecht an Bedeutung verloren und käme nur noch im Spannungs- oder Verteidigungsfall zur Geltung.

Gewohnheitsrecht

Heute sind die meisten rechtlichen Regelungen in schriftlichen Gesetzen enthalten. Das war nicht immer so. G. wird mündlich überliefert und ist trotzdem verbindlich, wenn es auf langer Tradition beruht und allgemein anerkannt ist. Wird jedoch der Gesetzgeber tätig, wird das G. aufgrund der vorrangigen Kompetenz des Gesetzgebers durch das gesetzte Recht verdrängt. Beispiele, wo G. immer noch eine Rolle spielt, finden sich im Handelsrecht und im Völkerrecht. Siehe auch Betriebliche Übung

Glaubens- und Bekenntnisfreiheit

Jeder hat das Recht, seine Religion oder Weltanschauung frei zu wählen und auszuüben; durch Art. 4 Abs. 1 und 2 GG geschütztes Grundrecht. Daraus folgt ein Diskriminierungsverbot aufgrund religiöser Überzeugungen (Art. 3 Abs. 3 GG, § 1 AGG). Enthalten ist auch das Recht, keine religiöse Überzeugung zu haben. Im Strafrecht wird die G. durch §§ 166 ff. StGB geschützt. Z. B. kann die Störung von gottesdienstlichen Handlungen oder Bestattungsfeiern bestraft werden.

Gläubiger

Diejenige Person, die von einem Schuldner eine Leistung fordern kann. Siehe auch Schuldverhältnis

Gläubigerverzug

Siehe Annahmeverzug

Gleichbehandlung

Aktive Maßnahmen des Staates zur Besserstellung benachteiligter Gruppen, z. B. Menschen mit Behinderung. Siehe auch Gleichheit, Diskriminierungsschutz und Gleichberechtigung

Gleichberechtigung

Gleichheit aller Menschen ist der im Naturrecht entwickelte Kern der Menschenwürde. Die G. wird in Art. 3 GG als wichtiges Grundrecht ausgeführt. Danach sind Benachteiligungen oder Vorteile aufgrund des Geschlechts, der Abstammung, der »Rasse«, Sprache, Heimat und Herkunft, des Glaubens, sowie aufgrund religiöser oder weltanschaulicher Überzeugungen (Glaubens- und Bekenntnisfreiheit) verboten. Siehe auch Diskriminierungsschutz. Vor allem die G. von Frauen und Männern hat sich in Deutschland seit 1949 erst allmählich durchgesetzt, wobei das Bundesverfassungsgericht eine wichtige Rolle spielte. Mehrfach musste das Gericht den Gesetzgeber (bis heute mehrheitlich Männer) ermahnen, gegen Art. 3 GG verstoßende Benachteiligungen von Frauen vor allem im Familienrecht zu beseitigen. In den letzten Jahren wurde vor allem die G. homosexueller Menschen gefördert (Homosexualität).

Gleichgestellte

Schwerbehinderten Menschen (vgl. Schwerbehinderung) gleichgestellt werden sollen Menschen, deren Behinderungen einen Grad (Behinderung, Grad der) von weniger als 50, aber wenigstens 30 haben, wenn sie infolge ihrer Behinderung ohne die Gleichstellung einen geeigneten Arbeitsplatz nicht erlangen oder nicht behalten können (§ 2 Abs. 3 SGB IX). Auf G. finden zentrale Vorschriften des Schwerbehindertenrechts, etwa der besondere Kündigungsschutz, Anwendung (§ 151 Abs. 3 SGB IX). Die Gleichstellung erfolgt auf Antrag durch die Bundesagentur für Arbeit (§ 151 Abs. 2 SGB IX).

Gleichheit

Das Grundgesetz (GG) garantiert in Art. 3 die G. aller Menschen vor dem Gesetz. D. h., dass Gleiches gleich und Ungleiches ungleich behandelt werden muss. Ungleich sind z. B. Frauen und Männer mit Blick auf die Möglichkeit, Kinder zu bekommen. Folglich haben nur Frauen einen Anspruch auf Mutterschutz (Mutterschutzgesetz (MuSchG)). Gleich sind Frauen und Männer mit Blick auf die Arbeitsleistung, deshalb haben sie Anspruch auf gleichen Lohn für gleiche Arbeit. Ob etwas als Gleiches oder Ungleiches anzusehen ist, hängt von der Vergleichsgruppe und dem besonderen Merkmal ab, das betrachtet wird. Das Grundgesetz garantiert nur eine formale G., also die

G. vor dem Gesetz, nicht dagegen eine materiale G., also die G. mit Blick auf finanzielle oder materielle Ressourcen. Mit Blick auf die rein formale G. sprach der Dichter Anatol France ironisch von der »majestätischen Gleichheit des Gesetzes, das Reichen wie Armen verbietet, unter Brücken zu schlafen, auf den Straßen zu betteln und Brot zu stehlen.« Formale G. kann also bei faktischer oder materieller Ungleichheit zu Ungerechtigkeit führen.

Gleichstellungsbeauftragte

Person oder Stelle z. B. innerhalb einer Behörde oder Gemeinde, eines Unternehmens oder einer Universität, die sich für die Gleichberechtigung von Frauen und Männern, die Vereinbarkeit von Beruf und Familie sowie den Schutz vor sexueller Belästigung einsetzt.

Gnade

Siehe Begnadigung

Grad der Behinderung

Siehe Behinderung, Grad der

Graffiti

Siehe Sachbeschädigung

Grobe Fahrlässigkeit

Siehe Fahrlässigkeit, grobe

Grundbegriffe des Privatrechts

Bestimmte »Bausteine« des Zivilrechts, v. a. des Bürgerlichen Rechts. Die wichtigsten sind Person, Sache und Schuldverhältnis, daneben Rechtsgeschäft, Vertrag, Delikt, Eigentum, Ehe, Familie und Erbrecht. Auch wenn die Regelungen im Detail unterschiedlich sind, so bauen doch alle modernen Rechtsordnungen darauf auf. Auch die Bücher des Bürgerlichen Gesetzbuchs (BGB) sind danach strukturiert. Charakteristisch sind die Beziehungen der »Bausteine« zueinander. Personen haben rechtliche Beziehungen zu anderen Personen (Familie, Ehe, Schuldverhältnis aus Vertrag, d. h. Rechtsgeschäft, oder Delikt), aber auch zu Sachen (Eigentum, Erbrecht).

Grundbuch

Verzeichnis, in dem Grundstücke in Deutschland registriert werden. Es wird beim jeweiligen Amtsgericht (AG) geführt und dient der Auskunft über die genaue Lage eines Grundstücks sowie die rechtlichen Verhältnisse daran (Eigentum, Nutzungsrechte oder andere Belastungen wie Hypothek oder Grundschuld). Das G. hat eine wichtige Funktion bei der Übereignung und anderen Änderungen der rechtlichen Verhältnisse an einem Grundstück. Siehe auch Rechtsschein

Grundeigentum

Siehe Grundstück und Eigentum.

Grunderwerbssteuer

Fällt beim Erwerb (Übereignung) eines Grundstücks oder Grundstücksanteils an. Einzelheiten regelt das Grunderwerbssteuergesetz. Die Höhe des Steuersatzes legen die Bundesländer fest (zurzeit 3,5 bis 6,5 % des Kaufpreises). Keine G. fällt an bei Erbfall, Schenkungen unter Verwandten oder Erwerb unter Ehegatten.

Grundfreiheiten

In den EU-Verträgen (Vertrag über die Arbeitsweise der Europäischen Union (AEUV), Vertrag über die Europäische Union (EUV)) verankerte Wirtschaftsfreiheiten. Das sind die Warenverkehrsfreiheit, Kapitalverkehrsfreiheit, Arbeitnehmerfreizügigkeit, die Dienstleistungsfreiheit und Niederlassungsfreiheit. Der Europäische Gerichtshof (EuGH) hat die G. extensiv ausgelegt und so begonnen, die europäische Wirtschaftsordnung umzugestalten zu einer Wettbewerbsordnung, die sich deutlich von der ordoliberalen oder sozialpartnerschaftlichen Wirtschaftsordnung der frühen Bundesrepublik bis in die 1970er-Jahre unterscheidet.

Grundgesetz (GG)

Verfassung der Bundesrepublik Deutschland.

Grundrechte

Seit der Französischen Revolution von 1789 findet sich in (fast) allen Verfassungen ein Katalog von G. oder Menschenrechten. In Deutschland werden die Menschenrechte aus dem gleichen Grund als G. bezeichnet, wie unsere Verfassung Grundgesetz (GG) heißt, nämlich weil das Grundgesetz bei seiner Entstehung wegen der Teilung Deutschlands nur einen vorläufigen Charakter haben sollte. Menschenrechte bezeichnen fundamentale Rechte der Menschen in einer Gesellschaft. Sie sollen v. a. gegen Freiheitsbeschränkungen durch den Staat schützen. G. sind deshalb in ihrer ursprünglichen Form als Abwehrrechte gegen den Staat konzipiert. Sie schaffen gleichsam eine individuelle Sphäre, einen privaten Bereich, in den der Staat nur eindringen darf, wenn er das mit guten Gründen rechtfertigen kann. Einige G. werden hier genauer erklärt, etwa die Meinungsfreiheit oder die Versammlungsfreiheit. Weil die Gesellschaft inzwischen aber komplexer geworden ist und der Staat demokratisiert wurde, ist die Bedeutung der G. über das Abwehrrecht erweitert worden. Die G. begründen auch staatliche Schutzpflichten – z. B. entsteht aus dem Recht auf Leben und körperliche Unversehrtheit (Art. 2 Abs. 2 GG) auch eine Pflicht des Staates, die Gesundheit und das Leben der Bürger zu schützen, etwa gegen giftige Abfälle oder Gase. G. gewährleisten außerdem Teilhaberechte, etwa das Recht auf soziale Teilhabe und Verfahrensschutz. Das Grundgesetz kennt nur die liberalen G., während auf soziale G. (Grundrechte, soziale) verzichtet wurde.

Grundrechte, soziale

Unterschieden wird zwischen Freiheitsgrundrechten, Teilhaberechten und G. Die Freiheitsgrundrechte sind überwiegend Abwehrrechte (Grundrechte), d. h., sie schützen eine private Sphäre gegen Eingriffe des Staates. Teilhaberechte sind im Wesentlichen identisch mit der Ausprägung des Demokratieprinzips und Sozialstaatsprinzips, sie gewähren also die Teilhabe an demokratischen Prozessen und an sozialen Leistungen.
G. überschneiden sich weitgehend mit der sozialen Teilhabe, sie gewähren etwa ein Recht auf Arbeit, Recht auf Bildung oder ein Recht auf Wohnen. Solche G. sind in den meisten Verfassungen der Bundesländer verankert, nicht jedoch im Grundgesetz (GG), was auf eine Veränderung der politischen Konstellation zwischen 1945 und 1949 zurückzuführen ist und darauf, dass das Grundgesetz nur eine vorläufige Verfassung sein sollte. Das Bundesverfassungsgericht (BVerfG) hat ein G. aus Art. 1 GG in Verbindung mit dem Sozialstaatsprinzip entwickelt, nämlich das Recht auf ein soziokulturelles Existenzminimum.

Grundrechtecharta

Enthält als Europarecht all die Freiheitsrechte, die sich auch im Grundgesetz (GG) finden, ist teilweise aber moderner insofern, als sie etwa Vorschriften zur Humangenetik umfasst, die bei der Verabschiedung des GG nicht bekannt war. Die G. gehört zum Primärrecht der EU. Sie bindet die EU-Institutionen, nicht aber die der Mitgliedsstaaten. Ein individuelles Klagerecht ähnlich der Verfassungsbeschwerde existiert für die G. nicht. Sie normiert – wie das GG – keine sozialen Grundrechte (Grundrechte, soziale), erkennt aber – anders als das GG – ein Recht auf unternehmerische Freiheit an.

Grundsätze, versorgungsmedizinische

Anlage zur Versorgungsmedizinverordnung, in der die Grundsätze für die medizinische Bewertung von Schädigungsfolgen nach dem sozialen Entschädigungsrecht und für den Grad der Behinderung (Behinderung, Grad der) festgelegt sind. Hierdurch soll eine einheitliche Rechtsanwendung in beiden Bereichen gewährleistet werden. Bestandteil der G. ist eine umfangreiche Tabelle, die auf der Webseite des Bundesministeriums für Arbeit und Soziales einsehbar ist, in der Gesundheitsstörungen und Kriterien zur Beurteilung ihrer Schwere und des hierfür anzusetzenden Grades der Schädigungsfolgen bzw. Grades der Behinderung aufgeführt sind. Siehe auch Schwerbehinderung

Grundschuld

An einem Grundstück bestelltes Pfandrecht, das in das Grundbuch eingetragen werden muss, um Wirkung zu entfalten. V. a., wenn man ein Grundstück erwerben bzw. bebauen möchte, gibt einem die Bank nur dann ein Darlehen, wenn sie zur Sicherheit eine G. erhält. Wird das Darlehen nicht ordnungsgemäß zurückgezahlt, kann die Bank direkt die Zwangsvollstreckung betreiben, ohne vorher auf Leistung aus dem Darlehensvertrag zu klagen. Die G. ist ein besonders wertvolles Kreditsicherungsmittel, weil sie an dem Grundstück haftet. Wird dieses verkauft, so »wandert« die G. mit. Heutzutage ist die G. verbreiteter als die Hypothek.

Grundsicherung für Arbeitsuchende

Nach dem Sozialgesetzbuch (SGB) II steuerfinanzierte Sozialleistungen zur Absicherung des Existenzminimums und zur Integration in den Arbeitsmarkt. Das entsprechende Gesetz trat im Rahmen der sog. Hartz-Reformen zum 1.1.2005 in Kraft. Hauptleistungsberechtigte sind erwerbsfähige Personen, die das 15. Lebensjahr vollendet haben, hilfebedürftig (§ 9 SGB II) sind und ihren gewöhnlichen Aufenthalt in Deutschland haben. Leistungsberechtigt sind auch Personen, die mit dem Hauptleistungsberechtigten in einer Bedarfsgemeinschaft leben (§ 7 SGB II). Rechtlich nicht erwerbsfähig sind Ausländer, die keiner Beschäftigung nachgehen dürfen (§ 8 Abs. 2 SGB II). Personen, die hilfebedürftig, aber aus gesundheitlichen Gründen nicht erwerbsfähig sind, erhalten Sozialhilfe nach dem SGB XII. Zu den Leistungen der G. gehören als sog. aktive Leistungen die Leistungen zur Eingliederung in Arbeit. Nach der Vorstellung des Förderns und Forderns (§§ 2, 14 SGB II) soll die G. unter Mitwirkung der erwerbsfähigen Leistungsberechtigten dazu führen, dass diese (wieder) eine Beschäftigung erhalten, von der sie ihr Leben ökonomisch eigenständig bestreiten können. Das SGB II verweist deshalb auf zentrale Instrumente des Arbeitsförderungsrechts nach dem SGB III, etwa Beratungs- und Vermittlungsleistungen, es enthält jedoch noch weitere Förderungsinstrumente, so etwa kommunale Eingliederungsleistungen (§ 16a SGB II), Schuldnerberatung, psychosoziale Betreuung, Suchtberatung oder das Einstiegsgeld. Abgesichert wird der Grundsatz des Forderns durch verschiedene besonders umstrittene Sanktionstatbestände, mit denen die sog. passiven Leistungen abgesenkt werden können. Die passiven Leistungen (siehe Arbeitslosengeld II) dienen der Absicherung des menschenwürdigen Existenzminimums. Hierzu gehören die pauschalierten Regelbedarfe, Mehrbedarfe, Leistungen für Unterkunft und Heizung sowie einmalige Leistungen, etwa Erstausstattungen bei Schwangerschaft und Geburt. Siehe auch Arbeitslosengeld II

Grundsicherung im Alter und bei Erwerbsminderung

Steuerfinanzierte Sozialleistungen zur Deckung des Existenzminimums nach dem Sozialhilferecht des SGB XII. Leistungsberechtigt sind ältere Personen, die die gesetzlichen Altersgrenzen überschritten haben sowie dauerhaft voll erwerbsgeminderte Personen mit gewöhnlichem Aufenthalt in Deutschland, die ihren notwendigen Lebensunterhalt nicht oder nicht ausreichend aus Einkommen oder Vermögen bestreiten können (§ 41 SGB XII). Wer nicht dauerhaft erwerbsgemindert ist, kann einen Anspruch auf Hilfe zum Lebensunterhalt nach dem dritten Kapitel des SGB XII haben. Wer nicht erwerbsgemindert ist oder die Altersgrenze noch nicht überschritten hat, erhält im Falle seiner Bedürftigkeit auf Antrag Grundsicherung für Arbeitsuchende. Zum Leistungsspektrum der G. gehören insbesondere die gesetzlichen Regelsätze und die Bedarfe für Unterkunft und Heizung (vgl. § 42 SGB XII). Zuständig für die Erbringung der Leistungen ist der Träger der Sozialhilfe, in dessen Bereich der Leistungsberechtigte sich tatsächlich aufhält (§ 98 SGB XII).

Grundstück

Abgrenzbarer Teil der Erdoberfläche, der im Liegenschaftskataster von der zuständigen Behörde erfasst wird. Im Gegensatz zu beweglichen Sachen (Sache, bewegliche) sind G. unbewegliche Sachen. An G. können Rechte (Eigentum und z. B. Nutzungsrechte) erworben werden (Übereignung). Als öffentliches Register über die Rechtsverhältnisse an einem G. dient das Grundbuch. Siehe auch Erbbaurecht

Günstigkeitsprinzip

Die rechtlichen Bedingungen des einzelnen Arbeitsverhältnisses können sich aus einer Vielzahl von Rechtsquellen ergeben. Diese Rechtsquellen stehen zueinander in einem hierarchischen Verhältnis. Rangniedrigste Rechtsquelle des Arbeitsschutzgesetzes (ArbSchG) ist das ausgeübte Weisungsrecht des Arbeitgebers, es folgt darüber betriebliche Übung, Vereinbarungen im Arbeitsvertrag, Betriebsvereinbarung/Dienstvereinbarung, Tarifvertrag, Rechtsverordnung (RVO) der Verwaltung, Gesetz, verfassungsrechtliche Normen und europäischen Rechtsvorschriften. Ergeben sich aus diesen Quellen unterschiedliche Regelungen, ist der Konflikt für den Bereich des Arbeitsrechts nach dem G. zu lösen. Danach findet die Regelung Anwendung, die für den Arbeitnehmer objektiv günstiger ist. Das arbeitsrechtliche G. stellt eine Abweichung vom sonst geltenden Rangprinzip dar, nach dem die höherrangige Norm die nachrangige verdrängt.

Gute Führung
Siehe Strafaussetzung zur Bewährung und Strafrestaussetzung

Gute Sitten
Siehe Sittenwidrigkeit

Guter Glaube
Siehe Rechtsschein und Übereignung

Gutgläubiger Erwerb
Siehe Übereignung

Habgier
Siehe Mord

Haft
Vollzug einer Freiheitsstrafe. Siehe auch Untersuchungshaft.

Haftbefehl
Siehe Untersuchungshaft

Haftgrund
Voraussetzung für die Untersuchungshaft. Das Gesetz kennt als Gründe die Flucht (Aufenthalt ist nicht bekannt), Fluchtgefahr (deutliche Anzeichen dafür, dass sich der Beschuldigte dem Verfahren durch Flucht entziehen wird) und Verdunkelungsgefahr (Einwirkung auf Zeugen oder andere Beweismittel zur Vereitelung der Bestrafung). Auch die Wiederholungsgefahr ist ein H. (§ 112 a StPO), jedoch nur bei bestimmten Straftatbeständen (z. B. schwere Körperverletzung, Raub und Brandstiftung).

Haftpflichtversicherung
Versicherung für den Fall, dass man zum Schadensersatz verpflichtet ist (Haftung). Als freiwillig abzuschließende Versicherungen sind v. a. die allgemeine private H. (für einen verschuldeten Schaden) und die für Hundehalter (Halterhaftung) empfehlenswert. In manchen Fällen sieht das Gesetz eine H. als Pflichtversicherung vor, v. a. für Kfz-Halter und bestimmte Berufsgruppen wie Rechtsanwälte. Diese Versicherungspflicht soll sicherstellen, dass die Geschädigten nicht das Risiko tragen, dass der Schädiger insolvent ist (Insolvenz), d. h. den verursachten Schaden nicht ersetzen kann. Liegen die Voraussetzungen nach dem Versicherungsvertrag vor, zahlt grundsätzlich der Versicherer (Ausnahmen möglich z. B. bei Verletzung einer wichtigen Obliegenheit, bei Vorsatz oder grober Fahrlässigkeit (Fahrlässigkeit, grobe)). Es ist also meist günstiger, die verhältnismäßig geringe Versicherungsprämie zu zahlen, als unter Umständen sehr hohe Schäden ersetzen zu müssen.

Haftung
Grundsätzliches Einstehenmüssen des Schädigers für einen ihm zurechenbaren Schaden. Sie liegt vor, wenn die Voraussetzungen einer Anspruchsgrundlage insbesondere aus Delikt oder Gefährdungshaftung gegeben sind. Siehe auch Haftpflichtversicherung

Haftverschonung
Möglichkeit, einen Haftbefehl nicht zu vollstrecken. Sie ist sinnvoll, wenn durch mildere Maßnahmen der Zweck der Untersuchungshaft (Anwesenheit des Angeklagten im Verfahren) erreicht werden kann (z. B. Kaution, Meldeauflagen, Weisung, sich von bestimmten Personen fernzuhalten). Der Beschluss über die H. kann widerrufen werden.

Halterhaftung
Wegen der Gefahren, die grundsätzlich von Kraftfahrzeugen (Kfz) ausgehen, besteht die Verpflichtung

des Halters, einen beim Betrieb des Kfz verursachten Schaden zu ersetzen (§ 7 Abs. 1 StVG). Dabei handelt es sich um eine Gefährdungshaftung, d. h., den Halter muss kein Verschulden an dem Unfall treffen, er muss nicht einmal selbst gefahren sein. Halter eines Kfz ist oft aber nicht zwingend derjenige, der das Eigentum daran hat. Entscheidend ist, wer die laufenden Kosten für das Kfz bezahlt, darüber bestimmt und die Vorteile nutzt. Es besteht die Pflicht, eine Haftpflichtversicherung für das Kfz abzuschließen. Sowohl die H. an sich als auch die Versicherungspflicht dienen den Interessen des Geschädigten. Der Betrieb eines Kfz ohne Haftpflichtversicherung ist strafbar (§ 6 PflVG). Siehe auch Tierhalterhaftung

Handelsgeschäft

Rechtsgeschäft eines Kaufmanns. Bei einem Vertrag muss mindestens ein Teil Kaufmann sein. Liegt ein H. vor, findet grundsätzlich das Handelsrecht Anwendung.

Handelsgewerbe

Jeder Gewerbebetrieb (Gewerbe), es sei denn, dass das Unternehmen (Unternehmen, kaufmännisches) ausnahmsweise keinen kaufmännischen Betrieb erfordert (§ 1 Abs. 2 HGB, Kaufmann). Dies ist bei besonders kleinen Unternehmen der Fall.

Handelsrecht

Für Kaufleute geltendes Sonderprivatrecht, das v. a. im Handelsgesetzbuch (HGB) enthalten ist. Das. H. ist ein sog. Nebengebiet des Zivilrechts. Genauer siehe Kaufmann. Teilweise gilt neben dem Gesetzesrecht auch branchenübliches Gewohnheitsrecht.

Handelsregister

Öffentliches Verzeichnis, das beim jeweiligen Amtsgericht (AG) seit 2007 vollständig elektronisch geführt wird. Jeder kann es einsehen. Kapitalgesellschaften (z. B. eine Gesellschaft mit beschränkter Haftung (GmbH)) werden in Teil B eingetragen, alle übrigen Unternehmen (insbesondere Kaufmann und Personengesellschaften) in Teil A. Eintragungspflichtig sind die wichtigsten rechtlichen Verhältnisse und Tatsachen. Dazu gehört u. a. der Name des Unternehmens (Firma) und wer berechtigt ist, das Unternehmen zu vertreten (Stellvertretung, Vertretungsmacht, Prokura). Änderungen sind dem H. mitzuteilen. Das Register begründet einen Rechtsschein zugunsten Dritter, die auf die Richtigkeit der Eintragungen vertrauen dürfen.

Hartz IV

Siehe Grundsicherung für Arbeitsuchende

Hauptverhandlung

Kernstück des Strafverfahrens, beginnt mit dem Aufruf der Sache (Öffentlichkeit). Nach Feststellung der Anwesenheit aller notwendigen Beteiligten (Gerichtsbesetzung, Staatsanwaltschaft, Angeklagter, evtl. Verteidiger), wird der Angeklagte zu seiner Person vernommen, was sich auf die Identifizierung beschränken kann (ein Vorzeigen von Personaldokumenten wird meist nicht verlangt). Es folgt die Verlesung der Anklageschrift und die Feststellung, dass diese durch das Gericht zur H. zugelassen wurde. Der Angeklagte hat sodann die Gelegenheit, sich zum Vorwurf zu äußern (Einlassungen in Form eines Geständnisses oder Bestreiten), was er jedoch nicht muss. Sodann beginnt die eigentliche

Beweisaufnahme durch die Vernehmung von Zeugen, Verlesung von Urkunden (z. B. Strafregisterauszug), Betrachtung von Sachen (Augenscheinsobjekt) und Anhörung von Sachverständigen. Die Reihenfolge bestimmt der Vorsitzende des Gerichts. Nach jedem Teil der Beweisaufnahme können Angeklagter, Verteidiger oder Staatsanwalt Stellung nehmen und weitere Beweisanträge stellen, denen das Gericht bis zur Urteilsverkündung nachgehen oder sie ablehnen muss. Nach der Beweisaufnahme wird diese geschlossen. Sodann plädiert die Staatsanwaltschaft, danach die Verteidigung, selten auch der Angeklagte. Am Ende erhält der Angeklagte die Gelegenheit zum »letzten Wort«. Anschließend zieht sich das Gericht zur Urteilsberatung zurück (es darf keine weitere Person dabei sein, außer Referendare zu Ausbildungszwecken) und legt schriftlich den Urteilstenor nieder. Nach erneutem Aufruf der Sache wird dieser durch das Gericht verkündet. Die Verkündung erfolgt »Im Namen des Volkes«, wobei alle Anwesenden stehen sollten. Es folgt abschließend die mündliche Urteilsbegründung. Für die strafrechtliche H. gelten neben den Prinzipien der Mündlichkeit (Verweisung auf Schriftstücke nur in Ausnahmefällen, Selbstleseverfahren § 249 StPO) und Unmittelbarkeit (§ 226 StPO, kein Austausch der Richter) die Grundsätze der Öffentlichkeit (§ 169 GVG; Ausnahmen: im Jugendstrafrecht oder bei besonders angeordnetem und begründetem Ausschluss der Öffentlichkeit § 171 b GVG) sowie der Kontinuität (§ 229 StPO, Unterbrechung nur für 3 Wochen).

Hausfriedensbruch

Straftatbestand, der neben dem in Art. 13 GG besonders unter Schutz gestellten Bereich der Wohnung auch Geschäftsräume und das befriedete Besitztum schützt. Strafbar ist das widerrechtliche Eindringen in oder das Betreten von Räumlichkeiten oder Grundstücken. Der H. liegt auch vor, wenn für den Fall des berechtigten Betretens das Verlassen der Örtlichkeit auf Aufforderung des Berechtigten (Hausrecht) nicht erfolgt. Die Strafverfolgung ist nur mit Strafantrag möglich. Auch besteht für die Staatsanwaltschaft die Möglichkeit, den Verletzten auf den Weg der Privatklage zu verweisen.

Haushalt

Planung der erwarteten Einnahmen und Ausgaben einer juristischen Person des öffentlichen Rechts (Körperschaft, Anstalt und Stiftung). Wie es einen Bundeshaushalt gibt, so gibt es auf der Ebene der Länder einen Landeshaushalt sowie die H. der Kommunen.

Haushaltsgemeinschaft

Rechtsinstitut, das im Sozialrecht und im Steuerrecht eine Rolle spielt. Im Sozialrecht: Leben Hilfebedürftige in einer H. mit Verwandten oder Verschwägerten, d. h. wohnen sie nicht nur vorübergehend zusammen, wirtschaften sie »aus einem Topf« gemeinsam und bilden sie keine Bedarfsgemeinschaft, so wird bei der Grundsicherung für Arbeitsuchende gleichwohl vermutet, dass die Hilfebedürftigen von ihren Verwandten Leistungen erhalten, soweit dies nach deren Einkommen und Vermögen erwartet werden kann (§ 9 Abs. 5 SGB II). Das Sozialhilferecht (§ 39 Abs. 1 SGB XII) enthält noch weitergehende Vermutungen darüber, ob zusammenlebende Personen eine H. bilden, v. a. bei der Frage des Wirtschaftens »aus einem Topf« und der Erbringung von Unterhaltsleistungen. Im Steuerrecht: Alleinerziehende können nach dem Einkommenssteuerrecht unter bestimmten Voraussetzungen einen Entlastungsbetrag von der Summe ihrer Einkünfte abziehen, wenn sie keine H. mit einer weiteren volljährigen Person bilden (§ 24b Abs. 1, 3 EStG). Die finanzgerichtliche Rechtsprechung stellt an das gemeinsame Wirtschaften, und damit an das Bestehen einer H., weniger strenge Anforderungen als die der Sozialgerichte.

Hausrecht

Inhaber des H. ist der Nutzungsberechtigte eines Hauses oder Grundstücks oder die von ihm beauftragte Person (z. B. bei öffentlichen Gebäuden die Behördenleitung, in Schulen die Schulleitung, Wachpersonal). Er kann darüber bestimmen, wer sich dort aufhalten darf, ggf. mit bestimmten Verhaltensanforderungen. Der Inhaber des H. kann auch ein Hausverbot aussprechen. Die Verletzung des H. ist strafbar (Hausfriedensbruch).

Haustürgeschäft

Wenn ein Verbraucher überraschend in seinem privaten Bereich von einem Unternehmer aufgesucht wird, dann entsteht ein sog. Überrumpelungseffekt. Wird dann ein Vertrag geschlossen, so steht dem Verbraucher innerhalb von 14 Tagen das Recht zum Widerruf zu, damit er noch einmal in Ruhe überdenken kann, ob er den Vertrag wirklich möchte. Dieser Verbraucherschutz ist eine Vorgabe des Europarechts und gilt inzwischen für alle außerhalb von Geschäftsräumen (des Unternehmers) geschlossenen Verträge.

Hehlerei

Wenn ein rechtmäßiger Eigentümer seine Sache durch einen Diebstahl oder durch eine andere Straftat verloren hat, so soll durch die Strafandrohung für H. in § 259 StGB verhindert werden, dass die Sache noch weiter vom Berechtigten entfernt wird. Sowohl das Ankaufen oder sonstiges Sichverschaffen als auch das Absetzen sind unter Strafe gestellt. Der Täter muss die Kenntnis haben, dass es sich um »illegale« Ware handelt und auch selbst mit Bereicherungsabsicht handeln. Daher liegt keine H. vor beim Ankauf zum Marktpreis. Hier kommt aber Begünstigung (§ 257 StGB) als besondere Form der Beihilfe in Betracht. Für gewerbsmäßiges oder bandenmäßiges Handeln gilt ein deutlich erhöhter Strafrahmen (§ 260a StGB: 1-10 Jahre). Die H. dient auch als Auffangtatbestand, wenn der Diebstahl selbst dem Täter nicht nachgewiesen werden kann, er aber zumindest die Sache nachweisbar erlangt hat in der Kenntnis, dass sie aus einem Diebstahl stammt (z. B. bei Ankauf deutlich unter dem Marktpreis). Ergänzt wird die H. durch den Tatbestand der Geldwäsche (§ 261 StGB), der sich nicht nur auf Sachen bezieht, sondern auch auf sonstige Vermögenswerte (z. B. Kontoguthaben oder ersparte Steuern).

Heilmittel

Werden insbesondere von der gesetzlichen Krankenversicherung und Unfallversicherung (Unfallversicherung, gesetzliche) erbracht. Sie sind ärztlich verordnete Dienstleistungen, die einem Heilzweck dienen oder einen Heilerfolg sichern sollen und nur von entsprechend ausgebildeten Personen erbracht werden dürfen (§ 30 Abs. 1 Satz 1 SGB VII). Nach § 2 der Heilmittelrichtlinie des Gemeinsamen Bundesausschusses fallen hierunter Maßnahmen der physikalischen Therapie, also z. B. Massagen, Maßnahmen der podologischen Therapie, Maßnahmen der Stimm-, Sprech- und Sprachtherapie, Maßnahmen der Ergotherapie sowie der Ernährungstherapie.

Heilung

Verfahrensfehler und Formfehler behördlicher Entscheidungen wie etwa die fehlende Anhörung Betroffener können nachträglich geheilt werden: Die Anhörung wird nachgeholt. Die Heilungsvorschriften finden sich in unterschiedlichen Gesetzen. Grundsätzlich gilt ebenso wie bei den Verfahrensfehlern, dass die Verwaltungsgerichte eine H. großzügig annehmen. Die H. kann bis zum Abschluss der letzten Tatsacheninstanz vorgenommen werden, d. h. sowohl im behördlichen Widerspruchsverfahren und im erstinstanzlichen Verfahren vor den Verwaltungsgerichten als auch (in manchen Bundesländern) im Berufungsverfahren vor dem Oberverwaltungsgericht, da dies nach § 128 VwGO grundsätzlich eine Tatsacheninstanz ist. Einige Landes-Verwaltungsverfahrensgesetze (VwVfG) weichen jedoch an dieser Stelle vom Bundes-VwVfG ab (z. B. § 45 Abs. 2 LVwVfG NRW: »bis zum Abschluss der ersten Instanz«).

Heimtücke

Siehe Mord

Heranwachsender

Person, die im Strafrecht wie ein Jugendlicher behandelt wird, wenn Reifeverzögerungen vorliegen und Nachreife zu erwarten ist. Die Tat muss im Alter von 18 bis 20 Jahren begangen worden sein. Das Jugendgericht ist für den H. das zuständige (Zuständigkeit) Gericht, unabhängig davon, wie lange die Tat zurückliegt.

Hermeneutik

Nicht nur in der Rechtswissenschaft geltende Lehre von der Interpretation von Texten (Auslegung). Die H. geht davon aus, dass Texte keinen objektiven, ein für alle Mal feststehenden Inhalt haben, sondern vom Leser vor dem Hintergrund seiner Zeit, seiner Erfahrung und Einstellung gelesen und interpretiert werden. Dabei kann es zu einem Zirkelschluss kommen: Der Leser versteht den Text so, dass er in sein übriges Verständnis der Welt passt. Juristen arbeiten aber nicht nur mit Texten, sondern auch mit Lebenssachverhalten, die zum Text in Beziehung gesetzt werden müssen (Subsumtion). Die Lebenssachverhalte werden ähnlich rezipiert wie Texte, also vor dem Hintergrund des eigenen Weltbildes. Juristen interpretieren die Lebenssachverhalte darüber hinaus auch noch mit Blick auf die Rechtsnorm, also unter Frage: »Passt der Sachverhalt zur Norm oder nicht?« Und umgekehrt: »Passt die Norm zum Sachverhalt?« Der Tübinger Rechtswissenschaftler Josef Esser hat in diesem Zusammenhang vom Vorverständnis des Juristen gesprochen.

Herrenlos

Sache, über die niemand Eigentum hat. Wie eine Sache h. wird, ist im Sachenrecht geregelt (§ 959 BGB). Dafür ist erforderlich, dass der bisherige Eigentümer in der Absicht, nicht mehr das Eigentum innehaben zu wollen, den Besitz an der Sache aufgibt. H. sind auch wild lebende Tiere.

Herrschende Meinung

Siehe Meinung, herrschende

Hilfsmittel

Leistungen v. a. der gesetzlichen Krankenversicherung. Sie sollen den Erfolg von Krankenbehandlung sichern, einer drohenden Behinderung vorbeugen oder eine Behinderung ausgleichen (§ 33 Abs. 1 Satz 1 SGB V). Es handelt sich im Unterschied zu medizinischen Dienstleistungen oder dem behindertengerechten Umbau von Räumen nur um bewegliche Gegenstände. Der Spitzenverband der gesetzlichen Krankenversicherung erstellt ein systematisch strukturiertes Hilfsmittelverzeichnis, in dem die von der Leistungspflicht der gesetzlichen Krankenversicherung umfassten H. aufzuführen sind (§ 139 Abs. 1 SGB V). Exemplarisch zu nennen sind etwa Hör- und Seh- oder Sprechhilfen, Prothesen, Inhalations- und Atemtherapiegeräte oder Rollstühle.

Hinreichender Tatverdacht

Siehe Tatverdacht, hinreichender

Hinterbliebenengeld

Schmerzensgeld, welches bei Tötung an die nächsten Angehörigen gezahlt werden muss. In Betracht kommt es v. a. bei einem Unfall oder ärztlichen Behandlungsfehler mit Todesfolge. Das H. wurde in Deutschland erst 2017 eingeführt. Vorher konnte man Schadensersatz nur für einen eigenen, unmittelbaren Schaden verlangen. Die Hinterbliebenen sind jedoch – außer bei einem sog. Schockschaden, der nur unter strengen Voraussetzungen von der Rechtsprechung bejaht wird – nicht an ihren eigenen Rechtsgütern (Leben, Körper, Gesundheit) betroffen. Durch das H. haben sie jetzt einen eigenen Anspruch gegen den Schädiger. Probleme bereitet das H. in der Praxis zum einen dadurch, dass seine Höhe nicht gesetzlich geregelt ist. Zum anderen ist nicht eindeutig, wer in den Kreis der »nahen Angehörigen« im Sinne des § 844 Abs. 3 BGB gehört. Maßgeblich soll das Näheverhältnis sein. Vermutet wird ein solches z. B. für Ehegatten und Elternteile. Diese Vermutung kann aber vom Schädiger widerlegt werden. Umgekehrt können z. B. auch Großeltern ein besonders nahes Verhältnis zu einem getöteten Enkelkind gehabt haben und dadurch unter dem Tod besonders leiden, müssen dies aber nachweisen.

Hinterbliebenenrenten

Renten an die Hinterbliebenen eines Versicherten bzw. – im Bereich des sozialen Entschädigungsrechts – des Geschädigten. Hinterbliebene in diesem Sinne sind der Ehegatte bzw. Lebenspartner (Lebenspartnerschaft) und die Kinder des Verstorbenen. Die gesetzliche Rentenversicherung sieht für Ehegatten und Lebenspartner des Verstorbenen große und kleine Witwen- bzw. Witwerrenten (Renten wegen Todes) vor. Frühere Ehegatten oder Lebenspartner des Verstorbenen können zudem ggf. Erziehungsrente (§ 47 SGB VI) beanspruchen, wenn sie neben weiteren Voraussetzungen ein eigenes Kind oder ein Kind des geschiedenen Ehegatten bzw. Lebenspartners erziehen. Kinder des Versicherten können Waisenrente in Anspruch nehmen. H. für Witwen bzw. Witwer, Lebenspartner und Waisen sieht auch das Sozialgesetzbuch (SGB) VII im Bereich der gesetzlichen Unfallversicherung (Unfallversicherung, gesetzliche) vor, wenn der Tod des Versicherten durch einen Versicherungsfall, also einen Arbeitsunfall oder eine Berufskrankheit, eingetreten ist (§ 63 Abs. 1 Satz 2 SGB VII). Besteht ein solcher Kausalzusammenhang zwischen dem Tod des Versicherten und dem Versicherungsfall nicht, können die Hinterbliebenen ggf. eine einmalige Hinterbliebenenbeihilfe (§ 71 SGB VII) beanspruchen. H. für die Hinterbliebenenen eines Geschädigten, der an den Folgen eines gesetzlich normierten Schädigungstatbestands verstorben ist, sieht auch das soziale Entschädigungsrecht vor (vgl. §§ 38 ff. BVG). Ist der Geschädigte nicht an den anerkannten Schädigungsfolgen verstorben, so kommt die Bewilligung von Hinterbliebenenbeihilfe in Betracht (§ 48 BVG).

Hoheitsrechte

Stehen für die territoriale Souveränität eines Staates, der dort die Staatsgewalt in ihren verschiedenen Formen ausübt und das Gewaltmonopol beansprucht.

Homosexualität

Während gleichgeschlechtliche Liebe zwischen Frauen historisch betrachtet meist nicht rechtlich sanktioniert war, war der Geschlechtsverkehr zwischen Männern auch in Deutschland lange unter Strafe gestellt. § 175 StGB (alte Fassung) nannte ihn in einem Zuge mit der Ausübung eines Geschlechtsakts mit Tieren (Sodomie). In der Zeit des Nationalsozialismus wurde die Strafbarkeit verschärft und auf alle sexuellen Handlungen zwischen Männern ausgedehnt. Schätzungen gehen davon aus, dass zwischen 1933 und 1945 rund 50.000 Menschen deshalb verhaftet wurden. Mindestens 5.000 davon kamen in Konzentrationslagern um. Die Strafbarkeit wurde in der Bundesrepublik erst 1969 auf den Jugendschutz reduziert. § 175 StGB wurde 1994 endgültig gestrichen. Heute können Homosexuelle heiraten (Ehe für alle).

Hypothek

Pfandrecht an einem Grundstück, das in das Grundbuch eingetragen werden muss. Typischerweise Sicherheit für ein Darlehen. Heutzutage verbreiteter ist die Grundschuld, weil diese – im Gegensatz zur »akzessorischen« H. – auch ohne die gesicherte Forderung übertragen werden kann.

Immission

Bezeichnet zunächst neutral das Einwirken von etwas Ausgestoßenem. Im Immissionsschutzrecht sind mit I. besonders Luftverunreinigungen gemeint, die von technischen Anlagen verursacht werden. Dabei ist die Art zunächst gleichgültig, es kann sich ebenso um Schwefeldioxid wie um Methan handeln. Für die unterschiedlichen Stoffe setzen die Rechtsverordnungen (RVO) zum Bundesimmissionsschutzgesetz (BImSchG) jeweils Grenzwerte fest, die nicht überschritten werden dürfen. Die I. bezeichnet dabei das, was an schädlichen Substanzen bei einem Rezipienten, v. a. beim Menschen, konkreter beim Nachbarn, ankommt. Die Emission bezeichnet die schädlichen Substanzen, die von der Quelle freigesetzt werden, also das, was aus dem Schornstein herauskommt. I. eröffnen den Bereich der Gefahrenabwehr, und die Schutzvorschriften begründen – anders als bei Emissionen – ein subjektiv Öffentliches Recht, also die Befugnis des jeweiligen Bürgers, vom Staat ein Eingreifen zu fordern und einzuklagen.

Immissionsschutz

Ziel des Bundesimmissionsschutzgesetzes (BImSchG) ist die Reinhaltung der Luft, die um weitere schädliche Umwelteinwirkungen ergänzt wurde. Die Schutzgüter und Quellen werden in § 3 beschrieben als »auf Menschen, Tiere und Pflanzen, den Boden, das Wasser, die Atmosphäre sowie Kultur- und sonstige Sachgüter einwirkende Luftverunreinigungen, Geräusche, Erschütterungen, Licht, Wärme, Strahlen und ähnliche Umwelteinwirkungen«. Im Vordergrund stehen Stoffe, die in die Luft freigesetzt werden und bei einem Akzeptor zu schädlichen Einwirkungen führen. Die Emission dieser Stoffe wird ebenso wie deren Immission durch Grenzwerte eingeschränkt. Daneben ist v. a. die Reduktion von Lärm relevant, der nicht nur von Industrieanlagen, sondern auch z. B. von Gaststätten oder Kirchenglocken, Verkehrswegen oder Maschinen wie Laubbläsern verursacht werden kann. Für Letztere gibt es, ähnlich wie für Autos, die einem Abgastest unterzogen werden, Regelungen über deren Beschaffenheit. Die einzelnen Grenzwerte finden sich in der Technischen Anleitung Luft (TA-Luft) und der Technischen Anleitung Lärm (TA-Lärm) sowie in einer Reihe von Rechtsverordnungen (RVO).

Immissionsschutzgesetz

Siehe Bundesimmissionsschutzgesetz (BImSchG)

Immunität

Unberührbarkeit von lat. immunis (frei, unberührt). Schutz von Parlamentariern (Art. 46 Abs. 2 GG) und Diplomaten vor Strafverfolgung. Zweck ist die Sicherung der Gewaltenteilung bzw. der Interessen fremder Staaten. Die I. kann bei Parlamentariern durch das Parlament aufgehoben werden.

Impfschadensrecht

Wer durch eine vorgeschriebene oder öffentlich empfohlene Impfung einen Impfschaden erleidet, kann Sozialleistungen nach dem sozialen Entschädigungsrecht in Anspruch nehmen (§ 60 IfSG). Ein Impfschaden ist eine über das übliche Ausmaß einer Impfreaktion hinausgehende gesundheitliche Schädigung durch eine Schutzimpfung (§ 2 Nr. 11 IfSG).

In dubio pro reo

Beweislastregel (lat.) im Strafrecht, die bedeutet: »Im Zweifel für den Angeklagten.« Aufgrund des Amtsermittlungsgrundsatzes im Strafrecht ist das Gericht zunächst verpflichtet, den Sachverhalt mit den strafprozessual zulässigen Mitteln aufzuklären, soweit dies möglich ist.
Der Grundsatz I. ist erst anzuwenden, wenn danach tatsächlich (begründete) Zweifel an der Begehung der Tat oder am Vorliegen einzelner Tatbestandsmerkmale vorliegen. Es ist dann nach dem milderen Gesetz (z. B. Totschlag statt Mord) zu verurteilen oder ganz freizusprechen.

Indemnität

Von lat. indemnitas = Schadlosigkeit. Schutz von Parlamentariern vor gerichtlicher oder dienstlicher Verfolgung wegen Äußerungen und Abstimmungsverhalten im Parlament (Art. 46 Abs. 1 GG). Gilt nicht für verleumderische Beleidigung (§ 36 S. 2 StGB).

Individualversicherung

Siehe Versicherungsvertrag

Informationelle Selbstbestimmung

Kurz gesagt: das Recht an den eigenen Daten. Es ist insofern ein Unterfall des allgemeinen Persönlichkeitsrechts (Persönlichkeitsrecht, allgemeines). Die Bürger sollen prinzipiell wissen, wer welche Daten über sie sammelt. Die Erhebung von Daten ist nur zulässig, wenn das ausdrücklich durch ein Gesetz erlaubt ist, was etwa für Polizeibehörden gilt oder wenn der Bürger zugestimmt hat. Das Recht wurde 1983 im Zuge der Auseinandersetzung um die Volkszählung vom Bundesverfassungsgericht (BVerfG) entwickelt und basiert auf der Menschenwürde und der Handlungsfreiheit (Allgemeine Handlungsfreiheit). Die I. stammt also aus dem Beginn der allgemeinen Digitalisierung. Durch das Internet und die Beschleunigung der Möglichkeit, Daten zu verarbeiten, hat sich die Problemlage verschoben. Es ist v. a. die private Wirtschaft, die große Datenmengen über ihre Kunden erhebt und dies immer zur Voraussetzung der Geschäftsbeziehung macht, also die Möglichkeit ausschließt, dass der Kunde die Einwilligung in die Verarbeitung verweigert. Das Recht müsste dem Stand der Technik angepasst und erheblich schärfer formuliert werden.

Inkompatibilität

Unvereinbarkeit von bestimmten Ämtern. Beamte und Richter dürfen nicht gleichzeitig Mitglied der Legislative sein (Art. 137 GG), der Bundespräsident darf weder der Regierung noch einem Parlament angehören (Art. 55 GG), die Mitglieder der Bundesregierung dürfen keiner anderen beruflichen Tätigkeit nachgehen (Art. 66 GG).
Siehe auch Gewaltenteilung

Innenbereich

Im Baurecht der Bereich innerhalb von Städten und Gemeinden, also der bebaute Bereich. Oft wird die Bebauung des I. durch Bebauungspläne geregelt. Wo diese fehlen – etwa weil die Bebauung viel älter ist als das Recht –, müssen sich neue Vorhaben in die vorhandene Bebauung eingliedern, was vorrangig nach den Gebietstypen der Baunutzungsverordnung (BauNVO) bestimmt wird. Ziel ist die einheitliche Bebauung eines entsprechenden Gebietes im I.

Inobhutnahme von Kindern und Jugendlichen

Siehe Kinder- und Jugendhilferecht

Insolvenz

Zahlungsunfähigkeit einer natürlichen oder juristischen Person. Das bedeutet, dass das Vermögen eines Schuldners nicht ausreicht, um alle Forderungen seiner Gläubiger zu erfüllen. Man spricht auch von Überschuldung. Rechtlich muss versucht werden, einen fairen Ausgleich zwischen den Interessen der Gläubiger und denen des zahlungsunfähigen Schuldners zu finden. Regelungen zum Verfahren enthält die Insolvenzordnung (InsO).
Für Privatpersonen siehe auch Verbraucherinsolvenz.

Insolvenzgeld

Leistung der Bundesagentur für Arbeit, die Arbeitnehmern im Falle der Insolvenz ihres Arbeitgebers gewährt wird, wenn sie im Inland beschäftigt waren und bei dem Insolvenzereignis für die vorausgegangenen 3 Monate des Arbeitsverhältnisses noch Ansprüche auf Arbeitsentgelt haben (§ 165 SGB III). Die Mittel für die Zahlung des I. werden durch eine monatliche Umlage von den Arbeitgebern aufgebracht (§ 358 Abs. 1 SGB III). Das I. ist innerhalb einer Ausschlussfrist von 2 Monaten nach dem Insolvenzereignis zu beantragen (§ 324 Abs. 3 SGB III).

Instanzenzug

In einem gerichtlichen Verfahren der jeweilige Verfahrensabschnitt bis zu seinem Abschluss. Soweit gegen die erstinstanzliche Entscheidung ein Rechtsmittel eingelegt wird, kommt der Rechtsstreit in die nächsthöhere Instanz. Ob und welche Rechtsmittel möglich sind, richtet sich nach der jeweiligen Prozessordnung.

Integrationsamt

Behörde, die Aufgaben nach dem Schwerbehindertenrecht, also dem dritten Teil des Sozialgesetzbuch (SGB) IX, erfüllt. Zu seinen Aufgaben gehört zunächst die Erhebung und Verwendung der Ausgleichsabgabe. Die Kündigung des Arbeitsverhältnisses eines schwerbehinderten Arbeitnehmers durch den Arbeitgeber bedarf der vorherigen Zustimmung des I. (§ 168 SGB IX). Das I. kann zusammen mit der Bundesagentur für Arbeit und den übrigen Rehabilitationsträgern begleitende Hilfe im Arbeitsleben leisten, damit schwerbehinderte Menschen (Schwerbehinderung) nicht sozial absinken. Weitere Ziele sind auch, dass diese Menschen Arbeitsplätze haben, wo sie ihre Fähigkeiten und Kenntnisse voll verwerten und weiterentwickeln können und dass sie durch Leistungen der Rehabilitationsträger sowie Maßnahmen der Arbeitgeber in die Lage versetzt werden, sich im Wettbewerb mit nicht behinderten Menschen zu behaupten (§ 185 Abs. 2 SGB IX).

Integrationsfachdienst

Dienste freier Träger, die in besonderen Fällen bei Maßnahmen helfen sollen, die der Teilhabe schwerbehinderter Menschen mit einem besonderen Betreuungsbedarf am Arbeitsleben dienen. Auf diese Weise sollen dauerhafte Beschäftigungsverhältnisse gefunden und bestehende Beschäftigungsverhältnisse erhalten werden. I. werden im Auftrag des Integrationsamtes und von Rehabilitationsträgern tätig (§ 194 Abs. 1 SGB IX). Sie beraten schwerbehinderte Menschen mit einem besonderen Betreuungsbedarf, unterstützen und vermitteln diese auf geeignete Arbeitsplätze. Auch stehen sie Arbeitgebern als Ansprechpartner zur Verfügung (vgl. §§ 192, 193 SGB IX).

Interesse, öffentliches

In Gesetzen verwendeter Begriff (Rechtsbegriff, unbestimmter) für Individualinteressen überwiegende Gemeinwohlaspekte. Z. B. im Strafrecht hat die Staatsanwaltschaft, bei Vorliegen des *besonderen* I. die Möglichkeit, einige Straftatbestände zu verfolgen, deren Verfolgung grundsätzlich einen Strafantrag erfordert. Dies ist i. d. R. der Fall, wenn das Vorleben des Täters die Strafverfolgung gebietet (er bereits mehrfach mit ähnlichen Taten aufgefallen ist), die Tat über das Verhältnis von Täter und Geschädigten hinaus Auswirkungen hat oder z. B. anzunehmen ist, dass der Geschädigte aus Angst oder Scheu keinen Strafantrag stellt.

Interessensausgleich

Plant der Arbeitgeber eine Betriebsänderung (Einschränkung, Stilllegung, Verlegung oder Spaltung des Betriebs oder eines Betriebsteils, Zusammenschluss von Betrieben, grundlegende Änderungen der Betriebsorganisation, -anlagen oder des Betriebszwecks, Einführung neuer Arbeitsmethoden), ist der Betriebsrat darüber und über mögliche Nachteile für die Beschäftigten rechtzeitig und umfassend zu informieren. Er hat daraufhin die geplanten Maßnahmen mit dem Betriebsrat zu beraten und so den Interessen der Unternehmerseite und der Arbeitnehmerseite Rechnung zu tragen. Wird dabei eine Einigung erzielt, ist dieser I. schriftlich festzuhalten. Kommt es nicht zu einer Einigung, sind beide Seiten berechtigt, die Einigungsstelle anzurufen. Im Gegensatz zum Sozialplan, der dem Ausgleich von erlittenen Nachteilen durch betriebliche Änderungen dient und von der Einigungsstelle verbindlich aufgestellt werden kann, wirkt die Einigungsstelle in diesem Fall nur vermittelnd. Unterlässt der Arbeitgeber ernsthafte Bemühungen, mit dem Betriebsrat einen I. zu erzielen, oder verstößt er gegen einen vereinbarten I., ist er den betroffenen Arbeitnehmern zum Ausgleich der dadurch entstandenen Nachteile verpflichtet.

Internationaler Gerichtshof (IGH)

Hauptrechtsprechungsorgan der Vereinten Nationen und in Den Haag ansässig. Strafrechtlich wird er tätig, wenn nationale Strafverfolgungsbehörden nicht Willens oder in der Lage sind, diese Strafverfolgung zu leisten. Er verfolgt Völkermord, Verbrechen gegen die Menschlichkeit, Kriegsverbrechen und Angriffskriege. Seine Entscheidungen (Urteil) sind jedoch nur in den Staaten durchsetzbar, die das Abkommen über den I. ratifiziert (Ratifikation) haben.

Irrtum

Fehlvorstellungen können sowohl im Zivilrecht als auch im Strafrecht von Bedeutung sein (zum Strafrecht siehe Betrug, Verbotsirrtum und Tatbestandsirrtum). Im Zivilrecht ist zum Schutz des Rechtsverkehrs nicht jeder I. relevant. Trotz Fehlvorstellung kann also eine wirksame Willenserklärung vorliegen. Ausnahmen gelten aber v. a. dann, wenn dem Erklärenden widerrechtlich gedroht wurde oder eine arglistige Täuschung zu der Willenserklärung geführt hat (§ 123 BGB). Wenn z. B. ein Gebrauchtwagenhändler wider besseres Wissen behauptet, der Pkw sei unfallfrei und der Käufer deshalb einen Vertrag abschließt, dann sind sowohl die einzelnen Willenserklärungen als auch der Vertrag insgesamt zunächst wirksam. Der Erklärende (hier der Käufer) hat jedoch die Möglichkeit, die Erklärung und damit den Vertrag durch Anfechtung zu beseitigen. Ähnliches gilt, wenn es eine (nachweisbare) Diskrepanz zwischen Gewolltem und Erklärtem gibt oder ein sog. Eigenschaftsirrtum vorliegt, d. h. eine Fehlvorstellung über eine im Rechtsverkehr wesentliche Eigenschaft (beides vgl. § 119 BGB). Andere Motivirrtümer (z. B. persönliche Beweggründe, einen Vertrag abzuschließen) sind grundsätzlich unerheblich.

Jagdwilderei

Straftatbestand (§ 292 StGB) und notwendige Ergänzung des Diebstahls, da Jagdtiere nicht in fremdem Eigentum stehen, d. h. keine fremden Sachen (Sache, fremde) sind.

Jahresarbeitsentgeltgrenze

Grundsätzlich besteht in der gesetzlichen Krankenversicherung Versicherungspflicht. Überschreitet das beitragspflichtige Bruttoarbeitsentgelt eines Versicherten jedoch die J., endet die Versicherungspflicht (vgl. § 6 Abs. 1 Nr. 1, Abs. 4 SGB V). Die J. wird daher auch als Pflichtversicherungsgrenze in der gesetzlichen Krankenversicherung bezeichnet. Die Versicherten haben im Falle des regelmäßigen Überschreitens der J. die Möglichkeit, sich freiwillig in der gesetzlichen Krankenversicherung oder bei einem privaten Krankenversicherungsunternehmen zu versichern.

Jobcenter

Zuständig für die Bewilligung von Sozialleistungen der Grundsicherung für Arbeitsuchende. Sie werden entweder als eine Gemeinsame Einrichtung geführt oder haben eine Zulassung als kommunales J. (§ 6d SGB II).

Judikative

Siehe Rechtsprechung und Gewaltenteilung

Jugendamt

Aus der früher sog. Jugendwohlfahrt entstandene Behörde für das Kinder- und Jugendhilferecht, die regelmäßig eng mit dem Familiengericht zusammenarbeitet. Wird auch als Amtsvormund, u. a. für minderjährige, unbegleitete Flüchtlinge bestellt (Vormundschaft). Siehe auch Jugendgerichtshilfe (JGH).

Jugendarrest

Zuchtmittel des Jugendgerichts, das als Freizeitarrest, Kurzarrest (am Wochenende, um den Schulbesuch zu gewährleisten) oder als Dauerarrest (bis 4 Wochen) ausgesprochen werden kann. Die Verhängung neben einer Jugendstrafe, die zur Bewährung (Strafaussetzung zur Bewährung) ausgesetzt wurde, ist möglich. Der J. kann auch als Ungehorsamsarrest angeordnet werden, wenn der Verurteilte Weisungen nicht nachkommt oder Auflagen nicht erfüllt.

Jugend-/Auszubildendenvertretung (JAV)

Interessenvertretung jüngerer Arbeitnehmer und Auszubildenden im Betrieb oder der Dienststelle. Sie ist kein neben dem Betriebsrat oder Personalrat bestehendes unabhängiges Organ mit eigenen Mitbestimmungsrechten, sondern hat überwachende und beratende Aufgaben, die sie in Zusammenarbeit mit dem Betriebs- oder Personalrat wahrnimmt. Eine J. ist in allen Betrieben und Dienststellen einzurichten, in denen ein Betriebs- bzw. Personalrat besteht und in denen i. d. R. mindestens 5 nicht volljährige Arbeitnehmer oder Auszubildende, die das 25. Lebensjahr noch nicht vollendet haben, beschäftigt sind. Die Wahl der J. erfolgt im Wesentlichen nach den Vorschriften zur Betriebsratswahl, jedoch ist das aktive Wahlrecht auf den genannten Personenkreis jüngerer Beschäftigter beschränkt. Wählbar (passives Wahlrecht) sind auch Arbeitnehmer bis zum vollendeten 25. Lebensjahr, die nicht Auszubildende. Nicht wählbar sind Beschäftigte, die bereits Mitglied des Betriebsrats sind. Die Amtszeit der J. beträgt 2 Jahre. Vergleichbare Vorschriften zur Wahl, Zusammensetzung und den Aufgaben der J. sowie zum Schutz ihrer Mitglieder finden sich in den Personalvertretungsgesetzen des Bundes und der Länder.

Jugendgericht

Zuständig für Straftaten von Jugendlichen und Heranwachsenden. Vor dem J. können auch Erwachsene mit dem Jugendlichen gemeinsam angeklagt werden, bei gemeinschaftlich begangener Tat. Das J. ist auch zuständig für Jugendschutzsachen. Es ist sowohl beim Amtsgericht (AG) als Jugendrichter oder Jugendschöffengericht eingerichtet als auch beim Landgericht (LG) als Jugendkammer. Zuständig ist grundsätzlich das J. am Wohnort des Beschuldigten.

Jugendgerichtsgesetz (JGG)

Ergänzt sowohl das Strafgesetzbuch (StGB) hinsichtlich der möglichen erzieherischen Sanktionen als auch die Strafprozessordnung (StPO) bezüglich des Weges der Urteilsfindung in Strafverfahren gegen Jugendliche und Heranwachsende. Siehe auch Jugendstrafrecht

Jugendgerichtshilfe (JGH)

Dient sowohl dazu, dem jugendlichen Straftäter im Verfahren beizustehen, als auch dem Gericht soziale und entwicklungsbedingte Faktoren aufzuzeigen und geeignete pädagogische Maßnahmen vorzuschlagen. Mitarbeiter der Jugendämter betreuen deshalb als J. jugendliche, teilweise auch heranwachsende Täter während des gesamten Strafverfahrens fürsorgerisch. Die Zusammenarbeit mit der J. ist freiwillig. Die J. soll die Persönlichkeit und den Reifegrad des Täters ermitteln und dem Gericht vortragen. Vertreter der J. nehmen an der Hauptverhandlung teil und machen einen Sanktionsvorschlag, der jedoch für das Gericht nicht bindend ist.

Jugendkriminalität

Siehe Jugendstrafrecht

Jugendliche

Im Strafrecht: Personen, die das 14. (Strafmündigkeit), aber nicht das 18. Lebensjahr vollendet haben.

Jugendrecht

Siehe Jugendschutz und Jugendstrafrecht

Jugendrichter

Zuständigkeit insbesondere im Strafrecht für Jugendliche und Heranwachsende. Er sollte eine besondere pädagogische Befähigung haben, um den Erziehungszweck des Jugendstrafrechts gerecht zu werden.

Jugendschutz

Kinder und Jugendliche stehen unter besonderen staatlichen Schutz. Hintergrund des J. sind ähnliche Überlegungen wie beim Minderjährigenschutz (Minderjährigkeit) im Zivilrecht. Regelungen für verschiedene Zusammenhänge finden sich im allgemeinen Strafrecht (z. B. sexueller Missbrauch von Jugendlichen, § 182 StGB) und speziell im Jugendschutzgesetz (JuSchG), das aber nur in der Öffentlichkeit gilt (➠ Abb. »Jugendschutz«). Verstöße gegen den J. werden in §§ 27, 28 JuSchG sanktioniert, mit Freiheitsstrafe bis zu 1 Jahr, Geldstrafe oder als Ordnungswidrigkeit. Im privaten Bereich entscheiden die Eltern (bzw. Vertreter, gesetzlicher), die aber eine Aufsichtspflicht und eine Erziehungspflicht (Art. 6 Abs. 2 GG) haben.

Jugendschutzsachen

Strafverfahren, in denen Kinder oder Jugendliche als Verletzte in Betracht kommen, wenn diese durch die Tat in ihrer Entwicklung gefährdet wurden. Der Jugendrichter sollte besonders befähigt sein, darauf hinzuwirken, dass der Verletzte oder der Zeuge durch die gerichtliche Vernehmung keinen zusätzlichen Belastungen ausgesetzt wird. Die Vernehmung von Zeugen unter 18 Jahren soll allein durch den Gerichtsvorsitzenden erfolgen. Weitere Fragen können die anderen Prozessbeteiligten (Angeklagter, Verteidiger, Staatsanwalt) über diesen stellen lassen. Von dieser Regel kann jedoch abgewichen werden, wenn ein Nachteil für das Wohl des Zeugen nicht zu erwarten ist.

Jugendstaatsanwalt

Staatsanwalt, der eine besondere pädagogische Befähigung haben sollte, um neben dem Jugendgericht entsprechend erzieherisch einwirken zu können.

Jugendstrafe

Härtestes Mittel zu Einwirkung auf einen Täter bei Anwendung des Ju-

Jugendschutz	
Aufenthalt	**In der Öffentlichkeit erlaubt**
In Gaststätten zum Essen und Trinken:	• Zwischen 5 und 23 Uhr ohne Begleitung und ohne Altersbeschränkung,
In Gaststätten und Bars:	• In Begleitung eines Erziehungsberechtigten oder -beauftragten zeitlich unbefristet für alle. • Unbegleitet: – ab 16 Jahren bis 24 Uhr
In Nachtbars, Nachtklubs, in öffentlichen Spielhallen:	• Ab 18 Jahren
Bei öffentlichen Tanzveranstaltungen (z. B. Disco):	• In Begleitung eines Erziehungsberechtigten oder -beauftragten zeitlich unbefristet für alle. • Unbegleitet: – ab 16 Jahren bis 24 Uhr
Bei Tanzveranstaltungen z. B. von Kinder- und Jugendhilfen:	• In Begleitung eines Erziehungsberechtigten oder -beauftragten zeitlich unbefristet für alle. • Unbegleitet: – unter 14 Jahren bis 22 Uhr – ab 14 Jahren bis 24 Uhr
Im Kino (Altersfreigabe beachten!):	• In Begleitung eines Erziehungsberechtigten oder -beauftragten zeitlich unbefristet für alle. • Unbegleitet: – ab 6 Jahren bis 20 Uhr – ab 14 Jahren bis 22 Uhr – ab 16 Jahren bis 24 Uhr
Abgabe an (Verkauf, Verschenken etc.) und **Verzehr durch** Kinder und Jugendliche	**In der Öffentlichkeit erlaubt**
Von hochprozentigem Alkohol, Alcopops und alkoholhaltigen Lebensmitteln:	• Ab 18 Jahren
Von anderen alkoholischen Getränken (z. B. Wein, Bier, Sekt):	• In Begleitung der Eltern: – ab 14 Jahren • Unbegleitet: – ab 16 Jahren
Von Energydrinks:	• Keine Begrenzung
Von Tabakwaren:	• Ab 18 Jahren
Teilnahme an Spielen mit Gewinnmöglichkeit (Ausnahmen: Volksfest, Weihnachtsmarkt u. ä.):	• Ab 18 Jahren

gendstrafrechts. Sie ist auszusprechen bei Schwere der Schuld oder schädlichen Neigungen des Täters. Schwere der Schuld kommt z. B. in Betracht, wenn die Tat für das Opfer sehr starke Einwirkungen auf dessen Lebensführung hat (z. B. permanente Angst, Unfähigkeit den Beruf weiter auszuüben) oder bei fahrlässiger Tötung. Schädliche Neigungen liegen vor, wenn frühere andere Erziehungsmaßregeln oder Zuchtmittel keinen Eindruck auf den Täter gemacht haben. Kann das Gericht nicht sicher feststellen, ob die schädlichen Neigungen bereits in einem Maße vorliegen, die eine J. erfordern, kann es neben der Schuldfeststellung die Entscheidung über die Strafe verschieben. Eine J. bis zu 2 Jahren kann zur Bewährung (Strafaussetzung zur Bewährung) ausgesetzt werden und mit Auflagen und Weisungen verbunden werden. Die Bestellung eines Bewährungshelfers ist zwingend notwendig. Bei Aussetzung der J. kann zusätzlich Jugendarrest bis zu 4 Wochen ausgesprochen werden, wenn dies notwendig erscheint, um den Täter aus seinem Umfeld herauszunehmen oder ihm zu zeigen, was ihn bei Widerruf der J. erwartet (»Schnupperarrest«).

Jugendstrafrecht

Hat als Hauptzweck den Erziehungsgedanken, im Gegensatz zum allgemeinen Strafrecht (Strafzweck). Daher bestehen vielfältigere Möglichkeiten der Einwirkung auf den jugendlichen Täter als im Erwachsenenstrafrecht. Das J. findet auf strafmündige Jugendliche Anwendung, wenn diese die notwendige Unrechtseinsicht zum Tatzeitpunkt hatten (Wusste er/sie, was gut und böse ist?). Es kann auch Anwendung auf Heranwachsende finden. Die Anklagen des Jugendstaatsanwalts werden zum Jugendgericht erhoben. Die Strafprozessordnung (StPO) gilt mit der besonderen Ausnahme, dass die Verhandlungen allein gegen Jugendliche nicht öffentlich sind. Die gesetzlichen Vertreter (Vertreter, gesetzlicher) sind zur Hauptverhandlung zu laden, haben ein Anwesenheitsrecht und können eigene Anträge stellen. Dem Jugendgericht stehen Erziehungsmaßregeln, Zuchtmittel und die Jugendstrafe zur Einwirkung auf den Täter zur Verfügung. Eine Beteiligung der Jugendgerichtshilfe (JGH) in Verfahren gegen Jugendliche ist zwingend vorgesehen. Im J. soll möglichst zeitnah eine strafrechtliche Reaktion erfolgen, um seinen Zweck zu erreichen. Daher sind die Rechtsmittel teilweise eingeschränkt und es steht das vereinfachte Jugendverfahren (Jugendverfahren, vereinfachtes) zur Verfügung. Privatklage und Adhäsionsverfahren sind im Verfahren gegen Jugendliche nicht vorgesehen, die Zulässigkeit einer Nebenklage unterliegt Einschränkungen. Maßgebend für die Anwendung des J. ist der Tatzeitpunkt, sodass auch Personen über 21 Jahre unter das J. fallen können.

Jugendverfahren, vereinfachtes

In § 76 JGG enthaltene Möglichkeit, Verfehlungen Jugendlicher zeitnah zu ahnden. Der Jugendstaatsanwalt reicht eine Antragsschrift bei dem Jugendgericht ein, die die wesentlichen Teile einer Anklageschrift enthält. Es gelten verkürzte Fristen. Im Verfahren stehen dem Jugendrichter alle Sanktionen außer der Jugendstrafe sowie der Hilfe zur Erziehung und Unterbringung (Unterbringung in Psychiatrie/Entziehungsanstalt) zur Verfügung. Eine Teilnahme des Jugendstaatsanwalts an der Hauptverhandlung ist nicht notwendig, jedoch ist die Mitwirkung der Jugendgerichtshilfe (JGH) vorgesehen. Das vereinfachte Verfahren kann noch in der Hauptverhandlung durch das Gericht abgelehnt werden; in diesem Fall reicht die Staatsanwaltschaft eine Anklage ein.

Jurisdiktion

Rechtsprechende Gewalt. Siehe Gewaltenteilung

Justiz

Staatliche Einrichtungen, die mit der Rechtsprechung und der Durchsetzung gerichtlicher Entscheidungen befasst sind. Hierzu gehören die Gerichte der verschiedenen Gerichtsbarkeiten, die Staatsanwaltschaften, Gerichtsvollzieher, der Justizvollzug, die sozialen Dienste der Strafrechtspflege und die Justizverwaltung.

Kammer

Spruchkörper eines Gerichts.
K. werden in erster Instanz bei den Arbeitsgerichten (Arbeitsgerichtsbarkeit) (§ 17 ArbGG), Sozialgerichten (§ 10 SGG) und Verwaltungsgerichten (§ 5 Abs. 2 VwGO) gebildet. Die Finanzgerichte erster Instanz haben Senate (§ 5 Abs. 2 Satz 1 FGO). Die Gerichte der ordentlichen Gerichtsbarkeit entscheiden im Falle der Zuständigkeit des Amtsgerichts (AG) als Einzelrichter und heißen dort Abteilungen. Beim Landgericht (LG) werden Zivil- und Strafkammern (§ 60 GVG) und als besondere zivilrechtliche Fachkammern die Kammern für Handelssachen (§ 93 GVG) gebildet. Die Zivilkammern entscheiden erstinstanzlich über bürgerliche Rechtsstreitigkeiten, die nicht den Amtsgerichten zugewiesen sind (§ 71 Abs. 1 GVG), und als Berufungs- und Beschwerdegerichte in den vor den Amtsgerichten verhandelten bürgerlichen Rechtsstreitigkeiten, soweit nicht das Oberlandesgericht (OLG) zuständig ist (§ 72 Abs. 1 GVG). Die Strafkammern bei den Landgerichten sind erstinstanzlich zuständig, soweit nicht die Zuständigkeit des Amtsgerichts besteht, und soweit besondere Verfahren zugewiesen sind. Sie entscheiden als Berufungsgericht über Urteile des Strafrichters und des Schöffengerichts (§ 73 GVG).

Kammergericht (KG)

Siehe Oberlandesgericht (OLG)

Kanzler

Siehe Bundeskanzler

Kapitaldelikt

Abgeleitet von lat. caput (Kopf, Haupt). Gemeint sind Straftaten, die früher mit der Todesstrafe (Enthauptung) bedroht waren. Siehe auch Schwurgericht

Kapitalgesellschaft

Art der Gesellschaft und eine juristische Person (Rechtsfähigkeit). Die Gesellschafter werden nur über einen Geldbetrag (Kapital) anteilig Mitglied und arbeiten selten in der Gesellschaft persönlich mit. Die Anteile einer K. sind frei veräußerbar und vererbbar. Die Gesellschafter haften nicht persönlich für Schulden der Gesellschaft, sondern maximal mit ihrer Kapitaleinlage. Beispiele sind die Gesellschaft mit beschränkter Haftung (GmbH) und die Aktiengesellschaft (AG). Sie ist der Gegensatz zur Personengesellschaft.

Kapitalverkehrsfreiheit

Eine der 4 Grundfreiheiten der EU, die bestimmt, dass alle Beschränkungen des Kapitalverkehrs und des Zahlungsverkehrs zwischen den EU-Mitgliedsstaaten (Mitgliedsstaat) sowie zwischen den Mitgliedsstaaten und dritten

Ländern verboten sind (Art. 63 und 64 AEUV). Das bedeutet, dass der Transfer von Geld, Wertpapieren, elektronischen Zahlungen usw. zwischen den Mitgliedsstaaten ungehindert stattfinden kann. Umgekehrt heißt es, dass Kapitalverkehrsbeschränkungen etwa durch Bargeldhöchstmengen, Sicherheitseinlagen bei Grenzüberschreitungen oder die Begrenzung von Fremdwährungskrediten ebenso verboten sind wie die Abwehr oder Verhinderung von Direktinvestitionen. Klargestellt wird nur, dass erstens die Steuergesetzgebung nicht als Eingriff in die K. zu verstehen ist und zweitens Direktinvestitionen, also der Ankauf von Unternehmen oder Immobilien, durch Rechtsakte der EU eingeschränkt werden können. Als einzige der Grundfreiheiten normiert die K. auch Verbote im Kapital- und Zahlungsverkehr mit Drittstaaten, also zu Staaten, die nicht Mitglied der EU sind. Das ist ein Problem für die Regulierung der sog. Steueroasen, also von Staaten oder Staatsteilen, die ihren Vorteil darin suchen, Unternehmen oder Superreichen bei der Steuerhinterziehung behilflich zu sein. Maßnahmen, die einen Rückschritt für die Liberalisierung des Kapitalverkehrs mit Drittländern darstellen, können vom Rat (Europäischer Rat) nur einstimmig beschlossen werden (Art. 64 Abs. 3 AEUV). Damit ist die Rückkehr zu Kapitalverkehrskontrollen, die auch in Europa bis in die 1990er-Jahre oft durchgeführt wurden, weitgehend ausgeschlossen.

Kaufmann

Person, die ein Handelsgewerbe betreibt (Legaldefinition in § 1 HGB). Hiermit ist nicht das allgemeinere, rein wirtschaftliche Verständnis gemeint, sondern das rechtliche als Voraussetzung für die Anwendung des Handelsgesetzbuchs (HGB) (Handelsrecht). Oder negativ formuliert: Ohne K. kein Handelsrecht. Daneben gilt für Kaufleute auch das BGB, soweit das HGB keine spezielleren Vorschriften enthält. Insbesondere das 4. Buch des HGB (§§ 343 ff.) enthält Sonderregeln für Rechtsgeschäfte (sog. Handelsgeschäfte). Der K. muss eine Firma haben, und es gilt eine Registrierungspflicht (Handelsregister). Außerdem müssen bestimmte Mindestangaben in Geschäftsbriefen und E-Mails gemacht werden, damit der Empfänger die rechtlichen Verhältnisse erkennen kann. Zudem gilt grundsätzlich eine Pflicht zur Rechnungslegung (Buchführung). Althergebrachte (ungeschriebene, aber generell anerkannte) Handelsbräuche sind zu beachten (§ 346 HGB). Dabei handelt es sich um Gewohnheitsrecht. Siehe auch Prokura

Kaufvertrag

In §§ 433 ff. BGB geregelter Vertragstyp. Der Verkäufer wird durch den Vertrag zur Übergabe und Übereignung einer Sache verpflichtet, und der Käufer muss einen vereinbarten Kaufpreis zahlen (Rechtspflicht). Dementsprechend entsteht jeweils ein Anspruch des Käufers bzw. des Verkäufers. Besteht die Gegenleistung nicht in Geld, so liegt ein Tausch vor, auf den die Vorschriften über den K. entsprechende Anwendung finden (§ 480 BGB). Der Verkäufer ist verpflichtet, die Sache frei von einem Sachmangel oder Rechtsmangel zu verschaffen, anderenfalls stehen dem Käufer Rechte aus Gewährleistung zu. Siehe auch Leistungsstörungen und Verbrauchsgüterkauf

Kaution

Hinterlegung von Geld oder Wertsachen als Sicherheitsleistung (z. B. bei Miete)

oder um eine Verschonung von der Untersuchungshaft zu erreichen (dient Vermeidung der Flucht).

Kinderehe

Bezeichnung für eine z. B. nach islamischem Recht geschlossene Ehe, bei der mindestens ein Ehegatte minderjährig und deshalb nicht ehemündig ist (vgl. § 1303 BGB). In der Regel ist der jüngere Partner weiblich, wie es auch z. B. im europäischen Mittelalter zulässig war. In Deutschland lag das reguläre Alter für eine Eheschließung bis 2018 bei 18 Jahren. Ausnahmen waren jedoch ab 16 Jahren möglich, wenn ein Ehegatte volljährig war und das Familiengericht zugestimmt hatte. Inzwischen wurde das Mindestalter auf 18 Jahre angehoben, um Kinderehen zu verhindern. Aktuell noch umstritten ist die Frage, was mit im Ausland geschlossenen Ehen passiert, d. h., ob sie in Deutschland anerkannt werden, aufhebbar oder direkt unwirksam sind.

Kindererziehungszeiten

Im Sinne der gesetzlichen Rentenversicherung Zeiten der Erziehung eines Kindes in dessen ersten 3 Lebensjahren (§ 56 Abs. 1 Satz 1 SGB VI). Für vor dem 1.1.1992 geborene Kinder sind es hingegen nur 30 Monate (Mütterrente). Es handelt sich bei K. um Beitragszeiten, die sich anwartschafts- bzw. rentensteigernd auswirken. Für K. werden für jeden Kalendermonat 0,0833 Entgeltpunkte berücksichtigt (§ 70 Abs. 2 Satz 1 SGB VI). Da es sich um Pflichtbeitragszeiten handelt (§ 3 Satz 1 Nr. 1 SGB VI), kommt ihnen im Rahmen der versicherungsrechtlichen Voraussetzungen auch für Renten wegen Erwerbsminderung zudem eine anspruchsbegründende Wirkung zu. Durch die Anrechnung von K. werden die Erziehungsleistung der Eltern und die bestandssichernde Bedeutung von Kindern für das umlagefinanzierte System der gesetzlichen Rentenversicherung honoriert.

Kindergeld

Förderung der Familie als Ausprägung des steuerlichen Familienlastenausgleichs. Das K. gehört nicht zu den Sozialleistungen. Es ist bei der zuständigen Familienkasse zu beantragen und wird von dieser durch Bescheid festgesetzt und ausgezahlt (§§ 67, 70 Abs. 1 EStG). Ab dem 1.7.2019 beträgt das monatliche K. für das 1. und 2. Kind jeweils 204 €, für 3. Kinder 210 € und für das 4. und jedes weitere Kind jeweils 235 € (§ 66 EStG). K. und die steuerlichen Vorteile aus dem Kinderfreibetrag werden miteinander verrechnet. Bei Personen, die keinen Wohnsitz im Inland haben, kommt die Gewährung von K. als Sozialleistung (vgl. § 68 Nr. 9 SGB I) nach dem Bundeskindergeldgesetz in Betracht.

Kinderkrankengeld

Leistung der gesetzlichen Krankenversicherung. Wenn ein gesetzlich Versicherter ein erkranktes Kind von unter 12 Jahren hat oder ein Kind, das behindert und auf Hilfe angewiesen ist und wenn das Kind jeweils selbst Mitglied der gesetzlichen Krankenversicherung ist und der Versicherte dann zur Beaufsichtigung, Betreuung oder Pflege seines kranken Kindes der Arbeit fernbleibt, hat er einen Anspruch auf K. Der Anspruch besteht in jedem Kalenderjahr für jedes Kind längstens für 10 Arbeitstage, für alleinerziehende Versicherte längstens für 20 Arbeitstage (§ 45 SGB V). Bei bestimmten im Gesetz aufgeführten Fällen (z. B. begrenzte Lebenserwartung des Kindes von Wochen oder wenigen Monaten) kommt auch ein längerer Bezug des K. in Betracht. Die Versicherten haben während des Bezugs von K. gegen ihren Arbeitgeber Anspruch auf Freistellung von der Arbeitsleistung. Die Höhe des K. richtet sich nach der Höhe des Arbeitseinkommens des Versicherten.

Kinderrechte

Können sich aus verschiedenen Gesetzen ergeben oder weltweit aus der UN-Kinderrechtskonvention von 1989. Dieser Vertrag (Vertrag, völkerrechtlicher), der von fast allen Staaten der Welt (außer den USA) geschlossen wurde, gilt für alle Kinder unter 18 Jahren. Wichtige Beispiele für Rechte sind: Gleichbehandlung, unabhängig von Religion und Geschlecht; Gesundheit; Bildung und Ausbildung; sich zu informieren, sich mitzuteilen, gehört zu werden und sich zu versammeln; Privatsphäre und eine gewaltfreie Erziehung. Auch Kindergruppen formulieren selbst Rechte. Zu ihren Forderungen gehören z. B. das (so aktuell nicht durchsetzbare) Recht auf Taschengeld oder das Recht zu arbeiten. Das Recht auf Arbeit mag zunächst überraschen. Es geht auch nicht um Arbeit, die auf Ausbeutung und Gewalt beruht. Ziel ist die Stärkung der sozialen Stellung der (arbeitenden) Kinder und damit ihrer Verhandlungsmacht. Eine weitere Forderung von Kindern ist das Recht, wählen zu dürfen. Seit einiger Zeit wird diskutiert, ob man K. in das Grundgesetz (GG) aufnehmen sollte. Die Gegner argumentieren, dass Kinder dadurch nicht mehr Rechte bekämen und man nicht Selbstverständliches in die Verfassung schreiben sollte.

Kinder- und Jugendhilferecht

Im Sozialgesetzbuch (SGB) VIII geregelt. Dessen § 1 Abs. 1 bekräftigt das Recht jedes jungen Menschen auf Förderung seiner Entwicklung und auf Erziehung zu einer eigenverantwortlichen und gemeinschaftsfähigen Persönlichkeit. Jugendhilfe soll junge Menschen besonders in ihrer individuellen und sozialen Entwicklung fördern. Weiterhin soll sie dazu beitragen, Benachteiligungen zu vermeiden oder abzubauen. Jugendhilfe soll Kinder und Jugendliche auch vor Gefahren für ihr Wohl schützen und dazu beitragen, positive Lebensbedingungen für junge Menschen und ihre Familien sowie eine kinder- und familienfreundliche Umwelt zu erhalten oder zu schaffen (§ 1 Abs. 3 SGB VIII). Diesen Zielen entsprechen die Leistungen und Aufgabezuweisungen der Jugendhilfe. Zu den Leistungen (§ 2 Abs. 2 SGB VIII) gehören etwa Angebote der Jugendarbeit, der Jugendsozialarbeit und des erzieherischen Kinder- und Jugendschutzes und weiterhin Angebote zur Förderung der Erziehung in der Familie oder die Förderung von Kindern in Tageseinrichtungen und in der Tagespflege. Als weitere Leistungen kommen die Hilfe zur Erziehung und die Hilfe für seelisch behinderte Kinder und Jugendliche in Betracht. Zu den Aufgaben (§ 2 Abs. 3 SGB VIII) der Jugendhilfe gehören etwa die Inobhutnahme von Kindern und Jugendlichen oder ihre Mitwirkung in Verfahren vor den Familiengerichten. Die Träger der Jugendhilfe bestimmen sich nach den landesrechtlichen Vorschriften (§ 69 Abs. 1 SGB VIII). Örtliche Träger der Jugendhilfe sind i. d. R. die Landkreise und kreisfreien Städte. Überörtliche Träger der Jugendhilfe sind nach landesrechtlichen Vorschriften zum Teil die Bundesländer und zum Teil Kommunalverbände. Zur Wahrnehmung der Aufgaben nach dem K. errichtet jeder örtliche Träger ein Jugendamt, und zur

Wahrnehmung der überörtlichen Aufgaben errichtet jeder überörtliche Träger ein Landesjugendamt (§ 69 Abs. 3 SGB VIII).

Kindesmissbrauch

Siehe Sexualdelikte

Kindesmisshandlung

Unterfall der Misshandlung von Schutzbefohlenen als besondere Form der Körperverletzung, strafbar nach § 225 StGB. Hintergrund des erhöhten Strafrahmens ist die extreme Wehrlosigkeit des Opfers aufgrund des Alters bzw. Abhängigkeitsverhältnisse. Der Tatbestand setzt ein Quälen oder rohes Misshandeln voraus, z. B. Einsperren in dunklen Räumen oder regelmäßige Schläge mit Gegenständen. Auch eine böswillige Vernachlässigung der Sorgepflicht (Sorgerecht) kann ausreichen, z. B. mangelnde Ernährung.

Kindeswohl

Unbestimmter Rechtsbegriff (Rechtsbegriff, unbestimmter), der eine große Rolle im Kindschaftsrecht spielt. Als Prinzip wird es in § 1697a BGB genannt, aber nicht definiert. Tatsächlich ist es auch schwer, allgemein zu sagen, was K. bedeutet. Es kommt sehr auf den Einzelfall an, und diese Flexibilität ist in der Praxis auch notwendig. Relevanz hat das K. v. a. im Zusammenhang mit dem Sorgerecht und Fragen des Umgangs. Grundsätzlich haben die Eltern einen weiten Entscheidungsspielraum (Art. 6 Abs. 2 GG), aber bei Gefährdung des K. kann das Familiengericht (oft in Zusammenarbeit mit dem Jugendamt) durch erforderliche und verhältnismäßige (Verhältnismäßigkeit) Maßnahmen einschreiten (vgl. §§ 1666, 1666a BGB). Dabei wird unterschieden zwischen dem körperlichen, geistigen sowie seelischen Wohl einerseits und dem Vermögen des Kindes andererseits.

Kindschaftsrecht

Teil des Familienrechts, regelt die rechtlichen Beziehungen zwischen Kindern und ihren Eltern. Dabei ist zu berücksichtigen, dass nicht nur Kinder Rechte gegenüber ihren Eltern haben (siehe Sorgerecht und Unterhalt), sondern dass es gegenseitige Rechte und Pflichten gibt, insbesondere auch, nachdem die Kinder erwachsen sind. Aber schon während und solange das volljährige Kind im elterlichen Haushalt wohnt und Unterhalt erhält, besteht die Pflicht, im Haushalt und Geschäft mitzuarbeiten (§ 1619 BGB – sehr lesenswert!). Außerdem schulden sich Eltern und Kinder lebenslang gegenseitigen Beistand und Rücksicht (➠ Abb. »Pflichten zwischen Eltern und Kindern«, S. 156).

Kirchenrecht

Bezeichnet die innerhalb der Kirchen geltenden Rechtsvorschriften wie z. B. in der katholischen Kirche das Zölibat. Das Kirchenrecht der katholischen Kirche heißt kanonisches Recht.

Kirchensteuer

Steuer, die durch den Staat von Kirchenmitgliedern als Prozentsatz auf ihre Einkommenssteuer eingezogen und insbesondere an die evangelische und römisch-katholische Kirche weitergeleitet wird. Je nach Bundesland beträgt die K. 8 oder 9 % der Einkommenssteuer.

Kirchliches Arbeitsrecht

Die christlichen Kirchen und ihre karitativen Einrichtungen (z. B. Caritas, Diakonisches Werk) zählen zu den

Pflichten zwischen Eltern und Kindern

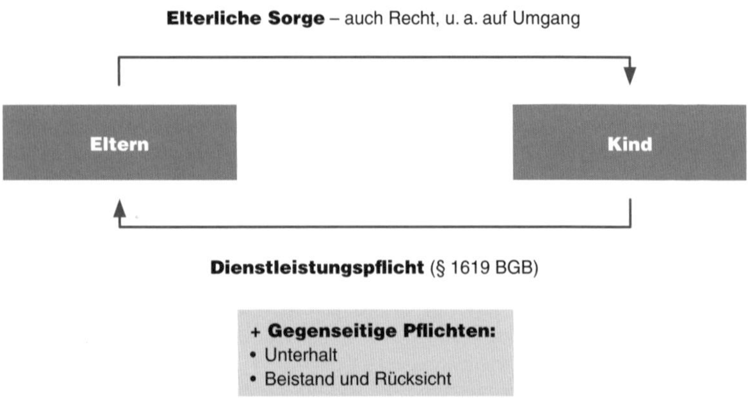

größten Arbeitgebern in Deutschland. Sie unterliegen grundsätzlich den staatlichen arbeitsrechtlichen Vorschriften, doch haben Religionsgemeinschaften eine besondere verfassungsrechtliche Stellung, aus der sich erhebliche Unterschiede sowohl im individual- als auch im kollektivarbeitsrechtlichen Bereich ergeben. Durch Art. 140 GG/137 III WRV (Weimarer Reichsverfassung) wird ihnen ein Selbstverwaltungsrecht und -ordnungsrecht hinsichtlich ihrer inneren Angelegenheiten garantiert. Dazu gehört nach Ansicht der Kirchen auch die Gestaltung von Beschäftigungsverhältnissen in ihren Einrichtungen, da zwischen den Beschäftigten und den kirchlichen Arbeitgebern eine Dienstgemeinschaft zur Verwirklichung des religiösen Sendungsauftrags bestehe, und dieser bringe besondere Loyalitätspflichten mit sich. Sie umfassen im Wesentlichen die Ausrichtung an und das aktive Eintreten für die jeweilige Glaubens- und Sittenlehre. Für Pfarrer, Pastoren etc. ist dies unproblematisch. Für privatrechtlich angestellte Arbeitnehmer ergeben sich hieraus jedoch regelmäßig Konflikte, weil geschützte Rechtspositionen (z. B. Kündigungsschutz) aufgrund von vermeintlichen Verstößen gegen die Loyalitätspflichten (z. B. Kirchenaustritt, erneute Heirat nach Scheidung) verletzt werden. Die Rechtsprechung löst diese Konflikte, indem sie die Rechtmäßigkeit solcher Maßnahmen von der Nähe des Betroffenen zum Kernbereich der religiös-theologischen Betätigung der Kirche, dem sog. Verkündungsbereich, abhängig macht. Danach gelten z. B. für Religionslehrer strengere Anforderungen als für z. B. Reinigungskräfte. Diese Lösung findet sich auch im Allgemeinen Gleichbehandlungsgesetz (AGG) wieder. Religionsgemeinschaften dürfen Beschäftigte aufgrund ihrer Religionszugehörigkeit oder Weltanschauung nur dann ungleich behandeln, wenn dies durch die berufliche Tätigkeit gerechtfertigt ist. Im kollektivarbeitsrechtlichen Bereich wirkt sich das auf die Verfahren zur Bestimmung allgemeiner Arbeitsbedingungen und im Mitbestimmungsrecht aus. Die kirchlichen Arbeitgeber lehnen Tarifverhandlungen ab, mit Ausnahme weniger evangelischer Landeskirchen, und wählen stattdessen einen sog. Dritten Weg. Dabei werden von Arbeitsrechtlichen Kommissionen (Arbeitnehmer- und Arbeitgebervertreter) Richtlinien beschlossen. Diese haben im Gegensatz zu Tarifverträgen keine unmittelbare und zwingende Wirkung. Ein Streikrecht der Gewerkschaften im Rahmen des Dritten Wegs besteht, wenn sie nicht ausreichend in die Entscheidungsfindung der Arbeitsrechtlichen Kommissionen eingebunden sind und deren Beschlüsse nicht auch tatsächliche Mindestarbeitsbedingungen darstellen. Dies ist momentan häufig noch der Fall. Da das Betriebsverfassungsgesetz (BetrVG) für kirchliche Einrichtungen nicht anwendbar ist, haben die evangelische und die katholische Kirche eigene Vorschriften zur Vertretung ihrer Beschäftigten durch Mitarbeitervertretungen erlassen. Deren Regelungen sind zwar dem Betriebsverfassungsgesetz nachempfunden, jedoch sind die Einflussmöglichkeiten der Mitarbeitervertretungen im Vergleich mit der eines Betriebsrats geringer.

Klage

Geltendmachung eines Anspruchs des Klägers gegen den Beklagten vor Gericht oder Abwehr von staatlichen Eingriffen (z. B. Verwaltungsakt (VA)). Eine K. kann auch auf Feststellung eines Rechtsverhältnisses durch das Gericht erhoben werden.

Klagebefugnis

Prozessvoraussetzung des finanz-, sozial- und verwaltungsgerichtlichen Verfahrens. Durch sie soll der Kreis potenzieller Kläger eingegrenzt werden. Eine Klage ist, soweit gesetzlich nichts anderes bestimmt ist, nur zulässig, wenn der Kläger geltend macht, durch den angefochtenen Verwaltungsakt (VA) oder seine Ablehnung oder Unterlassung in seinen eigenen Rechten verletzt zu sein (§ 40 Abs. 2 FGO; § 54 Abs. 1 Satz 2 SGG; § 42 Abs. 2 VwGO). Diese Voraussetzung ist nicht problematisch, wenn der Kläger Adressat des Verwaltungsaktes ist. In anderen Fällen ist diese Zulässigkeitsvoraussetzung nach der vom Bundesverwaltungsgericht (BVerwG) und Bundessozialgericht (BSG) vertretenen Möglichkeitstheorie zu bejahen, wenn der Kläger gewichtige Tatsachen vorbringt, die es als möglich erscheinen lassen, dass dieser durch den angefochtenen Verwaltungsakt in seinen Rechten verletzt ist. Im Zivilverfahren setzt die K. die Geltendmachung eigener Rechte oder fremder Rechte im eigenen Namen voraus (z. B. Verbandsklage).

Klauseln

Siehe Allgemeine Geschäftsbedingungen (AGB)

Kleingedrucktes

Siehe Allgemeine Geschäftsbedingungen (AGB)

Knappschaftliche Rentenversicherung

Die gesetzliche Rentenversicherung enthält Sonderregelungen für im Bergbau beschäftigte Versicherte. Diese sind in der K. versichert. Träger der K. ist die Knappschaft-Bahn-See. Knappschaftliche Zeiten werden insbesondere mit einem höheren Rentenartfaktor bewertet. Auch trägt das Recht der K. mit der Altersrente für langjährig unter Tage beschäftigte Bergleute (§ 40 SGB VI) und der Rente für Bergleute (§ 45 SGB VI) den besonderen gesundheitlichen Beanspruchungen einer Erwerbstätigkeit im Bergbau Rechnung.

Koalitionsfreiheit

Schützt das Recht von Arbeitnehmern und Arbeitgebern, sich zu Organisation zusammenzuschließen, deren Ziel die Gestaltung der Arbeits- und Wirtschaftsbedingungen ist (siehe auch Gewerkschaft). Als negative K. gewährleistest die K. auch das Recht der Nichtmitgliedschaft in solchen Organisationen. Im Grundgesetz ist die K. in Art. 9 III verankert. Daneben garantieren auch die Europäische Menschenrechtskonvention (Art. 11) und die Grundrechtecharta (Art. 12, 28) die K.

Kollegialgericht

Spruchkörper eines Gerichts, das mit mehreren Richtern besetzt ist (auch Schöffen oder ehrenamtliche Richter (Richter, ehrenamtlicher)).

Kommanditgesellschaft (KG)

Siehe Personengesellschaft, Gesellschaft bürgerlichen Rechts (GbR)

Kommission, EU

Spitze der Administration der Europäischen Union, also gleichsam ihre Regierung. Allerdings übernimmt sie auch legislative Aufgaben. Ihr allein steht das Recht zu, dem Parlament (Europäisches Parlament (EP)) und dem Rat (Europäischer Rat) Gesetzesvorschläge zu unterbreiten (Initiativrecht).

Kommunalaufsicht

Prüfung kommunaler Maßnahmen durch Regierungspräsidien/Bezirksregierungen oder der Landesregierung auf ihre Rechtmäßigkeit und in manchen Fällen auch auf ihre Zweckmäßigkeit.

Kommunale Bezirke

Siehe Bezirke, kommunale

Kommunale Selbstverwaltung

Siehe Selbstverwaltung, kommunale

Kommunales Unternehmen

Siehe Unternehmen, kommunales

Kommunalrecht

Recht der Gemeinden, das von den Ländern erlassen wird und in den Einzelheiten differiert. Geregelt werden die Institutionen der Gemeinde, wie Bürgermeister und Gemeinderat, ferner deren Aufgaben und Kompetenzen, die Wahl zu den Gremien der Gemeinde und die Grundsätze der Gemeindefinanzen.

Kommunalverfassung

Regelungen zu den Institutionen (Bürgermeister, Rat usw.) und Kompetenzen der Gemeinde in den Gemeindeordnungen der Länder.

Kommunalwahl

Wahl, mit welcher der Rat der Gemeinde (Gemeinderat) und des Kreises oder der Bürgermeister der Gemeinde bestimmt wird. Die Wahlordnungen werden von den Ländern aufgestellt und unterscheiden sich z. B. mit Blick auf die Amtsdauer. Für alle K. gelten aber die Wahlrechtsgrundsätze des Grundgesetzes (GG).

Kommune

Siehe Gemeinde

Konkrete Normenkontrolle

Siehe Normenkontrolle, konkrete

Konkurrierende Gesetzgebung

Bund und Land haben in einem Bereich (z. B. Strafrecht) beide die Gesetzgebungskompetenz. Für das Land entfällt diese aber, wenn der Bund von seiner Kompetenz Gebrauch gemacht hat und die Regelung abschließend sein soll.

Konkurs

Veraltete Bezeichnung für Insolvenz.

Konsens

Übereinstimmung von mindestens 2 Willenserklärungen, damit ein Vertrag zustande kommt. Dabei kommt es nicht unbedingt auf das wirklich Gewollte an, sondern darauf, was der Vertragspartner verstehen durfte (Auslegung). Siehe auch Dissens

Kontrahierungszwang

Siehe Vertragsfreiheit

Konvention, völkerrechtliche

Siehe Vertrag, völkerrechtlicher

Konzentrationsmaxime

Allgemeiner Grundsatz des Prozessrechts. Sie dient der zügigen und ressourcenschonenden Erledigung des Rechtsstreits und ist damit Ausprägung des Grundsatzes effektiven Rechtsschutzes. Zu diesem Zweck hat das Gericht den Rechtsstreit so vorzubereiten, dass dieser möglichst in einer mündlichen Verhandlung erledigt werden kann (§ 106 Abs. 2 SGG; § 87 Abs. 1 VwGO; § 272 Abs. 1 ZPO). Gerade bei aufwendigen Beweisaufnahmen in Strafprozessen lässt sich dieser Grundsatz nicht immer einhalten. Das Strafprozessrecht sieht jedoch zum Zwecke der Konzentration des Verfahrens Höchstdauern der Unterbrechung der Hauptverhandlung vor (§ 229 StPO).

Körperschaft, Gebiets-

Räumlich, d. h. durch ein Gebiet, abgegrenzte Körperschaft (z. B. Gemeinden durch das Gemeindegebiet). Das grenzt sie von anderen Körperschaften des Öffentlichen Rechts (Körperschaft, öffentlich-rechtliche) ab, die nicht räumlich, sondern durch Personen abzugrenzen sind, die also durch ihre »Mitglieder« existieren und mit Blick auf diese ihre Aufgaben haben. Gebietskörperschaften sind Kreise, Gemeinden oder Länder. Öffentlich-rechtliche Körperschaften, die durch ihre Mitglieder definiert werden, sind z. B. Hochschulen oder Kammern. Dabei können bei beiden Körperschaften die Mitglieder wechseln, ohne dass die Körperschaft dadurch ihren Charakter ändern würde.

Körperschaft, öffentlich-rechtliche

Öffentliche Organisation, die mitgliedschaftlich verfasst ist, d. h. sich über ihre Mitglieder definiert. Sie unterscheidet sich von privatrechtlichen Organisationen dadurch, dass sie ihre Existenz einem Hoheitsakt, i. d. R. einem Gesetz, verdankt. Das unterscheidet sie von Körperschaften des privaten Rechts wie dem Verein, der Aktiengesellschaft (AG), der Gesellschaft mit beschränkter Haftung (GmbH) oder Genossenschaft. Dabei wird zwischen Gebietskörperschaften (Körperschaft, Gebiets-; Kommunen) und Personalkörperschaften unterschieden. Die K. nimmt außerhalb der unmittelbaren behördlichen Staatsverwaltung öffentliche Aufgaben unter staatlicher Aufsicht wahr – z. B. verleiht eine Universität verschiedene Abschlüsse. Beispiele für K. sind neben den Kommunen und Kreisen die Ortskrankenkassen, Berufsgenossenschaften, Rechtsanwaltskammern, Ärztekammern etc. Eine Sonderstellung nehmen die christlichen Kirchen ein, die auch als

K. anerkannt sind. Körperschaften sind v. a. von öffentlichen Anstalten und Stiftungen zu unterscheiden.

Körperschaft, Selbstverwaltungs-

Durch Gesetz wird bestimmten Körperschaften (Körperschaft, öffentlich-rechtliche) ein Recht zur Selbstverwaltung eingeräumt. Dazu gehören etwa die Hochschulen, die Kammern wie Rechtsanwalts- oder Ärztekammer, die für und gegen ihre Mitglieder eigenständig Entscheidungen treffen können, etwa einen Studenten exmatrikulieren können. Den Kommunen wird durch Grundgesetz (GG) (Art. 28) das Selbstverwaltungsrecht garantiert.

Körperverletzung

Wer einen anderen Menschen körperlich misshandelt oder an der Gesundheit schädigt, wird mit Freiheitsstrafe bis zu 5 Jahren oder mit Geldstrafe bestraft (§ 223 Abs. 1 StGB). Unter körperlichem Misshandeln wird ein unangemessenes Einwirken auf einen anderen verstanden, welches das körperliche Wohlbefinden (erheblich) beeinträchtigt. Besondere subjektive Empfindlichkeiten des Geschädigten (z. B. bei Berühren im Gedränge, Erregung von Ekelgefühl) sind dabei nicht zu berücksichtigen. Länger andauernde psychische Beeinträchtigungen (z. B. Schlafstörungen) als Folge können jedoch ausreichend sein, um eine Gesundheitsschädigung anzunehmen. Eine Gesundheitsschädigung wird definiert als das Hervorrufen oder Steigern eines pathologischen Zustandes. Hierbei reicht das Verursachen eines Hämatoms (blauer Fleck) aus, selbst wenn es nur von kurzer Dauer ist. Der Täter muss die Folge gewollt oder mindestens billigend in Kauf genommen haben (Vorsatz). War dies nicht der Fall, so kann eine fahrlässige Körperverletzung (Fahrlässigkeit) vorliegen, die gesondert unter Strafe gestellt ist in § 229 StGB. Letztere liegt oft bei Körperverletzungen im Straßenverkehr vor. Die einfache K. (vorsätzlich oder fahrlässig begangen) wird grundsätzlich nur bei Vorliegen eines Strafantrages verfolgt. Es kann aber auch die Strafverfolgung von Amts wegen (ohne Strafantrag) erfolgen, wenn ein öffentliches Interesse (Interesse, öffentliches) daran besteht. Dies ist bei erheblichen Folgen oder bei besonders erheblicher Unaufmerksamkeit im Straßenverkehr der Fall. Auch bei K. im Rahmen häuslicher Gewalt wird das besondere öffentliche Interesse regelmäßig anzunehmen sein, da das Opfer aufgrund der persönlichen Beziehung zum Täter oft den Strafantrag nicht stellt oder zurücknimmt. Die K. ist nicht rechtswidrig und damit nicht strafbar, wenn das Opfer in das Handeln und die Folgen der Tat einwilligt und dies zulässt. Problematisch ist dies bei Tätowierungen von Minderjährigen und ärztlichen Eingriffen bei Verletzung der Aufklärungspflicht. Die Einwilligung darf zudem nicht sittlich verwerflich sein. Bei Sportwettkämpfen wird von einer allgemeinen Einwilligung in das Risiko der typischen Verletzungen ausgegangen, die mit dem jeweiligen Sport verbunden sind. Mit erhöhtem Strafrahmen ist eine K. bedroht, bei der (beabsichtigt oder unbeabsichtigt) eine schwere Folge (z. B. Verlust des Sehvermögens auf einem Auge) eintritt (§ 226 StGB). Gleiches gilt für K. gegenüber vom Täter abhängige Personen, denen gegenüber der Täter Fürsorgepflichten hat (§ 225 StGB) oder für K., die durch besonders gefährliche Verhaltensweisen (z. B. mit Gift oder Waffen oder auch durch mehrere gemeinsam) begangen werden (§ 224 StGB). Hat die K. den (ungewollten) Tod des Opfers zur Folge, beträgt das Strafmaß mindestens 3 Jahre (§ 227 StGB). Auch durch Unterlassen kann der Tatbestand der K. erfüllt werden, wenn eine Garantenpflicht vorliegt.

Kosten des Strafverfahrens

Trägt der Angeklagte, soweit er verurteilt (Urteil) wird (§ 465 StPO), und zwar neben der Geldstrafe oder der Freiheitsstrafe. Die K. können erheblich sein, da sie Zeugenentschädigung, Sachverständigenhonorar, Dolmetscher- und Verteidigerkosten zuzüglich Gerichtskosten nach dem Gerichtskostengesetz umfassen. In manchen Fällen übersteigen sie sogar die Höhe der ausgesprochenen Geldstrafe. Im Jugendstrafrecht kann von der Auferlegung der K. abgesehen werden, was in der Praxis der Regelfall ist, um junge Menschen nicht mit Schulden aus dem Verfahren zu entlassen. Die Kosten für alle gerichtlichen Verfahren sind im Gerichtskostengesetz (GKG) geregelt.

Krankenbehandlung

Versicherte der gesetzlichen Krankenversicherung können Leistungen zur K. in Anspruch nehmen, wenn sie notwendig ist, um eine Krankheit, zu erkennen, zu heilen, ihre Verschlimmerung zu verhüten oder Krankheitsbeschwerden zu lindern (§ 27 Abs. 1 Satz 1 SGB V). Zum Leistungsspektrum gehören u. a. ärztliche, psychotherapeutische und zahnärztliche Behandlungen, die Versorgung mit Zahnersatz, die Versorgung mit Arznei-, Verband-, Heilmitteln und Hilfsmitteln, häusliche Krankenpflege und Haushaltshilfe, Krankenhausbehandlung sowie Leistungen zur medizinischen Rehabilitation und ergänzende Leistungen.

Krankengeld

Leistung der gesetzlichen Krankenversicherung, die im Falle der Arbeitsunfähigkeit des Versicherten gezahlt wird (§ 44 SGB V).
Sie hat Lohnersatzfunktion. Ist das Leistungsvermögen des Versicherten durch Krankheit oder Behinderung hingegen absehbar nicht nur vorübergehend teilweise oder vollständig aufgehoben, kommt eine Leistungspflicht der Rentenversicherung (Renten wegen Erwerbsminderung) in Betracht. Der Anspruch auf K. entsteht bei stationärer Behandlung (z. B. in einem Krankenhaus) vom ersten Tag an und beginnt im Übrigen mit der ärztlichen Feststellung der Arbeitsunfähigkeit (§ 46 SGB V).
Die Höhe des K. orientiert sich im Regelfall an dem regelmäßig erzielten Arbeitsentgelt bzw. Arbeitseinkommen des Versicherten (§ 47 SGB V).
Bei arbeitslosen Versicherten wird es in Höhe von Arbeitslosengeld I gewährt.
K. wird wegen derselben Erkrankung für längstens 78 Wochen innerhalb von je 3 Jahren gezahlt (§ 48 SGB V).

Krankenversicherung

Zweig der Sozialversicherung. Die wesentlichen Vorschriften der gesetzlichen K. sind im SGB V geregelt. Weite Teile der Bevölkerung sind Mitglied der gesetzlichen K. Zum Kreis der Pflichtversicherten gehören v. a. gegen Arbeitsentgelt Beschäftigte, ferner Personen, die Arbeitslosengeld I oder Arbeitslosengeld II beziehen, Teilnehmer an Leistungen zur Teilhabe am Arbeitsleben, Studenten, die an staatlichen oder staatlich anerkannten Hochschulen eingeschrieben sind, sowie Personen, die die Voraussetzungen für den Anspruch auf eine Rente aus der gesetzlichen Rentenversicherung erfüllen (§ 5 SGB V). Familienangehörige können über die Familienversicherung in den Schutzbereich der gesetzlichen K. einbezogen werden. Nicht versicherungspflichtige Personen haben die Möglichkeit, sich in der gesetzlichen K. freiwillig zu versichern (§ 9 SGB V). Die gesetzliche K. finanziert sich über Beiträge und sonstige Einnahmen (§ 220 SGB V). Der Bund beteiligt sich mit einem Pauschalbetrag an den Aufwendungen der gesetzlichen K. für versicherungsfremde Leistungen (§ 221 SGB V). Die erhobenen Beiträge fließen in den Gesundheitsfonds, der vom Bundesversicherungsamt verwaltet wird (§ 271 SGB V) und aus dem die einzelnen Krankenkassen Geld zur Deckung ihrer Ausgaben erhalten. Träger der gesetzlichen K. sind die Krankenkassen, namentlich die Ortskrankenkassen, Betriebskrankenkassen, Innungskrankenkassen, die Landwirtschaftliche Krankenkasse, die DRV Knappschaft-Bahn-See und die Ersatzkassen. Zum breiten Leistungsspektrum der gesetzlichen K. gehören insbesondere Leistungen bei Schwangerschaft und Mutterschaft, zur Verhütung von Krankheiten und deren Verschlimmerung, zur Empfängnisverhütung, bei Sterilisation und bei Schwangerschaftsabbruch, zur Erfassung gesundheitlicher Risiken und zur Früherkennung von Krankheiten sowie die Leistungen zur Behandlung von Krankheiten (§ 11 SGB V).

Krankheit

Im Sinne des Sozialrechts regelwidriger körperlicher, geistiger oder seelischer Gesundheitszustand. Alterstypische Veränderungen der körperlichen Leistungsfähigkeit sind hingegen keine K. In den verschiedenen Bereichen des Sozialrechts werden an den Begriff der K. ggf. weitere Anforderungen gestellt. So setzt der Begriff im Bereich der gesetzlichen Krankenversicherung zusätzlich voraus, dass der regelwidrige Gesundheitszustand entweder behandlungsbedürftig ist oder Arbeitsunfähigkeit oder beides zur Folge hat.

Kredit

Siehe Darlehen

Kreis

Während größere Städte meist kreisfrei sind, also die Verwaltung und Volksvertretung nur auf der Ebene der Stadt existiert und für diese Entscheidungen treffen kann, werden kleinere Gemeinden zu einem K. zusammengeschlossen. K. müssen auch eine Volksvertretung haben. Sie teilen sich die Aufgaben mit den Gemeinden. K. haben dort Kompetenzen, wo es sinnvoll ist, überörtliche Lösungen zu suchen. Die genaue Kompetenzverteilung und -abgrenzung hängt von den jeweiligen Landesgesetzen ab.

Kreislaufwirtschafts- und Abfallgesetz

Siehe Abfallrecht

Kreistag

Volksvertretung auf der Ebene der Kreise

Kriegsrecht

Siehe Völkerrecht. Leider hält sich im Krieg fast niemand an die zu »Friedenszeiten« abgeschlossenen völkerrechtlichen Verträge.

Kriminalstrafe

Siehe Freiheitsstrafe, Geldstrafe

Kriminologie

Interdisziplinäre Wissenschaft, die traditionell vor allem die Erscheinungsformen und Ursachen abweichenden Verhaltens und hierbei insbesondere von Kriminalität untersucht. Es haben sich verschiedene Forschungsrichtungen und -schwerpunkte herausgebildet, die sich z. B. täterorientiert mit Fragen der Kriminalprognostik oder aber gesellschaftskritisch mit der Zuschreibung abweichenden Verhaltens als Kriminalität (sog. kritische K.), der Opferforschung (Viktimologie) und den Auswirkungen von Medienberichterstattung über Kriminalität auf Kriminalpolitik und Kriminalitätsfurcht befassen. In Deutschland sind kriminologische Lehrstühle traditionell vor allem an den juristischen Fakultäten anzutreffen.

Kronzeuge

Person, die sich zwar selbst strafbar gemacht hat, jedoch durch die freiwillige Offenbarung ihres Wissens zur Aufklärung von Straftaten oder deren Verhinderung beiträgt. Der K. kann eine deutliche Strafmilderung erfahren, die im Rahmen der Strafzumessung zu berücksichtigen ist. Selbst ein vollständiger Straferlass ist möglich. Spezielle Regelungen finden sich im Bereich der Betäubungsmittelkriminalität in § 31 des Betäubungsmittelgesetzes (BtMG) sowie in § 261 StGB für den Tatbestand der Geldwäsche.

Kultusfreiheit

Siehe Glaubens- und Bekenntnisfreiheit

Kumulieren

Siehe Wahlrecht

Kündigung

Grundsätzlich sind die Beteiligten an ein wirksames Rechtsgeschäft, insbesondere an einen Vertrag, gebunden (Bindung an Rechtsgeschäfte). Durch K. können sog. Dauerschuldverhältnisse (Schuldverhältnis, z. B. Arbeitsvertrag, Mietvertrag (Miete)) beendet werden. Die Voraussetzungen, wann und wie gekündigt werden kann, enthält zum Schutz der schwächeren Vertragspartei oft das Gesetz (z. B. Kündigungsschutz im Arbeitsrecht). Teilweise kann auch der Vertrag selbst Regelungen zu seiner Beendigung enthalten. Man unterscheidet die ordentliche K. (meist ohne besonderen Grund, aber mit einzuhaltender Frist) von der außerordentlichen K. (aus wichtigen Gründen, z. B. wegen schwerwiegender Pflichtverletzungen des Vertragspartners). Die K. ist eine empfangsbedürftige Willenserklärung, d. h., der Empfänger muss in zumutbarer Weise die Möglichkeit haben, sie zur Kenntnis zu nehmen.

Kündigungsschutzgesetz (KSchG)

Durch das K. wird das Interesse des Arbeitnehmers am Fortbestand eines Arbeitsverhältnisses geschützt und die Möglichkeit des Arbeitgebers zur Kündigung eingeschränkt. Zu diesem Zweck enthält das K. Vorschriften zu einem allgemeinen Kündigungsschutz, der die Wirksamkeit von ordentlichen Kündigungen von Arbeitsverhältnissen die mindestens 6 Monate bestehen davon abhängig macht, dass diese nicht sozial ungerechtfertigt sind. Vom allgemeinen Kündigungsschutz sind Betriebe ausgenommen, die i. d. R. weniger als 10 Arbeitnehmer beschäftigen. Auch fristlose Kündigungen aus wichtigem Grund (außerordentliche Kündigungen) sind vom allgemeinen Kündigungsschutz nicht umfasst. Eine Kündigung ist sozial ungerechtfertigt, wenn sie nicht aus Gründen erfolgt, die in der Person (personenbedingte Kündigung) oder dem Verhalten des Arbeitnehmers (verhaltensbedingte Kündigung) liegen oder aufgrund dringender betrieblicher Erfordernisse ausgesprochen wird (betriebsbedingte Kündigung). Personenbedingte Gründe sind solche, die zeitweise oder dauerhaft zum vollständigen oder teilweisen Wegfall der Arbeitsfähigkeit führen (z. B. langwierige Erkrankung, Wegfall der Fahrerlaubnis oder Aufenthaltserlaubnis). Verhaltensbedingte Gründe setzten die schuldhafte Verletzung einer arbeitsvertraglichen Pflicht voraus (z. B. Fernbleiben von der Arbeit, Zuspätkommen, aber auch Belästigung von Kollegen, Beschädigung des Eigentums des Arbeitgebers). I. d. R. ist für die Wirksamkeit einer verhaltensbedingten Kündigung eine vorherige Abmahnung des Arbeitnehmers erforderlich. Betriebsbedingte Gründe liegen vor, wenn aufgrund einer unternehmerischen Maßnahme die Arbeitsmöglichkeit oder der Arbeitsbedarf wegfällt (z. B. Schließung oder Verlagerung von Betrieben, neue Arbeitsmethoden und -abläufe). Da von solchen Maßnahmen üblicherweise viele betroffen sind, müssen zur sozialen Rechtfertigung betriebsbedingter Kündigung Kriterien an die Auswahl der betroffenen Arbeitnehmer gelegt werden (Betriebszugehörigkeit, Lebensalter, Unterhaltspflichten, Schwerbehinderung). Die Wirksamkeit einer Kündigung kann gerichtlich überprüft werden (Kündigungsschutzklage). Die Klage muss innerhalb von 3 Wochen nach Zugang der Kündigung beim Arbeitsgericht (Arbeitsgerichtsbarkeit) erhoben werden. Stellt das Gericht fest, dass die Kündigung unwirksam ist, besteht das Arbeitsverhältnis zu den bisherigen Bedingungen fort. Auf Antrag beider Parteien kann das Arbeitsverhältnis auch trotz unwirksamer Kündigung durch das Gericht beendet werden, wenn eine Fortsetzung unzumutbar ist. In diesem Fall hat der Arbeitnehmer Anspruch auf eine vom Gericht festzusetzende Abfindung. Neben den Vorschriften zum allgemeinen Kündigungsschutz enthält das K. Regelungen zum Sonderkündigungsschutz für Funktionsträger der betrieblichen Mitbestimmung (Betriebs- (Betriebsrat) und Personalräte (Personalrat), Jugend- und Auszubildendenvertreter (Jugend-/Auszubildendenvertretung (JAV))) und zur Anzeigepflicht von Massenentlassungen.

Kunstfreiheit

Art. 5 Abs. 3 GG garantiert die K. ohne einen Gesetzesvorbehalt. Aber was ist Kunst? Die Formen der Kunst haben sich in jüngster Zeit ausdifferenziert, und der Kunstdiskurs hat einen deutlich weiteren Begriff von Kunst als der Alltagsverstand, der meist nach dem Motto verfährt: »Kunst kommt von Können, wenn es von Wollen käme, hieß es ja Wunst.«. Etwas ernsthafter: Was Kunst ist, bestimmt der Diskurs der Kunst selbst. Das Bundesverfassungsgericht (BVerfG) hat einige Abgrenzungskriterien entwickelt, die aber keineswegs als abgeschlossen gelten können. Kunst sei Ausdruck schöpferischen Gestaltens, mit dem Erlebnisse, Eindrücke, Meinungen zum Ausdruck gebracht werden. Mittel des Ausdrucks sei eine Formensprache, die Eindrücke usw. zur unmittelbaren Anschauung bringe. Damit ist nicht viel gewonnen. Diese Begriffsbestimmung bietet eher Orientierungspunkte, um im Einzelfall zu entscheiden, ob es sich um Kunst handelt. Immerhin lässt sich sagen, dass der Begriff eher weit zu verstehen ist. Kunst kann nur beschränkt werden, wenn andere Grundrechte ihr entgegenstehen, wie z. B. das Recht auf körperliche Unversehrtheit. Auch mit dem Mittel der Kunst darf man nicht zu Körperverletzungen aufrufen.

Kuppelei

Gehört zu den Sexualdelikten. Es ist die (strafbare) Förderung sexueller Handlungen zwischen anderen durch Schaffung günstiger Bedingungen. Während bis 1970 noch wesentlich mehr Handlungen von der Strafbarkeit erfasst waren, z. B. die Vermietung eines Zimmers an ein unverheiratetes Paar, stellt § 180 StGB heute nur noch die Förderung sexueller Handlungen von Personen unter 16 Jahren unter Strafe.

Kurzarbeit

K. ist die vorübergehende Reduzierung der geschuldeten Arbeitszeit, z. B. um im Fall schlechter Auftragslage die Kündigung von Arbeitsverhältnissen zu vermeiden. Da sich durch die Anordnung von K. der Vergütungsanspruch der Arbeitnehmer entsprechend verringert, wird durch sie das Prinzip durchbrochen, nach dem grundsätzlich der Arbeitgeber das Risiko fehlender Beschäftigungsmöglichkeiten zu tragen hat. Sie bedarf daher einer ausdrücklichen Rechtsgrundlage im Arbeitsvertrag, einem Tarifvertrag oder einer Betriebsvereinbarung. Die mit der K. verbundenen Entgelteinbußen können durch die Zahlung von Kurzarbeitergeld durch die Bundesagentur für Arbeit teilweise ausgeglichen werden.

Länder

Siehe Bundesländer

Länderfinanzausgleich

Alle Steuern, die in der Bundesrepublik eingenommen wurden, sind auf den Bund und die Länder zu verteilen. Das Grundgesetz (GG) regelt, welche Anteile der Bund und welche die Länder bekommen (vgl. u. a. Art. 106 GG). Die Kommunen werden den Ländern zugerechnet. Nun gibt es reiche und arme Länder. Das Steueraufkommen pro Kopf ist in einigen Ländern deutlich höher als in anderen, wodurch es zu einem stärkeren Gefälle in der Finanzausstattung der Länder kommen würde. Um annähernd gleiche Lebensverhältnisse (Art. 72 Abs. 2 GG) herzustellen, gibt es zwischen den Ländern eine Umschichtung. Die reichen Länder (gegenwärtig u. a. Bayern, Baden-Württemberg und Hessen) zahlen an die ärmeren Länder (momentan die ostdeutschen Länder, Bremen oder das Saarland). Neuerdings wird die Form der innerstaatlichen Solidarität von den reichen Ländern infrage gestellt, während das Bundesverfassungsgericht (BVerfG) sie immer wieder bestätigt hat.

Landesbauordnung (LBauO)

Der Bund ist nur für das Bodenrecht zuständig (Art. 74 Abs. 1 Nr. 18 GG), während die Länder für die Sicherheit und Ordnung (Sicherheit und Ordnung, öffentliche) innerhalb ihres Landesgebiets zuständig sind, was sowohl das Polizeirecht als auch die Bausicherheit einschließt. In den L. normieren deshalb die Länder Grundsätze für die Sicherheit von Gebäuden. Es geht dabei genauso um den Feuerschutz oder die Standsicherheit wie um soziale Kriterien, wenn etwa die Raumhöhe von Wohnungen normiert wird oder die Pflicht, für jede Wohnung eine Toilette zu bauen. Regelungen finden sich z. B. zu den Pflichtabständen vom Nachbarn, die auch ein Element des Feuerschutzes sind, oder zu der Pflicht, Parkplätze vorzuhalten. Weil die Bauordnungen Landesrecht sind, ähneln sie sich zwar, unterscheiden sich aber in vielen Details.

Landesrecht

Siehe Gesetzgebungskompetenz der Bundesländer

Landessozialgericht (LSG)

Gerichte der Sozialgerichtsbarkeit, die über Berufungen gegen Urteile und Beschwerden gegen Entscheidungen der Sozialgerichte befinden (§ 29 Abs. 1 SGG). Für besondere Fälle weist das Sozialgerichtsgesetz (SGG) den L. eine erstinstanzliche Zuständigkeit zu (§ 29 Abs. 2 bis 4 SGG).

Landesverfassung

So wie die Bundesrepublik mit dem Grundgesetz (GG) eine Verfassung hat, haben die Länder eigene L. Diese legen die Organe und Institutionen des Landes, Menschenrechte sowie Vorgaben für Verfahrensweisen in der Politik fest. In Art. 28 Abs. 1 GG werden inhaltliche Vorgaben für die L. festgelegt. Sie müssen den »Grundsätzen des republikanischen, demokratischen und sozialen Rechtsstaates im Sinne dieses Grundgesetzes« entsprechen.

Landgericht (LG)

Gericht der ordentlichen Gerichtsbarkeit (Gerichtsbarkeit, ordentliche). Zuständigkeit u. a. in Zivilverfahren 1. Instanz mit einem Streitwert über 5.000 €. Im Strafrecht u. a. in 1. Instanz zuständig bei schweren Strafsachen (Freiheitsstrafe mindestens 4 Jahre) und in 2. Instanz als Berufungsinstanz gegen Urteile des Amtsgerichts (AG). Die Spruchkörper des L. heißen Kammer.

Landschaftsschutzgebiet

Nicht nur zum Schutz der Natur (Naturschutz), sondern auch, um die Schönheit der Landschaft und Erholungsräume für Menschen zu sichern, wurden L. eingerichtet. L. unterliegen einem weniger strengen Schutz als Naturschutzgebiete. Das Gesetz verlangt nur, dass der Charakter des Gebietes nicht verändert werden darf, einzelne Änderungen sind umweltschonend möglich.

Landtag

Parlament eines Bundeslandes (Bundesländer) und damit Gesetzgeber für Landesrecht. In Stadtstaaten trägt der L. die Bezeichnung Bürgerschaft (Bremen, Hamburg) bzw. Abgeordnetenhaus (Berlin).

Langzeitarbeitslose

Von Langzeitarbeitslosigkeit betroffen sind Arbeitslose, die mindestens 1 Jahr lang ununterbrochen arbeitslos sind (Arbeitslosigkeit) (§ 18 Abs. 1 SGB III). Die Bundesagentur für Arbeit hat bei der Gruppe der L. besondere Vermittlungsanstrengungen zu unternehmen (§ 35 Abs. 1 Satz 3 SGB III), da mit zunehmender Dauer der Arbeitslosigkeit die Chancen für den Erhalt eines Arbeitsplatzes sinken.

Lebenslänglich

Freiheitsstrafe, die zunächst unbegrenzt verhängt wird. Es besteht die Möglichkeit, nach bestimmten Fristen die weitere Vollstreckung überprüfen zu lassen, frühestens nach 15 Jahren.

Lebenspartnerschaft

Seit 2001 konnten homosexuelle Paare in Deutschland sich »verpartnern« lassen. Das seither parallel zur Ehe existierende Rechtsinstitut der eingetragenen Lebenspartnerschaft wurde 2017 durch die Ehe für alle abgelöst.

Legal Tech

Modewort im Zusammenhang mit der Digitalisierung juristischer Arbeit, wobei oft nicht klar wird, was genau gemeint ist. Wird u. a. gebraucht, wenn es um die Modernisierung von Gerichten intern sowie um die externe Kommunikation geht (bisher sog. Elektronischer Rechtsverkehr). Genau genommen ist dies wenig spezifisch juristisch, da z. B. auch Banken mit ähnlichen Umstellungsproblemen zu kämpfen haben. Soweit es sich um standardisierbare wirklich juristische Tätigkeiten handelt, kann IT teilweise tatsächlich schneller und kostengünstiger arbeiten. Beispiele sind Internetportale wie www.flightright.de (Entschädigungen für verspätete Flüge) oder www.myright.de (noch allgemeiner im Verbraucherschutz tätig). Diese sind zwar interessante Geschäftsmodelle, aber nicht unumstritten. Generell kann man sagen, dass Juristen eher konservativ und wenig technikaffin sind. Der Optimismus mancher Informatiker, dass juristische Tätigkeit bald weitgehend durch Künstliche Intelligenz (KI) ersetzt werden könne, geht jedoch zu weit. Dabei wird zum einen übersehen, dass juristische Tätigkeit mehr ist, als rein logische Subsumtion. Zum anderen ist fraglich, ob z. B. die Ersetzung eines Richters oder die persönliche Beratung durch einen Rechtsanwalt durch eine KI überhaupt rechtlich möglich und in der Bevölkerung auf Akzeptanz stoßen würde.

Legaldefinition

Liegt vor, wenn direkt im Gesetz (lat. lex) definiert wird, wie ein Begriff verstanden werden soll (z. B. Behinderung, Mutter, Sache, siehe auch §§ 11, 12 StGB). Das ist allerdings eher die Ausnahme. Meist entwickeln sich Definitionen durch Auslegung von im Gesetz enthaltenen Begriffen.

Legalitätsprinzip

Verpflichtung der Strafverfolgungsbehörden, bei Vorliegen des Verdachts einer Straftat von Amts wegen, also auch ohne Strafanzeige, Ermittlungen aufzunehmen. Das L. ist der Ausgleich für das alleinige Recht der Staatsanwaltschaft, Anklagen zum Strafgericht zu erheben (Anklagemonopol). Das L. wird durchbrochen vom Opportunitätsprinzip.

Legislative

Gesetzgebende Gewalt. Siehe Exekutive

Legislativorgan

Siehe Gesetzgeber

Legitimität

Handlungen, Verhältnisse oder Machtbeziehungen, die gerechtfertigt sind oder sich rechtfertigen lassen. Sie sind legitim, entsprechen dem Recht, von lat. lex, Gesetz. Mit der Rechtsetzung (Gesetzgeber) z. B. wird Macht ausgeübt, weil allgemein verbindliche Entscheidungen getroffen werden, die das Verhalten der Rechtsunterworfenen steuern sollen. In der Moderne wird diese Machtausübung nur dann als legitim betrachtet, wenn sie einem demokratischen Verfahren entspringt, also auf freien und gleichen Wahlen oder Abstimmungen der Rechtsunterworfenen beruht (Wahlrecht). Im Mittelalter entsprang die L. stattdessen dem Willen Gottes. In der Moderne fallen unter demokratischen Bedingungen L. und Legalität zusammen, während sie in diktatorischen Gesellschaften auseinanderdriften. Eine engere Bedeutung hat der Begriff im Strafrecht: Legitim, also gerechtfertigt, kann auch die einen anderen verletzende Handlung einer Person sein. Siehe Rechtfertigungsgrund

Leiblicher Vater

Siehe Vater

Leichtfertigkeit

Gesteigerte Form der Fahrlässigkeit, die im Strafrecht hinsichtlich des Eintritts besonders schwerer Folgen einer Tat zu einer erhöhten Strafandrohung führt (z. B. bei Raub). Auch kann sie für die Kenntnis einzelner Tatbestandsmerkmale durch den Täter erforderlich sein, wo Vorsatz nicht vorausgesetzt wird (z. B. Kenntnis der rechtswidrigen Vortat bei Geldwäsche). Die strafrechtliche L. ist vergleichbar mit der groben Fahrlässigkeit (Fahrlässigkeit, grobe) im Zivilrecht.

Leiharbeit

Siehe Arbeitnehmerüberlassungsgesetz (AÜG)

Leihe

Vertrag, durch welchen sich ein Verleiher verpflichtet, dem Entleiher den Gebrauch (Nutzungsrecht) einer Sache unentgeltlich zu gestatten. Der Entleiher verpflichtet sich, die Sache zurückzugeben. Ist hierfür keine Zeit bestimmt bzw. Gelegenheit zum Gebrauch gewesen, so kann der Verleiher jederzeit die Rückgabe verlangen (§ 604 BGB). Es handelt sich um ein mehrseitiges Rechtsgeschäft ohne Gegenleistung (»unentgeltlich«). Typisch ist die L. heute unter Nachbarn, im Freundeskreis und in der Familie. Es handelt sich um eine sehr alte Form der gegenseitigen Hilfe und Beziehungspflege. Der Sprachgebrauch im Alltag ist jedoch mehrdeutig, weshalb oft eine Auslegung erforderlich wird, was gemeint ist. Wird eine Gegenleistung versprochen, z. B. beim »Kostümverleih«, so liegt meist Miete vor. Wenn man sich z. B. Lebensmittel beim Nachbarn »leiht«, kann auch ein Darlehen gemeint sein, wenn die Rückgabe der entsprechenden Menge gewollt ist. Siehe auch Vertrag, privatrechtlicher und Verpflichtungsgeschäft.

Leistung

Aktives Tun oder Unterlassen, das aufgrund eines Rechtsgeschäfts, v. a. eines Vertrages, geschuldet wird. Der Begriff L. hat Bedeutung zunächst im Schuldverhältnis. Der Vertragspartner hat einen Anspruch auf L. Beim Kaufvertrag z. B. besteht die L. des Verkäufers in der Übergabe und Übereignung der gekauften Sache. Die geschuldete L. des Käufers ist die Bezahlung des Kaufpreises. Für die L. ist es wichtig, wann (Leistungszeit), wo (Leistungsort) und wie sie korrekt zu erbringen ist. Das kann und sollte vertraglich vereinbart werden, da dies im Zweifel den Interessen der Beteiligten am besten entspricht (Vertragsfreiheit). Fehlt eine Vereinbarung, so gibt es Regelungen im Gesetz (§§ 262 ff. BGB). Erfolgt eine L. ohne rechtlichen Grund, z. B. weil der Vertrag unwirksam ist, so kommt eine Rückforderung nach Bereicherungsrecht in Betracht.

Leistungen für Unterkunft und Heizung

Im Bereich der Grundsicherung für Arbeitsuchende (§ 22 SGB II) und im Sozialhilferecht (§ 35 SGB XII) erhalten die Leistungsberechtigten, die Aufwendungen für ihre Unterkunft und Heizung haben, entsprechende steuerfinanzierte Sozialleistungen, wobei die Höhe der Leistungen grundsätzlich durch den unbestimmten Rechtsbegriff der Angemessenheit gedeckelt ist. Über die Frage, welche Aufwendungen im Einzelfall angemessen sind, gibt es häufig Streit.

Leistungen zur medizinischen Rehabilitation

Haben das Ziel, Behinderungen (einschließlich chronischer Krankheiten), Einschränkungen der Erwerbsfähigkeit und Pflegebedürftigkeit abzuwenden, zu beseitigen, zu mindern, auszugleichen, Verschlimmerungen vorzubeugen und dadurch auch den vorzeitigen Bezug von laufenden Sozialleistungen, d. h. insbesondere von Renten wegen Erwerbsminderung, zu vermeiden (§ 42 Abs. 1 SGB IX). Zum Leistungsspektrum gehören z. B. Behandlungen durch Ärzte und Angehörige anderer Heilberufe, Psychotherapie und Hilfsmittel (vgl. § 42 Abs. 2 SGB IX). Im Unterschied zu Akutbehandlungen verfolgt das Behandlungssetting bei L. einen ganzheitlich orientierten Ansatz. Dementsprechend sind Bestandteil der L. ggf. auch erforderliche medizinische, psychologische und pädagogische Hilfen etwa zur Unterstützung bei der Krankheits- und Behinderungsverarbeitung, Hilfen zur Aktivierung von Selbsthilfepotenzialen, Informationen für Angehörige sowie Hilfen zur seelischen Stabilisierung und zur Förderung sozialer Kompetenzen. Als Rehabilitationsträger kommen die Träger der gesetzlichen Krankenversicherung, Unfall- (Unfallversicherung, gesetzliche) und Rentenversicherung, des sozialen Entschädigungsrechts (Soziales Entschädigungsrecht), der Jugendhilfe und der Eingliederungshilfe nach den jeweils für sie geltenden Leistungsgesetzen in Betracht (§§ 5 Nr. 1, 6 SGB VI).

Leistungen zur Sozialen Teilhabe

Leistungen des Rehabilitationsrechts. Der Begriff der L. hat im Zuge des Bundesteilhabegesetzes zum 1.1.2018 denjenigen der Leistungen zur Teilhabe am Leben in der Gemeinschaft abgelöst. L. werden erbracht, um Menschen mit Behinderung oder Menschen, die von Behinderung bedroht sind, eine gleichberechtigte Teilhabe am Leben in der Gemeinschaft zu ermöglichen, soweit erforderliche Leistungen nicht von einem anderen Träger erbracht werden (§ 76 Abs. 1 Satz 1 SGB IX). Ziel ist eine möglichst selbstbestimmte und eigenverantwortliche Lebensführung im eigenen Wohnraum und Sozialraum. Zum Leistungsspektrum gehören zunächst Leistungen für Wohnraum (Beschaffung, Umbau, Ausstattung und Erhaltung), der den besonderen Bedürfnissen von Menschen mit Behinderung entspricht (§ 77 Abs. 1 SGB IX). Außerdem kommen hinzu: Assistenzleistungen (§ 78 SGB IX), heilpädagogische Leistungen (§ 79 SGB IX), Leistungen zum Erwerb oder Erhalt praktischer Fähigkeiten (§ 81 SGB IX), zur Förderung der Verständigung (§ 82 SGB IX) oder der Mobilität (§ 83 SGB IX). Zuständige Leistungsträger sind die Träger der gesetzlichen Unfallversicherung (Unfallversicherung, gesetzliche), der Jugendhilfe und der Eingliederungshilfe (§ 5 Nr. 5 SGB IX in Verbindung mit § 6 SGB IX).

Leistungen zur Teilhabe am Arbeitsleben

Diese sind Leistungen des Rehabilitationsrechts mit dem Ziel der beruflichen Rehabilitation. Sie sollen die Erwerbsfähigkeit von Menschen mit Behinderung oder Menschen, die von Behinderung bedroht sind, entsprechend ihrer Leistungsfähigkeit erhalten, verbessern, herstellen oder wiederherstellen und ihre Teilhabe am Arbeitsleben möglichst auf Dauer sichern (§ 49 Abs. 1 SGB IX). Zum Leistungsspektrum gehören etwa Hilfen zur Erhaltung oder Erlangung eines Arbeitsplatzes, eine Berufsvorbereitung und die individuelle betriebliche Qualifizierung. Auch eine berufliche Aus- und Weiterbildung gehören dazu und sonstige Hilfen zur Förderung der Teilhabe am Arbeitsleben, wie z. B. Leistungen der Kraftfahrzeughilfe, um ein vorhandenes Auto behindertengerecht umzubauen (§ 49 Abs. 8 Nr. 1 SGB IX), oder die Übernahme der Kosten einer notwendigen Arbeitsassistenz für schwerbehinderte Menschen als Hilfe zur Erlangung eines Arbeitsplatzes (§ 49 Abs. 8 Nr. 3 SGB IX). Bei der Auswahl der Leistungen sind Eignung, Neigung, bisherige Tätigkeit und die Situation auf dem Arbeitsmarkt zu berücksichtigen. Im Einzelfall kann eine sog. Eignungserprobung vorgeschaltet werden (§ 49 Abs. 4 SGB IX). Die Leistungen umfassen auch flankierende medizinische, psychologische und pädagogische Hilfen (§ 49 Abs. 6 SGB IX). Zuständige Rehabilitationsträger sind die Bundesagentur für Arbeit, die Träger der gesetzlichen Unfallversicherung (Unfallversicherung, gesetzliche), der gesetzlichen Rentenversicherung, der Jugendhilfe und der Eingliederungshilfe (§ 5 Nr. 2 in Verbindung mit § 6 SGB IX).

Leistungen zur Teilhabe an Bildung

Gehören seit dem 1.1.2018 zu den Leistungen des Rehabilitationsrechts. L. sind unterstützende Leistungen, damit Menschen mit Behinderung Angebote der frühkindlichen Bildung, der allgemeinen Schul- und Hochschulbildung, der schulischen Berufsausbildung und schulischen sowie hochschulischen beruflichen Weiterbildung gleichberechtigt wahrnehmen können (§ 75 Abs. 1 SGB IX). Dazu zählen z. B. Mobilitätshilfen, Hilfen bei der Kommunikation (z. B. Gebärdendolmetscher) oder eine Schulassistenz. Im Einzelfall kann sich die Frage stellen, ob ein notwendiger Bedarf in den Zuständigkeitsbereich der Schulverwaltung fällt oder ob die L. von dem zuständigen Rehabilitationsträger zu erbringen ist. Durch das Bundesteilhabegesetz wurden die Leistungen der Eingliederungshilfe mit Wirkung zum 1.1.2020 in das SGB IX überführt. In diesem Zusammenhang hat der Gesetzgeber eine nachrangig zur Anwendung kommende Sonderregelung für Leistungen der Teilhabe an B. für Menschen mit Behinderung geschaffen, die zum Kreis der Anspruchsberechtigten der Eingliederungshilfe gehören (§ 112 SGB IX), um den Leistungsberechtigten eine ihren Fähigkeiten und Leistungen entsprechende Schulbildung und schulische und hochschulische Aus- und Weiterbildung für einen Beruf zur Förderung ihrer sozialen Teilhabe am Leben in der Gemeinschaft zu ermöglichen (§ 90 Abs. 4 SGB IX). Zu diesem Leistungsspektrum über die Eingliederungshilfe gehören die Unterstützung schulischer Ganztagsangebote (§ 112 Abs. 1 Satz 2 SGB IX), heilpädagogische und sonstige Maßnahmen, die erforderlich sind, um einen Schulbesuch zu ermöglichen und zu erleichtern (§ 112 Abs. 1 Satz 3 SGB IX). Zuständige Leistungsträger sind die Träger des sozialen Entschädigungsrechts, der Jugendhilfe und der Eingliederungshilfe und, bei bestimmten Versicherten, auch der gesetzlichen Unfallversicherung (Unfallversicherung, gesetzliche) (§§ 5 Nr. 4 in Verbindung mit § 6 SGB IX).

Leistungsstörung

Wenn in einem Schuldverhältnis die geschuldete Leistung nicht ordnungsgemäß erbracht wird, spricht man von L., und es kommen rechtliche Konsequenzen, z. B. Schadensersatz für den Gläubiger oder Rücktritt, in Betracht. Teilweise ist dafür aber ein Verschulden des Schuldners an der L. erforderlich. Die L. kann darin liegen, dass die Leistung zu spät erbracht wird (Verzug), gar nicht (ggf. wegen Unmöglichkeit) oder schlecht (siehe dazu Rücktritt, Schadensersatz). Siehe auch Gefahrtragung

Letztes Wort (des Angeklagten)

Siehe Hauptverhandlung

Lichtbildvorzeigekartei

Sammlung von Lichtbildern der Kriminalpolizei, sortiert nach verschiedenen Kriterien, zum Zwecke der Täteridentifizierung durch Zeugen. Sie ermöglicht die Identifizierung eines Beschuldigten, wobei zum gerichtlichen Tatnachweis die Identifizierung in der Hauptverhandlung notwendig ist. Eine bereits selektive Vorlage von Lichtbildern stellt die Wahllichtbildvorlage dar.

Lissabonner Vertrag

Trat 2010 in Kraft und besteht aus dem Vertrag über die Europäische Union (EUV) und dem Vertrag über die Arbeitsweise der Europäischen Union (AEUV). Zusammen mit der EU-Grundrechtecharta bildet der L. die (funktionale) Verfassung der EU oder das Primärrecht.

Lohnfortzahlung

Entgeltfortzahlung

Lohnpfändung

Erlaubt es dem Gläubiger, aus dem Arbeitsentgelt des Schuldners zu pfänden. Der Arbeitgeber des Schuldners wird dabei zum Drittschuldner. Zum Schutz der wirtschaftlichen Existenz des Schuldners bestehen gesetzliche Pfändungsfreigrenzen, unterhalb derer eine Pfändung ausgeschlossen ist. Die dem Arbeitgeber durch das Verfahren der L. entstehenden Kosten, dürfen dem Arbeitnehmer nur auferlegt werden, wenn es dazu eine arbeitsvertragliche Vereinbarung gibt.

Luftreinhaltepläne

Das Bundesimmissionsschutzgesetz (BImSchG) setzt in der Luftreinhalteplanung Vorgaben der EU um. Zunächst wird verlangt, dass die Qualität der Luft bzw. deren Verschmutzung zu messen ist. Wie und wo gemessen wird, schreiben besondere Regeln vor. Wenn bei der Messung festgestellt wird, dass Grenzwerte, die von der EU vorgegeben wurden, überschritten werden, müssen die zuständigen Behörden Maßnahmen ergreifen, um die Luftverschmutzung zu senken. Die Grenzwerte beziehen sich z. B. auf Stickstoffdioxid (NO_2), das von Dieselmotoren freigesetzt wird. Werden die Grenzwerte deutlich überschritten, müssen sogar kurzfristig wirkende Aktionspläne aufgestellt werden. Die deutschen Gerichte haben entschieden, dass es ein subjektives Recht auf Einhaltung der Grenzwerte gibt, sodass man gegen deren Überschreitung klagen kann. Schließlich haben die Gerichte festgestellt, dass die Maßnahmen der Städte unzureichend sind und entschieden, dass Fahrverbote für Dieselfahrzeuge angeordnet werden dürfen und müssen.

Maastricht-Kriterien

Anlässlich des Vertrages der EG von Amsterdam wurde 1997 der Stabilitäts- und Wachstumspakt beschlossen, der mit dem Lissabonner Vertrag in das »12. Protokoll über das Verfahren bei einem übermäßigen Defizit« überführt wurde. Art. 126 AEUV verweist auf dieses Protokoll. Definiert werden v. a. die Verschuldensobergrenzen der Mitgliedsstaaten. Die Neuverschuldung soll 3 % des jeweiligen Bruttoinlandsproduktes (BIP) nicht überschreiten, während die Gesamtschulden des Staates nicht über 60 % des Bruttoinlandsproduktes liegen sollen. Seit der Finanzkrise 2008 liegen die Gesamtschulden vieler Mitgliedsstaaten der Europäischen Union über dem Wert von 60 % des BIP. 2018 waren es 14, also die Hälfte der Mitgliedsstaaten, die – einschließlich Deutschland – mit ihren Gesamtschulden über 60 % lagen. Im Durchschnitt lagen die Gesamtschulden der EU-Mitgliedsstaaten bei 80,8 %, in der Eurozone bei 86,1 % des BIP.

Maastricht-Vertrag

Kennzeichnete einen entscheidenden Schritt bei der Herausbildung der gegenwärtigen Europäischen Union. Er trat 1993 in Kraft und enthielt einen Fahrplan zur Etablierung einer gemeinsamen Währung, des Euro. Bis heute bestimmen die Maastricht-Kriterien, die mit diesem Vertrag beschlossen wurden, die Finanz- und letztlich auch die Wirtschaftspolitik der EU.

Mahnbescheid

Einfache Möglichkeit, Geldforderungen durchzusetzen (Rechtsdurchsetzung). Ein M. ergeht auf Antrag eines Gläubigers im schriftlichen Zivilverfahren (Mahnverfahren: §§ 688 ff. ZPO). Nicht zu verwechseln mit der Mahnung. Wenn der Schuldner die Forderung bestreiten will, so muss er binnen 2 Wochen Widerspruch einlegen. Bestreitet er nicht, kann der Gläubiger einen Vollstreckungsbescheid (Vollstreckungstitel) beantragen.

Mahnung

Deutliche (bestimmte und nachdrückliche) Aufforderung des Gläubigers an den Schuldner, die geschuldete Leistung zu erbringen. Durch die Nichterbringung der tatsächlich fälligen Leistung trotz M. gerät der Schuldner in Verzug mit bestimmten Konsequenzen. Die M. wird oft auch als »Zahlungserinnerung« bezeichnet. Eine bestimmte Form ist grundsätzlich nicht erforderlich (Formfreiheit).

Mangel

Siehe Rechtsmangel, Sachmangel

Mängelhaftung

Siehe Leistungsstörung, Gewährleistung, Sachmangel und Rechtsmangel

Massenentlassung

Als M. wird die gleichzeitige oder zeitnahe Beendigung einer Vielzahl von Arbeitsverhältnissen durch den Arbeitgeber bezeichnet.
Überschreitet die Anzahl der zu beendenden Arbeitsverhältnisse die im Kündigungsschutzgesetz (KSchG) bezeichneten, nach Betriebsgröße gestaffelten Schwellenwerte, ist die geplante M. vor Ausspruch der Kündigungen der Bundesagentur für Arbeit anzuzeigen und der Betriebsrat hierüber zu informieren.

Maßregeln der Besserung und Sicherung

Dienen zum Schutz der Allgemeinheit vor weiterem Fehlverhalten und sind damit Instrumente der Gefahrenabwehr, nicht der Bestrafung, auch wenn sie von den Betroffenen als solche empfunden werden. Das Strafgesetzbuch (StGB) sieht neben der Unterbringung in Psychiatrie/Entziehungsanstalt, die Sicherungsverwahrung, die Führungsaufsicht, die Entziehung der Fahrerlaubnis und das Berufsverbot vor. Die Unterbringung in einem psychiatrischen Krankenhaus und das Berufsverbot können auch zur Bewährung ausgesetzt werden.

Mehrarbeit

Siehe Überstunden/Mehrarbeit

Mehrbedarf

Das Arbeitslosengeld II der Grundsicherung für Arbeitsuchende sieht neben dem gesetzlichen Regelbedarf und den Leistungen für die Unterkunft und Heizung auch Leistungen im Falle eines M. vor, damit das Existenzminimum nicht unterschritten wird. Wann von einem entsprechenden M. auszugehen ist, der nicht von dem Regelbedarf gedeckt werden kann, hat der Gesetzgeber geregelt. So sieht das Gesetz M. z. B. bei Schwangerschaft vor (§ 21 Abs. 2 SGB II), für Alleinerziehende (§ 21 Abs. 3 SGB II), im Falle einer medizinisch gebotenen kostenaufwendigen Ernährung (§ 21 Abs. 5 SGB II) oder soweit ein unabweisbarer, laufender, nicht nur einmaliger besonderer Bedarf besteht (§ 21 Abs. 6 SGB II). Wie hoch diese M. sind, ist zum Teil gesetzlich geregelt, zum Teil abhängig vom Einzelfall.

Mehrfachverteidigung, Verbot der

Siehe Verteidiger

Mehrheit, absolute, einfache und relative

Die absolute M. besteht im Bundestag (und auch in anderen Gremien) aus 50 % plus einer der möglichen Stimmen (z. B. bei 600 Mitgliedern eines Parlaments sind das 301 Stimmen.) In Deutschland spricht man auch von der Kanzlermehrheit, weil der Bundeskanzler oder die Bundeskanzlerin in den ersten beiden Wahlgängen mit absoluter M. gewählt werden muss. Einfache M. meint dagegen, dass mehr Ja- als Neinstimmen abgegeben werden. Stimmen z. B. von 600 Mitgliedern nur 150 ab, nämlich 100 mit Ja, 30 mit Nein und 20 mit Enthaltung, dann ist die einfache Mehrheit erreicht. Im Bundestag genügt i. d. R., also etwa bei Abstimmungen über Gesetze, die einfache M. Mit relativer M. wird die Situation bezeichnet, in der z. B. von 3 Kandidaten 1 mehr Stimmen auf sich vereinigen konnte als die beiden anderen, aber dabei nicht über 50 % gekommen ist, also nicht die absolute M. erreicht hat. Bei binären Entscheidungen, also Ja-/Neinabstimmungen, sind relative und einfache M. identisch.

Mehrheit, qualifizierte

Meint in Deutschland, also etwa bei Gesetzesbeschlüssen des Bundestages, eine Zweidrittelmehrheit. Eine solche ist v. a. bei der Änderung des Grundgesetzes (GG) erforderlich. In der Europäischen Union meint qualifizierte M. dagegen etwas anderes und ist komplizierter: Bei Abstimmungen über einen Vorschlag der EU-Kommission (Kommission, EU) ist die qualifizierte M. dann erreicht, wenn 55 % der EU-Länder – also 16 von insgesamt 28 Ländern – zustimmen und diese Länder gleichzeitig mindestens 65 % der Gesamtbevölkerung der EU vertreten. Bei Abstimmungen über andere Vorschläge als die der Kommission gilt der Beschluss als angenommen, wenn 72 % der EU-Länder zustimmen und diese Länder mindestens 65 % der EU-Bevölkerung vertreten.

Mehrheitswahlrecht

Beim M. wird das Wahlgebiet in Wahlkreise eingeteilt. Die Bewerber, die den Wahlkreis gewinnen, vertreten diesen im Parlament. In manchen Staaten wird eine absolute Mehrheit, in anderen nur eine relative Mehrheit gefordert (Mehrheit, absolute, einfache und relative), um einen Wahlkreis zu gewinnen. Das M. begünstigt große Parteien (Partei, politische) und Parteienbündnisse. Eine Gefahr des M. ist, dass die Mehrheit die Wahlkreise zu ihren Gunsten zuschneidet, indem z. B. die Wahlkreise der gegnerischen Parteien relativ homogen sind, also wenige der eigenen Stimmen »unter den Tisch fallen«, während die eigenen Wahlkreise eher heterogen sind, sodass viele der gegnerischen Stimmen ohne Erfolg bleiben.

Mehrwertsteuer

Steuer, die bei der Rechnungsstellung von Waren und Dienstleistungen dem Rechnungsbetrag addiert wird. Der prozentuale Aufschlag variiert abhängig von der Ware (für Lebensmittel weniger als für Luxusgüter) oder Dienstleistung.

Meineid

Wer vor Gericht (oder einem Untersuchungsausschuss) als Zeuge oder Sachverständiger vorsätzlich falsch schwört, begeht einen M. und hat mit mindestens 1 Jahr Freiheitsstrafe zu rechnen (Verbrechen). Da die Eidesleistung nicht mehr der Regelfall am Abschluss einer Zeugenaussage ist, kommt der strafrechtlichen Vorschrift für M. (§ 154 StGB) nur noch wenig praktische Bedeutung zu. Zumeist ist eine vorsätzliche falsche uneidliche Aussage (§ 153 StGB) gegeben, die jedoch auch mit einer mindestens 3-monatigen Freiheitsstrafe oder 90 Tagessätzen Geldstrafe bedroht ist. Gleiches gilt für die vorsätzliche falsche Versicherung an Eides statt (§ 156 StGB), die in Zivilprozessen oder Verfahren vor den Verwaltungs-, Arbeits- oder Sozialgerichten eine größere Bedeutung hat, insbesondere in vorläufigen Verfahren des einstweiligen Rechtsschutzes.

Meinung, herrschende

Unter Juristen weitverbreitetes Autoritätsargument (»so die h. M.«), das aber letztlich ein Sophismus, also ein Fehlschluss ist, weil man sich nur auf eine (angebliche) Mehrheit beruft, ohne in der Sache zu überzeugen. Karl Marx hat die herrschenden Gedanken als »Gedanken der Herrschenden« bezeichnet. Juristen verwenden den Begriff M. nicht kritisch, sondern affirmativ. Er bezeichnet dabei nicht einmal die Meinung der Juristenmehrheit, sondern so wird die Mehrheitsmeinung der »wichtigen« Juristen bezeichnet, ohne dass immer transparent wäre, wer über die »Wichtigkeit« befindet oder wer die Mehrheit gezählt hat.

Meinungsfreiheit

Art. 5 Abs. 1 GG schützt die Freiheit jedes Menschen, seine Meinung zu äußern. Dabei kommt es nicht auf die Mittel an, mit denen das geschieht, d. h., Meinungsäußerungen werden auch in Form von Bildern, Texten, Internetblogs oder Transparenten geschützt. Natürlich gibt es Grenzen der M. Aus dem Bereich der Meinungsäußerung heraus fällt die bewusste Lüge – sie ist nicht schützenswert. Ihre Grenze findet die M. in geschützten Rechten anderer, insbesondere im Recht der Ehre. Meinungsäußerungen dürfen nicht ehrverletzend, also beleidigend (Beleidigung) sein. Dabei kommt es auf den Zusammenhang an, in dem die Meinung geäußert wurde. Zunächst muss ermittelt werden, was wirklich gemeint ist. Der Aufkleber »Soldaten sind Mörder« z. B. bezichtigt nicht einzelne Soldaten des Mordes, sondern richtet sich gegen den Krieg. Dann kommt es darauf an, ob die Äußerung im Rahmen öffentlicher, politischer Auseinandersetzung erfolgte oder im privaten Rahmen oder gar in Bereichen, in denen besondere Rücksicht angebracht ist, etwa auf einer Beerdigung. Im öffentlichen, politischen Raum ist mehr erlaubt.

Meldepflicht

In verschiedenen Gesetzen vorgeschriebene Verpflichtung oder Obliegenheit, sich bei einer öffentlichen Stelle persönlich zu melden oder Informationen dort hin zu geben. So unterliegen die Arbeitgeber im Bereich des Sozialversicherungsrechts verschiedenen M. (§ 28a SGB IV), die für das Funktionieren der Sozialversicherung unerlässlich sind. Arbeitslose unterliegen für die Zeit, für welche sie Anspruch auf Arbeitslosengeld beanspruchen der M. (§ 309 SGB III). Diese allgemeine M. soll einen effektiven Einsatz der Instrumente der aktiven Arbeitsförderung ermöglichen und ist auch für die Leistungssachbearbeitung erforderlich. Leistungsberechtigte der Grundsicherung für Arbeitsuchende unterliegen ebenfalls der Meldepflicht (vgl. § 59 SGB III).

Menschenrechte

Seit der Aufklärung (17./18. Jh.), besonders im Naturrecht entwickelte, unveräußerliche Rechte, die jedem Menschen von Geburt an zustehen. Dazu gehören u. a. die Menschenwürde und das Recht auf Leben und körperliche Unversehrtheit. Im Grundgesetz werden die M. als Grundrechte bezeichnet.

Menschenwürde

In Art. 1 Grundgesetz (GG) normierter oberster Wert der deutschen Verfassung. Die Achtung der M. verbietet es dem Staat, den Menschen zum bloßen Objekt des staatlichen Handelns zu machen. Schlechthin verboten ist damit jede Behandlung des Menschen durch die öffentliche Gewalt, die dessen Subjektqualität grundsätzlich infrage stellt, indem sie die Achtung des Wertes vermissen lässt, der jedem Menschen um seiner selbst Willen und kraft seines Personseins zukommt. Die große Bedeutung der M. in Deutschland ist auf die Erfahrungen mit dem Naziterror zurückzuführen. Den Häftlingen in den Konzentrationslagern wurde erst vollständig ihre Würde genommen und anschließend vielen das Leben. Eine Wiederholung will das Grundgesetz ausschließen. Die Auslegung der M. als Verbot, den Menschen zum Objekt zu machen, ist v. a. auf Kant, genauer auf seinen kategorischen Imperativ zurückzuführen. Danach soll der Mensch so handeln, dass er die Menschheit sowohl in seiner Person als auch in der Person eines jeden anderen jederzeit zugleich als Zweck, niemals bloß als Mittel braucht. Mit der M. sind Todesstrafe und Folter nicht vereinbar. Verboten ist es auch, einen Menschen zugunsten anderer zu opfern. Aber nicht jede staatliche Pflicht (z. B. Haarschnitt für Soldaten) verstößt gegen die M. Dem Staat kommt allerdings eine Schutzpflicht zu, d. h., er muss dafür sorgen, dass die Würde von Menschen nicht verletzt wird.

Merkzeichen

Wenn einer Person bestimmte Nachteilsausgleiche gewährt werden, wird dies als M. auf der Rückseite des Schwerbehindertenausweises eingetragen. Zu diesen M. gehört z. B. eine außergewöhnliche Gehbehinderung (Gehbehinderung, außergewöhnliche) (vgl. § 3 SchwbAwV).

Miete

Vertrag zwischen 2 Parteien, Vermieter und Mieter. Auf jeder Seite können mehrere Beteiligte stehen, z. B. 2 Mieter. Gegenstand der M. können Wohnraum, Gewerberäume oder bewegliche Sachen wie ein Auto sein. Die typischen Pflichten sind Gebrauchsüberlassung gegen Zahlung der vereinbarten M. (§ 535 BGB, siehe Anspruch). Nach dem Gesetz ist der Vermieter zum Erhalt der Sache verpflichtet, zu sog. Schönheitsreparaturen. Oft wird diese Pflicht durch den Vertrag bzw. durch Allgemeine Geschäftsbedingungen (AGB), die ggf. unwirksam sein können, auf den Mieter übertragen. Der Vertrag kann befristet geschlossen werden oder unbefristet. Wenn kein Ende vereinbart ist, dann kann bzw. muss eine Partei entsprechend den gesetzlichen Regelungen kündigen (Kündigung), um die M. zu beenden. Bei Wohnraum ist jedoch das Kündigungsrecht des Vermieters zum Schutz des Mieters eingeschränkt. Generell enthält die Wohnraummiete wegen ihrer oft existenziellen Bedeutung für den Mieter viel zwingendes Recht (Recht, dispositives/zwingendes). Siehe auch Vermieterpfandrecht.

Mietwucher

Siehe Wucher

Minderjährigkeit

Bis zur Volljährigkeit, also bis zum 18. Geburtstag, spricht man von M., und es gilt im Zivilrecht ein besonderer Schutz. Minderjährige besitzen zwar Rechtsfähigkeit, aber nur eingeschränkte Rechte und Pflichten. Der 18. Geburtstag ist die wichtigste der Altersstufen im Recht. Siehe auch Geschäftsfähigkeit und Deliktsfähigkeit. Für das Strafrecht siehe Jugendstrafrecht, vgl. auch Jugendschutz.

Minderung der Erwerbsfähigkeit (MdE)

Durch die M. werden Schädigungsfolgen im Bereich der gesetzlichen Unfallversicherung (Unfallversicherung, gesetzliche) quantifiziert. Versicherte, deren Erwerbsfähigkeit infolge eines Arbeitsunfalls oder einer Berufskrankheit länger als 26 Wochen nach dem Versicherungsfall um wenigstens 20 % gemindert ist, haben Anspruch auf Verletztenrente (§ 56 Abs. 1 SGB VII). Die M. richtet sich danach, wie stark das körperliche und geistige Leistungsvermögen beeinträchtigt ist und wie sehr dadurch die Arbeitsmöglichkeiten auf dem gesamten Gebiet des Erwerbslebens gemindert sind (§ 56 Abs. 2 Satz 1 SGB VII). Ein vollständiger Verlust der Erwerbsfähigkeit entspricht einer M. von 100 % und führt zu einer Vollrente. Bei einer geringeren M. wird eine Teilrente gewährt (§ 56 Abs. 3 SGB VII).

Mindestlohn

Siehe Mindestlohngesetz (MiLoG)

Mindestlohngesetz (MiLoG)

Das Gesetzes zur Regelung eines allgemeinen Mindestlohns trat zum 1.1.2015 in Kraft. Anspruch auf den Mindestlohn haben grundsätzlich alle Arbeitnehmer und Praktikanten, solange Letztere kein kurzfristiges Pflicht- oder Orientierungspraktikum ableisten oder zuvor bei demselben Ausbildenden ein ausbildungsbegleitendes Praktikum abgeleistet haben. Ausgenommen sind minderjährige Arbeitnehmer ohne abgeschlossene Berufsausbildung und Langzeitarbeitslose in den ersten 6 Monaten der Beschäftigung. Durch die erstgenannte Ausnahme soll verhindert werden, dass Jugendliche auf die geringer vergütete Ausbildung zugunsten einer ungelernten Tätigkeit verzichten, die 2. Ausnahme soll Langzeitarbeitslosen die Wiederaufnahme einer Beschäftigung vereinfachen. Auszubildende und ehrenamtlich Tätige sind von den Vorschriften des M. ausdrücklich ausgenommen.

Die Höhe des Mindestlohns wird von einer Kommission festgelegt, die sich zu gleichen Teilen aus Vertretern von Arbeitnehmern und Arbeitgebern und beratenden Mitgliedern aus der Wissenschaft zusammensetzt. Zur Einführung lag der Mindestlohn bei 8,50 € stündlich. Seit dem 1.1.2019 beträgt er 9,19 € und erhöht sich zum 1.1.2020 auf 9,38 €. Abweichungen von diesem Betrag zuungunsten der Arbeitnehmer sind, unabhängig ob durch Arbeitsvertrag oder Tarifvertrag vereinbart, unzulässig. Oberhalb des allgemeinen gesetzlichen Mindestlohnniveaus nach dem M. bestehen für einzelne Branchen durch Tarifverträge (z. B. Schornsteinfeger) oder Rechtsverordnung (RVO) (Pflegebranche, Wach- und Sicherheitsgewerbe, Leiharbeit) abweichende Mindestlöhne.

Minister

Mit dem Bundeskanzler bilden die M. die Regierung. In der Regierung hat jeder M. eine Ressortverantwortung, d. h. er ist zuständig für einen Bereich der Politik wie Außen-, Finanz-, Landwirtschafts- oder Innenpolitik. Wie viele Ressorts es gibt und für welche Ressorts jeweils ein M. zuständig ist, entscheidet jede Regierung aufs Neue, wobei sich aufgrund der politischen Situation große Unterschiede ergeben können. Der M. bildet die politische Spitze der Verwaltung seines Ressorts und trägt die politische Verantwortung dafür, dass in der Verwaltung, die in seinem Ressort arbeitet, nach Recht und Gesetz verfahren wird. Der M. beruft Staatssekretäre, die als politische Beamte an den M. persönlich gebunden sind. Der Staatssekretär steht an der Spitze der Beamtenhierarchie eines Ministeriums. Entsprechendes gilt auch auf Landesebene.

Ministerrat

Wichtigstes Gesetzgebungsorgan der Europäischen Union (Europäische Union). In ihm sind alle Fachminister der Mitgliedsstaaten, also z. B. alle Landwirtschaftsminister oder alle Finanzminister vertreten. Beraten wird über Rechtsakte der EU zu den Fachgebieten der Minister. Kein Rechtsakt der EU kann ohne Zustimmung des M. verabschiedet werden, wohl aber können Rechtsakte ohne Zustimmung des Europäischen Parlaments (EP) ergehen. So kann man den M. als erste Kammer im Gesetzgebungsverfahren der EU bezeichnen. Um verabschiedet zu werden, brauchen die Rechtsakte unterschiedliche Mehrheiten im M. Häufig werden qualifizierte Mehrheiten (Mehrheit, qualifizierte) benötigt, andere Entscheidungen müssen einstimmig erfolgen. Welche Mehrheiten erforderlich sind, richtet sich nach der Gesetzgebungsmaterie und wird in der Kompetenznorm im Vertrag über die Arbeitsweise der Europäischen Union (AEUV) jeweils festgelegt.

Misstrauensvotum

Mit einem M. wählt ein Parlament den Regierungschef, in Deutschland den Bundeskanzler, ab. Das Parlament spricht ihm das Misstrauen aus oder entzieht ihm das Vertrauen. Man unterscheidet zwischen einem konstruktiven und einem einfachen oder destruktiven M. Im ersten Fall, beim konstruktiven M., kann man den Regierungschef nur abwählen, wenn gleichzeitig ein neuer Regierungschef gewählt wird. Mit dem destruktiven M. kann man den existierenden Regierungschef abwählen, ohne einen neuen bestimmen zu müssen. Während die Weimarer Reichsverfassung das destruktive M. kannte, wurde im Grundgesetz

(GG) das konstruktive M. normiert (Art. 67 GG). Negative Koalitionen hatten in der Weimarer Republik, so die Argumentation, insgesamt zu einer instabilen politischen Situation geführt, die der Reichspräsident nutzen konnte, um über Notstandsverordnungen zu regieren. Das sollte sich nicht wiederholen. M. sind prinzipiell auch gegen Minister möglich. Das Grundgesetz kennt dieses Instrument jedoch nicht, da Bundesminister nicht gewählt, sondern vom Bundeskanzler ernannt werden. Der Bundestag kann lediglich seine Missbilligung gegenüber einzelnen Ministern formulieren. Eine solche Erklärung hat zwar eine politische, aber keine rechtliche Wirkung. Anders in der Landesverfassung Bremens. Diese bestimmt, dass das Parlament (in Bremen: die Bürgerschaft) den Minister (in Bremen: Senator) wählen und auch abwählen kann. In der Bundesrepublik gab es 2 M., das erste 1972 gegen Willy Brandt (SPD), gegen den Rainer Barzel (CDU) kandidierte, aber verlor. Das Zweite fand genau 10 Jahre später statt: Helmut Kohl (CDU) kandidierte gegen Helmut Schmidt (SPD), nachdem die FDP erklärt hatte, sie wolle die Koalition mit der SPD verlassen. Kohl gewann die Abstimmung.

Mitarbeitervertretung

Siehe Kirchliches Arbeitsrecht

Mitbestimmung

Einfluss von Arbeitnehmern und Beschäftigten des öffentlichen Dienstes auf sie betreffende Entscheidungen. Dazu gehören Mitwirkungs- und Mitentscheidungsrechte hinsichtlich der Bedingungen am Arbeitsplatz, der Ordnung des Betriebes (u. a. Arbeitszeit und Personalplanung) sowie Unternehmensmitbestimmung im Aufsichtsrat von Kapitalgesellschaften mit mehr als 500 Mitarbeitern. Siehe auch Betriebsverfassungsgesetz (BetrVG), Betriebsrat, Personalvertretung, Gewerkschaft, Kirchliches Arbeitsrecht.

Mitgliedsstaat

Staaten, die Mitglied in der Europäischen Union sind. Dazu mussten sie von der EU aufgenommen werden, was an bestimmte Voraussetzungen gebunden ist – so eine rechtsstaatliche und demokratische Staatsstruktur (Demokratie, Rechtsstaat) und eine gewisse wirtschaftliche Stabilität.

Mittelbare Staatsverwaltung

Kommunen sind zunächst zuständig für alle kommunalen Angelegenheiten, also Fragen, die sich aus dem Zusammenleben in der Kommune ergeben. Gleichzeitig übernimmt die Kommune als Verwaltung auch staatliche Aufgaben, die ihr durch Gesetz zugewiesen werden, wie z. B. die Ausgabe von Personalausweisen oder Reisepässen. Soweit die Kommune als staatliche Verwaltung tätig wird, spricht man von M.

Mord

Vorsätzliche Tötung (Totschlag) eines Menschen bei Vorliegen besonderer Mordmerkmale. Das Gesetz (§ 211 StGB) kennt zum einen Merkmale, die in der Person des Täters liegen: Mordlust, Befriedigung des Geschlechtstriebs, Habgier und sonstige niedrige Beweggründe. Weiterhin kennt das Gesetz Merkmale, die in der Tatausführung liegen: Heimtücke, Grausamkeit, mit gemeingefährlichen Mitteln, zur Ermöglichung oder Verdeckung einer Straftat. Mordlust ist z. B. gegeben, wenn der Täter tötet, um einen Menschen sterben zu sehen oder bei Tötung aus Zeitvertreib oder zum sportlichen Vergnügen. Habgier ist ein extremes, abstoßendes Gewinnstreben um jeden Preis (z. B. um sich der Verpflichtung zum Unterhalt zu entziehen). Als niedrige Beweggründe werden z. B. übersteigertes Ehrgefühl (»Ehrenmorde«) oder Tötung aus Rassenfeindlichkeit angesehen. Heimtücke ist die Ausnutzung der Arg- und Wehrlosigkeit des Opfers (»hinterlistig«). Grausamkeit wird gesehen beim zusätzlichen zufügen von Schmerzen oder Qualen (verbrennen, zu Tode foltern, eingesperrt verhungern lassen). Gemeingefährliche Mittel sind z. B. Sprengstoff in Fußgängerzonen, eine Amokfahrt in einem Fahrzeug mit Tötungsziel. Aufgrund der Androhung der lebenslangen Freiheitsstrafe sind die Mordmerkmale mit Vorsicht (restriktiv) auszulegen und im Urteil genau und ausführlich zu begründen.

Mordlust

Siehe Mord

Mündel

Minderjähriger (Minderjährigkeit), der unter Vormundschaft steht.

Mutter

Die Frau, die ein Kind geboren hat, ist die M. dieses Kindes (§ 1591 BGB). Diese Legaldefinition wurde 1998 erforderlich, weil sich durch die Entwicklung der Fortpflanzungsmedizin (z. B. Leihmutterschaft) Probleme bei der rechtlichen Zuordnung von Kindern (Abstammung) ergeben. Die Spenderin einer Eizelle ist damit zwar leibliche (biologische) Mutter, aber nicht rechtliche. Die Mutter hat im Gegensatz zum Vater unabhängig davon, ob sie mit dem Vater verheiratet ist (Ehe), automatisch das Sorgerecht. Siehe auch Kindschaftsrecht

Mütterrente

Mit diesem Stichwort ist eine stärkere Anerkennung von Erziehungszeiten für Kinder in der gesetzlichen Rentenversicherung gemeint, die vor dem 1.1.1992 geboren sind. Nach § 249 Abs. 1 SGB VI (alte Fassung) endeten Kindererziehungszeiten für ein vor dem 1.1.1992 gebotenes Kind 12 Kalendermonate nach Ablauf des Monats der Geburt. Bei Kindern, die danach geboren wurden, sind es hingegen 3 Jahre Kindererziehungszeit. Diese Ungleichbehandlung ist inzwischen verringert worden. So hat der Gesetzgeber als Bestandteil des Gesetzes über Leistungsverbesserungen in der gesetzlichen Rentenversicherung vom 23.6.2014 die Kindererziehungszeiten für vor 1992 geborene Kinder auf 24 Monate angehoben (»Mütterrente I«). Das RV-Leistungsverbesserungs- und -Stabilisierungsgesetz vom 28.11.2018 beinhaltet mit der »Mütterrente II« eine Anerkennung eines weiteren halben Kindererziehungsjahres.

Mutterschaftsgeld

Sozialleistung mit Lohnersatzfunktion. Es soll den Lebensunterhalt (werdender) Mütter innerhalb der Schutzfristen vor, während und nach der Entbindung (vgl. § 3 MuSchG) sichern, damit diese aufgrund von Schwangerschaft und Entbindung keine wirtschaftlichen Nachteile haben. Ist die werdende Mutter Mitglied der gesetzlichen Krankenversicherung, wird das M. von der gesetzlichen Krankenversicherung gewährt (§ 19 Abs. 1 MuSchG in Verbindung mit § 24i SGB V). Das M. beträgt höchstens 13 € für den Kalendertag. Frauen, die nicht Mitglied der gesetzlichen Krankenversicherung sind, erhalten M. zulasten des Bundes, jedoch höchstens 210 €. Das M. wird dann auf Antrag vom Bundesversicherungsamt gezahlt (§ 19 Abs. 2 MuSchG). Die Arbeitgeber haben zum vollwertigen Ausgleich schwangerschaftsbedingter Einkommensverluste einen Zuschuss (§ 20 MuSchG) zum M. zu leisten, soweit das Arbeitsentgelt den Betrag von 13 € pro Tag übersteigt (vgl. § 24i Abs. 2 Satz 4 SGB V). Dieser beläuft sich auf den Unterschiedsbetrag zwischen 13 € und dem um die gesetzlichen Abzüge verminderten täglichen Durchschnittsarbeitsentgelt der letzten drei abgerechneten Kalendermonate vor Beginn der Schutzfrist vor der Entbindung (§ 20 Abs. 1 Satz 2 MuSchG).

Mutterschutzgesetz (MuSchG)

Schwangere Frauen und Mütter neugeborener Kinder genießen im Arbeitsverhältnis eine besondere Schutzwürdigkeit. Dem soll das Gesetz zum Schutze von Müttern bei der Arbeit, in der Ausbildung und im Studium Rechnung tragen. Das M. hat dabei sowohl den Schutz vor Gesundheitsgefährdungen und Diskriminierung infolge der Schwangerschaft oder Geburt als auch die Möglichkeit zur Teilhabe am Arbeitsleben zum Ziel. Das M. verpflichtet Arbeitgeber, die Arbeitsbedingungen jeder Tätigkeit im Betrieb im Hinblick auf ihre Gefährdung für Schwangere und Stillende zu beurteilen und ggf. anzupassen. Ist dies nicht möglich, so ist die Schwangere oder Stillende an einem anderen geeigneten Arbeitsplatz einzusetzen. Nur wenn ein solcher nicht vorhanden ist, ist als letztes Mittel eine Weiterbeschäftigung ausgeschlossen. Ferner ist der Arbeitgeber besonderen Beschränkungen unterworfen. Er muss Möglichkeiten zur Arbeitsunterbrechung, zum Hinsetzen oder -legen sicherstellen und das Verbot von Nachtarbeit einhalten. Für die Zeit unmittelbar vor und nach der Geburt bestehen Schutzfristen. Dem Arbeitgeber ist die Beschäftigung von Arbeitnehmerinnen 6 Wochen vor der Geburt verboten, solange sich diese nicht ausdrücklich dazu bereit erklärt. Für die Zeit nach der Geburt gilt eine 8-wöchige Schutzfrist. Frauen, die innerhalb dieser Schutzfristen nicht beschäftigt werden, erhalten Mutterschaftsgeld von der Krankenkasse in Höhe von maximal 13 € täglich, welches vom Arbeitgeber auf den Betrag des üblichen täglichen Entgelts bezuschusst wird. Zudem gilt für Schwangere und für einen Zeitraum von 4 Monaten nach der Geburt ein besonderer Kündigungsschutz.

Nachhaltigkeit

Umweltrechtliches Prinzip, das ursprünglich aus der Forstwirtschaft kommt. Dort bedeutete nachhaltige Forstwirtschaft, dass nur so viel Wald abgeholzt wird, wie in einer bestimmten Zeit wieder nachwächst – braucht ein Baum z. B. 60 Jahre zum Wachsen, kann jährlich nur 1/60-stel der Bäume geschlagen werden. Das Prinzip wurde von der Forstwirtschaft auf fast alle Bereiche des Lebens übertragen. Im Umweltrecht ist das Prinzip als Zielvorgabe sehr nützlich. Man sollte z. B. nur so viele Fische fangen, wie wieder nachwachsen.

Nachlassgericht

Abteilung des Amtsgerichts (AG) und zuständig für Fragen des Erbrechts.

Nachstellung

Straftatbestand (§ 238 StGB), der Menschen davor schützen soll, sich in der Gestaltung ihres Lebens einschränken zu müssen, um einem Nachsteller (Stalker) aus dem Weg zu gehen. Soweit ein beharrlicher Kontaktwunsch des Täters durch Aufsuchen des Opfers,

Telefonanrufe oder andere vergleichbare Handlungen vorliegt und dadurch schwerwiegende Einschränkungen eintreten (z. B. Umzug notwendig, Wechsel der Arbeitsstelle oder Schule), kann die Tat mit bis zu 3 Jahren Freiheitsstrafe oder Geldstrafe bestraft werden. Unter Beharrlichkeit sind mindestens 2 Handlungen zu verstehen, im Einzelfall können jedoch noch mehr Teilakte für die Strafbarkeit notwendig sein. Auch ist der subjektive Wille (Vorsatz) des Täters notwendig, sich über den Willen des Opfers, keinen Kontakt zu haben, hinwegzusetzen. Ergänzt wird § 238 StGB durch das Gewaltschutzgesetz, das Kontaktverbote ermöglicht (Einstweilige Verfügung), deren Missachtung auch für ein einmaliges Fehlverhalten Strafe vorsieht.

Nachteilsausgleich

Hilfen für behinderte Menschen zum Ausgleich behinderungsbedingter Nachteile oder Mehraufwendungen (§ 209 Abs. 1 SGB IX). Entsprechende N. gibt es z. B. im Sozialgesetzbuch (SGB) IX für Menschen mit einer erheblichen oder außergewöhnlichen Gehbehinderung (Gehbehinderung, außergewöhnliche) (§ 229 SGB IX), im Steuerrecht (§ 33b EStG), aber auch nach den schulrechtlichen Bestimmungen der Länder für Schülerinnen und Schüler mit einem behinderungsbedingten Förderbedarf.

Nationalpark

Großräumige Flächen, die in ihrem Kern wie Naturschutzgebiete geschützt werden sollen. Es handelt sich damit um einen gebietsgezogenen Naturschutz. Weil Deutschland ein stark besiedeltes und industrialisiertes Land ist, funktioniert das nur begrenzt – recht gut etwa beim Nationalpark Wattenmeer. Im Binnenland, etwa beim Nationalpark Harz, wird die vorhandene Infrastruktur, die auch durch den N. verläuft, nicht beseitigt. Weil Nutzungsinteressen bestehen, werden die N. in unterschiedliche Zonen unterteilt. Dabei unterliegen die jeweiligen Kernzonen dem absoluten Veränderungsverbot.

Natürliche Person

Siehe Person

Naturpark

Großräumig angelegte Gebiete, die ähnlich wie ein Landschaftsschutzgebiet zu schützen sind, also deutlich weniger streng als Nationalparks.

Naturrecht

Lehre, die – im Unterschied zum Rechtspositivismus – die These vertritt, dass man Recht und Moral nicht trennen könne. Etwas sei Recht oder Unrecht, weil es der Natur des Menschen bzw. der natürlichen Vernunft entspreche (deshalb auch »Vernunftrecht«) bzw. widerspreche. Daher gebe es auch Recht, welches gelte, ohne dass es in einem Gesetz enthalten sein muss, z. B. die Menschenrechte. Das positive, in Gesetzen enthaltene Recht müsse zudem an der Moral gemessen werden. Nur Gesetze, die moralischen Ansprüchen genügen, könnten den Anspruch erheben, befolgt zu werden. Viele Gesetze und staatlich geförderte Handlungen im Nationalsozialismus waren nach dieser Position kein Recht, sondern Unrecht, weshalb z. B. die Nürnberger »Rasse«-Gesetze und die KZ-Morde niemals legitim sein können (Legitimität). Im Mittelalter galt die göttliche Ordnung als Maßstab des Rechts. Das N. ergab sich somit aus der gottgewollten Ordnung. In der Aufklärung erkannte man dann das Problem, den Inhalt des N. eindeutig, d. h. unabhängig von persönlichen Standpunkten, zu bestimmen. Weitgehende Einigkeit besteht aber bis heute hinsichtlich der auf dem Gedanken des N. beruhenden Radbruch'schen Formel (Radbruchformel). Der Rechtsphilosoph Gustav Radbruch hatte diese 1946 mit Blick auf den Nationalsozialismus entwickelt. Ob deren Anwendung nach der »Wende« 1989 im Sinne Radbruchs gewesen ist, kann man auch kritisch als »Siegerjustiz« ansehen.

Naturschutz

Siehe Naturschutzrecht

Naturschutzgebiete

Streng geschützte Gebiete kleiner und mittlerer Größe, was sie von dem flächenmäßig großen Nationalpark und Naturpark unterscheidet. In N. ist grundsätzlich jede Änderung untersagt, wenn nicht ausnahmsweise eine Befreiung erteilt wurde, etwa zum Schutz vor Gefährdung der öffentlichen Sicherheit und Ordnung. Ob ein N. von Menschen betreten und genutzt werden darf, hängt vom Schutzzweck ab, der bei der Gebietsausweisung von den zuständigen Behörden der Länder meist durch Rechtsverordnung (RVO) mit den erlaubten und verbotenen Nutzungen festgesetzt wird.

Naturschutzrecht

Beinhaltet den besonderen Gebietsschutz, etwa für Naturschutzgebiete oder Nationalparks, das Artenschutzrecht und einen allgemeinen Schutz vor Flächenverbrauch mit der Eingriffsregelung. Für das N. sind der Bund und die Länder zuständig. Nach der Regelung in Art. 72 Abs. 3 GG gilt bei widersprüchlichen Regelungen das jeweils neuere Gesetz.

Ne bis in idem

Siehe Doppelbestrafung, Verbot der

Nebenfolgen

Mögliche Konsequenz im Strafrecht bei Verurteilung wegen eines Verbrechens. Dann kann es zu einem Verlust der Amtsfähigkeit sowie des aktiven und passiven Wahlrechts für bis zu 5 Jahre (§ 45 StGB) kommen. Weitere Folgen sind in anderen Gesetzen (z. B. § 48 Bundesbeamtengesetz) geregelt. Diese treten entweder automatisch mit der Rechtskraft des Strafurteils ein oder können in einigen Fällen durch das Gericht gesondert angeordnet werden.

Nebenklage

Gibt dem Verletzten im Strafprozess die Möglichkeit, sich der Anklage der Staatsanwaltschaft anzuschließen. Sie gibt ihm weitere Beteiligungsrechte und damit die Möglichkeit, das Verfahren aktiver mitzugestalten. Die N. ist jedoch nur bei wenigen Straftatbeständen zulässig, denen gemeinsam ist, dass sie alle einen besonderen persönlichen Einschlag haben, der unter Umständen eine Genugtuung des Opfers verlangt. Zulässig ist die N. z. B. bei Körperverletzungs- und Tötungsdelikten (hier die Hinterbliebenen) oder bei Straftaten gegen die sexuelle Selbstbestimmung. Siehe auch Adhäsionsverfahren.

Nebenstrafe

Kann zusätzlich zur Hauptstrafe (Strafe) angeordnet werden. Im Strafgesetzbuch (StGB) ist als N. nur das Fahrverbot (§ 44 StGB) vorgesehen. Dieses kann für den Zeitraum von 1–6 Monaten angeordnet werden. Die Tat muss nicht im Zusammenhang mit dem Straßenverkehr stehen, was allerdings der Regelfall ist.

Nebentätigkeit

Tätigkeiten, die ein Arbeitnehmer als Selbstständiger oder aufgrund eines Arbeitsvertrags, Dienstvertrags, Auftragsvertrags oder Werkvertrags gegen Entgelt oder ehrenamtlich außerhalb seines Arbeitsverhältnisses leistet. Da der Arbeitgeber nicht berechtigt ist, über die geschuldete Arbeitszeit hinaus über den Arbeitnehmer zu verfügen, ist die Ausübung von N. grundsätzlich zulässig, solange sie den Arbeitnehmer nicht an der Erfüllung seiner Arbeitspflicht aus dem Hauptarbeitsverhältnis hindern oder Wettbewerbsinteressen des Arbeitgebers entgegenstehen (Konkurrenztätigkeit). Unzulässig sind N. im Urlaub, wenn sie den Urlaubszweck der Erholung beeinträchtigen, und solche, deren zeitlicher Umfang zusammen mit dem Hauptarbeitsverhältnis die Grenzen des Arbeitszeitgesetzes überschreitet. Häufig sind in Arbeits- oder Tarifverträgen Regelungen vereinbart, nach denen die Aufnahme von N. anzeige- und genehmigungspflichtig ist. In diesem Fall ist der Arbeitgeber nicht berechtigt, die Genehmigung der N. willkürlich zu verweigern, sondern darf dies nur, wenn seine berechtigten Interessen, z. B. an der Erfüllung der Verpflichtung an dem mit ihm bestehenden Arbeitsvertrag, gefährdet sind.

Nichteheliche Lebensgemeinschaft

Dauerhaftes Zusammenleben zweier Menschen in Wohn- und Wirtschaftsgemeinschaft mit familienähnlicher innerer Bindung, aber ohne Eheschließung. Es existieren hierfür viel weniger rechtliche Regelungen als für die Ehe, z. B. kein gesetzlicher Anspruch auf Unterhalt. Die N. wird oft von Personen gewählt, die bereits eine Scheidung hinter sich haben, um die als unangenehm erlebten Scheidungsfolgen zu vermeiden. Gehen Kinder aus der Beziehung hervor, so können beide Eltern das Sorgerecht haben (Abstammung). Schwierigkeiten ergeben sich v. a. nach einer Trennung, wenn zuvor gemeinsam Werte geschaffen wurden, ohne dass beide Partner Eigentum daran erworben haben. Dies kann z. B. geschehen, wenn einem Partner ein Grundstück gehört und beide zusammen darauf ein Haus errichten. Denn das Eigentum am Grundstück erstreckt sich automatisch mit auf das Haus, d. h., nur wer im Grundbuch steht, hat Eigentum. Bei Ehegatten ohne Ehevertrag gibt es den Zugewinnausgleich, um eine gleichmäßige Teilung des Vermögens zu erreichen. Für die N. fehlen ausdrückliche Regelungen im Gesetz, und wenn eine einvernehmliche Einigung scheitert, kommt es vor Gericht sehr auf den Einzelfall an. Um Risiken zu vermeiden, empfiehlt es sich daher, dass z. B. im vorgenannten Fall beide Partner ins Grundbuch eintragen werden oder einen Vertrag schließen, wie sie im Falle einer Trennung vorgehen wollen. In einem solchen Vertrag kann z. B. auch ein Unterhaltsanspruch vereinbart werden, wenn ein Partner den Haushalt geführt und kein eigenes Einkommen und v. a. keinen Anspruch auf Altersrente (Renten wegen Alters) erzielt hat. In der Hoffnung, die Beziehung werde dauerhaft sein, und aus anderen Motiven heraus, wird ein solcher Vertrag in der Praxis allerdings eher selten geschlossen.

Nicht genehmigungsbedürftige Anlage

Siehe Anlage, nicht genehmigungsbedürftige

Nichtigkeit

Nichtig ist ein Verwaltungsakt (VA) (Bescheid), wenn er offensichtlich rechtswidrig ist. Die Rechtswidrigkeit muss ihm »auf der Stirn stehen«, sodass jeder sie sofort entdecken kann. Ist der Bescheid nichtig, gilt er von vornherein nicht, d. h., evtl. eingetretene Wirkungen müssen rückgängig gemacht werden. Nichtige Verwaltungsakte sind unwirksam (§ 43 Abs. 3 VwVfG), wohingegen »lediglich« rechtswidrige Verwaltungsakte wirksam sein können, solange sie nicht in irgendeiner Form zurückgenommen werden oder sich anderweitig erledigen. Im Zivilrecht ist ein Rechtsgeschäft bei Sittenwidrigkeit nach § 138 BGB nichtig.

Nichtstörer

Im Unterschied zum Störer ist der N. nicht verantwortlich für die Gefahr. In manchen Fällen müssen die N. trotzdem verpflichtet werden, etwas zu tun oder eine Maßnahme der Polizei zu dulden, um eine Gefahr abzuwenden. Z. B.: Man kommt an die defekte Gasleitung nur heran, wenn man schon auf dem Grundstück des Nachbarn anfängt, den Boden auszuheben. Dieser Nachbar wird dann verpflichtet, die Erdarbeiten auf seinem Grundstück zu dulden, was ihm im Zweifel nicht gefallen wird. Die Inanspruchnahme des N. ist an enge Voraussetzungen gebunden und führt i. d. R. zu Ansprüchen auf Entschädigung.

Nichtzulassungsbeschwerde

Ist gegen ein erstinstanzliches Urteil das Rechtsmittel der Berufung nicht ohnehin gegeben, weil die Berufungssumme nicht erreicht wird, und ist die Berufung vom erstinstanzlich zuständigen Gericht nicht zugelassen worden, kann im sozialgerichtlichen Verfahren dagegen eine N. eingelegt werden mit dem Ziel, den Rechtsstreit doch noch in die Berufungsinstanz zur bringen (§ 145 SGG). Im Verwaltungsgerichtsprozess hat der Unterlegene dann, wenn seine Berufung nicht zugelassen wird, die Möglichkeit, die Zulassung der Berufung zu beantragen (§ 124a Abs. 4 VwGO). Das Zivilprozessrecht sieht keine N. gegen erstinstanzliche Urteile vor. Die N. ist weiterhin ein Rechtsmittel gegen die Nichtzulassung der Revision gegen Berufungsurteile bzw. das erstinstanzliche Urteil des Finanzgerichts mit dem Ziel, den Rechtsstreit in die Revisionsinstanz zu bringen (§ 72a ArbGG; § 116 FGO; § 160a SGG; § 133 VwGO; § 544 ZPO).

Niederlassungsfreiheit

Siehe Dienstleistungsfreiheit und Niederlassungsfreiheit

Non-refoulement-Gebot/Nichtzurückweisung

Verbietet es Staaten, einen politisch Verfolgten und andere Schutzsuchende an der Staatsgrenze zurückzuweisen, wenn »sein Leben oder seine Freiheit wegen seiner Rasse, Religion, Staatsangehörigkeit, seiner Zugehörigkeit zu einer bestimmten sozialen Gruppe oder wegen seiner politischen Überzeugung bedroht sein würde«. Das Zitat entstammt der Genfer Flüchtlingskonvention von 1951, in der dieses Zurückweisungsverbot normiert wurde und an welches die Partner des Vertrags gebunden sind.

Norm, gebundene

Norm, bei der Tatbestand und Rechtsfolge klar bestimmt sind. Ein Richter z. B. hat bei der N. im Unterschied zur Ermessensnorm keinen vom Gesetz eingeräumten Entscheidungsspielraum. N. sind am Wörtchen »ist« zu erkennen. Eine Gaststättengenehmigung ist zu erteilen, wenn die Voraussetzungen erfüllt sind. Das Wörtchen »kann« deutet dagegen auf Ermessen hin.

Normenhierarchie

Bezeichnet das Rangverhältnis von Gesetzen. Innerstaatlich steht das GG an der Spitze der Normenhierarchie, alle unter dem GG stehenden Normen dürfen nicht gegen dessen Bestimmungen verstoßen. So lässt sich auch das Verhältnis anderer Normen zueinander bestimmen. Die Rechtsverordnung steht z. B. unter dem Gesetz und darf diesem nicht widersprechen. Streit gibt es um die Rangfolge zwischen europäischem Recht und deutschem Verfassungsrecht. Siehe Vorrang des Gesetzes

Normenkontrolle, abstrakte

Kann von 25 % der Bundestagsabgeordneten, der Bundesregierung oder einer Landesregierung beim Bundesverfassungsgericht (BVerfG) beantragt werden. Das BVerfG wird angerufen, um zu prüfen, ob Bundes- oder Landesrecht mit dem Grundgesetz (GG) vereinbar oder verfassungswidrig ist. Die N. war ein Instrument der Opposition, als diese regelmäßig aus einer der beiden großen Volksparteien bestand, während sie in der neueren Zusammensetzung des Bundestages von keiner Oppositionspartei allein beantragt werden kann.

Normenkontrolle, konkrete

Jedes Gericht kann dem Bundesverfassungsgericht (BVerfG) die Frage vorlegen, ob eine Rechtsnorm, die für das Verfahren und Urteil des Gerichts relevant ist, mit dem Grundgesetz (GG) vereinbar ist. Die Instanzgerichte dürfen Parlamentsgesetze nicht für verfassungswidrig erklären, sie dürfen aber auch kein Recht anwenden, das sie für verfassungswidrig halten. Deshalb gibt es die Möglichkeit, ein solches Gesetz dem BVerfG zur Überprüfung vorzulegen. Auf europäischer Ebene ähnelt der Vorlagebeschluss der N.

Notar

Volljurist mit einer Zusatzausbildung, der das staatlich verliehene Recht hat, Verträge oder Testamente zu beurkunden. Der Kaufvertrag über ein Grundstück muss z. B. durch einen N. beurkundet werden, damit der Vertrag rechtsgültig wird. Das Gleiche gilt für einen Ehevertrag (siehe auch Formfreiheit). Der N. hat eine Aufklärungspflicht gegenüber dem Erklärenden.

Nötigung

Wegen N. wird bestraft, wer einen Menschen rechtswidrig mit Gewalt oder durch Drohung mit einem empfindlichen Übel zu einer Handlung, Duldung oder Unterlassung zwingt (§ 240 StGB). Unter Gewalt ist dabei körperlicher oder psychischer Zwang zu verstehen. Die Gewalt kann sich auch gegen Dritte richten, also nicht nur gegen die Person, die zu etwas genötigt werden soll. Drohung mit einem empfindlichen Übel setzt zum einen eine vom Bedrohten als konkret empfundene, angedrohte nachteilige Veränderung der Außenwelt voraus, die zum anderen aber auch tatsächlich umgesetzt werden kann. Ein reines Verfluchen reicht daher z. B. nicht. Die Strafbarkeit der N. ist abhängig von einer speziellen Verwerflichkeitsprüfung. Nicht jedes Zwingen eines anderen soll strafbar sein, sondern lediglich ein besonders sozialwidriges Verhalten. Entweder muss das Drohungs- bzw. Gewaltmittel für sich verwerflich sein oder der erstrebte Zweck, also wozu das Opfer genötigt werden soll. Drittens kann sich die Verwerflichkeit aus dem Verhältnis von Mittel und Zweck ergeben. Wenn z. B. Eltern ihre Kinder mit der

Androhung von Taschengeldentzug dazu zwingen, Hausaufgaben zu machen, dann ist das zwar eine N., aber keine verwerfliche (weder Mittel noch Zweck noch die Relation) und damit nicht strafbar. Besonders schwere Fälle der N. sind die zum Schwangerschaftsabbruch oder die Ausnutzung der eigenen Stellung des Täters als Amtsträger.

Notstand

Rechtfertigungsgrund im Strafrecht bei Abwehr einer gegenwärtigen Gefahr von Rechtsgütern (§ 34 StGB). Wenn jemand z. B. Hilferufe aus einem fremden Haus hört und die verschlossene Tür beschädigen muss, um Hilfe zu leisten, dann liegt zwar grundsätzlich ein unter Strafe gestelltes Handeln vor (hier Sachbeschädigung an der Tür). Dieses Handeln wird aber aus nachvollziehbaren Gründen nicht bestraft. Es muss sich nicht um eigene Rechtsgüter handeln, auch Rechtsgüter der Allgemeinheit kommen in Betracht. Hierbei ist jedoch eine Abwägung vorzunehmen, wobei Leben und körperliche Unversehrtheit grundsätzlich materiellen Gütern vorgehen. Die Gefahr muss zudem nicht durch mildere Mittel abwendbar sein (Verbot des Übermaßes). Im Fall des Überschreitens des rechtfertigenden N. sieht das Gesetz einen Schuldausschließungsgrund (§ 35 StGB) vor, sofern der Handelnde die Gefahr nicht selbst verursacht hat. Im Zivilrecht ist der N. in den §§ 228, 904 BGB geregelt. Wer eine fremde Sache (Sache, fremde) (auch Tier) beschädigt (verletzt) oder zerstört (tötet), um eine durch diese drohende Gefahr von sich oder anderen abzuwenden, handelt danach nicht rechtswidrig. Er ist daher nicht zum Schadensersatz verpflichtet, es sei denn, er hat die Gefahr selbst verursacht. Zum N. im Polizeirecht siehe Nichtstörer.

Notwehr

Verteidigung, die erforderlich ist, um einen gegenwärtigen rechtswidrigen Angriff eines Menschen von sich oder einem anderen abzuwehren (gleicher Wortlaut in § 32 StGB und § 227 BGB). Bei der N. handelt es sich um einen Rechtfertigungsgrund. Der in N. Handelnde macht sich also nicht strafbar bzw. ist nicht zum Schadensersatz verpflichtet. Voraussetzung ist aber die Rechtswidrigkeit des Angriffs, d. h., N. gegen ein rechtmäßiges Verhalten ist nicht zulässig. Der Angriff muss zudem noch andauern, d. h., es gibt kein Recht zur N. aus Rache. Die Abwehr muss auch sinnvoll (zweckerreichend) und erforderlich sein zum Schutz des Rechtsgutes. Es besteht ein Verbot des Übermaßes. Für den Fall des Überschreitens der Grenzen der N. aus Verwirrung, Furcht oder Schrecken entfällt die Schuld des Handelnden (§ 33 StGB). Siehe auch Notstand

Notwendige Verteidigung

Siehe Verteidiger

Nulla poena sine lege (scriptum)

Siehe Rückwirkungsverbot

Nutzungsrecht

Berechtigung einer Person an einer Sache (Sache, fremde), einem Grundstück, an Rechten oder natürliche Ressourcen. Ein N. kann durch Vertrag oder Gesetz eingeräumt oder beschränkt werden. Der Eigentümer (Eigentum) kann einem anderen z. B. aufgrund Miete oder Leihe den Besitz an seiner Sache oder Rechte an seinem geistigen Werk einräumen (Urheberrecht). Aus Gründen des Gemeinwohles, u. a. des Umweltschutzes, können N. aber auch staatlich begrenzt werden (siehe z. B. Wasserrecht).

Oberbürgermeister

Der Bürgermeister der großen, kreisfreien Städte wird regelmäßig als O. bezeichnet. Soweit die Kommunalgesetze der Länder das bestimmen, können auch die Bürgermeister kreisangehöriger Gemeinden als O. bezeichnet werden.

Obergericht

Die obersten Gerichte nach der jeweiligen Prozessordnung eines Bundeslandes. O. der Arbeitsgerichtsbarkeit sind die Landesarbeitsgerichte. In der ordentlichen Gerichtsbarkeit (Gerichtsbarkeit, ordentliche) sind O. die Oberlandesgerichte (Oberlandesgericht (OLG)) bzw. in Berlin das Kammergericht (KG). Die Landessozialgerichte (LSG) sind die O. der Sozialgerichtsbarkeit, und in der Verwaltungsgerichtsbarkeit versteht man hierunter die Oberverwaltungsgerichte bzw. in Baden-Württemberg, Bayern und Hessen die Verwaltungsgerichtshöfe. In der Finanzgerichtsbarkeit gibt es nur eine Tatsacheninstanz und dementsprechend auf Landesebene nur die Finanzgerichte. Diese werden in § 2 FGO als obere Landesgerichte bezeichnet.

Oberlandesgericht (OLG)

Höchstes Gericht auf Landesebene für die ordentliche Gerichtsbarkeit (Gerichtsbarkeit, ordentliche). Die Zuständigkeit ergibt sich aus §§ 118 ff. GVG. Ein Spruchkörper wird als Senat bezeichnet. In Berlin heißt das O. historisch bedingt Kammergericht (KG).

Oberste Gerichtshöfe des Bundes

In Art. 95 GG genannte Bundesgerichte. Dies sind das Bundesarbeitsgericht (BAG) mit Sitz in Erfurt, der Bundesfinanzhof (BFH) mit Sitz in München, der Bundesgerichtshof (BGH) mit Sitz in Karlsruhe und Leipzig, das Bundessozialgericht (BSG) mit Sitz in Kassel und das Bundesverwaltungsgericht (BVerwG) mit Sitz in Leipzig.

Oberverwaltungsgericht

Siehe Obergericht

Obliegenheit

Verpflichtung, sich einem anderen gegenüber auf eine bestimmte Art und Weise zu verhalten. Sie wird juristisch von der »echten« Rechtspflicht unterschieden. Angeblich sei die O. nur ein »Verschulden gegen sich selbst«. Das wird damit erklärt, dass eine O. grundsätzlich nicht vom anderen erzwingbar ist und er für ihre Verletzung auch keinen Schadensersatz verlangen kann. Die meisten O. finden sich beim Versicherungsvertrag und beim familienrechtlichen Unterhalt. V. a. der Versicherungsnehmer muss verschiedene Verhaltensanforderungen erfüllen, z. B. bei Vertragsabschluss wichtige Angaben wahrheitsgemäß zu machen (»Anzeigeobliegenheit«). Tut er das nicht, hat der Versicherer verschiedene Möglichkeiten, von der Anpassung der Versicherungsprämie bis zum Rücktritt vom Vertrag (§§ 19-22 VVG). Der Versicherer braucht also weder Erzwingung der Erfüllung der O. noch Schadensersatz, da andere, sinnvollere Rechtsfolgen der Obliegenheitsverletzung bereits im Gesetz geregelt sind. Ähnlich ist es z. B. bei der Erwerbsobliegenheit des Unterhaltsberechtigten. Wenn ihm zumutbar ist, selbst für seinen Unterhalt zu sorgen und er dieser O. nicht nachkommt, dann braucht derjenige, von dem Unterhalt gefordert wird, keinen Rechtszwang oder Schadensersatzanspruch, denn er wird von seiner Unterhaltspflicht frei.

Obligation
Siehe Schuldverhältnis

Offene Handelsgesellschaft (OHG)
Siehe Personengesellschaft, Gesellschaft bürgerlichen Rechts (GbR). Die Rechtsfähigkeit der OHG ist durch § 124 HGB gegeben.

Öffentlich-rechtliche Körperschaft
Siehe Körperschaft, öffentlich-rechtliche

Öffentliche Sicherheit und Ordnung
Siehe Sicherheit und Ordnung, öffentliche

Öffentlicher Dienst
Gesamtheit der bei öffentlich-rechtlichen Arbeitgebern Beschäftigten, was diese von Beschäftigten der Privatwirtschaft unterscheidet. Öffentlich-rechtliche Arbeitgeber können Gebietskörperschaften (Körperschaft, Gebiets-) (Bund, Länder, Landkreise, Gemeinden) und andere Körperschaften, Anstalten und Stiftungen des Öffentlichen Rechts sein. Beschäftigte der Kirchen als Körperschaften des Öffentlichen Rechts sind nicht Angehörige des Ö. Für sie gelten die Besonderheiten des kirchlichen Arbeitsrechts (Kirchliches Arbeitsrecht). Der Ö. umfasst sowohl die Beschäftigungsverhältnisse öffentlich-rechtlicher Art der Beamten, Soldaten und Richter als auch die privatrechtlichen Arbeitsverhältnisse der Angestellten des Ö. Für Erstere sind die Beschäftigungsbedingungen in speziellen Gesetzten geregelt (z. B. Beamtenstatusgesetz, Bundesbeamtengesetz und Beamtengesetze der Länder, Deutsches Richtergesetz, Soldatengesetz). Für Angestellte des Ö. gelten die allgemeinen Vorschriften des Arbeitsschutzgesetzes (ArbSchG). Für die Arbeitsverhältnisse des Ö. besteht zudem eine umfassende Abdeckung durch Tarifverträge (Tarifvertrag). Grundlegend für die Angestellten des Bundes und der Kommunen ist der Tarifvertrag des Ö. (TvöD), für die Angestellten der Länder der Tarifvertrag der Länder (TV-L). Durch Art. 33 II GG unterliegt die Personalauswahl des Ö. dem Prinzip der Bestenauslese. D. h., die Auswahl des Beschäftigten bei der Neubesetzung von Stellen oder Beförderungen durch den öffentlichen Arbeitgeber darf ausschließlich anhand der Kriterien der Eignung, der Befähigung und der fachlichen Leistung der Bewerber erfolgen. Verstößt die Auswahlentscheidung gegen das Prinzip der Bestenauslese, kann dies im Wege der Kornkurrentenschutzklage gerügt werden. Die Vertretung der Beschäftigten des Ö. erfolgt durch Personalvertretungen und ist im Bundespersonalvertretungsgesetz (BPersVG) bzw. den Personalvertretungsgesetzen der Länder geregelt.

Öffentliches Interesse
Siehe Interesse, öffentliches

Öffentliches Recht
Gesetzesnormen, welche die Beziehung zwischen öffentlichen oder staatlichen Institutionen untereinander oder zum Bürger regeln.

Öffentlichkeitsbeteiligung
Für viele behördliche Entscheidungen und Genehmigungen ist ein Verfahren mit Ö. vorgesehen. Das gilt für alle Planfeststellungsverfahren, u. a. für die Verabschiedung von Bebauungsplänen, für bundesimmissionsschutzrechtliche (Bundesimmissionsschutzgesetz (BImSchG)) Genehmigungen und vieles

mehr. Die Ö. sieht meist ähnlich aus, die vorbereitete Entscheidung wird öffentlich (meist im Rathaus) für 4 Wochen ausgelegt, die Bürgerinnen und Bürger können 4 Wochen Einwendungen erheben. Dann findet in manchen Verfahren ein Erörterungstermin statt, in welchem die Einwendungen diskutiert werden und schließlich wird eine Entscheidung unter Einbeziehung der Ergebnisse der Ö. getroffen. Ein solches Verfahren stärkt die demokratische (Demokratie) Ausgestaltung und damit die Legitimation von Verwaltungsentscheidungen.

Opferentschädigungsgesetz (OEG)

Teil des sozialen Entschädigungsrechts. Anspruchsberechtigt ist insbesondere, wer infolge eines vorsätzlichen, rechtswidrigen tätlichen Angriffs gegen seine oder eine andere Person oder durch dessen rechtmäßige Abwehr eine gesundheitliche Schädigung erlitten hat (§ 1 Abs. 1 OEG). Das O. verweist hinsichtlich der in Betracht kommenden Sozialleistungsansprüche auf das Leistungsspektrum des Bundesversorgungsgesetzes (siehe dazu im Überblick Soziales Entschädigungsrecht). Derzeit gibt es Bestrebungen, das O. in ein eigenes Buch des Sozialgesetzbuchs zum sozialen Entschädigungsrecht zu integrieren.

Opportunitätsprinzip

Die §§ 153 ff. StPO geben der Staatsanwaltschaft die Möglichkeit, im Bereich der leichteren Kriminalität von der Verfolgung einzelner Taten abzusehen. Das O. stellt eine Ausnahme vom Legalitätsprinzip dar. Gründe hierfür können sein: geringe Schuld des Beschuldigten; Auflagen und Weisungen reichen bereits aus, um auf den Täter einzuwirken; Verurteilung wegen einer anderen Straftat, sodass eine weitere Strafe nicht erheblich ins Gewicht fallen würde; Abschiebung des Beschuldigten. In zunehmendem Maße ist auch ein Täter-Opfer-Ausgleich (TOA) Grundlage für die Nichterhebung einer Anklage. Ist die Tat bereits angeklagt, können Gericht und Staatsanwaltschaft gemeinsam von der weiteren Verfolgung absehen. Eine ähnliche Regelung gibt es für die Verfolgung von Ordnungswidrigkeiten (§ 47 OWiG).

Ordentliche Gerichtsbarkeit

Siehe Gerichtsbarkeit, ordentliche

Ordnung, öffentliche

Siehe Sicherheit und Ordnung, öffentliche

Ordnungsbehördengesetz (OBG)

Siehe Polizeigesetz (PolG)

Ordnungsgeld

Sanktion gegen Zeugen bei Nichterscheinen vor Gericht.

Ordnungswidrigkeiten

Verstöße gegen die Rechtsordnung, die nicht mit Kriminalstrafe bedroht sind. Sie werden durch die Verwaltungsbehörden mit Bußgeldern geahndet. Bußgelder sind auch in vielen Gesetzen neben der Kriminalstrafe für Verstöße von geringerem Gewicht angedroht, teilweise in Verbindung mit weiteren Maßnahmen (z. B. Fahrverbot). O. können sowohl mit Vorsatz als auch durch Fahrlässigkeit begangen werden. Gegen den Bußgeldbescheid ist als Rechtsmittel der Einspruch zulässig, der den Weg zu den Gerichten eröffnet. Ist eine Handlung gleichzeitig eine Straftat und O., so findet nur das Strafgesetz Anwendung (§ 21 Abs. 1 OWiG). Sieht jedoch die Staatsanwaltschaft von der Verfolgung der Straftat ab, kann sie oder die Verwaltungsbehörde auch nur die O. verfolgen.

Organ

Körperteil mit einer bestimmten Funktion, die den Körper lebensfähig hält, bei Lebewesen z. B. Herz und Niere. Private Gesellschaften, z. B. Vereine, aber auch Staaten werden als juristische Person aufgefasst, sodass ihre Gremien auch als O. bezeichnet werden. Ein solches O. nimmt beispielsweise für den Staatskörper bestimmte Funktionen war, etwa die Rechtsprechung.

Organklage

Siehe Organstreitigkeit

Organstreitigkeit

Streitigkeit zwischen obersten Bundesorganen, etwa Regierung und Parlament, um die verfassungsrechtlichen Rechte und Kompetenzen. Die Organklage entscheidet das Bundesverfassungsgericht (BVerfG).

Pacta sunt servanda

Bedeutet, dass Verträge (lat. pacta) zu bedienen (lat. servanda), d. h., zu erfüllen sind. Wichtiger Grundsatz der Vertragstreue im Zivilrecht (siehe Bindung an Rechtsgeschäfte) und im Völkerrecht (Vertrag, völkerrechtlicher), wo allerdings die Durchsetzung schwierig ist.

Panaschieren

Siehe Wahlrecht

Parlament

I. d. R. eine gewählte Volksvertretung. In den westlichen, parlamentarischen Demokratien (Demokratie, parlamentarische) ist das nationale P., in Deutschland der Bundestag, das oberste Gesetzgebungsorgan, was bedeutet, dass alle nationalen Gesetze vom P. verabschiedet werden müssen. In vielen parlamentarischen Systemen wählt das P. außerdem die Regierung, so auch in Deutschland. In Frankreich oder den USA wird der Präsident als Spitze der Administration dagegen vom Volk gewählt. Der Begriff »Parlament« kommt aus dem Französischen und bedeutet: Sprechen, Reden oder Erörtern. Es soll also zuvörderst kein Abstimmungsgremium sein, sondern ein beratendes, diskutierendes Gremium. Mit dieser Bezeichnung ist die Hoffnung verbunden, im Streit der Meinungen eine gute, für möglichst viele richtige Lösung eines Problems zu finden. Volksvertretungen, und somit P., gibt es in Deutschland nicht nur auf der Ebene des Bundes. Auch die Länder, Kreise und Kommunen besitzen eine Volksvertretung, also ein gewähltes P., das wichtige Entscheidungen der jeweiligen Gebietskörperschaft (Körperschaft, Gebiets-) treffen soll.

Parlamentarische Demokratie

Siehe Demokratie, parlamentarische

Partei, gerichtliche

Siehe Parteifähigkeit

Partei, politische

Vereinigung von Bürgerinnen und Bürgern mit dem Zweck, an der politischen Willensbildung teilzunehmen. P. stellen Kandidaten auf für politische (Führungs-)Ämter, sie fördern politische Ideen und Vorstellungen, die in einem Programm niedergelegt sind. Sie sind die Grundeinheit der parlamentarischen Demokratie. Sie ist in § 2 Parteiengesetz (ParteiG) definiert. Eine P. muss mindestens auf Landesebene organisiert sein, deshalb sind sog. Rathausparteien, kommunale Wählervereinigungen,

die nur in einem Ort auftreten, keine P. Sie muss anstreben, Abgeordnete in den Bundestag oder Landtag zu entsenden, was freilich auch misslingen kann, aber sie muss regelmäßig zur Wahl antreten. Versäumt sie das 6 Jahre lang, verliert sie den Parteistatus.
Die P. muss außerdem beabsichtigen, längere Zeit zu existieren, sie muss eine einigermaßen feste Organisationsstruktur aufweisen, und sie muss ihre Ziele in der Öffentlichkeit ernsthaft verfolgen. Reinen Spaßparteien kann deshalb auch der Status als P. verwehrt werden. »Die Partei«, eine eher satirische Gründung, wurde 2014 zu den Wahlen zum Europaparlament zugelassen, und ein Abgeordneter wurde auch gewählt – im Zweifel wird für den Parteistatus entschieden, weil es schwierig ist, die Ernsthaftigkeit der Anliegen zu negieren.

Parteifähigkeit

Fähigkeit, in einem Rechtsstreit eine Partei zu sein. Sie ist Prozessvoraussetzung. Parteien eines Zivilprozesses sind der Kläger und die Beklagte. Parteifähig ist, wer Rechtsfähigkeit besitzt (§ 50 Abs. 1 ZPO). Die öffentlich-rechtlichen Prozessordnungen sehen neben dem Kläger und dem Beklagten noch das Rechtsinstitut der Beiladung vor. Sie verwenden statt des Begriffs der Partei denjenigen des Beteiligten und statt der P. denjenigen der Beteiligtenfähigkeit.

Parteifinanzierung

Parteien (Partei, politische) finanzieren sich in Deutschland über Mitgliedsbeiträge, Spenden und öffentliche Zuschüsse. Letztere hängen i. d. R. von der Höhe der ersten beiden Einnahmequellen ab, sodass Parteien mit hohem Spendenaufkommen vom Staat noch zusätzlich gefördert werden.
Die Chancengleichheit wird so nicht unbedingt erhöht. Das Bundesverfassungsgericht (BVerfG) legte jedoch Wert darauf, dass Parteien staatsfern sind, also sich nicht nur aus staatlichen Einnahmen finanzieren. Dafür gibt es gute Argumente, und ebensolche gibt es auch dafür, die Chancengleichheit zu erhöhen, indem die Parteienfinanzierung von Großspendern entkoppelt wird.
Die Regelung zur Parteienfinanzierung findet sich im Parteiengesetz.

Parteiverbot

Die Gründung von Parteien (Partei, politische) ist zwar frei, dennoch können sie verboten werden. Dieses Verbot kann – anders als z. B. bei Vereinen, die auch ein Innenminister verbieten kann – nur vom Bundesverfassungsgericht (BVerfG) ausgesprochen werden. Voraussetzung des Verbotes ist nach Art. 21 Abs. 2 GG, dass Parteien »nach ihren Zielen oder nach dem Verhalten ihrer Anhänger darauf ausgehen, die freiheitliche demokratische Grundordnung zu beeinträchtigen oder zu beseitigen oder den Bestand der Bundesrepublik Deutschland zu gefährden«. Sie müssen anstreben, so das BVerfG, die freiheitlich, demokratische (Demokratie) Grundordnung in aggressiv kämpferischer Weise zu beseitigen. In den 1950er-Jahren hat das BVerfG 2 Parteien verboten, nämlich die SRP, eine NSDAP-Nachfolgepartei, und die KPD. In jüngerer Zeit wurden Verbotsanträge gegen die NPD gestellt, die aber keinen Erfolg hatten, obwohl das BVerfG ausdrücklich feststellt, dass die Partei verfassungswidrige Ziele verfolgt. Verboten wurde sie nur deshalb nicht, weil ihre Chancen, diese Ziele zu verwirklichen, vom BVerfG als zu gering erachtet werden.

Patient

Siehe Behandlungsvertrag

Patiententestament

Siehe Patientenverfügung

Patientenverfügung

Ärzte dürfen – wie alle anderen Menschen auch – nicht Körper, Gesundheit oder Freiheit eines anderen verletzten. Sie müssen den Willen der Patienten in den Vordergrund stellen. Eine Operation z. B. ist grundsätzlich eine Körperverletzung. Sie bedarf daher der Einwilligung des Patienten. Missachtet ein Arzt den Willen des Patienten, kann das für ihn rechtliche Konsequenzen haben (Schadensersatz, Strafbarkeit). Probleme treten jedoch auf, wenn der Patient seinen Willen nicht (mehr) frei bilden oder äußern kann. Dies kann v. a. nach einem Unfall oder bei einer schweren Erkrankung eintreten, wenn etwa der Patient nicht ansprechbar ist. Der Arzt weiß dann nicht, was der Patient will, ist jedoch zur Hilfeleistung verpflichtet. Für diesen Fall kann durch die P., eine besondere Form der Vollmacht, vorgesorgt werden (deshalb auch Vorsorgevollmacht genannt). Die P. ist in § 1901a BGB geregelt. Danach kann ein Volljähriger, der die Konsequenzen seiner Verfügung noch voll abschätzen kann, für den Fall, dass er das nicht mehr kann, eine schriftliche Erklärung abgegeben, in welche (theoretisch denkbaren) ärztlichen Eingriffe er einwilligt bzw. welche er ablehnt. Fehlt eine P. oder ist sie wahrscheinlich nicht mehr aktuell, so muss ein Betreuer (Betreuung; Vertreter, gesetzlicher) vom Gericht bestellt werden. Der behandelnde Arzt muss dem Betreuer die aus seiner Sicht sinnvollen, möglichen Behandlungen erklären. Es wird dann der mutmaßliche Wille des Patienten ermittelt, und dazu sind auch nahe Angehörige und sonstige Vertrauenspersonen heranzuziehen. Die Bezeichnung als »Patiententestament« ist irreführend, da anders als beim Testament keine Verfügung von Todes wegen vorliegt, sondern gerade zu Lebzeiten dem Willen des Verfügenden entsprechend gehandelt werden soll.

Pauschalreisevertrag

Als Vertragstyp eigentlich ein Werkvertrag. Wegen der hohen praktischen Bedeutung (Massentourismus) wurde er aber aufgrund einer europäischen Richtlinie separat in den §§ 651a-y BGB geregelt. Aus dem P. entsteht ein Anspruch des Reisenden, dass der Reiseveranstalter ihm die vereinbarte Pauschalreise verschafft. In der Regel bedient sich der Veranstalter dabei Dritter (z. B. Fluggesellschaft, Reiseleiter und Hotel). Im Gegenzug ist der Reisende zur Leistung des vereinbarten Reisepreises verpflichtet. Außerdem enthalten die gesetzlichen Vorschriften zahlreiche Regelungen, die v. a. die Vertragsfreiheit des Reiseveranstalters einschränken. Siehe auch Recht, dispositives/zwingendes

Person

Einer der Grundbegriffe des Privatrechts, der historisch eine höhere Bedeutung hatte. Heute spielen die Begriffe Rechtssubjekt und Rechtsfähigkeit eine größere Rolle. Man unterscheidet die natürliche P. (Mensch aus Fleisch und Blut; zwar Registrierung beim Standesamt, hat aber automatisch ab Geburt Rechtsfähigkeit) von der juristischen P. (z. B. eine GmbH; muss von der Rechtsordnung anerkannt werden, was oft durch Eintragung in ein Register vollendet wird). Juristische P. des öffentlichen Rechts sind Körper-

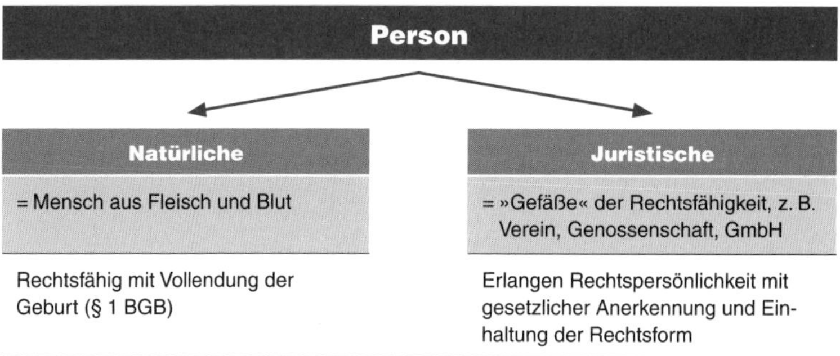

schaft, Anstalt und Stiftung. (➠ Abb. »Person«).

Personalisierte Verhältniswahl

Siehe Verhältniswahl, personalisierte

Personalrat

Siehe Personalvertretung

Personalvertretung

Vertretung der Beschäftigten des öffentlichen Dienstes, geregelt im Bundespersonalvertretungsgesetz (BPersVG) und den Landespersonalvertretungsgesetzen. Personalräte sind in Dienststellen mit mindestens 5 wahlberechtigten Beschäftigten zu errichten. Das geschieht in geheimer und unmittelbarer Wahl nach den Grundsätzen der Verhältniswahl für 4 Jahre. Die Zahl der zu wählenden Mitglieder des Personalrats bestimmt sich nach der Anzahl der in der Dienststelle Beschäftigten (Beamte und Angestellte je nach ihrer Stärke). Wahlberechtigt sind alle volljährigen Beschäftigten. Die Wählbarkeit setzt zusätzlich eine einjährige Beschäftigungsdauer im öffentlichen Dienst voraus. Der Personalrat wählt aus seiner Mitte einen Vorstand, der Vorstand wählt aus seinen Mitgliedern einen Vorsitzenden, der den Personalrat nach außen vertritt. Zu dessen Kontrollaufgaben gehört die Einhaltung von Schutzvorschriften, die Beantragung von den Beschäftigten dienlichen Maßnahmen und die Entgegennahme und Weiterleitung von Beschwerden. Ferner ist er bei der Durchführung personeller Einzelmaßnahmen (z. B. Einstellungen, Versetzungen, Kündigungen) mitbestimmungs- oder zumindest mitwirkungsberechtigt. Der Personalrat schließt mit der Leitung der Dienststelle Dienstvereinbarungen, vergleichbar mit Betriebsvereinbarungen, die für alle Beschäftigten der Dienststelle unmittelbar und zwingend gelten (Betriebsvereinbarung/Dienstvereinbarung). Die Kosten, die der Personalrat durch die Wahrnehmung seiner Aufgaben verursacht, trägt die Dienststelle. Die Mitglieder des Personalrats üben ihr Amt als Ehrenamt aus. Sie sind im erforderlichen Umfang von ihren Arbeits- bzw. Dienstpflichten freizustellen und genießen einen besonderen Schutz vor Kündigungen und Versetzungen. Neben dem Personalrat gibt es den Gesamtpersonalrat, Bezirks- und Hauptpersonalräte für übergeordnete Dienststellen im Bereich des mehrstufigen Verwaltungsaufbaus sowie die Jugend-/Auszubildendenvertretung (JAV) zur Vertretung junger und in Ausbildung befindlicher Beschäftigter. Siehe Betriebsrat.

Personengesellschaft

Art der Gesellschaft. Sie besteht aus mehreren Personen (Gesellschafter), die oft persönlich in der P. mitarbeiten. Die Leitung haben grundsätzlich alle Gesellschafter, es sei denn, sie vereinbaren im Gesellschaftsvertrag etwas anderes. Die Mitgliedschaft kann nur mit Einverständnis der anderen Gesellschafter übertragen oder vererbt werden. Typisch für die P. ist auch die persönliche und unbegrenzte Haftung der Gesellschafter für Schulden der Gesellschaft. Beispiele sind die Gesellschaft bürgerlichen Rechts (GbR), die Offene Handelsgesellschaft (OHG) und die Kommanditgesellschaft (KG). Die P. ist der Gegensatz zur Kapitalgesellschaft.

Persönliche Entgeltpunkte

Siehe Entgeltpunkte, persönliche

Persönlichkeitsrecht, allgemeines

Gemeinsam aus den Grundsätzen der Menschenwürde und der allgemeinen Handlungsfreiheit entwickelt. Es umfasst das Recht, über sein Bild, seinen Namen, den guten Ruf und Ähnliches zu verfügen. Z. B. die Verwendung von Bildern zu Werbezwecken oder für Zeitungsartikel verstößt ohne die Einwilligung des Abgebildeten – gegen das P. und kann einen Anspruch auf Schadensersatz und Unterlassung bei Wiederholungsgefahr auslösen. Eingeschränkt gilt dies bei manchen Personen hinsichtlich ihrer Rolle in der Öffentlichkeit (z. B. Politiker, Medienstars).

Petition

Schriftliche Eingabe, mit welcher sich der Petent mit einer Bitte oder Beschwerde an staatliche Stellen einschließlich der Volksvertretung wenden kann. Das Petitionsrecht wird durch Art. 17 GG garantiert. Es steht jedermann zu.

Pfandrecht

Dient zur Sicherung einer Forderung an einer Sache oder einem Recht. Der Inhaber (Gläubiger) darf die Sache bzw. das Recht verwerten, wenn seine damit gesicherte Forderung nicht wie vereinbart erfüllt wird. Siehe auch Vermieterpfandrecht, Werkunternehmerpfandrecht. Pfandrechte an Grundstücken sind Grundschuld und Hypothek.

Pflegebedürftigkeit

Voraussetzung für die Inanspruchnahme von Leistungen der sozialen Pflegeversicherung nach dem Sozialgesetzbuch (SGB) XI. Seit der Neufassung des Pflegebedürftigkeitsbegriffs zum 1.1.2017 sind Personen pflegebedürftig, die gesundheitlich bedingte Beeinträchtigungen der Selbstständigkeit oder der Fähigkeiten aufweisen und deshalb fremder Hilfe bedürfen (§ 14 Abs. 1 Sätze 1 und 2 SGB XI). Es muss sich um einen dauerhaften Hilfebedarf von mindestens 6 Monaten handeln, der so erheblich ist, dass die Voraussetzungen zumindest des Pflegegrades 1 erfüllt sind (§ 14 Abs. 1 Satz 3 SGB XI). Maßgeblich für das Vorliegen von gesundheitlich bedingten Beeinträchtigungen der Selbstständigkeit oder der Fähigkeiten in diesem Sinne sind die Bereiche Mobilität, kognitive und kommunikative Fähigkeiten, besondere Verhaltensweisen und psychische Problemlagen sowie Selbstversorgung. Weiterhin gehören hierzu krankheits- und therapiebedingten Anforderungen und Belastungen sowie die Gestaltung des Alltagslebens und der sozialen Kontakte (§ 14 Abs. 2 SGB XI).

Pflegegrad

Dieser drückt den Grad der Pflegebedürftigkeit eines Versicherten in der sozialen Pflegeversicherung aus und ist abhängig von der Schwere der Beeinträchtigungen der Selbstständigkeit oder der Fähigkeiten des Versicherten (§ 15 Abs. 1 SGB XI). Die Kategorie des P. hat im Zuge der Schaffung eines neuen Pflegebedürftigkeitsbegriffs zum 1.1.2017 diejenige der Pflegestufe abgelöst. Die Höhe des P. hat Auswirkungen auf den Umfang der Leistungen der sozialen Pflegeversicherung. So hängt etwa die Höhe des Pflegegeldes für selbst beschaffte Pflegehilfen vom P. ab (§ 37 SGB XI).

Pflegeversicherung

Ein seit dem 1.1.1995 bestehender Zweig der Sozialversicherung. Die soziale P. deckt das Risiko der Pflegebedürftigkeit (§ 1 SGB XI) ab. Die zentralen Vorschriften der sozialen P. sind im Sozialgesetzbuch (SGB) XI normiert. Versicherungspflichtig ist insbesondere der große Kreis der versicherungspflichtigen Mitglieder der gesetzlichen Krankenversicherung (§ 20 SGB XI). Wie in der gesetzlichen Krankenversicherung gibt es in der P. eine Familienversicherung (§ 25 SGB XI). Personen, die aus der Versicherungspflicht ausgeschieden sind, haben die Möglichkeit, sich auf Antrag weiterzuversichern (§ 26 SGB XI). Die soziale P. finanziert sich durch Beiträge und sonstige Einnahmen (§ 54 Abs. 1 SGB XI). Versicherungspflichtige Beschäftigte, die in der gesetzlichen Krankenversicherung pflichtversichert sind, und ihre Arbeitgeber tragen die nach dem Arbeitsentgelt zu bemessenden Beiträge jeweils zur Hälfte (§ 58 Abs. 1 SGB XI). Kinderlose haben einen Beitragszuschlag in Höhe von 0,25 Beitragspunkten zu entrichten (§ 55 Abs. 3 Satz 1 SGB XI). Dieser ist von den kinderlosen Beschäftigten allein zu tragen (§ 58 Abs. 1 Satz 3 SGB XI). Für die Durchführung der P. ist jeweils die Pflegekasse zuständig, die bei der Krankenkasse errichtet ist, bei der eine Pflichtmitgliedschaft oder freiwillige Versicherung besteht (§ 48 Abs. 1 Satz 1 SGB XI). Die P. erbringt v. a. Leistungen für den Bedarf an körperbezogenen Pflegemaßnahmen, pflegerischen Betreuungsmaßnahmen und Hilfen bei der Haushaltsführung. Art und Umfang der Leistungen richten sich nach der Schwere der Pflegebedürftigkeit und danach, ob häusliche, teilstationäre oder vollstationäre Pflege in Anspruch genommen wird (§ 4 Abs. 1 SGB XI).

Pflegezeitgesetz

Durch das P. soll die Vereinbarkeit von Beruf und familiärer Pflege gefördert werden, indem Beschäftigten das Recht eingeräumt wird, vom Arbeitgeber eine Freistellung von der Arbeitspflicht zum Zwecke der Pflege naher Angehöriger in häuslicher Umgebung zu verlangen (§ 1 PflegeZG). Pflegezeit können Beschäftigte, die in einem Betrieb mit mindestens 16 Beschäftigten arbeiten und einen nahen Angehörigen in häuslicher Umgebung pflegen, für maximal 6 Monate verlangen. Sie kann in Form vollständiger oder teilweiser Freistellung beansprucht werden (Pflegeteilzeit, §§ 3, 4 PflegeZG). Die Ankündigung hat gegenüber dem Arbeitgeber mindestens 10 Arbeitstage vor Beginn schriftlich zu erfolgen und muss beinhalten, wie lange, in welchem Umfang und in welcher Verteilung der Arbeitszeit die Pflegezeit genommen wird. Diese endet vor Ablauf der beantragten Dauer, wenn die Pflegebedürftigkeit des Angehörigen wegfällt, eine weitere häusliche Pflege unzumutbar wird oder zwischen Arbeitgeber und Beschäftigtem Einvernehmen über eine vorzeitige Beendigung besteht. Daneben haben Beschäftigte das Recht, bei unerwartet eintretender Pflegedürftigkeit eines nahen Angehörigen bis zu 10 Tage der Arbeit fernzubleiben, um dessen Versorgung sicherzustellen und zukünftige pflegerische Maßnahmen zu organisieren (Akutpflege). Während der Zeit der Akutpflege kann ein Anspruch auf Pflegeunterstützungsgeld der Sozialen Pflegeversicherung bestehen (§ 2 Abs. 3 Satz 2 PflegeZG in Verbindung mit § 44a Abs. 3 SGB XI). Vom Zeitpunkt der Ankündigung der Pflegezeit, frühestens jedoch 12 Wochen vor deren Beginn, besteht für den Pflegenden Sonderkündigungsschutz.

Pflegschaft

Gesetzliche Vertretung (Vertreter, gesetzlicher), die durch das Familiengericht für eine Person bestellt werden kann. Es ist eine Art der Betreuung, allerdings nur für einen klar abgegrenzten Sachverhalt oder Zeitraum. Die wichtigsten Fälle sind in den §§ 1909 ff. BGB aufgeführt und es gelten die Vorschriften für die Vormundschaft. Eine P. kann z. B. auch für einen Nachlass bestellt werden (§ 1960 BGB).

Pflichtbeitragszeiten

Rentenrechtlich relevante Zeiten, für die Beiträge gezahlt wurden, die sich aus einem Tatbestand ergeben, der durch die Versicherungspflicht in der gesetzlichen Rentenversicherung begründet ist oder für die Pflichtbeiträge aufgrund gesetzlicher Vorschriften als gezahlt gelten (§ 55 Abs. 1 SGB VI).

Pflichthaftpflichtversicherung

Siehe Haftpflichtversicherung

Pflichtteil

Durch das Pflichtteilsrecht wird die Testierfreiheit des Erblassers beschränkt (Erbrecht). Bestimmte Personen haben Anspruch auf einen P., wenn sie nach der gesetzlichen Erbfolge (Gesetzliche Erbfolge) Erbe wären, aber der Erblasser eine für sie negative Verfügung von Todes wegen errichtet hat (Enterbung).
Pflichtteilsberechtigt sind nur Abkömmlinge (Kinder, Kindeskinder), Eltern und Ehegatten. Die Höhe des P. entspricht der Hälfte des gesetzlichen Erbteils und kann vom Erben verlangt werden (§ 2303 BGB). Der P. gewährleistet also einen gewissen Anteil am Erbe für die Familie.

Pflichtversicherung

Siehe Versicherung und Haftpflichtversicherung

Pflichtversicherungsgesetz

Für alle in Deutschland zugelassenen Kraftfahrzeuge (auch Mofas, Traktoren, einige elektrische Krankenfahrstühle usw.) besteht die Pflicht, eine Haftpflichtversicherung abzuschließen. Der Verstoß gegen diese Pflicht (mit Vorsatz oder aus Fahrlässigkeit) ist mit Strafe bedroht, wenn das Fahrzeug auf öffentlichem Straßenland gebraucht wird. Als Folge kann die Einziehung des Fahrzeugs angeordnet werden. Zweck der Versicherungspflicht ist die Absicherung des Geschädigten gegen die Zahlungsunfähigkeit (Insolvenz) des Fahrzeughalters bzw. Fahrers, da durch Kfz schwere Schäden mit hohen Schadenssummen entstehen können.

Planfeststellungsbeschluss
Infrastrukturprojekte werden regelmäßig durch Planfeststellung genehmigt. Diese Form der Genehmigung unterscheidet sich von der einfachen Genehmigung dadurch, dass die Behörde eine Abwägungsentscheidung treffen muss, bei der alle öffentlichen Belange, wie Naturschutz, Lärmbelastung oder Verkehrsinteressen gegeneinander abgewogen werden müssen (Abwägung, planungsrechtliche). Das wurde deshalb so konzipiert, weil Infrastruktur früher staatlich betrieben wurde und eine Grundrechtsbindung nicht bestand, also die Behörde in ihrer Entscheidung freier sein konnte als heute, denn mit der Privatisierung großer Bereiche der Infrastruktur entfällt dieses Argument. Aber der Gesetzgeber hat diesen Systembruch bisher nicht korrigiert.

Planfeststellungsverfahren
Während Genehmigungen z. B. für eine Baumaßnahme oder den Betrieb einer Gaststätte durch Verwaltungsakt (VA) erteilt werden, werden Infrastrukturprojekte wie Straßen und Schienenwege durch Planfeststellung entschieden. Früher war die Abgrenzung einfach. Es handelte sich um öffentliche Projekte. Wann ein Planfeststellungsverfahren notwendig ist, das mit einem Planfeststellungsbeschluss endet, steht in den Fachgesetzen, z. B. im Fernstraßengesetz. Dort findet sich regelmäßig auch, wie das Verfahren genau auszusehen hat. Regelmäßig gibt es eine Öffentlichkeitsbeteiligung. Der Planfeststellungsbeschluss ist ein »ganz normaler« VA, der vor Gericht wie ein solcher angefochten oder eingeklagt werden kann.

Plangenehmigung
Bei der Planfeststellung ist üblicherweise eine Öffentlichkeitsbeteiligung vorgesehen. Im Interesse der Wettbewerbsfähigkeit des Standortes Deutschland sollten Genehmigungsverfahren verkürzt werden, deshalb wurde in einigen Verfahren (z. B. Müllverbrennungsanlage) die Planfeststellung umgeschrieben zu einer P., bei der die Öffentlichkeitsbeteiligung gestrichen wurde.

Planungsrechtliche Abwägung
Siehe Abwägung, planungsrechtliche

Platzverweis
Zur Abwehr einer Gefahr für die öffentliche Sicherheit stehen der Polizei eine Reihe von Standardmaßnahmen zur Verfügung. Mit dem P. kann die Polizei einer Person vorübergehend den Aufenthalt an einem bestimmten Ort untersagen (z. B. § 34 PolG NRW). Wie lange und wie weit das räumliche Verbot sein kann, richtet sich nach dem Grundsatz der Verhältnismäßigkeit und darf nur dann gelten, wenn und solange eine Gefährdung der öffentlichen Sicherheit und Ordnung besteht.

Politische Delikte
Siehe Delikte, politische

Politische Partei
Siehe Partei, politische

Polizeiaufgaben, präventive
Abwehr von Gefahren (Gefahrenabwehr) für die öffentliche Sicherheit und Ordnung (Sicherheit und Ordnung, öffentliche). Die präventiven Befugnisse der Polizei sind in den Polizeigesetzen (PolG) der Länder geregelt, während sich repressive Polizeiaufgaben (Polizeiaufgaben, repressive) und Befugnisse aus dem Strafrecht ergeben.

Polizeiaufgaben, repressive

Strafverfolgung als Aufgabe der Polizei. Eine Verletzung von Strafvorschriften ist geschehen und soll nun geahndet werden. Die repressiven Befugnisse ergeben sich im Wesentlichen aus der Strafprozessordnung (StPO). Repressive Aufgaben sind zu unterscheiden von präventiven Maßnahmen (Polizeiaufgaben, präventive), die sich nach dem Polizeigesetz (PolG) richten.

Polizeigesetz (PolG)

Die Befugnisse und Kompetenzen der Polizei sind durch Landesgesetze geregelt – Polizeirecht ist Sache der Länder. Dadurch haben diese Gesetze sehr unterschiedliche Namen. In einigen Ländern gibt es ein einheitliches Gesetz für die (uniformierte) Polizei und andere Ordnungsbehörden. Z. B. gibt es in Hamburg das »Gesetz zum Schutz der öffentlichen Sicherheit und Ordnung« (SOG), in Bremen gibt es nur das »Bremische Polizeigesetz«. Oder es gibt eine Zweiteilung wie in Nordrhein-Westfalen, wo es das »Gesetz über Aufbau und Befugnisse der Ordnungsbehörden« (Ordnungsbehördengesetz (OBG)) und das »Polizeigesetz des Landes Nordrhein-Westfalen« (PolG) gibt. In Bayern heißt es »Polizeiaufgabengesetz« – gemeint ist jeweils Ähnliches. Kern dieser P. ist die Befugnis einzugreifen, wenn eine Gefährdung der öffentlichen Sicherheit und Ordnung besteht. Diese Befugnis für die Ordnungsbehörden/Polizei ist die Generalklausel des Polizeirechts. Daneben gibt es spezielle Vorschriften, welche die Polizei zum Eingreifen durch sog. Standardmaßnahmen ermächtigen. Z. B. ist der Platzverweis oder die Beschlagnahme von Gegenständen speziell geregelt, d. h. auch an besondere Voraussetzungen gebunden. In allen Sicherheitsgesetzen gibt es Vorschriften darüber, welche Daten von den Ordnungsbehörden erhoben, gespeichert und verarbeitet werden dürfen. Das ist eine Folge aus dem Volkszählungsurteil des Bundesverfassungsgericht (BVerfG) zum Recht auf Informationelle Selbstbestimmung.

Polizeiliche Standardmaßnahme

Siehe Standardmaßnahme, polizeiliche

Postgeheimnis

Siehe Brief-, Post- und Fernmeldegeheimnis

Praeter legem

Lat. Bezeichnung für »außerhalb des Gesetzes« für die Interpretation (Auslegung) einer Rechtsnorm, die vom Wortlaut nicht zwingend erfasst ist, aber noch nicht im Widerspruch (Contra legem) zum Wortlaut steht. Analogien (Analogie/e contrario-Schluss) werden regelmäßig P. gebildet.

Präjudiz

Vorentscheid, richtungsweisender Gerichtsentscheid. Im deutschen Recht gibt es grundsätzlich keine Bindung an die Rechtsprechung höherer Gerichte wie im angelsächsischen Recht. Allerdings müssen Obergerichte ggf. an ihren Großen Senat (§ 132 GVG) oder an den Bundesgerichtshof (BGH) vorlegen, wenn sie von seiner Rechtsprechung abweichen wollen (§ 121 Abs. 2 GVG). Entscheidungen des Bundesverfassungsgerichts haben Bindungswirkung für alle (§ 31 BVerfGG).

Präsident

Siehe Bundespräsident. Auch die Leiter der Gerichte werden als P. bezeichnet

Präventive Polizeiaufgaben

Siehe Polizeiaufgaben, präventive

Pressefreiheit

Eine der wesentlichen Grundlagen der Demokratie und durch Art. 5 Abs. 1 GG geschütztes Grundrecht. Es besteht ein Zensurverbot. Hintergrund ist die Gleichschaltung der Medien durch den Staat in der NS-Diktatur. Grenzen der P. finden sich im Strafrecht, Jugendschutz sowie im Recht der persönlichen Ehre (Art. 5 Abs. 2 GG).

Primärrecht

Bezeichnung für den Vertrag über die Arbeitsweise der Europäischen Union (AEUV), den Vertrag über die Europäische Union (EUV) und die Grundrechtecharta. Sie bilden zusammen die (funktionale) Verfassung der EU.
Das Sekundärrecht umfasst alle sonstigen Rechtsakte der EU, also v. a. Richtlinien und Verordnungen. Siehe Lissabonner Vertrag

Privatautonomie

Die dem Einzelnen innerhalb bestimmter Schranken gewährte Möglichkeit, seine rechtlichen Verhältnisse frei, also nach eigenen Vorstellungen, zu gestalten. Sie ist die Grundlage eines liberalen Bürgerlichen Rechts und wird durch Art. 2 Abs. 1 GG gewährleistet. Die wichtigsten Elemente der P. sind Vertragsfreiheit, Eigentumsfreiheit und Testierfreiheit. Voraussetzung ist Geschäftsfähigkeit. Einschränkungen der P. sind erforderlich, wo Ungleichgewichte (z. B. bezüglich Marktmacht, Information) bestehen. Sie ergeben sich aus dem zwingenden Recht (Recht, dispositives/zwingendes), v. a. im Verbraucherschutz, bei der Miete und im Arbeitsrecht.

Privatinsolvenz

Siehe Verbraucherinsolvenz

Privatklage

Möglichkeit des Verletzten, Straftaten vor dem Strafrichter selbst zu verfolgen, wenn deren staatliche Verfolgung durch die Staatsanwaltschaft abgelehnt wird, weil das öffentliche Interesse (Interesse, öffentliches) fehlt (z. B. Diebstahl geringwertiger Sachen, Sachbeschädigung, Nötigung, Körperverletzung). Der P. geht i. d. R. ein Sühneversuch vor einer Schiedsperson voraus, um evtl. bereits im Vorfeld des Strafverfahrens den Rechtsfrieden wiederherzustellen.

Privatrecht (PrivatR)

Siehe Zivilrecht

Privatversicherung

Siehe Versicherungsvertrag

Probezeit

I. d. R. wird in Arbeits- (Arbeitsvertrag) oder Tarifverträgen (Tarifvertrag) oder durch eine Betriebsvereinbarung für neu begründete Arbeitsverhältnisse eine P. vereinbart. Für Berufsausbildungsverhältnisse ist eine solche gesetzlich vorgeschrieben. Die P. im Arbeitsverhältnis darf maximal 6 Monate betragen, eine Abweichung durch einen Tarifvertrag ist zulässig, aber selten. Während der P. kann das Arbeitsverhältnis von beiden Seiten unter Einhaltung der verkürzten Kündigungsfrist von 2 Wochen gekündigt werden. Von der P. ist die Wartezeit bis zum Genuss des Kündigungsschutzes (siehe Kündigungsschutzgesetz (KSchG)) von 6 Monaten abzugrenzen. In der Praxis fallen das Ende der P. und das Inkrafttreten des Kündigungsschutzes jedoch häufig zusammen.

Produkthaftung

Der Hersteller eines fehlerhaften Produktes haftet unter bestimmten, im Produkthaftungsgesetz näher geregelten Voraussetzungen für einen Schaden, den dieses Produkt verursacht. Dabei handelt es sich um eine Form der Gefährdungshaftung.

Prokura

Vertretungsmacht, die ein Kaufmann seinem Mitarbeiter (dann Prokurist) mündlich oder schriftlich erteilen kann. Sie ist in den §§ 48 ff. HGB geregelt. Grundlage ist die Notwendigkeit von Arbeitsteilung. Die P. berechtigt zur wirksamen Stellvertretung für geschäftliche Angelegenheiten, auch vor Gericht, und begründet eine besondere Vertrauensstellung des Prokuristen. P. wird durch Rechtsgeschäft erteilt. Zum Schutz des Rechtsverkehrs ist sie sehr umfänglich und muss im Handelsregister eingetragen werden. Wer Geschäfte mit dem Prokuristen macht, darf grundsätzlich darauf vertrauen, dass der Firmeninhaber sich daran gebunden fühlt (Bindung an Rechtsgeschäfte). Ladenangestellte haben auch ohne P. Vertretungsmacht nach § 56 HGB für die dort anfallenden typischen Geschäfte.

Prostitution

Vornahme sexueller Handlungen gegen Entgelt. Die rechtlichen Regelungen sind in verschiedenen Staaten sehr unterschiedlich. In Deutschland ist die P. im öffentlichen Raum nur an bestimmten Plätzen und nur unter Erwachsenen zugelassen. Bis 2001 konnte das Entgelt wegen Sittenwidrigkeit und deshalb Ungültigkeit des Vertrages nicht eingeklagt werden. In diesem Jahr gab es jedoch mehrere Gerichtsentscheidungen, und 2002 trat das Prostitutionsgesetz (kurz ProstG) in Kraft und zum 1.7.2017 das Prostituiertenschutzgesetz (kurz ProstSchG). Jetzt ist zwar der Vertrag gültig, aber das Entgelt kann erst nach Erfüllung verlangt werden, und umgekehrt kann nicht das Verfügungsgeschäft, also die Leistung rechtlich verlangt werden, da der Vertrag zum Schutz der Menschenwürde jederzeit durch Widerruf beseitigt werden kann. Es besteht gesetzliche Kondompflicht, bei deren Nichteinhaltung dem Freier ein Bußgeld (Ordnungswidrigkeiten) bis 50.000 € droht (§§ 32, 33 ProstSchG). Außerdem gibt es Meldepflichten, Auflagen und Beratungen.

Protokoll

Dokumentation einer mündlichen Gerichtsverhandlung. Z. B. wird in der strafrechtlichen Hauptverhandlung vor dem Amtsgericht (AG) ein zusammenfassendes Inhaltsprotokoll geführt (d. h. nicht wörtlich). In anderen strafrechtlichen Instanzen enthält das P. nur die wesentlichen Förmlichkeiten (z. B. Verlesung einer Urkunde).

Prozess

Rechtsstreit, der vor den Gerichten der verschiedenen Gerichtsbarkeiten ausgetragen wird.

Prozessfähigkeit

Fähigkeit, einen Prozess selbst oder durch einen selbst bestimmten Prozessbevollmächtigten wirksam zu führen. Sie ist Prozessvoraussetzung. Es geht also um die prozessuale Geschäftsfähigkeit. Die Prozessordnungen knüpfen dementsprechend hinsichtlich der P. an die Geschäftsfähigkeit an. Prozessfähig sind daher alle natürlichen Personen, die geschäftsfähig sind. Beschränkt prozessfähig sind Minderjährige. Die

Prozessordnungen enthalten insoweit zum Teil ausdrückliche Sonderregelungen (§ 71 Abs. 2 SGG; § 51 Abs. 1 Nr. 2 VwGO). Alle juristischen Personen sind hingegen prozessunfähig. Prozessunfähige haben sich im gerichtlichen Verfahren durch ihren gesetzlichen Vertreter vertreten zu lassen.

Prozesskostenhilfe (PKH)

Das Bundesverfassungsgericht (BVerfG) hat aus dem allgemeinen Gleichheitssatz des Art. 3 Abs. 1 GG ein verfassungsrechtlich geschütztes Gebot der Rechtsschutzgleichheit entwickelt. Danach gebietet das GG eine weitgehende Angleichung der Situation von wirtschaftlich Bemittelten und Unbemittelten bei der Verwirklichung des Rechtsschutzes. Um diesem Gebot eines weitgehend gleichen Zugangs zum Recht gerecht zu werden, sehen alle Prozessordnungen das Institut der P. vor. Das Arbeitsgerichtsgesetz (ArbGG) (§ 11a), die Finanzgerichtsordnung (§ 142), das Sozialgerichtsgesetz (SGG) (§ 73a) und die Verwaltungsgerichtsordnung (VwGO) (§ 166) verweisen insoweit ergänzend auf die Bestimmungen der Zivilprozessordnung (ZPO) (§§ 114 ff.). Eine Partei (Partei, gerichtliche), die nach ihren persönlichen und wirtschaftlichen Verhältnissen die Kosten der Prozessführung nicht, nur zum Teil oder nur in Raten aufbringen kann, erhält auf Antrag P. und wird damit von den Kosten des Rechtsstreits (vorerst) befreit (vgl. § 122 ZPO). Um Missbrauch zu vermeiden und das Recht der P. an die Situation eines sorgfältig abwägenden Prozessbeteiligten anzugleichen, der die Kosten eines Rechtsstreits selbst zu tragen hat, besteht ein Anspruch auf P. nur, wenn die beabsichtigte Rechtsverfolgung oder Rechtsverteidigung hinreichende Aussicht auf Erfolg bietet und nicht mutwillig erscheint (§ 114 Abs. 1 ZPO).

Prozessrecht

Bestimmungen, die den Ablauf des ordnungsgemäßen Verfahrens nach den Prozessordnungen der verschiedenen Gerichtsbarkeiten regeln. P. ist dienendes Recht. Es soll den Verfahrensbeteiligten bei Rechtsstreiten vor den Arbeits-, Finanz-, Sozial-, Verwaltungs- und den Zivilgerichten in angemessener Zeit zu ihrem Recht verhelfen. Im Strafverfahren z. B. soll das P. das Gericht befähigen, zu klären, ob die in der Anklageschrift enthaltenen Vorwürfe zutreffen oder nicht. Eine »Wahrheitserforschung um jeden Preis« (BVerfG) gibt es allerdings nicht. Es ist eine besondere Herausforderung des P., verschiedene, zum Teil in einem Spannungsverhältnis stehende Ziele zu einem Ausgleich zu bringen. Dies sind insbesondere die Ziele des effektiven Rechtsschutzes (Art. 19 Abs. 4 GG), die Grundrechte der Verfahrensbeteiligten und die Funktionsfähigkeit der Justiz.

Prozessstandschaft

Befugnis, fremde Rechte im Prozess im eigenen Namen geltend zu machen. Es ist zwischen der durch Ermächtigung übertragenen gewillkürten P. und der gesetzlichen P. zu unterscheiden. So geht z. B. mit der Eröffnung des Insolvenzverfahrens das Recht des Schuldners, das zur Insolvenzmasse gehörende Vermögen zu verwalten und darüber zu verfügen, auf den Insolvenzverwalter durch Gesetz (§ 80 Abs. 1 InsO) über.

Prozessvoraussetzung

Prozessuale Voraussetzung, damit das Gericht eine Sachentscheidung treffen darf. Daher wird zum Teil auch der Begriff der Sachurteilsvoraussetzungen verwandt. P. können auch während eines laufenden Rechtsstreits entfallen. Das Gericht hat sie in jeder Lage des Verfahrens von Amts wegen zu prüfen.

Qualifikationsrichtlinie

Die Richtlinie 2011/95/EU der Europäischen Union. Sie schafft einen Anspruch auf subsidiären Schutz (Schutz, subsidiärer), der Menschen betrifft, die weder nach der Genfer Flüchtlingskonvention noch nach dem Asylgrundrecht einen Anspruch auf Asyl haben. Außerdem will die Richtlinie einheitliche Standards für die Anerkennung von politisch Verfolgten oder Flüchtlingen mit subsidiärem Schutz in den Mitgliedsstaaten der EU durchsetzen. Weiter sollen die Geflüchteten mit Bleiberecht nach einheitlichen Standards behandelt werden. Das beinhaltet z. B. das Gebot, den Familienverband zu schützen, oder ein Recht auf Zugang zu den Bildungseinrichtungen des Staates, der Zuflucht gewährt. Auch bei oberflächlichem Blick auf die Praxis zeigt sich, dass die Mitgliedsstaaten der EU von solchen einheitlichen Standards weit entfernt sind, was vorrangig an der mangelnden Bereitschaft oder Einigungsfähigkeit der einzelstaatlichen Regierungen liegt und nur zweitrangig an den notwendigerweise unbestimmten Rechtsbegriffen (Rechtsbegriff, unbestimmter) der Richtlinie.

Qualifizierte Mehrheit

Siehe Mehrheit, qualifizierte

Rache

Eigenmächtige Verfolgung eines (vermeintlichen) Unrechts durch den Geschädigten bzw. seine Familie. Sie ist in modernen Rechtsordnungen verboten, da der Staat das Gewaltmonopol hat. Von einem neutralen Gericht sollen beide Seiten gehört werden, um auch Schwächere zu schützen und eine Gewaltspirale zu vermeiden, wenn beide Seiten sich im Recht fühlen. Rechtsdurchsetzung soll über die staatlichen Institutionen (z. B. Gerichtsvollzieher) erfolgen. Siehe auch Selbsthilfe

Radbruchformel

Auch: Radbruch'sche Formel. Gustav Radbruch war Hochschullehrer und sozialdemokratischer Justizminister in der Weimarer Republik. Er verfasste eine bedeutende »Rechtsphilosophie«. In diesem Buch vertrat er eine streng positivistische Position der Rechtswissenschaft (Rechtspositivismus). Diese besagt, dass Recht und Moral streng zu trennen sind. Recht sei nur das positiv gesetzte Recht, das durch die Moral nicht korrigiert werden dürfe. V. a. gebe es kein höherrangiges Naturrecht, das als Maßstab für das positive Recht dienen könnte, also dafür, ob das positive Recht gerecht oder ungerecht ist und letztlich, ob es Geltung beanspruchen kann. Nach dem Krieg modifizierte Radbruch seine Position, weil er sah, dass man das Naziunrecht auch als solches qualifizieren muss und ihm jegliche Geltung absprechen kann. Diesen Gedanken fasste er in die berühmt gewordene Formel, die lautet: »Der Konflikt zwischen der Gerechtigkeit und der Rechtssicherheit dürfte dahin zu lösen sein, dass das positive, durch Satzung und Macht gesicherte Recht auch dann den Vorrang hat, wenn es inhaltlich ungerecht und unzweckmäßig ist, *es sei denn*, dass der Widerspruch des positiven Gesetzes zur Gerechtigkeit ein so unerträgliches Maß erreicht, dass das Gesetz als ›unrichtiges Recht‹ der Gerechtigkeit zu weichen hat.« Gerechtigkeit sei, so führte er aus, durch Gleichheit zu charakterisieren. Wo Gleichheit, d. h. Menschengleichheit und Gleichheit an menschlicher Würde (Menschenwürde) nicht einmal angestrebt oder geleugnet wird, könne man nicht mehr von Gerechtigkeit und Recht sprechen. Mit der zitierten Formel hatte Radbruch großen Einfluss auf die Rechtsprechung in der jungen Bundesrepublik, soweit sie sich überhaupt um die Aufarbeitung des Naziregimes bemühte. Die Täter beriefen sich auf das geltende Recht unter der Nazidiktatur. Noch der baden-württembergische Ministerpräsident Filbinger (CDU), der als Richter noch am Ende des Krieges Deserteure zum Tode verurteilt hatte, verstieg sich Ende der 1970er-Jahre gegenüber dem Nachrichtenmagazin »Der Spiegel« zu der Rechtfertigung ihrer Taten: »Was damals rechtens war, kann heute nicht Unrecht sein!« Nach der R. war das Nazirecht eben kein Recht, und Filbinger wie andere konnten sich zur Rechtfertigung nicht darauf berufen. Filbinger wurde strafrechtlich niemals zur Rechenschaft gezogen, verantworten mussten sich gegenüber der bundesdeutschen Justiz v. a. die kleinen NS-Verbrecher. Nach der Wende wurde die R. aufgegriffen, um das DDR-Grenzregime strafrechtlich aufzuarbeiten. Die Gerichte sahen aber, dass ein Vergleich schwierig ist, und zogen weitere Maßstäbe heran.

Rat der EU

Siehe Europäischer Rat und Ministerrat

Rat, kommunale Ebene

Der Stadtrat, Gemeinderat oder Kreisrat ist das parlamentarische Gremium auf der jeweiligen kommunalen Ebene. D. h. der R. bestimmt über die Politik in der Gemeinde oder dem Kreis. Er beschließt die Satzungen und den Haushalt der Gemeinde. Seine Mitglieder werden in allgemeinen Wahlen gewählt. Die Größe des R. hängt von der Einwohnerzahl ab und wird – in den Ländern unterschiedlich – gesetzlich festgelegt.

Rathauspartei

Wählervereinigungen, die nur in ein oder mehreren Städten antreten. Voraussetzung für die Anerkennung als Partei (Partei, politische) ist die Kandidatur mindestens auf der Landesebene. Diese Wählervereinigungen wollen das aber gerade nicht, so agieren sie als R., die sich um Sitze im Gemeinderat oder um das Amt des Bürgermeisters bewerben, aber nicht um Sitze im Landtag oder Bundestag.

Ratifikation

Völkerrechtliche Verträge (Vertrag, völkerrechtlicher) werden in einem besonderen Verfahren beschlossen. Zunächst wird der Vertrag von den zuständigen Fachbehörden der Vertragsstaaten ausgehandelt, d. h., man einigt sich auf Ziel und Mittel des Vertrages. Anschließend wird der Vertrag von Regierungsvertretern der Vertragsstaaten unterzeichnet. Das bedeutet, dass die Regierung sich mit dem Ergebnis einverstanden erklärt und den Vertragsentwurf zu Hause in das Gesetzgebungsverfahren (Gesetzgebung) einbringen will. Die Verträge müssen – wie andere Gesetze auch – vom Parlament des jeweiligen Staates beschlossen werden. Haben die Parlamente der Vertragsstaaten zugestimmt, kann der Vertrag ratifiziert werden, was meist durch das Staatsoberhaupt geschieht, in Deutschland durch den Bundespräsidenten. Die R. ist also die Erklärung, den

Vertrag zu akzeptieren und als verbindlich zu erachten. Anschließend wird er seinem vereinbarten Inhalt nach ausgefertigt und verkündet.

Raub

Liegt vor, wenn der Täter mit Gewalt (z. B. Körperverletzung) oder unter Androhung einer Gefahr für Leib und Leben eine fremde Sache wegnimmt, um sie sich oder einem Dritten rechtswidrig zuzueignen (§ 249 StGB). Ein R. ist damit ein Diebstahl, der unter Anwendung von bestimmten Mitteln der Nötigung begangen wird. Beim R. handelt es sich um ein Verbrechen, d. h., er wird mit mindestens 1 Jahr Freiheitsstrafe geahndet. Soweit Waffen oder gefährliche Gegenstände mitgeführt oder gar eingesetzt werden oder durch Leichtfertigkeit der Tod eines Menschen verursacht wird, sieht das Gesetz ein erhöhtes Mindeststrafmaß vor (§§ 250, 251 StGB) von 3, 5 bzw. 10 Jahren Freiheitsstrafe. Der höhere Strafrahmen gilt auch für schwere Misshandlungen oder das Hervorrufen einer konkreten Todesgefahr. Auch der R. als Mitglied einer Bande, die sich zu diesem Zweck zusammengeschlossen hat, wird strenger bestraft. Eine Strafmilderung ist für minder schwere Fälle vorgesehen.
Soweit das Opfer aufgrund des eingesetzten Nötigungsmittels die Sache »freiwillig« herausgibt und damit kein Diebstahl vorliegt, kommt räuberische Erpressung (§ 255 StGB) in Betracht, die nach dem gleichen Strafrahmen geahndet wird.

Raumplanung

Versucht, die unterschiedlichen Interessen an der Nutzung des begrenzten Raumes – etwa Wohnen, Verkehr, Industrie oder Wasser- und Naturschutz – unter einen Hut zu bringen. Wesentliche Elemente der R. sind auf der unteren kommunalen Ebene der Flächennutzungsplan und Bebauungsplan. Um einen Ausgleich unterschiedlicher Interessen zu ermöglichen, kann sich die Planung nicht auf die Kommune beschränken. Deshalb sieht das Raumordnungsgesetz eine Planung auf Landesebene durch Landespläne oder Landesentwicklungspläne und auf der Ebene der Regierungsbezirke durch Regionalpläne vor. In diese allgemeine R. müssen die Fachpläne, also etwa die Straßenplanung nach dem Fernstraßengesetz oder die Naturschutzplanung und die Luftreinhaltepläne, integriert werden. Die unteren Ebenen müssen jeweils die Vorgaben der höheren Pläne bei ihrer Planung beachten.

Realakt

Nur relevant im Unterschied zum Verwaltungsakt (VA), der natürlich auch real ist. Während der Verwaltungsakt eine Entscheidung gegenüber einem Bürger bezeichnet, werden unter R. Handlungen oder Verhalten von staatlichen Stellen verstanden, die keine explizite, mitgeteilte Entscheidung voraussetzen, die gegenüber einem Bürger getroffen wurde. Dazu gehört z. B. das Streifefahren der Polizei oder das Reparieren von Straßenlaternen. Solche Tätigkeiten setzen natürlich auch Entscheidungen voraus (z. B. welche Route nehme ich mit dem Polizeiwagen), aber sie beziehen sich nicht auf schon konkretisierte Bürger. Anders z. B. der Einsatz unmittelbaren Zwangs (Zwang, unmittelbarer) gegenüber Demonstrationsteilnehmern – hier wird angenommen, dass dem realen Einsatz körperlichen Zwangs – dem Einsatz z. B. von Gummiknüppeln – eine Entscheidung gegenüber einer Gruppe von

Bürgern vorausging (sog. konkludente Duldungsverfügung).

Recht

Unter dem Begriff werden je nach Perspektive ziemlich unterschiedliche Dinge verstanden. Juristen meinen regelmäßig die positiven Gesetze, also das geschriebene R. Im Alltag meint man meist etwas Anderes, wenn man sagt: »Das ist mein R.« Oder: »Das hat er zu R. getan.« Man hofft dann, dass die Gesetze die eigene Beurteilung teilen, geht aber auch, wenn dies nicht der Fall ist, davon aus, dass die eigene Bewertung einer Handlung als »gerecht und richtig« korrekt ist. Im R. steckt hier also die Gerechtigkeit. Weil das R., und mit ihm das positive Gesetz, auf Gerechtigkeit bezogen ist, genießt das Gesetz hohes Ansehen, selbst wenn es ungerecht ist. Oder anders: Die Konnexität von Gesetz und Gerechtigkeit in der Alltagspraxis, v. a. vor Gericht, ist eine Quelle für die faktische Legitimität des R. Im Fachdiskurs wird die Frage nach der Beziehung von Recht zur Gerechtigkeit vom Naturrecht und vom Rechtspositivismus unterschiedlich beantwortet. In modernen Gesellschaften wird zudem deutlich zwischen R. und Sitte unterschieden. Recht ist regelmäßig geschriebenes R., seltener Gewohnheitsrecht, und wird von staatlichen Instanzen durchgesetzt und sanktioniert (Rechtsdurchsetzung). Sitte bezeichnet dagegen eine gesellschaftliche verbreitete Verhaltensnorm, die – weil die Sitten sich unterscheiden – meist nur von einer Teilgesellschaft z. B. durch Abbruch des Kontakts sanktioniert wird. Ursprünglich wurde jedoch das, was verbindliches R. war, aus den Sitten und dem Gewohnheitsrecht abgeleitet. Es gab keine solche Differenzierung wie heute. Etwa in den ersten Rechtsbüchern des ausgehenden Mittelalters wurde festgehalten, was üblich war, wie verfahren wurde. Moral hingegen bezeichnet die internen Handlungsmaximen einer Person, die – soweit die Gerechtigkeit betroffen ist – Maßstab des R. werden können. Die Funktionen von R. werden unterschiedlich beurteilt. Die einen betonen vor allem die ausgleichende, friedenstiftende und gewaltbeschränkende Funktion (Verbot der Selbsthilfe). Andere meinen, dass R. primär Herrschaft etabliert und stabilisiert, dass R. letztlich immer auf Gewaltverhältnissen beruht, diese perpetuiert und legitimiert. Die Wirklichkeit ist komplex, sodass R. sowohl die eine wie die andere Funktion gleichzeitig erfüllen kann. Hinzu kommt die verhaltenssteuernde Funktion des R. (siehe Rechtsnorm und Rechtspflicht).

Recht, dispositives/zwingendes

Obwohl im Zivilrecht der Grundsatz der Privatautonomie gilt und gesetzliche Regelungen abänderbar sind, also zur Disposition stehen, hat der Gesetzgeber v. a. aus dem Gedanken des Schutzes des Bürgers Einschränkungen dieses Grundsatzes geregelt. Vom sog. zwingenden R. darf daher nicht durch private Vereinbarungen abgewichen werden. V. a. der Verbraucherschutz funktioniert nur so. Könnten Unternehmer von den gesetzlichen Regelungen zuungunsten der Verbraucher abweichen, liefe deren Schutz ins Leere. Weitere Ausnahmen von der Privatautonomie ergeben sich aus der Verbots- oder Sittenwidrigkeit von Rechtsgeschäften (§§ 134, 138 BGB). Wenn sie gegen bestimmte Verbotsgesetze verstoßen (z. B. Schwarzarbeit) oder sittenwidrig sind (z. B. Wucher), so sind die Vereinbarungen nicht wirksam. Siehe auch Diskriminierungsschutz

Recht, positives

Die geschriebenen, vom Gesetzgeber verabschiedeten Gesetze. Gegensatz ist das ungeschriebene Gewohnheitsrecht. Siehe auch Rechtspositivismus und Naturrecht

Rechte

Sind im Zivilrecht Rechtsobjekte. Sie können zwischen bestimmten Personen (relativ) oder gegenüber jedermann (absolut) bestehen. Relative R. sind v. a. ein Anspruch oder die Gestaltungsrechte (Kündigung, Anfechtung, Widerruf, Rücktritt). Absolute R. sind das Eigentum und Persönlichkeitsrechte (Persönlichkeitsrecht, allgemeines) (vgl. Art. 1 und Art. 2 GG, § 823 BGB). An R. hat man kein Eigentum, sondern es besteht Inhaberschaft. Im Verhältnis zwischen Bürger und Staat siehe Öffentliches Recht, v. a. Grundrechte.

Rechte, soziale

Siehe Grundrechte, soziale

Rechtfertigungsgrund

Die Rechtswidrigkeit eines Handelns und damit Strafbarkeit bzw. ein Anspruch aus Delikt sind ausgeschlossen, wenn ein R. vorliegt.
Der R. legitimiert also das Handeln (Legitimität). Insbesondere kommen in Betracht: Notwehr, Notstand, Pflichtenkollision (2 Personen ertrinken, nur 1 Person kann gerettet werden), dienstliche Befehle (auch bei Soldaten, jedoch muss der Befehl selbst rechtmäßig sein), gerichtliche Anordnungen (z. B. Festnahme nach strafrechtlicher Verurteilung, Wegnahme durch Gerichtsvollzieher) und Einwilligung in körperverletzende Heileingriffe eines Arztes.

Rechtliches Gehör

Der Anspruch auf R. ist ein Verfahrensgrundrecht. Er besagt, dass die Beteiligten eines Verfahrens einer Behörde und insbesondere vor Gericht das Recht haben, sich zu den für die Entscheidung erheblichen Tatsachen zu äußern und dass die Verwaltung bzw. das Gericht die Ausführungen des Beteiligten zur Kenntnis zu nehmen und in Erwägung zu ziehen hat. Der Anspruch auf R. findet im gerichtlichen Verfahren seine ausdrückliche verfassungsrechtliche Fundierung in Art. 103 Abs. 1 GG und für das Verwaltungsverfahren im Rechtsstaatsprinzip. Durch die Einräumung von R. wird vermieden, dass der betroffene Bürger zum bloßen Objekt eines gerichtlichen Verfahrens wird. Der Anspruch auf R. ist somit auch Ausprägung der Achtung der Menschenwürde.

Rechtmäßigkeit der Verwaltung

Ausprägung des Rechtsstaatsprinzips. Art. 20 Abs. 3 GG schreibt vor, dass die Verwaltung an Recht und Gesetz gebunden ist. Ein staatliches Gemeinwesen kann nur funktionieren, wenn sich die staatlichen Stellen an die Gesetze des demokratisch gewählten Gesetzgebers halten.

Rechtsakte der EU

In der Europäischen Union werden Gesetze als R. bezeichnet. Neben den verbindlichen R. (Richtlinien und Verordnungen) gibt es auch sog. *soft law*, also unverbindliche Empfehlungen, Stellungnahmen usw. sowie abgeleitete Rechtsakte; das sind Ausführungsrichtlinien, die von der EU-Kommission (Kommission, EU) aufgrund einer Ermächtigung in einer Richtlinie oder Verordnung erlassen werden. Sie ähneln den deutschen Rechtsverordnungen (RVO).

Rechtsanwalt

Volljurist, der in Rechtsfragen berät und vor Gericht als Parteivertreter auftritt. Ein R. ist insofern Interessensvertreter, soll aber gleichzeitig dem Recht dienen (sog. Organ der Rechtspflege), also helfen, das Gesetz zu verwirklichen.

Rechtsarbeiter

Diejenigen, die mit Gesetzen arbeiten, also Gerichte, Verwaltungen, Anwälte usw. werden auch als R. bezeichnet. Andere verwenden den Begriff Rechtsanwender. Letzter legt aber nahe, dass die Arbeit oder Entscheidung in der gesetzlichen Norm schon programmiert ist. Gräbt man etwas tiefer und bezieht die Erkenntnisse der Hermeneutik ein, ist es sinnvoller vom R. zu sprechen. Die Tätigkeit beschränkt sich nicht auf die Anwendung des Rechts, es wird mit dem Gesetz gearbeitet, wodurch es erst für die Praxis sinnvoll verwendet werden kann. So betont das Wort R., dass die Rechtsnorm in vielen Fällen offen ist und der Sachverhalt unklar, sodass es einer Arbeit bedarf, um beides zusammen zu denken, und die Entscheidung nur beschränkt von der Rechtsnorm so vorgegeben ist, sodass diese nur anzuwenden wäre. Der Rechtsanwender gehorcht einem Gesetzesbefehl, der Begriff R. zeigt, dass dieser das Gesetz durch eigenes Dazutun erst anwendbar macht.

Rechtsaufsicht

Behörden sind an Recht und Gesetz gebunden (vgl. Art. 20 Abs. 3 GG). Je nach Umfang des gesetzlich vorgegebenen Aufsichtsrechts ist zwischen der Fachaufsicht und der R. zu unterscheiden. R. ist die staatliche Kontrolle der Rechtmäßigkeit des Handelns einer Behörde. Diese staatliche Kontrolle beschränkt sich auf die Prüfung, ob geltende Gesetze und sonstiges Recht, wie etwa Verwaltungsvorschriften oder Satzungen, und bei Ermessensentscheidungen die Grenzen des Ermessens eingehalten wurden. Die Aufsichtsbehörde hat sich zu informieren und hat verschiedene abgestufte Instrumente, um auf eine rechtmäßige Verwaltungspraxis hinzuwirken (vgl. z. B. § 122 GO NRW). Die Aufsichtsbehörde ist bei der Ausübung der Aufsichtsmittel an das Verhältnismäßigkeitsprinzip (Verhältnismäßigkeit) gebunden.

Rechtsbegriff, unbestimmter

Vom Gesetzgeber bewusst offene Formulierung im Gesetz, die unterschiedliche Interpretationen (Auslegung) zulässt. Dem Richter soll damit eine gewisse Flexibilität gegeben werden. Beispiele findet man in allen Rechtsgebieten, z. B. im Zivilrecht Treu und Glauben oder Kindeswohl, im Öffentlichen Recht Gefährdung der öffentlichen Sicherheit und Ordnung. Im Strafrecht soll es solche Unbestimmtheit nicht geben, weil das Bestimmtheitsgebot aus Art. 103 Abs. 2 GG der Vorhersehbarkeit dient, d. h., man muss sicher wissen, was strafbar ist, um sich entsprechend verhalten zu können. R. gibt es aber dennoch. Die von den Nazis eingeführten Mordmerkmale wie »Heimtücke« sind sehr unpräzise, bestimmen aber den Unterschied zwischen Mord und Totschlag, entscheiden also letztlich über die Haftdauer. Zu bedenken ist, dass moderne Gesetze immer abstrakte, allgemeine Normen sind, die konkrete Sachverhalte regeln. Sie sollen für unterschiedliche Fälle gelten und müssen dies auch, weil in einer komplexen Welt nicht jeder Sachverhalt gesondert geregelt werden kann. Das versuchte noch das Preußi-

sche Allgemeine Landrecht von 1794, scheiterte aber an diesem Anspruch. Sprache ist immer unpräzise, und abstrakte Regelungen müssen deshalb immer einen Grad von Unbestimmtheit aufweisen, also verschiedene Auslegungen zulassen. Sprache ändert mit der Zeit auch ihre Bedeutung.
So könnte man sagen, dass in diesem Sinne alle allgemein-abstrakten Gesetze aus R. bestehen. Aber die Weite der Begriffe unterscheidet sich. »Treu und Glauben« ist z. B. deutlich unbestimmter als »Wohnung«.

Rechtsbehelf

Jedes von der Rechtsordnung zugelassene Mittel, um gegen die Entscheidung (Urteil) eines Gerichts oder einer Behörde vorgehen zu können. So ist das Rechtsmittel ein R. gegen eine gerichtliche Entscheidung.

Rechtsbehelfsbelehrung

Erläuterung (z. B. in einem Verwaltungsakt (VA)), dass, wie und innerhalb welcher Frist gegen die bevorstehende Entscheidung ein Rechtsbehelf eingelegt werden kann.

Rechtsdurchsetzung

Das Gewaltmonopol hat der Staat und es gilt ein grundsätzliches Verbot der Selbsthilfe. Deshalb muss man sich staatlicher Hilfe bedienen, um seine Rechte durchzusetzen. Man darf z. B. grundsätzlich nicht einmal die eigene Sache (Sache, eigene) einem anderen wegnehmen, die Erfüllung eines Anspruchs nicht selbst erzwingen. Für das Zivilrecht siehe Zivilverfahren und Zwangsvollstreckung. Aber auch der Staat – jedenfalls ein Rechtsstaat – braucht Regeln, nach denen er das Recht durchsetzen darf. Siehe Vollstreckung und Rechtsnorm

Rechtsfähigkeit

Bedeutet, selbstständiger Träger von Rechten und Pflichten zu sein (Rechtssubjekt). Sie ist die Voraussetzung für die Teilnahme am Rechtsverkehr und für Vermögensfähigkeit. R. wird in § 1 BGB erwähnt, was ihre grundlegende Bedeutung zeigt. Teilaspekte sind Geschäftsfähigkeit, Testierfähigkeit und Deliktsfähigkeit, die bei einer natürlichen Person von bestimmten Altersstufen abhängig gemacht werden. Eine juristische Person bedarf der Anerkennung durch die Rechtsordnung. R. ist die Voraussetzung der Parteifähigkeit vor Gericht. Tiere sind nicht rechtsfähig und können deshalb u. a. nicht Erbe sein.

Rechtsfolge

Eine Rechtsnorm enthält einen Tatbestand und eine R. Die R. bezeichnet die rechtliche Konsequenz, wenn der Tatbestand erfüllt ist. Ist z. B. der Tatbestand des Diebstahls erfüllt, ein Strafverfahren eingeleitet und die Tat nachweisbar, ist die R. entweder eine Geldstrafe oder Freiheitsstrafe bis zu 5 Jahren (§ 242 StGB). Die R. kann aber auch abstrakter sein, z. B. dass eine Person ihr Eigentum verliert, z. B. beim gutgläubigen Erwerb durch einen anderen (Übereignung).

Rechtsgebiete

Das Recht wird in bestimmte Teilbereiche eingeteilt. Das dient nicht nur der (äußerlichen) Ordnung der Stoffmasse, sondern auch der Klärung, welche rechtlichen Vorschriften anzuwenden sind und welches Gericht im Falle eines Rechtsstreits zuständig ist (Zuständigkeit) (➠ Abb. »Rechtsgebiete und ihre Gerichte«). Siehe auch Arbeitsschutzgesetz (ArbSchG), Zivilrecht, Sozialversicherung, Ver-

Die Rechtsgebiete und ihre Gerichte

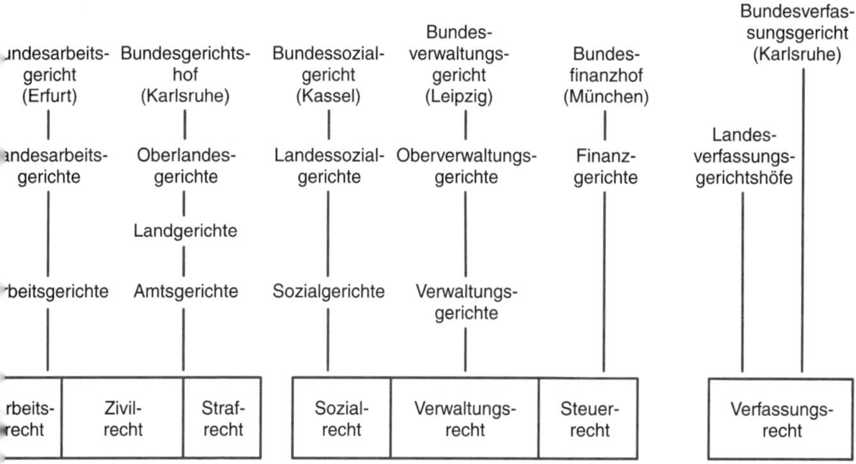

Rechtsgeschäfte

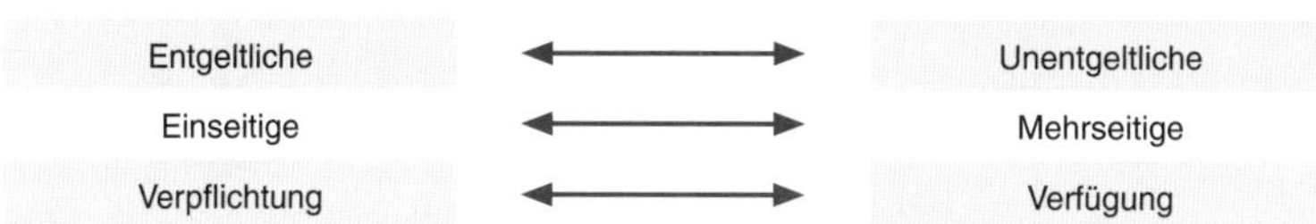

waltungsrecht, allgemeines (VerwR), **Steuerrecht** und **Staatsrecht**

Rechtsgeschäft

Einer der **Grundbegriffe des Privatrechts**. Er ist nicht ganz einfach zu verstehen, weil er sehr abstrakt ist, nicht im Gesetz definiert wird und in verschiedenen Zusammenhängen eine Rolle spielt. Jeder **Vertrag** ist ein R., aber die Begriffe sind nicht identisch. Die Lehre vom R. macht einen großen Teil des 1. Buches des **Bürgerlichen Gesetzbuches (BGB)** aus. Das R. ist ein Vorgang zur willentlichen Herbeiführung eines rechtlichen Erfolges. Dieser Erfolg kann z. B. in der Begründung eines **Anspruchs** oder von **Rechten** liegen. Der **Tatbestand** eines R. erfordert mindestens eine **Willenserklärung** sowie oft weitere Elemente. Damit der gewünschte Erfolg eintritt, muss ein R. aber auch wirksam sein. Probleme können sich z. B. aus der fehlenden **Geschäftsfähigkeit** oder einer **Anfechtung** ergeben. Meistens ist ein R. »entgeltlich«, d. h. ein gegenseitiger Vertrag. Jede Partei verspricht der anderen etwas wegen einer bestimmten Gegenleistung (siehe z. B. Kaufvertrag, Miete). Ein mehrseitiges »unentgeltliches« R. ist selten; Prototyp ist die Schenkung. Eine andere Unterteilung unterscheidet nach der Zahl der Willenserklärungen. Jeder Vertrag ist ein mehrseitiges Rechtsgeschäft, d. h., er besteht aus mindestens 2 Willenserklärungen. Ein Testament oder eine Kündigung hingegen enthält jeweils nur 1 Willenserklärung, ist einseitig. Weiter unterscheidet man nach der Wirkung eines R. in Verpflichtungsgeschäft oder Verfügungsgeschäft. Das R. ist das Mittel, mit dem die Privatautonomie umgesetzt wird. Voraussetzung ist Geschäftsfähigkeit. (➠ Abb. »Rechtsgeschäfte«, S. 209).

Rechtsgrundlage

Voraussetzung für rechtmäßiges Handeln einer Person oder eines staatlichen Organs. Bezeichnet im Öffentlichen Recht Normen, die dem Staat erlauben, bestimmte Maßnahmen zu ergreifen (siehe Ermächtigungsgrundlage). Im Zivilrecht spricht man eher von Anspruchsgrundlage (siehe Anspruch).

Rechtskraft

Gerichtliche Entscheidungen sind der R. fähig. Ein Urteil erlangt formelle R., wenn es nicht oder nicht mehr durch ein Rechtsmittel oder einen Rechtsbehelf (z. B. Einspruch gegen ein Versäumnisurteil) angefochten werden kann. Dies ist der Fall, wenn ein Rechtsmittel gegen das Urteil nicht statthaft ist oder wenn mit Ablauf der Frist ein Rechtsmittel oder Rechtsbehelf nicht eingelegt worden ist sowie im Falle des Rechtsmittelverzichts oder der Rücknahme des Rechtsmittels, wenn eine erneute Rechtsmitteleinlegung nicht zulässig ist. Die formelle R. ist Voraussetzung der materiellen R., d. h., das Urteil ist für das Gericht und die Beteiligten in der Sache bindend. Die R. dient dem Rechtsfrieden und der Rechtssicherheit. Die Bedeutung der R. ist im sozialgerichtlichen Verfahren im Hinblick auf das Recht des Bürgers, einen Überprüfungsantrag nach § 44 SGB X zu stellen, im Interesse der materiellen Gerechtigkeit eingeschränkt worden. Bei einem Verwaltungsakt (VA) nennt man die R. Bestandskraft.

Rechtsmangel

Liegt vor, wenn ein unbeteiligter Dritter Rechte (z. B. Pfandrecht) an einer Sache hat, die Gegenstand eines Vertrages ist. R. können v. a. beim Kaufvertrag und beim Werkvertrag eine Rolle spielen. Sowohl der Verkäufer als auch der Werkunternehmer sind verpflichtet, die Kaufsache bzw. das errichtete Werk frei von einem R. zu verschaffen (§§ 435, 633 BGB). Kommen sie dieser Pflicht nicht nach, greift die Gewährleistung.

Rechtsmittel

Besondere Form des Rechtsbehelfs, mit welchem sich der Rechtsmittelführer gegen gerichtliche Entscheidungen zur Wehr setzen kann. R. zeichnen sich zunächst durch einen sog. Suspensiveffekt aus. Dies bedeutet, dass die prozessual ordnungsgemäße Einlegung des R. den Eintritt der formellen Rechtskraft hemmt. Weiteres Kennzeichen von R. ist der Devolutiveffekt: Über das R. entscheidet die höhere Instanz. R. der deutschen Rechtsordnung sind die Berufung, die Revision und die Beschwerde. Die Zuständigkeiten der verschiedenen Gerichte – Landgericht (LG), Oberlandesgericht (OLG), Bundesgerichtshof (BGH) – enthält das Gerichtsverfassungsgesetz (GVG) für den Bereich der ordentlichen Gerichtsbarkeit. Die konkreten Voraussetzungen sind in den jeweiligen Prozessordnungen, z. B. in der Zivilprozessordnung (ZPO) für das Zivilverfahren oder in der Strafprozessordnung (StPO) für das Strafverfahren, geregelt.

Rechtsmittelbelehrung

Erklärung, dass und wie gegen eine gerichtliche Entscheidung (Urteil) ein Rechtsmittel eingelegt werden kann.

Rechtsnachfolge

Siehe Gesamtrechtsnachfolge

Rechtsnorm

Wird in zwei sehr unterschiedlichen Bedeutungen verwendet. Im juristischen Alltag ist damit meist ein Paragraf (§) oder ein Artikel in einem Gesetz gemeint. Rechtstheoretisch präzise ist diese einzelne Vorschrift jedoch nur ein Rechtssatz, d. h. der sprachliche Träger der eigentlichen R. Im theoretischen Sinne ist die R. der Schlüsselbegriff einer Rechtsordnung, ihr »Elementarteilchen«. Das Wort »Norm« begegnet einem auch bei Handwerksgeräten und »Normierung« (z. B. DIN). Die R. ist eine Sollensanordnung, mit der ein rechtlich gewünschter Zustand bzw. ein Verhalten erreicht werden soll. D. h., die R. dient der verhaltenssteuernden Funktion des Rechts. Wesentlich ist dabei, dass sie mit Zwang durchsetzbar ist (Rechtsdurchsetzung). Als Grundelemente enthält die R. einen Tatbestand (»Wenn …«) und eine Rechtsfolge (»… dann …«). Genauer kann man unterscheiden: den Adressaten der R. (z. B. Person, Behörde, Gericht), den Tatbestand, die eigentliche Sollensanordnung (mit den Normtypen Gebot, Erlaubnis, Verbot) und die Rechtsfolgenanordnung. Ein Beispiel: (Auszug aus § 823 Abs. 1 BGB): »Wer […] das Eigentum […] eines anderen […] verletzt, […] ist dem anderen zum Ersatz des daraus entstehenden Schadens verpflichtet.« Adressaten sind hier sowohl derjenige, der z. B. eine Sache (Sache, fremde) beschädigt hat, als auch der Eigentümer sowie das Gericht. Der Tatbestand ist die Situation, in der die R. gilt, hier also die Verletzung des Eigentums. Die Verhaltensanordnung ist zum einen, dass man fremdes Eigentum nicht verletzen soll. Zum andern muss man Schadensersatz leisten, wenn man es doch getan hat. Die Rechtsfolgenanordnung ist je nach dem Adressaten unterschiedlich: Der Schädiger wird zum Ersatz verpflichtet, der Eigentümer erhält einen Anspruch und das Gericht eine Anweisung, wie es zu entscheiden hat. Der hinter dieser R. stehende Zweck ist der Eigentumsschutz. Siehe auch Auslegung und Subsumtion

Rechtsobjekt

Alles, was im rechtlichen Sinne beherrschbar ist. Dies können nach heutiger Ansicht nur Güter, nicht Menschen sein. Es handelt sich um Objekte des Rechtsverkehrs, über die ein Rechtssubjekt verfügen kann oder die es beanspruchen kann. Dazu gehören körperliche Gegenstände (Sachen) und unkörperliche (Rechte). Die Sachen werden weiter unterteilt in bewegliche und unbewegliche (z. B. ein Grundstück). Die Unterscheidungen sind wichtig, weil oft verschiedene rechtliche Regelungen existieren und man die richtigen anwenden muss. Vgl. etwa Übereignung. Tiere sind gemäß § 90a BGB zwar keine Sachen, aber die Vorschriften über Sachen finden entsprechende Anwendung. Schwierigkeiten bereitet Software; wenn sie auf einer

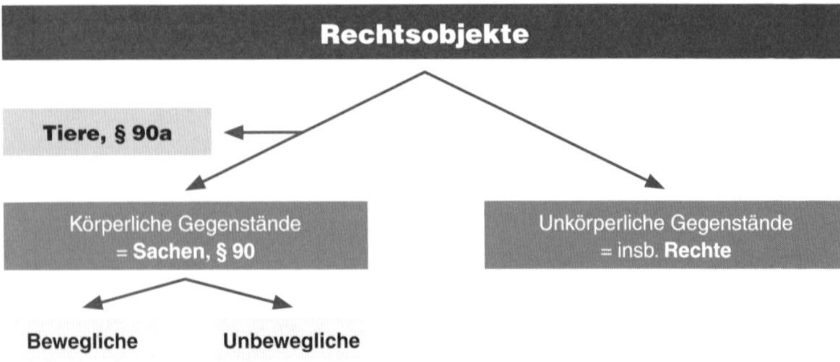

Hardware gespeichert ist, behandelt die Rechtsprechung sie aber wie eine bewegliche Sache (➠ Abb. »Rechtsobjekte«).

Rechtspfleger

Beamter im Justizdienst mit Ausbildung an einer Fachhochschule, d. h. kein Volljurist. Dem R. sind verschiedene Aufgaben in den jeweiligen Justizbereichen übertragen, z. B. in der Strafvollstreckung und beim Grundbuchamt (Grundbuch).

Rechtspflicht

Durch Vertrag oder Gesetz einer Person auferlegte Verhaltensanforderung. Dieses Verhalten kann in einem aktiven Tun, einem Dulden (widerstandslos hinnehmen) oder auch in einem Unterlassen bestehen. Solange keine R. besteht, ist man in rechtlicher Hinsicht frei, sich zu entscheiden, wie man sich verhält. Vereinfacht gesagt: Was nicht verboten ist, ist erlaubt, und was nicht geboten ist, muss man nicht tun. Die R. hat eine zentrale Funktion in jeder Rechtsordnung, in allen Rechtsgebieten. Sie dient dem Interesse der Gesellschaft und Einzelner über verschiedene Mechanismen der Verhaltenssteuerung durch Recht. Entsteht die R. aus Vertrag, so ist dies eine freiwillige Beschränkung der eigenen Freiheit (Vertragsfreiheit). Wenn z. B. ein Kaufvertrag geschlossen wird, dann hat der Verkäufer deshalb die R., die Sache zu übergeben und zu übereignen und der Käufer die Pflicht, den vereinbarten Kaufpreis zu bezahlen. Der R. einer Person steht im Zivilrecht typischerweise ein Anspruch einer anderen Person gegenüber. Dieser Anspruch ist erzwingbar (Rechtsdurchsetzung) oder hat bei Nichterfüllung zumindest Schadensersatz zur Folge. Dadurch wird die »echte« R. nach überwiegender Ansicht in der Rechtswissenschaft von der Obliegenheit abgegrenzt, was man kritisieren kann, weil auch die Obliegenheiten verhaltenssteuernde Funktionen haben. Das Strafrecht besteht letztlich aus Sanktionen für Verstöße gegen Verhaltensanforderungen, welche z. B. lauten »Du sollst nicht töten« oder »Du sollst nicht stehlen«. Aus dem Öffentlichen Recht sei als Beispiel die R. aufgeführt, Steuern zu zahlen, die aus den Steuergesetzen resultiert.

Rechtspositivismus

Lehre, die – im Unterschied zum Naturrecht – die These vertritt, dass Recht und Moral streng getrennt werden sollten. Recht sei das, was der

Gesetzgeber im vorgeschriebenen Verfahren als solches verabschiedet hat. Eine Beurteilung des Rechts an moralischen Maßstäben verbiete sich in modernen Gesellschaften, weil es keine einheitlichen oder gar homogenen Moralvorstellungen gebe. Verbindlichkeit beziehe das Recht dann aus der Legitimität seines Ursprungs, also regelmäßig aus den demokratischen Verfahren und aus der Garantie von Rechtssicherheit. Verbrechen von Diktatoren können strafrechtlich trotzdem verfolgt werden, auch wenn sie im Einklang mit »ihrem eigenen Recht« handelten, indem man explizit das Rückwirkungsverbot außer Kraft setzt.

Rechtsprechung

Oder auch Judikative ist der dritte Teil der Staatsgewalt (siehe Gewaltenteilung). Sie wird von unabhängigen Gerichten ausgeübt und ist Richtern anvertraut (Art. 92 GG). Die ganze Bandbreite dessen, was R. ist, einheitlich zu definieren, bereitet erhebliche Schwierigkeiten. Zur Annäherung an den Begriff der R. bietet sich eine positivrechtliche Aufgabenbeschreibung an. Die den Gerichten der unterschiedlichen Gerichtsbarkeiten gesetzlich zugewiesenen Aufgabenbereiche stellen R. dar.

Rechtsschein

Der auf bestimmte Anhaltspunkte gestützte, aber falsche Anschein, dass Rechte oder Berechtigungen bestehen. Er spielt eine Rolle v. a. im Zusammenhang mit der Stellvertretung, im Erbrecht (Erbschein), im Handelsrecht und beim gutgläubigen Erwerb. Es kann z. B. sein, dass der Eigentümer seine Sache für eine Zeit freiwillig weggibt, z. B. vermietet (siehe Eigentum und Besitz). Wenn der Besitzer das Vertrauen des Eigentümers missbraucht und die Sache an einen gutgläubigen Dritten veräußert, so wird dieser Dritte neuer Eigentümer (genauer siehe Übereignung). Das widerspricht zwar den Interessen des ursprünglichen Eigentümers, aber auch der Dritte ist schutzwürdig. Die Entscheidung zugunsten des neuen Eigentümers wird durch den R. begründet. Dieser entsteht bei beweglichen Sachen (Sache, bewegliche) durch den Besitz als sog. Rechtsscheinträger. Der Dritte darf grundsätzlich darauf vertrauen, dass wer den Besitz hat, auch das Eigentum hat. Die gleiche Funktion haben das Grundbuch für Grundstücke und im Handelsrecht das Handelsregister. Was in diesen offiziellen Registern steht, darf man glauben. Bei der Stellvertretung entsteht der R. dadurch, dass der angeblich Vertretene dieses Verhalten toleriert (Vollmacht).

Rechtsschutz, einstweiliger

Auch Eilrechtsschutz, ein Instrument des Verfahrensrechts, welches in allen Prozessordnungen vorgesehen ist und dem effektiven Rechtsschutz (Art. 19 Abs. 4 GG) dient. Es gibt dem Bürger die Möglichkeit, vor Abschluss eines gerichtlichen Hauptsacheverfahrens bzw. ggf. sogar, bevor ein gerichtliches Hauptsacheverfahren überhaupt anhängig ist, eine vorläufige gerichtliche Entscheidung dahingehend zu beantragen, dass drohende belastende Maßnahmen (z. B. ein belastender Verwaltungsakt (VA)) vorerst nicht vollzogen werden oder eine Regelung eines vorläufigen Zustands in Bezug auf ein streitiges Rechtsverhältnis getroffen wird. Das Zivilprozessrecht sieht als Maßnahmen des R. den Arrest z. B. zur Sicherung der Zwangsvollstreckung (§ 916 ZPO) und das Instrument der einstweiligen Verfügung vor, wenn zu befürchten ist, dass durch die Veränderung eines bestehenden Zustands die Verwirklichung des Rechts einer Partei (Partei, gerichtliche) vereitelt oder wesentlich erschwert werden könnte (§ 935 ZPO) oder wenn ein streitiges Rechtsverhältnis aus Gründen der besonderen Eilbedürftigkeit einer vorläufigen Regelung bedarf (§ 940 ZPO). Das Gericht hat nach freiem Ermessen zu bestimmen, welche Anordnungen erforderlich sind, um den Zweck des Antrags auf Erlass einer einstweiligen Verfügung zu erreichen (§ 938 ZPO). Im arbeitsgerichtlichen Verfahren finden die entsprechenden Vorschriften des Zivilprozessrechts Anwendung (§ 62 Abs. 2 ArbGG). Das sozialgerichtliche und verwaltungsgerichtliche Verfahren sehen insbesondere den Antrag auf Anordnung oder Wiederherstellung der aufschiebenden Wirkung von Widerspruch und Klage gegen belastende Verwaltungsakte (§ 86b Abs. 1 Satz 1 Nr. 2 und Nr. 3 SGG; § 80 Abs. 5 VwGO) sowie den Antrag auf Erlass einer einstweiligen Anordnung (§ 86b Abs. 2 SGG; § 123 VwGO) vor.

Rechtsschutzbedürfnis

Prozessvoraussetzung in allen Prozessordnungen, außer in der Strafprozessordnung (StPO). Ihr liegt die Überlegung zugrunde, dass die Gerichte die Aufgabe haben, den Bürgern zu ihrem Recht zu verhelfen, soweit diese ein berechtigtes Interesse an der Rechtsverfolgung oder Rechtsverteidigung haben und es auch erforderlich ist, gerichtlichen Rechtsschutz in Anspruch zu nehmen. Niemand darf die Gerichte daher unnütz oder gar unlauter zur Verfolgung sachwidriger Ziele in Anspruch nehmen.

Rechtssicherheit

Zählt zu wesentlichen Elementen des Rechtsstaatsprinzips. Ihr entspricht aufseiten des Einzelnen das Vertrauen in den Bestand von Rechtsnormen und von Rechtsakten bis zu ihrer ordnungsgemäßen Aufhebung. Der rechtsstaatliche Vertrauensschutz bindet den Gesetzgeber bei Änderungen des geltenden Rechts, die geschützte Rechte des Einzelnen berühren (siehe auch Rückwirkung, echte und unechte; Rückwirkungsverbot).

Rechtssoziologie

Recht und Wirklichkeit können auseinanderfallen. Die R., die auch als Rechtstatsachenforschung bezeichnet wird, beschäftigt sich mit der Frage, ob und wie Recht in der Wirklichkeit wirkt, wie sich die Beteiligten in rechtlich normierten Verfahren verhalten, ob Entscheidungen akzeptiert werden und vieles mehr.

Rechtsstaat

Gemäß Art. 20 und 28 GG ist die Bundesrepublik ein R., d. h.: »Die Gesetzgebung ist an die verfassungsmäßige Ordnung, die vollziehende Gewalt und die Rechtsprechung sind an Gesetz und Recht gebunden« (Art. 20 Abs. 2 GG). Der R. hat eine formale und eine materiale Dimension. In der formalen Dimension verlangt der R., dass allgemein abstrakte, aber bestimmte Gesetze die Ordnung des Staates bestimmen. Allgemeines Gesetz bedeutet, dass es für alle Bürger gleichermaßen gilt. Gesetzgeberische Willkür gegen einzelne Personen oder Personengruppen, kurz Diskriminierung und sachwidrige Privilegierung, sind damit ausgeschlossen. Abstrakt ist ein Gesetz, weil es keinen Einzelfall regelt, sondern auf vergleichbare, aber unterschiedliche Sachverhalte angewendet werden kann. Bestimmt ist ein Gesetz, wenn den Normen klare Handlungsanleitungen entnommen werden können, d. h. der Bürger wissen kann, wie er sich verhalten soll und was auf ihn zukommen kann. Das Gesetz wird damit berechenbar. Weil abstrakte Gesetze für den Einzelfall konkretisiert werden müssen, bedarf es einer Verwaltung oder Exekutive und einer Kontrollinstanz der Rechtsprechung oder Jurisdiktion (siehe Gewaltenteilung). So liegt im allgemein abstrakten, aber bestimmten Gesetz der Kern der Gewaltenteilung. Die materiale Dimension des R. besteht aus den Grundrechten oder Menschenrechten.

Rechtssubjekt

Träger von Rechten und Pflichten, der Rechtsfähigkeit hat. Jede natürliche oder juristische Person ist ein R. Man kann auch von Akteuren der Privatautonomie sprechen, im Gegensatz zu den Rechtsobjekten.

Rechtsverordnung (RVO)

Abstrakt-generelle Regelungen, die Gesetzesvorschriften ähneln, aber, anders als Gesetze, nicht von einem Parlament verabschiedet werden, sondern von der Regierung oder einem Minister, also von einem Exekutivorgan, nicht von einem Legislativorgan. Eine R. schreibt vor, wie ein bereits bestehendes Gesetz in allen Einzelheiten ausgeführt werden muss. Weil sie nicht vom Parlament verabschiedet werden, stehen R. in der Hierarchie unterhalb des Gesetzes und können deshalb von jedem Gericht für rechtswidrig (Rechtswidrigkeit) erklärt werden, während Gesetze nur von einem Verfassungsgericht für verfassungswidrig erklärt werden können. Ein bekanntes Beispiel für eine R. ist die Straßenverkehrsordnung (StVO), mit der wohl jeder und jede im Laufe des Lebens in Kontakt kommt. Art. 80 Abs. 1 GG bestimmt für R.: »Die Rechtsgrundlage ist in der Verordnung anzugeben«. Die Rechtsgrundlage ist der Paragraf im Gesetz, der zum Erlass der R. ermächtigt. Bei der StVO ist das § 6 StVG, das schon deutlich weniger bekannt ist. Um ein Ermächtigungsgesetz, wie es die Nazis 1933 verabschieden ließen, zu vermeiden, muss das Gesetz Inhalt, Zweck und Ausmaß der R. bestimmen. Mit dem Ermächtigungsgesetz hatten die Nazis die Gesetzgebungskompetenz komplett vom Parlament auf die Regierung übertragen lassen, die anschließend willkürlich Gesetze erließ. Eine Wiederholung schließt das Grundgesetz (GG) aus. Das Gesetz muss bestimmen, welcher konkrete Zweck mit der R. verfolgt wird – mit der StVO etwa die »Erhaltung der Sicherheit und Ordnung auf den öffentlichen Straßen«. Schwieriger ist zu beurteilen, wie konkret der Inhalt bestimmt werden muss. Wird der Inhalt detailliert im Gesetz beschrieben, braucht man keine R. mehr. Werden umgekehrt nur Regelungsbereiche normiert, überträgt der Gesetzgeber viel Macht auf die Exekutive. Letzteres ist etwa bei vielen umweltrechtlichen (Umweltrecht) Vorschriften so. Das Wesentliche wird z. B. nicht im Bundesimmissionsschutzgesetz (BImSchG) geregelt, sondern in den dazu ergangenen R., was bisher aber nicht beanstandet wurde, weil die Materie ausgesprochen komplex ist.

Rechtsweg

Zugang zu den staatlichen Gerichten. Welche der 5 Gerichtsbarkeiten, von deren Existenz Art. 95 Abs. 1 GG ausgeht, zuständig ist, wird im Wesentlichen durch einfach-gesetzliche Regelungen über die Zulässigkeit des beschrittenen Rechtswegs festgelegt (vgl. § 2, 3 ArbGG; § 33 FGO; § 13

GVG; § 51 SGG; § 40 VwGO). Ist der beschrittene R. unzulässig, darf das Gericht die Klage nicht abweisen, sondern hat dies nach Anhörung der Parteien im Beschlusswege von Amts wegen auszusprechen und den Rechtsstreit an das zuständige Gericht des zulässigen R. zu verweisen (§ 17b Abs. 2 Satz 1 GVG). Der Beschluss ist für das Gericht, an das der Rechtsstreit verwiesen wurde, hinsichtlich des R. bindend (§ 17b Abs. 2 Satz 3 GVG). Art. 19 Abs. 4 GG garantiert den R. für Verletzungen durch die öffentliche Gewalt.

Rechtsweggarantie

Siehe Effektiver Rechtsschutz

Rechtswidrigkeit

Spielt in allen Rechtsgebieten eine Rolle. Rechtswidrig ist ein Verhalten einer Person oder Behörde oder ein Zustand, das/der im Gegensatz zur Rechtsordnung steht. R. ist z. B. im Zivilrecht Voraussetzung für einen Anspruch auf Schadensersatz aus Delikt. Ein Rechtfertigungsgrund kann die R. ausschließen. Im Strafrecht ist die R. nur ausgeschlossen, wenn Rechtfertigung vorliegt und der Handelnde (Täter) auch im Bewusstsein dessen handelt. Die Maßnahme einer Behörde (Öffentliches Recht) ist rechtswidrig, wenn sie gegen bestehende Gesetze verstößt.

Rechtszug

Siehe Instanzenzug

Referendar

Nach der theoretischen Ausbildung an der Universität und dem Ersten Staatsexamen absolvieren Juristen eine praktische Ausbildung an Gerichten, bei Rechtsanwälten und in der Verwaltung, die insgesamt als Referendariat bezeichnet wird. Das Referendariat wird mit einem erfolgreichen Zweiten Staatsexamen abgeschlossen. Erst danach ist man Volljurist.

Referendum

Siehe Volksgesetzgebung

Regelaltersgrenze

Zeitpunkt, zu dem Versicherte in der gesetzlichen Rentenversicherung Regelaltersrente beanspruchen können, wenn sie die Allgemeine Wartezeit erfüllt haben. Der Gesetzgeber hat die R. vor dem Hintergrund des demografischen Wandels schrittweise angehoben (vgl. § 235 SGB VI). Bei allen nach 1963 geborenen Versicherten wird die R. mit Vollendung des 67. Lebensjahres erreicht (§ 35 Satz 2 SGB VI).

Regelaltersrente

Laufende Sozialleistung der gesetzlichen Rentenversicherung, die im Falle der Erfüllung der allgemeinen Wartezeit und des Erreichens der Regelaltersgrenze auf Antrag gewährt wird (§ 35 SGB VI). Anders als bei Renten wegen Alters, die vor Erreichen der Regelaltersgrenze in Anspruch genommen werden, gelten bei der R. keine Hinzuverdienstgrenzen.

Regelbedarf

Der Gesetzgeber arbeitet oft mit Pauschalierungen, so bei der Grundsicherung für Arbeitsuchende nach dem SGB II, bei der Hilfe zum Lebensunterhalt nach dem SGB XII und bei der Grundsicherung im Alter und bei Erwerbsminderung nach dem Sozialhilferecht des SGB XII. Den Leistungsberechtigten wird ein R. gewährt, d. h. ein bestimmter festgelegter Geldbetrag zur Deckung des Lebensunterhalts (vgl. § 20 SGB II; §§ 27a, 28 SGB XII). Dieser R. umfasst insbesondere Ernährung, Kleidung, Körperpflege, Hausrat, Haushaltsenergie (ohne die auf die Heizung und Erzeugung von Warmwasser entfallenden Anteile) sowie die persönlichen Bedürfnisse des täglichen Lebens (§ 20 Abs. 1 Satz 1 SGB II). Der R. beläuft sich derzeit für alleinstehende Erwachsene auf 424 € und bedarf der regelmäßigen Anpassung, um Veränderungen der Lebenshaltungskosten zu berücksichtigen. Die Leistungsberechtigten müssen mit der Pauschale grundsätzlich auskommen. Im Einzelfall kann in Betracht kommen, ein Darlehen zu gewähren. In bestimmten Fällen können die Leistungsberechtigten auch einen Anspruch auf Mehrbedarf geltend machen. Nicht vom R. umfasst, sind weiterhin die Leistungen für Unterkunft und Heizung (§ 22 SGB II; § 35 SGB XII).

Regelungsabrede

Vereinbarungen zwischen dem Betriebsrat und dem Arbeitgeber. Im Gegensatz zur Betriebsvereinbarung bindet die R. nur diese beiden. Die unmittelbare und zwingende Wirkung der Betriebsvereinbarung, durch die Rechte und Pflichten für den einzelnen Arbeitnehmer begründet werden können, besteht nicht. Daher gilt für die R. auch kein Schriftformerfordernis.

Regierung

Die R. der Bundesrepublik Deutschland besteht aus dem Bundeskanzler und den Ministern. Der Bundeskanzler bestimmt nach dem Grundgesetz (GG) die »Richtlinien der Politik«. In der Realität wird die Politik aber zwischen Koalitionären, d. h. unter Einbeziehung der sie tragenden Parteien, bestimmt. Die R. handelt faktisch eher als Kollegialorgan. Wo Einigungen in grundsätzlichen Fragen nicht möglich sind, hilft das Recht nicht weiter, dann steht die R. oder die Koalition politisch infrage. Die Ressorts, d. h. Politikbereiche der R., können frei zugeschnitten und neue Ressorts gebildet werden, für die jeweils ein Minister zuständig ist – etwa der Finanzminister. Einer der Fachminister, bisher meist der Außenminister, wird Vizekanzler, also Stellvertreter des Kanzlers.

Regress

Im Zivilrecht teilweise vorgesehener Rückgriff eines Schuldners gegenüber einem Dritten. Wenn man z. B. betrunken mit einem Pkw einen Schaden verursacht, so zahlt zunächst die Halterhaftpflicht-Versicherung als Schuldner an den Geschädigten (Direktanspruch gegen die Versicherung nach § 115 VVG). Die Versicherung kann jedoch den Schädiger in R. nehmen.

Rehabilitation

Einsatz verschiedener Maßnahmen, um Menschen mit Behinderung oder von Behinderung bedrohte Menschen in verschiedenen Lebensbereichen eine selbstbestimmte Teilhabe zu ermöglichen oder zu erhalten. Das Leistungsspektrum ist gesetzlich mit den Leistungen zur Teilhabe (§ 4 SGB IX) umschrieben. Sie sollen Behinderungen abwenden, beseitigen oder mindern, ebenso Einschränkungen der Erwerbsfähigkeit oder Pflegebedürftigkeit und die Teilhabe am Arbeitsleben entsprechend den Neigungen und Fähigkeiten dauerhaft sichern, die persönliche Entwicklung ganzheitlich fördern, Teilhabe am Leben in der Gesellschaft sowie eine selbstständige und selbstbestimmte Lebensführung ermöglichen oder erleichtern (§ 4 Abs. 1 SGB IX). Entsprechend dieser Aufgabenbeschreibung erbringen die Rehabilitationsträger Leistungen zur medizinischen Rehabilitation, Leistungen zur Teilhabe am Arbeitsleben, Leistungen zur Teilhabe an Bildung sowie Leistungen zur Sozialen Teilhabe. Daneben erbringen die Rehabilitationsträger unterhaltssichernde und sonstige Nebenleistungen. Rehabilitationsträger sind die gesetzlichen Krankenkassen (Krankenversicherung), die Bundesagentur für Arbeit, die Träger der gesetzlichen Unfallversicherung (Unfallversicherung, gesetzliche), Träger der Rentenversicherung, Träger der Leistungen des sozialen Entschädigungsrechts, des Kinder- und Jugendhilferechts sowie der Eingliederungshilfe (§ 6 SGB IX). Die Zuständigkeit der Rehabilitationsträger grenzt sich nach ihrem jeweils gesetzlich definierten Auftrag voneinander ab (sog. gegliedertes System).

Reisevertrag

Siehe Pauschalreisevertrag

Relative Mehrheit

Siehe Mehrheit, absolute, einfache und relative

Religionsfreiheit

Das Grundgesetz (GG) garantiert in Art. 4 GG für jedermann die R. D. h. nicht nur, dass jedermann seine Religion frei wählen darf, sondern auch, dass er sie diskriminierungsfrei, d. h. ohne Verfolgung, Mobbing, Verächtlichmachung u. Ä. ausüben darf. Dem Staat obliegt eine Schutzpflicht, dass jedermann seine Religion diskriminierungsfrei praktizieren kann. Umgekehrt ist der Staat gegenüber den Religionen zur Neutralität verpflichtet, deshalb darf er den Bürgern keine Religion aufdrängen, auch nicht indirekt, etwa durch Symbole. So hat das Bundesverfassungsgericht (BVerfG) entschieden, dass es unvereinbar mit der R. ist, wenn in Klassenzimmern verpflichtend Kreuze aufgehängt werden. Siehe auch Diskriminierungsschutz und Glaubens- und Bekenntnisfreiheit

Renten wegen Alters

Die in § 33 Abs. 2 SGB VI aufgeführten Altersrenten. Dies sind v. a. die Regelaltersrente, die Altersrente für langjährig Versicherte (§§ 36, 236 SGB VI), die Altersrente für schwerbehinderte Menschen (§§ 37, 236a SGB VI), die Altersrente für besonders langjährig Versicherte (§§ 38, 236b SGB VI), die Altersrente für langjährig unter Tage beschäftigte Bergleute (§§ 40, 238 SGB VI), Altersrente wegen Arbeitslosigkeit (§ 237 SGB VI) und die Altersrente für Frauen (§ 237a SGB VI). Alle Altersrenten erfordern neben einer Erfüllung bestimmter versicherungsrechtlicher Voraussetzungen die Vollendung eines bestimmten Lebensalters, das je nach Art der Altersrente unterschiedlich ist.

Renten wegen Erwerbsminderung

Das Gesetz unterscheidet zwischen den R. wegen voller E. und teilweiser E. (§ 43 SGB VI) sowie zwischen R. wegen teilweiser E. bei Berufsunfähigkeit (§ 240 SGB VI). Sie sollen den Lebensunterhalt von Versicherten bis zum Erreichen der Regelaltersgrenze decken, sofern sie aus gesundheitlichen Gründen nicht mehr oder nur noch teilweise in der Lage sind, erwerbstätig zu sein. Die R. haben medizinische und versicherungsrechtliche Voraussetzungen. Versicherungsrechtlich setzen sie übereinstimmend voraus, dass der Versicherte die allgemeine Wartezeit erfüllt und in den letzten fünf Jahren vor Eintritt der Erwerbsminderung drei Jahre mit Pflichtbeiträgen belegt hat. Rentenrechtlich relevante Zeiten, die nicht Pflichtbeitragszeiten sind, können zu einer Verlängerung des Fünfjahreszeitraums führen (vgl. § 43 Abs. 4 SGB VI). Anspruch auf R. wegen voller E. haben Versicherte, die mehr als 6 Monate, außerstande sind, mindestens 3 Stunden täglich erwerbstätig zu sein. Anspruch auf R. wegen teilweiser E. haben Versicherte, die mehr als 6 Monate außer Stande sind, mindestens 6 Stunden täglich erwerbstätig zu sein. Anspruch auf R. wegen teilweiser E. bei Berufsunfähigkeit haben Versicherte, die die versicherungsrechtlichen Voraussetzungen erfüllen, vor dem 2.1.1961 geboren und berufsunfähig sind. Berufsunfähig sind Versicherte, deren Erwerbsfähigkeit wegen Krankheit oder Behinderung im Vergleich zur Erwerbsfähigkeit von körperlich, geistig oder seelisch gesunden Versicherten mit ähnlicher Ausbildung und gleichwertigen Kenntnissen und Fähigkeiten auf weniger als 6 Stunden täglich gesunken ist. Nicht berufsunfähig ist, wer eine ihm zumutbare berufliche Tätigkeit auf dem allgemeinen Arbeitsmarkt noch 6 Stunden täglich verrichten kann.

Renten wegen Todes

Sollen auffangen, dass ein naher Familienangehöriger verstorben ist und keinen Beitrag zum Lebensunterhalt der Hinterbliebenen mehr erbringen kann. Hierunter fallen die große und kleine Witwen- bzw. Witwerrente (§ 46 SGB VI) und die Halb- oder Vollwaisenrente (§ 48 SGB VI). Auch die Erziehungsrente (§ 47 SGB VI) ist eine R. Bei ihr besteht jedoch die Besonderheit, dass es sich um eine R. aus eigener Versicherung handelt. Bei Witwen- bzw. Witwerrenten und Erziehungsrenten wird Einkommen des Anspruchsberechtigten angerechnet (§ 97 SGB VI).

Rentenartfaktor

Faktor der Rentenformel zur Ermittlung des Monatsbetrags der Rente in der gesetzlichen Rentenversicherung. Rentenleistungen der gesetzlichen Rentenversicherung sollen den Lebensunterhalt des Rentenbeziehers sicherstellen. Der R. bildet das Sicherungsziel differenzierend nach Art der Rente ab. So entspricht der R. bei Renten wegen Alters und Renten wegen voller Erwerbsminderung 1,0, bei Renten wegen teilweiser Erwerbsminderung hingegen nur 0,5 (§ 67 SGB VI) (Renten wegen Erwerbsminderung). Für Zeiten der knappschaftlichen Rentenversicherung gelten besondere R., die ein höheres Sicherungsniveau gewährleisten (vgl. § 82 SGB VI).

Rentenformel

Formel, mit der der Monatsbetrag der Rente in der gesetzlichen Rentenversicherung berechnet wird. Der Monatsbetrag der Rente ergibt sich daraus, dass die persönlichen Entgeltpunkte (Entgeltpunkte, persönliche), der Rentenartfaktor und der aktuelle Rentenwert (Aktueller Rentenwert) mit ihrem Wert bei Rentenbeginn miteinander vervielfältigt werden (§ 64 SGB VI).

Rentenversicherung

Zweig der Sozialversicherung. Die zentralen Vorschriften der gesetzlichen R. sind im Sozialgesetzbuch (SGB) VI normiert. Der Kreis der Versicherten ist groß. Personen, die gegen Arbeitsentgelt oder zu ihrer Berufsausbildung beschäftigt sind, sind in der gesetzlichen R. pflichtversichert (§ 1 SGB VI). Neben diesen abhängig Beschäftigten gibt es einige Gruppen Selbstständiger, die ebenfalls der Versicherungspflicht unterliegen (§ 2 SGB VI) sowie als sonstige Pflichtversicherte u. a. Personen, für die Kindererziehungszeiten anzurechnen sind und die nicht erwerbsmäßig pflegen oder bestimmter Sozialleistungen beziehen (§ 3 SGB VI). Ferner besteht die Möglichkeit, sich in der gesetzlichen R. freiwillig zu versichern (§ 7 SGB VI). Die gesetzliche R. finanziert sich über Beiträge und dem aus Steuermitteln finanzierten Bundeszuschuss, dem größten Posten im Bundeshaushalt, der voraussichtlich im Jahr 2020 die Schwelle von 100 Mrd. € überschreiten wird. Mit den Mitteln aus dem Bundeszuschuss werden Leistungen zur Wahrnehmung gesamtgesellschaftlicher Aufgaben in der gesetzlichen R. ausglichen, die nicht beitragsfinanziert sind. Dazu zählen z. B. die Leistungen nach Fremdrentengesetz oder des Familienlastenausgleichs. Die aktuellen Einnahmen der R. werden nach dem Umlageverfahren für die laufenden Rentenzahlungen verwendet. Die aktuellen Beitragszahler erhalten im Gegenzug einen künftigen Anspruch auf Rente, der von der nächsten Generation der Beitragszahler finanziert wird. Träger der R. sind vierzehn Regionalträger, die Knappschaft-Bahn-See und die Deutsche Rentenversicherung Bund. Im Rahmen der Organisationsreform der Rentenversicherungsträger wurden die Grundsatz- und Querschnittsaufgaben, die zuvor vom damaligen Verband Deutscher Rentenversicherungsträger wahrgenommen wurden, der Deutschen Rentenversicherung Bund zugewiesen. Die von der R. abgedeckten Risiken sind die Erwerbsminderung und die nur noch als Übergangsregelung und Sonderung für Bergleute ausgestaltete Berufsunfähigkeit, die Sicherung des Lebensunterhalts nach dem Erreichen verschiedener Altersgrenzen und der Tod unter Zurücklassung von Hinterbliebenen. Dementsprechend ist das Leistungsspektrum der gesetzlichen R. ausgestaltet. Zur Absicherung des Risikos der Erwerbsminderung bzw. Berufsunfähigkeit (Arbeitsunfähigkeit) sieht das SGB VI Leistungen zur Teilhabe als Rehabilitationsleistungen (§§ 9 ff. SGB VI) sowie Renten wegen Erwerbsminderung (§ 43 SGB VI), Renten für Bergleute (§ 45 SGB VI) und bei Berufsunfähigkeit (§ 240 SGB VI) vor. Weiterhin beinhaltet die gesetzliche R. Renten wegen Alters (§§ 35 ff. SGB VI) und Renten wegen Todes (§§ 46 ff. SGB VI).

Repressive Polizeiaufgaben

Siehe Polizeiaufgaben, repressive

Republik

Bedeutet nach dem Grundgesetz (GG) nur, dass der Bund und die Länder nicht als Monarchie organisiert sein dürfen. Der emphatischere französische Begriff der R. ist im Grundgesetz durch das Demokratieprinzip abgedeckt.

Revision

Rechtsmittel zur Überprüfung der korrekten Rechtsanwendung gegen eine Entscheidung eines Tatsachengerichts. Die Revisionsinstanz ist, anders als die Berufungsinstanz, selbst keine Tatsacheninstanz. Das Revisionsgericht ist vielmehr an die in dem angefochtenen Urteil getroffenen Tatsachenfeststellungen grundsätzlich gebunden. Lassen die Feststellungen eine Entscheidung in der Sache nicht zu, hat das Revisionsgericht den Rechtsstreit an das Tatsachengericht zurückzuverweisen. Die Zuständigkeit ist in den Rechtsgebieten unterschiedlich geregelt. Als Beispiel die R. im Strafrecht: Gegen strafrechtliche Urteile des Landgerichts (Landgericht

(LG)) und des Oberlandesgerichts (Oberlandesgericht (OLG)) ist der Bundesgerichtshof (BGH) zuständig, gegen Urteile des Amtsgerichts (Amtsgericht (AG)) und Berufungsurteile (Berufung) des Landgerichts das OLG.

Revisionsgericht

Die 5 obersten Gerichtshöfe des Bundes (Art. 95 GG), die nach den verschiedenen Prozessordnungen über das Rechtsmittel der Revision zu entscheiden haben. Dies sind das Bundesarbeitsgericht (BAG), der Bundesfinanzhof (BFH), der Bundesgerichtshof (BGH), das Bundessozialgericht (BSG) und das Bundesverwaltungsgericht (BVerwG).

Richter

Berufsrichter und ehrenamtliche R. (Richter, ehrenamtlicher) (§ 1 DRiG). Ihnen ist die rechtsprechende Gewalt anvertraut (Art. 92 Abs. 1 GG, siehe auch Gewaltenteilung). Sie haben somit in gerichtlichen Verfahren Entscheidungen zu treffen bzw. auf unstreitige Verfahrenserledigung hinzuwirken. Damit sie diese Aufgabe sachgerecht wahrnehmen können, garantiert Art. 97 GG die richterliche Unabhängigkeit. Danach sind R. unabhängig und nur dem Gesetz unterworfen. Die richterliche Unabhängigkeit betrifft die sachliche und persönliche Unabhängigkeit. Mit sachlicher Unabhängigkeit ist gemeint, dass der R. zwar an das Gesetz gebunden ist, jedoch keinen Weisungen unterliegt. Dementsprechend ist auch der Kernbereich richterlicher Tätigkeit der Dienstaufsicht entzogen. Zu diesem Kernbereich gehören die eigentliche Rechtsfindung, aber auch vorbereitende Weichenstellungen durch den R., z. B. wann der Termin für eine Gerichtsverhandlung stattfinden soll. Nicht vom geschützten Kernbereich erfasst sind hingegen die äußere Form der Wahrnehmung der Amtsgeschäfte und die Erledigung nicht richterlicher Aufgaben. Persönliche Unabhängigkeit bedeutet, dass R. mit einer Planstelle nur unter sehr engen gesetzlichen Voraussetzungen ihres Amtes enthoben und gegen ihren Willen in ein anderes Amt versetzt werden können (§ 30 DRiG).

Richter, ehrenamtlicher

Die arbeits- und sozialgerichtlichen Verfahren sehen in der mündlichen Verhandlung die Beteiligung von R. vor (§ 20 ArbGG; §§ 12 Abs. 1, 13 SGG). Im Strafverfahrensrecht gibt es ebenfalls R., die die Bezeichnung Schöffen tragen. R. sind keine Berufsrichter. Sie sind jedoch in gleichem Maße wie ein Berufsrichter unabhängig (§ 45 Abs. 1 DRiG, siehe auch Richter) und haben bei der gerichtlichen Entscheidung das gleiche Stimmrecht wie die Berufsrichter. Ein Arbeitnehmer ist für die Zeit seiner Amtstätigkeit als R. von seinem Arbeitgeber von der Arbeitsleistung freizustellen.

Richter, gesetzlicher

Niemand darf seinem R. entzogen werden (Art. 101 Abs. 1 Satz 2 GG). Diese verfassungsrechtlich abgesicherte Garantie verlangt, dass der für den Einzelfall zuständige Richter im Voraus auf der Grundlage generell-abstrakt formulierter Regelungen, etwa eines Geschäftsverteilungsplanes, eindeutig bestimmbar ist. Auf diese Weise soll der Gefahr vorgebeugt werden, dass durch eine Auswahl der zur Entscheidung berufenen Richter der Ausgang eines Rechtsstreits beeinflusst werden kann. Die Garantie des R. stärkt das Vertrauen der Verfahrensbeteiligten und der Öffentlichkeit in die Unabhängigkeit der Gerichte.

Richterliche Überzeugung

Strafrecht: Für die strafrechtliche Verurteilung notwendige Sicherheit des Gerichts vom Vorliegen einer Straftat und der Täterschaft des Angeklagten. Es dürfen keine vernünftigen Zweifel an beiden Feststellungen vorliegen. Andernfalls ist der Angeklagte nach dem Grundsatz In dubio pro reo (»Im Zweifel für den Angeklagten«) freizusprechen. Auch nach den anderen Prozessordnungen muss sich das Gericht eine Überzeugung bilden (z. B. § 128 SGG; § 108 VwGO; §§ 286, 287 ZPO), wobei sich die Überzeugung ggf. auf unterschiedliche Beweismaßstäbe bezieht.

Richterrat

Bei den Gerichten des Bundes und der Länder werden R. errichtet für die Beteiligung an allgemeinen und sozialen Angelegenheiten der Richterschaft (§ 49 Nr. 1 DRiG; z. B. § 15 LRiStaG NRW). Die Mitglieder des R. werden von den Richterinnen und Richtern aus ihrer Mitte gewählt. Die Befugnisse des R. und die persönliche Rechtsstellung seiner Mitglieder entsprechen im Wesentlichen den Kompetenzen des Personalrats und der persönlichen Rechtsstellung seiner Mitglieder (vgl. z. B. § 52 DRiG; §§ 17, 20 LRiStaG NRW). Bei Angelegenheiten, welche sowohl die Richterschaft als auch die nicht richterlichen Beschäftigten eines Gerichts berühren, wirken R. und Personalrat im sog. erweiterten Personalrat zusammen. Zur gemeinsamen Beschlussfassung entsendet der R. in einem solchen Falle Mitglieder in den Personalrat (vgl. z. B. § 53 DRiG; § 30 LRiStaG NRW).

Richterrecht

Grundsätzlich sollen Richter das Recht anwenden, nicht setzen (erfinden). Die Kompetenz zur Rechtssetzung hat nach dem Grundsatz der Gewaltenteilung der Gesetzgeber. Es gibt jedoch Ausnahmen, wo der Gesetzgeber z. B. aufgrund technischer, wirtschaftlicher oder gesellschaftlicher Entwicklungen noch nicht tätig geworden ist. Wenn dann ein Gericht über einen Fall zu entscheiden hat, darf es nicht untätig bleiben (sog. Rechtsverweigerungsverbot). In diesem Fall muss es R. neu schaffen. Hält das Gericht jedoch ein Gesetz für falsch, ist es grundsätzlich trotzdem daran gebunden. Es gibt jedoch die Möglichkeit, das Gesetz dem Bundesverfassungsgericht (BVerfG) oder, wenn es auf Europarecht beruht, dem Europäischen Gerichtshof (EuGH) zur Überprüfung vorzulegen. Siehe Analogie/e contrario-Schluss, Billigkeit

Richtervorbehalt

Schwere Grundrechtseingriffe im Ermittlungsverfahren dürfen nur aufgrund richterlicher Anordnung erfolgen (z. B. Untersuchungshaft, Durchsuchungen, Telefon- und Postüberwachung). Bei Gefahr im Verzug, wenn also der Untersuchungszweck durch vorherige Einholung der richterlichen Anordnung gefährdet würde, können diese teilweise auch durch die Staatsanwaltschaft oder deren Ermittlungsbehörden angeordnet werden, müssen jedoch durch ein Gericht bestätigt werden. Hierzu gehört auch die Blutentnahme, wobei die Fälle der Trunkenheit im Verkehr vom R. ausgenommen sind.

Richtlinie

Die wichtigen Rechtsakte der EU sind R. und Verordnung. R. gelten nicht unmittelbar, sondern müssen von den Mitgliedsstaaten erst in nationales Recht überführt werden. Eine R. muss also durch die eigene Gesetzgebung des Staates umgesetzt werden, wobei den Staaten teilweise ein eigener Gestaltungsspielraum überlassen wird. Ist umstritten, wie Teile der R. zu verstehen sind, so ist der Europäische Gerichtshof (EuGH) für ihre Auslegung zuständig. Nationales Recht, das auf einer R. beruht, muss durch die (nationalen) Gerichte richtlinienkonform ausgelegt werden, sodass die beabsichtigte Entscheidung der R. entspricht.

Rückgaberecht

Entgegen in der Bevölkerung weitverbreiteten Vorstellungen gibt es kein allgemeines R. bei einem Kaufvertrag. Dieses muss vielmehr vom Verkäufer (freiwillig und ausdrücklich) eingeräumt werden. Tatsächlich nehmen aber aus Kulanzgründen viele große Geschäfte und Onlinehändler auch ohne ein vertragliches R. oder ohne Widerrufsvoraussetzungen Ware zurück und erstatten den Kaufpreis. Bei reiner Kulanz ist auch ein Gutschein zulässig.

Rücknahme/Widerruf

Verwaltungsakte (VA) entfalten Bestandskraft, d. h., sie werden unanfechtbar auch für die Verwaltung, selbst wenn sie rechtswidrig erteilt worden sind. Gerade wenn sie rechtswidrig waren, aber auch, wenn sich die Umstände gewandelt haben, kann ein Bedürfnis bestehen, einen Verwaltungsakt wieder aufzuheben. »Aufhebung« ist der Oberbegriff für die Rücknahme (§ 48 VwVfG) eines rechtswidrigen sowie für den Widerruf (§ 49 VwVfG) eines rechtmäßigen Verwaltungsaktes. Die Aufhebung ist i. d. R. mit Entschädigungsleistungen an denjenigen verbunden, der auf den Bestand des VA vertraut hat – natürlich ist die Entschädigung bei rechtmäßigen VA einfacher zu bekommen als bei rechtswidrigen.

Rücktritt

Im Zivilrecht ist man grundsätzlich an ein wirksames Rechtsgeschäft gebunden (Bindung an Rechtsgeschäfte). Durch R. kann ausnahmsweise die Wirkung eines Rechtsgeschäfts beseitigt werden. Voraussetzung dafür ist, dass im Vertrag ein Recht zum R. vereinbart oder ein solches im Gesetz geregelt ist. Wenn z. B. ein Pkw verkauft wurde, und innerhalb der Zeit der Gewährleistung zeigt sich ein verborgener Fehler (Sachmangel), so kann der Käufer unter bestimmten weiteren Voraussetzungen zurücktreten. Typischerweise muss erst eine Frist gesetzt werden, um den Fehler zu beseitigen, d. h., der Verkäufer bekommt eine »zweite Chance«, ordnungsgemäß seine Leistung zu erbringen. Liegen alle Voraussetzungen für einen R. vor, so erfolgt eine Rückabwicklung des Vertrages nach den Regelungen der §§ 346 ff. BGB. Dabei müssen v. a. die bereits empfangenen Leistungen (der ggf. schon gezahlte Kaufpreis, der Pkw) dem Vertragspartner zurückgegeben werden. R. spielt auch im Strafrecht im Zusammenhang mit dem Versuch eine Rolle (siehe Versuch). Siehe auch Unmöglichkeit

Rückwirkung, echte und unechte

Echte R. heißt, dass die rechtliche Situation eines abgeschlossenen Sachverhaltes geändert wird. Im Jahre 2019 wird z. B. die Lohnsteuer für das Jahr 2017 angehoben. Echte R. eines Gesetzes ist grundsätzlich nicht gestattet. Ein Verwaltungsakt (VA) kann, v. a., wenn er rechtswidrig (Rechtswidrigkeit) war, rückwirkend aufgehoben werden, wobei allerdings der Vertrauensschutz zu beachten ist, d. h., dem Betroffenen sind Vermögensschäden zu ersetzen, wenn er auf den Bestand des Bescheides vertrauen konnte und durfte.

Unechte R. meint, dass sich die Rechtslage mit Blick auf einen noch nicht abgeschlossenen Lebenssachverhalt ändert. Beispiel: Die Studentin beginnt 2017 mit dem Studium und 2019 – sie hat das Studium noch nicht abgeschlossen – wird die Prüfungsordnung geändert. Das Gesetz knüpft an einen Lebenssachverhalt an, der in der Vergangenheit begonnen hat, aber noch fortdauert. Oder: Die BAföG-Regelung (Berufsausbildungsförderung) wird im Jahre 2008 geändert. Student A hat 2006 angefangen zu studieren und beendet das Studium erst 2010. Die unechte R. ist zulässig, es sei denn, in der Abwägung wiegt der Vertrauensschutz schwerer als das Interesse an der Regelung. Das Vertrauen in ein nicht rückzahlbares BAföG wurde als weniger gewichtig eingestuft als das Interesse des Staates an der Umstellung auf Darlehen, um den Haushalt weniger zu belasten. Die Abwägung bei Änderungen der Prüfungsordnung geht zugunsten der Studierenden aus, sodass die alte Prüfungsordnung meist übergangsweise in Kraft bleibt.

Rückwirkungsverbot

In Art. 103 Abs. 2 GG enthaltenes Grundrecht, dass eine Tat nur bestraft werden kann, wenn die Strafbarkeit durch Gesetz bestimmt ist, bevor die Tat begangen wurde. Der Grundsatz hat im Strafrecht (§§ 1, 2 StGB) und im Ordnungswidrigkeitenrecht (§§ 3, 4 OWiG) Relevanz. Bei Gesetzesänderung zwischen Tatzeitpunkt und Aburteilung ist zugunsten des Angeklagten milder oder ggf. gar nicht zu bestrafen.

Rufbereitschaft

Liegt vor, wenn der Arbeitnehmer sich an einem selbstbestimmten Ort aufhält, dabei aber für den Arbeitgeber jederzeit erreichbar und in der Lage ist, die Arbeit in einem angemessenen Zeitraum aufzunehmen. Die Abgrenzung zum Bereitschaftsdienst kann i. d. R. anhand der Zeit vorgenommen werden, in der vom Arbeitnehmer erwartet wird, die Arbeit aufzunehmen. Setzt der Arbeitgeber eine kurze Frist, ist eine freie Wahl des Aufenthaltsortes ausgeschlossen, dann liegt Bereitschaftsdienst statt R: vor. Der Arbeitgeber kann R. nur anordnen, wenn diese arbeitsvertraglich oder kollektivrechtlich vorgesehen ist. Zeiten der R., über die der Arbeitnehmer selbst verfügt, also nicht zur Arbeit herangezogen wird, sind weder arbeitsschutz- noch vergütungsrechtlich als Arbeitszeit zu betrachten. Die Vergütung der R. ergibt sich aus dem Arbeitsvertrag oder Tarifvertrag. Üblich ist eine pauschale Bezahlung. Erfolgt die Heranziehung zur Arbeit aus der R., ist diese wie Regelarbeitszeit zu vergüten.

Ruhestörung

Ordnungswidrigkeit, die nach § 117 OWiG mit Geldbuße bis zu 5.000 € geahndet werden kann.

Sachbeschädigung

Straftatbestand, der die Beschädigung oder Zerstörung einer fremden Sache (Sache, fremde) regelt (§ 303 StGB). Auch die dauerhafte Verunstaltung von einiger Erheblichkeit ist unter Strafe gestellt, z. B. Graffiti.

Sache

Einer der Grundbegriffe des Privatrechts. Eine Legaldefinition findet sich in § 90 BGB: Sachen im Sinne des Gesetzes sind körperliche Gegenstände. Im Gegensatz dazu stehen unkörperliche Gegenstände (Rechte). Die Sachen werden weiter unterteilt in bewegliche und unbewegliche (z. B. ein Grundstück). Die Unterscheidungen sind wichtig, weil oft verschiedene rechtliche Regelungen existieren und man die richtigen anwenden muss. Vgl. etwa Übereignung. Tiere sind gemäß § 90 a BGB zwar keine Sachen, aber die Vorschriften über Sachen finden entsprechende Anwendung. Schwierigkeiten bereitet Software; wenn sie auf einer Hardware gespeichert ist, behandelt die Rechtsprechung sie aber wie eine bewegliche Sache. Im Strafrecht gibt es die Straftatbestände der Datenveränderung und Computersabotage (§§ 303a-b StGB). Siehe auch Rechtsobjekte

Sache, bewegliche

Zu unterscheiden vom Grundstück. Zur Erklärung siehe Rechtsobjekte.

Sache, eigene

Bedeutet, dass jemand Eigentum an einer Sache hat.

Sache, fremde

Sowohl das Zivilrecht als auch das Strafrecht schützen das Eigentum. In diesem Zusammenhang spielt die rechtliche Zuordnung von Sachen als eigene (Sache, eigene) oder fremde eine wichtige Rolle. Eine Sache ist fremd, wenn sie nicht im Alleineigentum steht und nicht herrenlos ist. Der Begriff hat im StR Relevanz z. B. bei Sachbeschädigung, Diebstahl und Unterschlagung.

Sachenrecht

Gegenstand des 3. Buches des BGB (§§ 854-1296). Es geht um das Verhältnis einer oder mehrerer Personen zu einer Sache, insbesondere um Eigentum und Besitz. Siehe auch Selbsthilfe

Sachmangel

Der Gegenstand eines Vertrages kann nach den Vorstellungen des einen Vertragspartners unbrauchbar sein. Ob der andere Vertragspartner dafür die Gewährleistung tragen muss, bestimmt sich beim Kaufvertrag nach § 434 BGB und beim Werkvertrag nach § 633 BGB. Vereinfacht kommt es primär darauf an, was vertraglich vereinbart wurde, oder sonst darauf, was man erwarten kann.

Sachverständige Zeugen

Zeugen, die zu beurteilende Tatsachen oder Zustände kraft ihrer besonderen Sachkunde außerhalb eines gerichtlichen Sachverständigenauftrags wahrgenommen haben (§ 414 ZPO). Z. B. kann ein behandelnder Arzt als S. Auskunft über den Gesundheitszustand eines Verfahrensbeteiligten geben.

Sachverständigenbeweis

Mittel, um einen Beweis zu führen. Dazu beauftragt das Gericht einen Sachverständigen.

Sachverständiger

Alle Prozessordnungen sehen die Hinzuziehung von S. vor. Der S. ist Beweismittel (Beweis, Strengbeweis). Von dieser Möglichkeit hat das Gericht Gebrauch zu machen, soweit seine Sachkunde zur Beurteilung des entscheidungserheblichen Lebenssachverhalts nicht ausreicht. Der S. ist Helfer des Gerichts. Er vermittelt dem Gericht Fachwissen zur Beurteilung von Lebenssachverhalten, Kenntnisse über Erfahrungssätze, stellt, soweit hierzu eine besondere Sachkunde erforderlich ist, Tatsachen fest und zieht Schlussfolgerungen. Das Gericht hat die Tätigkeit des S. zu leiten (§ 404a ZPO). Regelmäßig erstellt der S. ein schriftliches Gutachten (§ 411 ZPO). Häufig wird ein S. für medizinische oder technische Fragen oder zur Begutachtung von Personen hinsichtlich ihrer

Schuldfähigkeit (Angeklagter) oder Glaubwürdigkeit (Zeugen) durch das Gericht beigezogen.

Salvatorische Klausel

Vorbeugende Formulierung in einem Vertrag für den Fall, dass eine Regelung vergessen wurde oder unwirksam ist, um das mit dem Vertrag verfolgte Ziel abzusichern. Bei Allgemeinen Geschäftsbedingungen (AGB) nicht möglich, wegen des Verbotes der geltungserhaltenden Reduktion.

Sanktion

Reaktion auf vorwerfbares Verhalten. S. führen zu einer belastenden Rechtsfolge. S. gibt es in verschiedenen Rechtsbereichen. Öffentliches Recht: Die Verhängung eines Bußgeldes nach der Verübung einer Ordnungswidrigkeit (Ordnungswidrigkeiten) stellt eine S. dar. Sozialrecht: Im Bereich der Grundsicherung für Arbeitsuchende ahnden die gesetzlichen Sanktionstatbestände (§§ 31 ff. SGB II) die Verletzung von Mitwirkungspflichten der Leistungsberechtigten und führen zu einer Kürzung des Anspruchs auf Arbeitslosengeld II. Nach der Intention des Gesetzgebers handelt es sich bei diesen S. nicht um eine Strafe. Ihre Verhängung ist insbesondere nicht mit dem Ausspruch eines sozialethischen Unwerturteils verbunden. Sie sollen den Leistungsberechtigten dazu anhalten, den gesetzlich vorgeschriebenen Mitwirkungspflichten nachzukommen. Auch die Verhängung einer Sperrzeit nach dem Arbeitsförderungsrecht des SGB III ist eine S.

Satzung

Auch Statut, die schriftliche Grundordnung (Verfassung) eines Zusammenschlusses. Wenn private Personen im Zivilrecht z. B. einen Verein oder eine Genossenschaft gründen wollen, so ist eine S. notwendig. Im Öffentlichen Recht ist die S. das Rechtsetzungsinstrument von Selbstverwaltungskörperschaften (Körperschaft, Selbstverwaltungs-). Dazu gehören neben den Gemeinden z. B. auch Kammern (Ärzte- oder Rechtsanwaltskammer) oder Universitäten. Satzungen enthalten – wie Gesetze – allgemeine, abstrakte Regeln, die sich auf den Selbstverwaltungsbereich, die Kompetenz der jeweiligen Körperschaft, beziehen müssen.

Schaden

Unfreiwilliger Nachteil, Verlust, den jemand erleidet. Dieser kann am Vermögen entstehen, also materiell (z. B. Beschädigung des Eigentums oder die Heilbehandlungskosten wegen Verletzung einer Person) oder immateriell sein (z. B. verletzte Ehre, erlittene Schmerzen). Siehe auch Schadensersatz, Schmerzensgeld und Hinterbliebenengeld.

Schadensausgleich, innerbetrieblicher

Die Haftung des Arbeitnehmers für durch Pflichtverletzung und Delikt verursachte Schäden des Arbeitgebers erfolgt grundsätzlich nach den allgemeinen Vorschriften des Zivilrechts (Zivilrecht). Aufgrund der besonderen Stellung des Arbeitsverhältnisses, in dem der abhängig Beschäftigte mit Arbeitsmitteln des Arbeitgebers unter dessen Organisationshoheit und zu dessen wirtschaftlichen Nutzen dauerhaft Tätigkeiten ausübt, hat die Rechtsprechung die Haftung des Arbeitnehmers nach den Grundsätzen des S. jedoch begrenzt. Voraussetzung für die Haftungsbegrenzung ist, dass der Schaden in Ausübung einer betrieblich veranlassten Tätigkeit, d. h., einer ausdrücklich durch den Arbeitgeber übertragenen oder im Interesse des Betriebs ausgeübten Tätigkeit entstanden ist. Die Haftungsbeschränkung erfolgt abhängig vom Grad des Verschuldens des Arbeitnehmers. In Fällen leichtester Fahrlässigkeit ist die Haftung des Arbeitnehmers ausgeschlossen. In Fällen mittlerer Fahrlässigkeit haften Arbeitnehmer und Arbeitgeber anteilig. Hat der Arbeitnehmer grob fahrlässig oder vorsätzlich gehandelt, findet keine Begrenzung der Haftung statt. Die Ermittlung des vom Arbeitnehmer zu tragenden Anteils des Schadens in Fällen mittlerer Fahrlässigkeit geschieht unter Heranziehung der Gesamtumstände des Einzelfalls. Maßgebliche Kriterien sind u. a. die Gefahrgeneigtheit der ausgeübten Tätigkeit, die Ausbildung, Einweisung und Berufserfahrung des Arbeitnehmers und das Verhältnis der Vergütung zur Höhe des Schadens. Wegen der vergleichbaren Einbindung in den Betrieb gelten die Grundsätze des S. auch für Auszubildende und Leiharbeitnehmer in Bezug auf den Entleiher.

Schadensersatz

Wenn jemand einen Schaden erleidet, interessiert ihn, ob er dafür Ausgleich, also Ersatz, bekommt. Beispielhafte Situationen sind ein Unfall im Straßenverkehr, der Biss durch einen Hund oder der Kauf eines Handys, dessen Akku später explodiert. S. kann man grundsätzlich verlangen, wenn ein anderer für den Schaden verantwortlich ist. Ein Anspruch auf S. braucht eine rechtliche Grundlage. Diese kann sich ergeben aus der Verletzung vertraglicher Pflichten (Handybeispiel siehe Leistungsstörung), aus Delikt (z. B. beschädigte Sache) bzw. Gefährdungshaftung (im Straßenverkehr und bei Hundebiss siehe Halterhaftung). Wer zum S. verpflichtet ist, hat grundsätzlich den Zustand herzustellen, der ohne das schädigende Ereignis bestünde (Grundsatz der Naturalrestitution, vgl. § 249 Abs. 1 BGB). Z. B. kommen bei einem Verkehrsunfall zahlreiche Schadenspositionen wegen Personen- und Sachschäden in Betracht (Heilbehandlungskosten, Schmerzensgeld, Verdienstausfall, Reparaturkosten usw.). Gegen das Risiko, S. leisten zu müssen, kann man sich für viele Konstellationen versichern, siehe Haftpflichtversicherung.

Scheidung

Nach dem Gesetz wird die Ehe auf Lebenszeit geschlossen. Heute wird jedoch ca. jede dritte Ehe geschieden. Vor der S. durch das Familiengericht müssen die Ehegatten jedoch mindestens 1 Jahr getrennt leben. Siehe auch Scheidungsfolgen

Scheidungsfolgen

Endet eine Ehe durch Scheidung, so ist das oft nicht nur emotional schwierig, sondern auch finanziell. Neben der Verteilung des Vermögens ist auch an die Altersvorsorge (üblicherweise durch Versorgungsausgleich), den Unterhalt und – sofern gemeinsame minderjährige Kinder vorhanden sind – an das Sorgerecht zu denken. Die Ehegatten können dafür einen Ehevertrag schließen. Tun sie das nicht, gelten die gesetzlichen Regelungen.

Schenkung

Unentgeltlicher Vertrag zwischen Schenker und Beschenktem (§ 516 BGB), d. h., der Schenker erhält für seine Zuwendung keine Gegenleistung, aber dennoch muss der Beschenkte mit dem Rechtsgeschäft einverstanden sein. Das (einseitige) Versprechen einer S. muss zum Schutz des Schenkers vor

Übereilung notariell beurkundet werden, d. h., hier gilt keine Formfreiheit. Wird die S. sofort vollzogen (»Handschenkung«), dann ist der Formmangel geheilt (§ 518 BGB). Die S. kann nur ausnahmsweise rückgängig gemacht werden, wenn der Schenker selbst verarmt oder der Beschenkte ihm oder einem nahen Angehörigen gegenüber grob undankbar war (hohe Anforderungen). Juristische Probleme bereiten deshalb v. a. Zuwendungen in Partnerschaften nach Trennung. Schwierig zu beurteilen bzw. hinsichtlich ihrer Behandlung umstritten sind auch sog. gemischte S., wenn jemand z. B. einen Pkw einem Freund zum besonders günstigen Preis verkauft und später zeigt sich ein Mangel. Ein Schenker haftet nur für Arglist, anders als ein Verkäufer. Daher stellt sich die Frage, ob die milderen Vorschriften der S. oder die schärferen des Kaufrechts anwendbar sind.

Schiedsgericht

Allgemein Gerichte, die von zwei Parteien bestellt werden, um einen Konflikt durch einen Schiedsspruch zu lösen. Das funktioniert nur, wenn die Parteien sich gegenseitig versprechen, sich an den Schiedsspruch zu halten, weil er nicht durch staatliche Macht durchgesetzt werden kann. Im Arbeitsrecht gibt es in Tarifauseinandersetzungen den Schlichter, in Schulen fungieren Schüler als Schiedsrichter, um Konflikte zwischen anderen Schülern zu schlichten, Friedensrichter und Mediatoren befinden sich ebenfalls oft in der Rolle eines Schiedsrichter. Im internationalen Recht sind mit der Einführung von »Freihandelsverträgen« oft Vereinbarungen über S. verbunden, die Streitigkeiten zwischen den Vertragspartnern, also den Staaten oder zwischen einem Unternehmen und einem Staat, schlichten sollen, Im Kontext der Diskussion um CETA und TTIP waren v. a. diese S. Gegenstand der Kritik, weil, so die Kritiker, der Schutz der möglichen Investitionen beteiligter Unternehmen zu weit ging.

Schlichtung

Siehe Schiedsgericht

Schmerzensgeld

Soll Ausgleich für erlittenes Leid leisten, also für einen immateriellen Schaden. Dies ist sehr schwer in Geld zu bemessen. Während im angelsächsischen Recht, v. a. in Amerika gelegentlich Millionenbeträge für verhältnismäßig wenig erreicht werden (als Beispiel wird stets das Verbrühen beim Trinken von zu heißem Kaffee genannt), sind die zugesprochenen Beträge in Deutschland eher symbolisch. Neben körperlichen Schmerzen sind auch seelische relevant, z. B. bei Beleidigung oder Freiheitsentziehung. Grundsätzlich muss für einen Anspruch auf S. ein eigenes Rechtsgut (Leben, Körper, Gesundheit, Ehre, Freiheit) verletzt worden sein. Bei nahen Angehörigen kann zwar ein Schock entstehen, v. a., wenn sie das Leid des unmittelbar Verletzten miterleben. Die Rechtsprechung verlangt jedoch eine erhebliche eigene Gesundheitsschädigung des Angehörigen, bevor ein sog. Schockschaden zu einem Anspruch auf S. führt. Bei Tötung naher Angehöriger siehe Hinterbliebenengeld. S. kann nicht nur im Zivilverfahren, sondern auch im Strafverfahren geltend gemacht werden (Adhäsionsverfahren).

Schöffen

Gibt es in Deutschland nur im Strafverfahren. Im Übrigen heißen an der Rechtsfindung beteiligte Laien ehrenamtliche Richter (Richter, ehrenamtlicher). In Strafsachen gibt es S. bei den

Amts- und Landgerichten (LG). Das sog. Schöffengericht ist eine Abteilung beim Amtsgericht (AG). Die S. wirken nur in der Hauptverhandlung mit (Ablauf des Strafverfahrens), haben dort aber gleiches Stimmrecht wie der/die Berufsrichter. Dies gilt sowohl für die Frage des Tatnachweises als auch für die Frage der Strafhöhe. Im Ergebnis können die S. damit den Berufsrichter überstimmen oder (abhängig von der Gerichtsbesetzung der Großen Strafkammer oder beim erweiterten Schöffengericht) eine Verurteilung verhindern. Die S. werden für eine Amtszeit von 4 Jahren gewählt, auf Vorschlag der Gemeinde. Sie sollen bei der Berufung mindestens 25 Jahre alt und nicht älter als 70 Jahre sein. Vor Beginn ihrer Amtsausübung ist ein Schöffeneid zu leisten. S. müssen deutsche Staatsbürger sein und dürfen u. a. nicht erheblich vorbestraft sein. Einige Berufsgruppen können das Schöffenamt ablehnen, v. a. aus beruflichen Gründen (z. B. Ärzte, Hebammen), da sich die Anwesenheit bei Gericht mit der beruflichen Einsatzfähigkeit nicht vereinbaren lässt. S. sind während der Hauptverhandlung nicht austauschbar und auch durch den Geschäftsverteilungsplan des Gerichts vorbestimmt, da der S. – wie auch der Berufsrichter – der gesetzliche Richter des jeweiligen Angeklagten ist. Siehe auch Schöffengericht, erweitertes

Schöffengericht

Siehe Schöffengericht, erweitertes und Schöffen

Schöffengericht, erweitertes

Schöffengerichtsabteilung beim Amtsgericht (AG) in Strafsachen, die mit 2 Berufsrichtern und 2 Schöffen besetzt ist. Kann auf Antrag der Staatsanwaltschaft angerufen werden wegen des Umfanges der Sache, z. B. bei sehr umfangreicher Beweisaufnahme.

Schönheitsreparatur

Siehe Miete

Schriftform

Wenn S. vorgeschrieben ist (Formvorschrift), so muss ein Dokument (Urkunde) eigenhändig oder mittels notariell beglaubigten Handzeichens unterschrieben werden (§ 126 BGB). Grundsätzlich gilt aber Formfreiheit.

Schuld

Hat im rechtlichen Zusammenhängen eine wesentlich differenziertere Bedeutung als das umgangssprachliche Verständnis. Sie ist der subjektive (persönliche) Vorwurf, sich rechtswidrig verhalten zu haben (siehe Rechtswidrigkeit) und zu unterscheiden von der (objektiven) Verursachung. Zur S. im Zivilrecht siehe Verschulden. Das Strafrecht kennt als Schuldformen den Vorsatz und die Fahrlässigkeit. Strafbar ist grundsätzlich nur vorsätzliches Handeln, wenn nicht (ausnahmsweise) das Gesetz fahrlässiges Handeln ausdrücklich mit Strafe bedroht (§ 15 StGB). Im Recht der Ordnungswidrigkeiten sind dagegen auch viele fahrlässige Verhaltensweisen mit Bußgeld bedroht. Das Merkmal der S. dient nicht nur dazu, die grundsätzliche Strafbarkeit festzustellen, sondern ist auch ein entscheidendes Kriterium für das zu findende Strafmaß innerhalb des gesetzlich vorgegebenen Strafrahmens.

Schuldausschließungsgrund

Strafrechtlich verurteilt werden kann nur eine Person, die schuldhaft gehandelt hat (Schuld, Schuldfähigkeit). Als S. kommt eine Notwehrüberschreitung (Notwehr), ein entschuldigender oder übergesetzlicher Notstand (z. B. Opferung eines Lebens zugunsten vieler) oder auch das Handeln aufgrund dienstlicher Weisungen in Betracht (z. B. bei Beamten, Soldaten); im letztgenannten Fall sind jedoch Grenzen bei Verletzung der Menschenwürde oder erkennbar strafrechtlich relevantem Verhalten zu finden. Der S. findet seine Anwendung nur für den jeweils handelnden Täter, sodass eine Bestrafung wegen Anstiftung oder Beihilfe nicht automatisch ausgeschlossen ist.

Schuldenbremse

Legt eine Kreditobergrenze für den Bund und die Länder fest – beide sollen grundsätzlich ganz ohne neue Schulden auskommen. »Die Haushalte von Bund und Ländern sind grundsätzlich ohne Einnahmen aus Krediten auszugleichen« heißt es in Art. 109 Abs. 3 GG. »Ohne Einnahmen aus Krediten« bedeutet für den Bund etwas anderes als für die Länder. Ab 2020 dürfen die Länder keine neuen Schulden machen, normiert Art. 143 d Abs. 1 GG, während der Bund Kredite in Höhe von 0,35 % des Bruttoinlandproduktes für seinen Haushalt aufnehmen kann (Art. 109 Abs. 3 GG). Weil Konjunktureinbrüche oder Krisen diese Zielmargen unmöglich machen, gibt es von dieser Regel komplizierte und im Detail unklare, konjunkturabhängige Ausnahmen. Ob die Regel volkswirtschaftlich sinnvoll ist, sehen Kritiker der S. skeptisch, weil sie dazu verleite, auf Verschleiß zu wirtschaften, sodass ein Investitionsstau (z. B. Instandhaltung und Ausbau von Straßen und Schienen) entstehe, der am Ende volkswirtschaftlich schädlich sei.

Schuldfähigkeit

Strafbarkeitsvoraussetzung. Jugendliche zwischen 14 und 17 Jahren haben zwar grundsätzlich Strafmündigkeit (Jugendstrafrecht). Zusätzlich ist jedoch die Einsichtsfähigkeit in das begangene Unrecht zu prüfen, wobei in einfach gelagerten Fällen (z. B. Diebstahl, Körperverletzung) keine hohen Anforderungen gestellt werden. Die S. ist auch ausgeschlossen, wenn ein volljähriger Täter unfähig zur Unrechtseinsicht war. Dies kann auf dauerhaften krankhaften seelischen Störungen oder zeitweiligen tief greifenden Bewusstseinsstörungen (z. B. erheblicher Alkohol- und/oder Drogenkonsum) beruhen. Für die Beurteilung des Zustandes bei der Tat ist oftmals ein medizinischer Sachverständiger notwendig. Wenn sich der Täter schuldhaft in diesen Zustand versetzt und eine Straftat begeht, kann er sich trotzdem strafbar gemacht haben (Vollrausch). Bei fehlender S. kann das Gericht bei der Erwartung von weiteren erheblichen Taten durch den Täter die Unterbringung (Unterbringung in Psychiatrie/Entziehungsanstalt) anordnen. Für das Zivilrecht siehe Deliktsfähigkeit.

Schuldner

Diejenige Person, die gegenüber einem Gläubiger zu einer Leistung verpflichtet ist. Siehe auch Schuldverhältnis.

Schuldrecht

Im 2. Buch des BGB geregelt (§§ 241-853). Zum Inhalt siehe Bürgerliches Gesetzbuch (BGB) und Schuldverhältnis.

Schuldverhältnis

Einer der Grundbegriffe des Privatrechts. Der ältere, aber z. B. im schweizerischen Recht noch heute übliche Begriff ist die Obligation, was schon im antiken römischen Recht die rechtliche Bindung zwischen (mindestens) 2 Personen bedeutete. Durch das S. wird der Gläubiger berechtigt, vom Schuldner eine Leistung, also ein Tun oder Unterlassen, zu verlangen. Das S. kann aus Rechtsgeschäft (besonders Vertrag), also einer Vereinbarung der Beteiligten, oder Gesetz, also gesetzlicher Anordnung (z. B. bei besonderen Delikten), entstehen. Die geschuldete Leistung wird oft eine einmalige sein, z. B. wenn eine Sache verkauft wird (Kaufvertrag). Sobald hier die Sache und der Kaufpreis geleistet wurden, sind zumindest die Primärpflichten aus dem S. erfüllt. Das S. hat keine Bedeutung mehr, es sei denn, dass es zu einer Leistungsstörung und deshalb Sekundärpflichten kommt. Werden wiederholt Leistungen geschuldet, z. B. bei der Miete monatliche Zahlungen, spricht man von einem Dauerschuldverhältnis. Wenn für ein Dauerschuldverhältnis im Vertrag kein Ende vereinbart ist, kann es nur durch Kündigung beendet werden.

Schulrecht

Landesrecht, regelt die Schulformen, die Rechtsverhältnisse von Schülern und Lehrern, die zu vergebenden Abschlüsse und vieles mehr, allerdings landesrechtlich unterschiedlich. In NRW z. B. werden wichtige Regelungen in eine Ministerverordnung, die allgemeine Schulordnung, ausgelagert.

Schusswaffengebrauch

Letztes Mittel im Rahmen hoheitlicher Gewaltanwendung (siehe Zwang, unmittelbarer).

Schutz des ungeborenen Lebens

Siehe Schwangerschaftsabbruch

Schutz, subsidiärer

Wird nach der Qualifikationsrichtlinie der EU und den nationalen Umsetzungen gewährt. Subsidiär schutzberechtigt sind Menschen, die kein Asyl nach dem Grundgesetz (GG) oder der Genfer Flüchtlingskonvention beanspruchen können, die dennoch stichhaltige Gründe dafür vorbringen, dass ihnen in ihrem Herkunftsland ein ernsthafter Schaden von staatlichen oder nicht staatlichen Akteuren droht. Als ernsthafter Schaden gilt die Verhängung oder Vollstreckung der Todesstrafe, Folter oder unmenschliche oder erniedrigende Behandlung oder Bestrafung oder eine ernsthafte individuelle Bedrohung des Lebens oder der Unversehrtheit durch Krieg oder Bürgerkrieg.

Schutzpflicht

Menschenrechte begründen eine S. des Staates. D. h., ihm ist es nicht nur verboten, das Recht eines Menschen zu verletzten, er muss auch dafür sorgen, dass Menschen oder Verhältnisse nicht die Rechte anderer Menschen verletzen. Z. B. muss der Staat für ein Minimum an Umweltschutz sorgen, um die Gesundheit der Menschen zu schützen (Art. 2 II GG). Unter dem Aspekt der S. hat das Bundesverfassungsgericht (BVerfG) die Abtreibung (Schwangerschaftsabbruch) diskutiert und verlangt, dass der Staat Vorkehrungen (Beratungspflicht) trifft, um das Leben des Kindes zu schützen.

Schwangerschaftsabbruch

Das StGB sieht in § 218 und § 218b-c grundsätzlich Strafbarkeit des S. vor, die jedoch in bestimmten Fällen entfällt (siehe § 218 a StGB). Grundsätzliche Voraussetzungen hierfür sind die Einhaltung einer Frist von 12 Wochen nach Empfängnis, die Durchführung durch einen Arzt und eine vorhergehende Beratung durch eine zertifizierte Stelle

(§ 219 StGB). Wer eine Schwangere zum Schwangerschaftsabbruch drängt, wird wegen Nötigung in besonders schwerem Fall bestraft.

Schwarzarbeit

Liegt vor, wenn bei einem Dienstvertrag oder Werkvertrag zwischen den Beteiligten vereinbart wurde, keine oder geringere Steuern und Sozialabgaben abzuführen; genauer siehe § 1 Abs. 2 Schwarzarbeitsbekämpfungsgesetz (SchwArbG). Der Verstoß gegen das SchwArbG führt in der Regel zur Unwirksamkeit des Vertrages nach § 134 BGB (siehe Recht, dispositives/zwingendes und Schwarzarbeit). Das hat zur Folge, dass kein gerichtlich durchsetzbarer Anspruch auf Bezahlung besteht, weshalb üblicherweise nur gegen Vorkasse geleistet wird. Ebenso entsteht bei einem Mangel kein Anspruch auf Gewährleistung. Arbeitgeber machen sich ggf. strafbar bzw. begehen Ordnungswidrigkeiten.

Schwarzfahren

Siehe Erschleichen von Leistungen

Schweigepflicht

Pflicht bestimmter Berufsgeheimnisträger (z. B. Ärzte, Rechtsanwälte, Beamte, Betriebsratsmitglieder) oder Parlamentarier, Geheimnisse nicht zu offenbaren, die sie im Rahmen ihrer Tätigkeit erlangen. Hintergrund ist das besondere Vertrauensverhältnis zu diesen Personen bzw. bei Parlamentariern das Interesse des Staates, bestimmte Sachverhalte nicht vorzeitig bekannt werden zu lassen. Verstöße sind nach § 203 StGB strafbar.

Schwerbehindertenausweis

Nachweis über die amtliche Feststellung der Schwerbehinderung, den Grad der Behinderung (Behinderung, Grad der) und ggf. des Vorliegens weiterer Merkmale, sog. Merkzeichen, die Voraussetzung für die Inanspruchnahme von Rechten und Nachteilsausgleichen nach dem Schwerbehindertenrecht sind. Einzelheiten sind in der Schwerbehindertenausweisverordnung geregelt.

Schwerbehindertenvertretung

Eigenständige Institution, die die Interessen von Menschen mit Schwerbehinderung oder Gleichgestellten im Betrieb oder der Dienststelle vertreten und deren Eingliederung fördern soll. Eine S. ist zu wählen, wenn im Betrieb oder der Dienststelle regelmäßig mindestens 5 Schwerbehinderte oder Gleichgestellte beschäftigt sind. Sie besteht aus der Vertrauensperson der Schwerbehinderten und mindestens 1 Ersatzmitglied. Zur Wahl der S. sind alle schwerbehinderten und gleichgestellten Beschäftigten berechtigt. Wählbar sind Volljährige, die nicht nur vorübergehend dem Betrieb oder der Dienststelle angehören und seit mindestens 6 Monaten dort beschäftigt sind. Die Amtszeit der S. beträgt 4 Jahre. Die S. erfüllt ihre Aufgabe, indem sie darüber wacht, dass Vorschriften zum Schutz Schwerbehinderter eingehalten werden, Maßnahmen zum Schutz und zur Teilhabe Schwerbehinderter beantragt und Anregungen und Beschwerden der von ihr Vertretenen annimmt und an den Arbeitgeber weiterleitet. Dazu nimmt sie an den Sitzungen des Betriebsrats oder Personalrats teil und beruft mindestens einmal jährlich eine Versammlung aller schwerbehinderten Beschäftigten ein. Der Arbeitgeber ist verpflichtet die S. in allen Angelegenheiten, die einzelne oder eine Mehrzahl von Schwerbehinderten betreffen, rechtzeitig und umfassend zu unterrichten (z. B.

Einstellung, Versetzung oder Kündigung Schwerbehinderter). Eine ohne vorherige Beteiligung der S. ausgesprochene Kündigung ist unwirksam, andere Maßnahmen sind auszusetzen, bis die Beteiligung nachgeholt wird. Die rechtliche Stellung der Mitglieder der S. ist mit der von Betriebsratsmitgliedern zu vergleichen. Die Vertrauensperson übt ihr Amt ehrenamtlich aus, ist im für die Amtsausübung erforderlichen Umfang von der Arbeit freizustellen, darf nicht benachteiligt oder begünstigt werden und genießt Sonderkündigungsschutz. Die Kosten der Amtsausübung trägt der Arbeitgeber. In Unternehmen oder Dienststellen, in denen ein Gesamtbetriebs- bzw. Gesamtpersonalrat besteht, sind entsprechend Gesamtschwerbehindertenvertretungen zu wählen. Gleiches gilt für Konzern- bzw. Haupt- und Bezirksschwerbehindertenvertretungen.

Schwerbehinderter Mensch

Siehe Schwerbehinderung

Schwerbehinderung

Schwerbehindert sind Menschen, wenn bei ihnen ein Grad der Behinderung von wenigstens 50 amtlich festgestellt ist und sie ihren gewöhnlichen Aufenthalt oder ihre Beschäftigung auf einem Arbeitsplatz regelmäßig in Deutschland haben (§ 2 Abs. 2 SGB IX). Liegen diese Voraussetzungen vor, dann findet der Dritte Teil des SGB IX, das Schwerbehindertenrecht, Anwendung. Schwerbehinderte Menschen werden z. B. auf ihr Verlangen von Mehrarbeit freigestellt (§ 207 SGB IX), haben Anspruch auf Zusatzurlaub (§ 208 SGB IX) und auf Unterstützung durch die Schwerbehindertenvertretung. Sie haben – soweit die entsprechenden versicherungsrechtlichen Voraussetzungen erfüllt sind – die Möglichkeit, Altersrente für schwerbehinderte Menschen (§ 37 SGB IX) in Anspruch zu nehmen und erhalten bei der Einkommenssteuer einen Behindertenpauschbetrag (§ 33b EStG).

Schwurgericht

Bestimmte Strafkammern bei den Landgerichten (LG), die über schwerwiegende Tatbestände (z. B. Mord, Totschlag und weitere vorsätzliche Delikte mit Todesfolge) zu entscheiden haben.
Die Schwurgerichtskammern sind immer mit drei Berufsrichtern und zwei Schöffen in der Hauptverhandlung besetzt.

Sekundärrecht

Als S. werden alle Rechtsakte der EU bezeichnet, die nicht Primärrecht sind, also alle außer dem Lissabonner Vertrag. Das sind v. a. Richtlinien und Verordnungen der EU.

Selbstbestimmungsrecht

Siehe Informationelle Selbstbestimmung

Selbsthilfe

Grundsätzlich ist Rache, also die eigenmächtige Verfolgung eines (vermeintlichen) Unrechts (Delikt) durch den Geschädigten bzw. seine Familie in modernen Rechtsordnungen verboten. Außer dem Staat soll niemand Zwang ausüben (Gewaltmonopol). Von einem neutralen Gericht sollen beide Seiten gehört werden, um auch Schwächere zu schützen und eine Gewaltspirale zu vermeiden, wenn beide Seiten sich im Recht fühlen. Rechtsdurchsetzung soll über die staatlichen Institutionen (Polizei, Gerichtsvollzieher) erfolgen. Eine Ausnahme gilt jedoch, wenn »obrigkeitliche« (also staatliche) Hilfe

nicht rechtzeitig zu erlangen ist und ohne unverzügliches eigenmächtiges Handeln die Gefahr droht, dass der eigene Anspruch vereitelt oder die Durchsetzung wesentlich erschwert wird.
Dabei sind hohe Anforderungen zu stellen, denn dann darf man ausnahmsweise nach § 229 BGB eine Sache wegnehmen, zerstören, beschädigen oder einen Menschen festnehmen, ohne dass dies rechtswidrig wäre (Rechtfertigungsgrund). Man muss daher keinen Schadensersatz leisten und macht sich auch nicht strafbar. Ein Recht zur S. hat auch derjenige, dessen Besitz durch »verbotene Eigenmacht« (§ 858 BGB) gestört oder entzogen wird. Nach § 859 BGB darf sich der Besitzer mit Gewalt dagegen wehren. Man darf sich also z. B. vom Taschendieb seine Geldbörse unmittelbar zurückholen, nicht aber, wenn man ihn ein paar Tage später zufällig wiedersieht. Dann kommt nur das Festnahmerecht (Festnahme) in Betracht.

Selbstjustiz

Siehe Selbsthilfe

Selbstmordversuch

Der S. ist nach deutschem Recht straflos. Jedoch kann bei einem gemeinsamen S. für den überlebenden Teil eine Strafbarkeit wegen Tötung auf Verlangen (Totschlag) vorliegen, wenn dieser die Tatherrschaft hatte. Auch macht sich strafbar, wer eine Garantenpflicht hatte und nicht alles getan hat, um den Todeseintritt zu verhindern. Die geschäftsmäßige Förderung der Selbsttötung ist unter Strafe gestellt.

Selbstverwaltung, kommunale

Das Grundgesetz (GG) garantiert den Kommunen in Deutschland die S. Art. 28 GG führt näher aus, dass die S. das Recht meint, »alle Angelegenheiten der örtlichen Gemeinschaft im Rahmen der Gesetze in eigener Verantwortung zu regeln«. Und: »Die Gewährleistung der Selbstverwaltung umfasst auch die Grundlagen der finanziellen Eigenverantwortung; zu diesen Grundlagen gehört eine den Gemeinden mit Hebesatzrecht zustehende wirtschaftskraftbezogene Steuerquelle.« Letzteres meint die Gewerbesteuer, die von den Gemeinden erhoben werden kann. Das Selbstverwaltungsrecht, d. h. seine Reichweite und Grenzen, wird durch Gesetze näher bestimmt. Den Gemeinden müssen aber, so die Rechtsprechung, substanzielle Entscheidungsspielräume verbleiben, was z. B. die Planung des gemeindlichen Territoriums betrifft, also das Recht, Flächennutzungspläne und Bebauungspläne aufzustellen. Zum Selbstverwaltungsrecht der Gemeinde gehört auch die Personalhoheit, also das Recht, die eigenen Gemeindebediensteten selbst zu bestellen.

Selbstverwaltungskörperschaft

Siehe Körperschaft, Selbstverwaltungs-

Selbstverwaltungsrecht

Das Recht zur Selbstverwaltung beinhaltet, dass innerhalb des vom Gesetz eingeräumten Rahmens durch die Gremien der Selbstverwaltungskörperschaft (Körperschaft, Selbstverwaltungs-) Entscheidungen getroffen werden können, die die Gesamtheit der Körperschaft oder einzelne Mitglieder betreffen. Meistens werden die zuständigen Gremien von den Mitgliedern der Körperschaft gewählt. Z. B. werden die Mitglieder des Vorstandes einer Rechtsanwaltskammer von den Mitgliedern der Kammer, das sind i. d. R.

alle Anwälte eines Bezirkes (Bezirke, kommunale), gewählt. Ihre Selbstverwaltung üben Körperschaften mittels eigener Rechtsetzung durch Satzungen aus, mit denen sie auch Beiträge für die Mitglieder festsetzen können.

Senat

Spruchkörper eines Obergerichtes, eines der obersten Gerichtshöfe des Bundes, des Bundespatentgerichts oder des Bundesverfassungsgerichts (BVerfG). S. sind Kollegialgerichte. Ihre gesetzlich vorgeschriebene Besetzung hängt von der jeweils einschlägigen Prozessordnung ab. So sind etwa die S. des BGH mit 5 Berufsrichtern besetzt (§ 139 Abs. 1 GVG), die S. des BAG und des BSG hingegen mit 3 Berufsrichtern und 2 ehrenamtlichen Richtern (Richter, ehrenamtlicher) (§ 41 Abs. 2 ArbGG; § 40 Satz 1 in Verbindung mit § 33 SGG).

Sexualdelikte

Der 13. Abschnitt des StGB (§§ 174-184j) stellt eine Vielzahl von Verhaltensweisen, die gegen die sexuelle Selbstbestimmung erfolgen, unter Strafe. Die Vergewaltigung (Eindringen in den Körper) hat die schwerste Strafandrohung, aber auch die sexuelle Nötigung oder Förderungshandlungen sind mit erheblichen Strafen bedroht. Neben der Zuhälterei und der Ausbeutung von Prostituierten (Prostitution) finden sich v. a. Straftatbestände, die dem Schutz von Kindern, Jugendlichen oder hilfsbedürftigen Personen dienen sollen. Neben exhibitionistischen Handlungen ist auch die Erregung öffentlichen Ärgernisses oder die sexuelle Belästigung mit Strafe bedroht. Zudem finden sich Straftatbestände gegen Pornografie mit gewalttätigen Inhalten gegen Menschen im Allgemeinen und Kinder im Besonderen sowie gegen Tiere. Das Sexualstrafrecht enthält zudem eine Vielzahl von Regelungen, die teilweise als »Auffangtatbestände« dienen, wenn die schwerere Straftat nicht nachweisbar ist.

Sicherer Herkunftsstaat

Länder, von denen angenommen wird, dass dort keine staatliche Verfolgung zu befürchten ist und vor nicht staatlicher Verfolgung Schutz durch staatliche Institutionen gewährleistet wird. Wenn es in einzelnen Landesteilen politische Verfolgung gibt oder z. B. einzelne Bevölkerungsgruppen unmenschlich behandelt oder bestraft (z. B. gefoltert) oder politisch verfolgt werden, darf das Land nicht zum S. erklärt werden. Stammen Asylbewerber aus einem S., wird angenommen, dass sie nicht verfolgt werden, d. h., es gibt eine solche Regelvermutung. Dennoch gibt es eine Anhörung im Asylverfahren, in der diese Vermutung im individuellen Fall widerlegt werden kann. Gelingt das dem Geflüchteten nicht, wird der Asylantrag als »offensichtlich unbegründet« abgelehnt. Das hat zur Folge, dass die Rechtsbehelfsfristen verkürzt sind.

Sicherheit und Ordnung, öffentliche

Generalklausel des Polizei- und Ordnungsrechts ermächtigt die Ordnungsbehörden, Maßnahmen zum Schutz der öffentlichen Sicherheit (und Ordnung) zu ergreifen. Unter Schutz der öffentlichen Sicherheit versteht man den Schutz der geschriebenen Rechtsordnung, des Staates und seiner Institutionen und der individuellen Rechtsgüter der Bürger. Die geschriebene Rechtsordnung sind alle Gesetze und sonstigen Rechtsvorschriften der Bundesrepublik. Die präventive Polizeiaufgabe kann also einschreiten, wenn absehbar gegen Recht verstoßen wird. Da die Rechtsgüter der Bürger ebenso selbstverständlich rechtlich normiert sind, wie der Staat gegen Angriffe durch Rechtsvorschriften geschützt ist, würde es reichen, den Schutz der öffentlichen Sicherheit zu definieren als den Schutz der Rechtsordnung der Bundesrepublik. Aber die Definition ist noch überkommen aus Zeiten, als nicht klar war, dass die Polizei auch dem Schutz privater Rechtsgüter dient, weil die eben nicht zur »öffentlichen« Sicherheit gehören. Als »öffentliche Ordnung« wird die Gesamtheit der ungeschriebenen Regeln bezeichnet, welche für das sittliche Empfinden (Sitten, gute) aller gerecht und billig Denkenden im Zusammenleben relevant sind. Nun gibt es solche Regeln, die bewusst oder unbewusst funktionieren. Z. B. wird ein angemessener Abstand bei einer Unterhaltung in Abhängigkeit vom Gegenüber und der Beziehung der Gesprächspartner – eher unbewusst – eingehalten. Aber kein Mensch will, dass das zu einer Polizeiangelegenheit wird. So folgt: Weil alle wesentlichen Schutzgüter im Recht normiert sind, so meint die große Mehrheit der Juristen, ist der Begriff der öffentlichen Ordnung irrelevant oder überflüssig geworden.

Sicherheitsrat

Siehe UN-Sicherheitsrat

Sicherstellung

Siehe Beschlagnahme

Sicherungsverwahrung

Das Strafgericht hat die Möglichkeit (teilweise die Pflicht), bei schwersten Taten S. (als Maßnahme der Besserung und Sicherung (Maßregeln der Besserung und Sicherung)) anzuordnen. Die S. wird erst nach der Strafe vollzogen, grundsätzlich auch in einer Justizvollzugsanstalt. Dem Sicherungsverwahrten sind jedoch Hafterleichterungen (z. B. mehr Besuch) zu gewähren, da er seine Strafe bereits verbüßt hat. Es ist in regelmäßigen Abständen zu prüfen, ob vom Täter noch eine Gefahr für die Allgemeinheit ausgeht. S. kann auch vorbehalten oder nachträglich angeordnet werden, d. h., das Gericht verschiebt die Entscheidung auf einen späteren Zeitpunkt oder prüft während der Strafverbüßung erstmalig die Notwendigkeit der Maßregel.

Sitten, gute

Siehe Sittenwidrigkeit

Sittenwidrigkeit

Unbestimmter Rechtsbegriff (Rechtsbegriff, unbestimmter). Es gilt zwar der Grundsatz der Privatautonomie, aber bestimmten Rechtsgeschäften versagt die Rechtsordnung die Anerkennung, d. h. die Wirksamkeit, wenn sie gegen die guten Sitten verstoßen (§ 138 Abs. 1 BGB). Z. B. ist ein Vertrag (Vertrag, privatrechtlicher) sittenwidrig, mit dem sich jemand verpflichtet, einen Diebstahl oder Mord zu begehen. Dieser Vertrag ist unwirksam und es entsteht also kein Anspruch, dass die Straftat auch wirklich begangen wird. Die S. wird definiert als Verstoß gegen das Anstandsgefühl aller billig und gerecht Denkenden, was wiederum im Einzelfall konkretisiert werden muss. Über die S. bekommen Moralvorstellungen rechtliche Relevanz. Dass sich Moralvorstellungen verändern, zeigt sich am Beispiel der Prostitution. Ein in § 138 Abs. 2 BGB besonders erwähnter Fall der S. ist der Wucher.

Sonderkündigungsschutz

Neben dem grundsätzlichen Verbot sittenwidriger Kündigungen von Arbeitsverhältnissen und dem allgemeinen Kündigungsschutz des Kündigungsschutzgesetzes (KSchG) bestehen für besonders schutzbedürftige Arbeitnehmer weiterreichende Vorschriften zum Schutz vor einer Kündigung. Die Art und die Dauer dieses S. sind für die betroffenen Personengruppen unterschiedlich geregelt. S. besteht u. a. für Betriebs- und Personalratsmitglieder, Mitglieder der Jugend-/Auszubildendenvertretung (JAV), Mitglieder der Schwerbehindertenvertretung, schwangere Arbeitnehmerinnen und Arbeitnehmer in Eltern- und Pflegezeit. Der S. bis hin zum Ausschluss ordentlicher Kündigungen kann sich auch aus Tarifverträgen ergeben.

Sonderrechtsverhältnis

S. ist die neuere Bezeichnung für den alten Begriff »besonderes Gewaltverhältnis«. Dieses sollte eine spezielle Beziehung zwischen Bürger und Staat kennzeichnen, in der die Grundrechte weitgehend außer Kraft gesetzt sind. Gedacht wurde dabei an Armee, Polizei, Schule oder Gefängnisse. Mit der Namensänderung wurde anerkannt, dass auch in diesen Beziehungen die Grundrechte gelten. Betont wird aber weiter, dass diese leichter eingeschränkt werden können als im Normalfall. Im Grundgesetz (GG) findet sich keine Rechtfertigung für solche Ausnahmebeziehungen, sodass der Begriff obsolet ist; er ist ein Relikt aus dem Obrigkeitsstaat. Auch in den genannten Beziehungen sind die Personen Grundrechtsträger und die Einschränkung dieser Rechte bedarf – wie sonst auch – der verfassungsrechtlichen Rechtfertigung. Die besondere Situation erlaubt allerdings eine weiter gehende Einschränkung der Grundrechte, etwa wenn Gefangene zum Zwecke der Resozialisierung und Prävention in ihrer Freiheit beschränkt werden. Andere Grundrechte wie die Menschenwürde gelten dagegen auch in diesen Beziehungen uneingeschränkt, weshalb beispielsweise Folter oder auch sog. Initiationsriten, die aus der Bundeswehr immer mal wieder bekannt werden, unzulässig bleiben.

Sonderzahlung

Leistungen, die der Arbeitgeber anlass- oder termingebunden zusätzlich zur laufenden Vergütung erbringt. Dazu gehören u. a. Urlaubs- und Weihnachtsgeld, zusätzliche Monatsgehälter, Jahresabschlussprämien und -boni und Jubiläumszuwendungen. Da es keinen gesetzlichen Anspruch auf S. gibt, bedarf es jeweils einer Anspruchsgrundlage, die sich aus dem Arbeitsvertrag oder Tarifvertrag, einer betrieblichen Übung oder einer Betriebsvereinbarung ergeben kann. Ein Anspruch auf eine S. kann sich auch aus dem arbeitsrechtlichen Gleichbehandlungsgrundsatz ergeben, wenn der Arbeitgeber ohne Vorliegen sachlicher Gründe einzelne Arbeitnehmer von S. ausnimmt, die er anderen gewährt. Häufig wird der Anspruch auf eine S. vom Bestehen des Arbeitsverhältnisses zu einem bestimmten Zeitpunkt (Stichtagsklausel) oder dessen Fortbestehen (Rückzahlungsklausel) abhängig gemacht. Die Zulässigkeit von Stichtags- und Rückzahlungsklauseln hängt von der Art der S. ab. Soll durch diese bereits erbrachte Arbeitsleistung zusätzlich vergütet werden, sind sie unzulässig. Im Fall der Stichtagsklausel hat der Arbeitnehmer bei einem Ausscheiden aus dem Arbeitsverhältnis vor dem

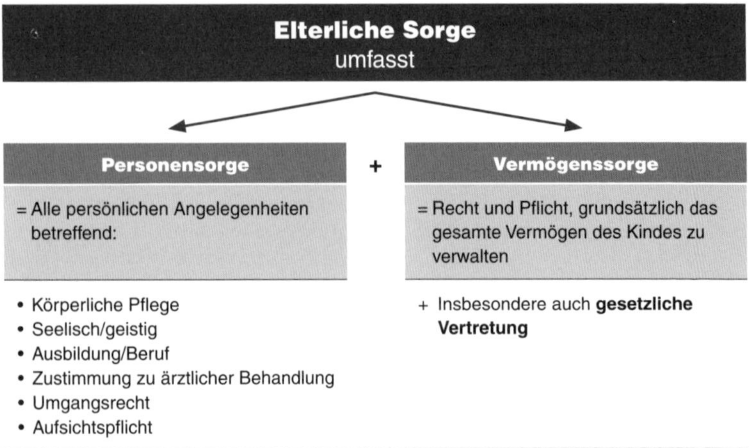

Stichtag Anspruch auf eine anteilige S. Soll durch die S. ausschließlich die bisherige oder zukünftige Betriebstreue belohnt werden, sind derartige Klauseln grundsätzlich zulässig, jedoch darf die Rückzahlungsverpflichtung nicht zu einer unangemessenen Bindung des Arbeitnehmers an das bestehende Arbeitsverhältnis führen. Soll durch die S. ausschließlich die Betriebstreue belohnt werden, bedarf dies der ausdrücklichen Bestimmung. D. h., im Zweifelsfall sind Regelungen zu S. als Regelungen zur zusätzlichen Vergütung erbrachter Arbeitsleistung zu verstehen.

Sonntagsarbeit

Siehe Arbeitszeit

Sorgerecht

Die elterliche Sorge ist neben dem Unterhalt das wichtigste Thema des Kindschaftsrechts und Teil der elterlichen Verantwortung. § 1626 BGB enthält eine Legaldefinition. Es ist Recht und Pflicht der Eltern (siehe Abstammung), sich um das Kind während der Minderjährigkeit entsprechend dem Maß seiner Hilfsbedürftigkeit zu kümmern. Das Recht wird in Art. 6 Abs. 2 GG geschützt, aber gleichzeitig dort auch ein staatliches Wächteramt zum Schutz des Kindeswohls begründet. Die Eltern sind verpflichtet, alles zur Wahrung und Förderung der körperlichen, geistigen, seelischen, sozialen und wirtschaftlichen Interessen des Kindes zu tun. Im Gesetz wird zwischen Personen- und Vermögenssorge unterschieden (➠ Abb. »Elterliche Sorge«; genauer: siehe Vertreter, gesetzlicher, Umgang und Aufsichtspflicht). Waren die Eltern bei der Geburt des Kindes verheiratet (Ehe), haben beide automatisch das gemeinsame S., wenn nicht (Nichteheliche Lebensgemeinschaft), dann zunächst nur die Mutter (§ 1626a BGB). Der Vater kann es nach derzeitiger Rechtslage durch gemeinsame Sorgerechtserklärung, Eheschließung mit der Mutter oder durch das Familiengericht erhalten. Dies wird als Benachteiligung gegenüber der

Mutter kritisiert. Auch bei Scheidung bleibt grundsätzlich die gemeinsame Sorge erhalten. Ausnahmsweise überträgt sie das Familiengericht auf einen Elternteil. Das Gericht kann den Eltern das S. bei erheblicher Gefährdung des Kindeswohls auch entziehen. Die Entscheidung wird in das Bundeszentralregister eingetragen.

Souveränität

Höchste Entscheidungs- und Herrschaftsgewalt innerhalb eines Staates (Hoheitsrechte) und nach außen (Völkerrecht). Im Absolutismus wurde der Fürst/König »von Gottes Gnaden« als Souverän anerkannt.
Seit der amerikanischen Unabhängigkeitserklärung und der Französischen Revolution ist das Volk der Souverän, der jedoch durch Parlamente repräsentiert wird (siehe Demokratie). Zur Machtbegrenzung und -kontrolle dienen Gewaltenteilung und Verfassungsgerichtsbarkeit (Bundesverfassungsgericht). In der Staatstheorie vernachlässigt werden allerdings wirtschaftliche und politische Einflüsse auf staatliche Entscheidungen.

Sozialauswahl

Für die Wirksamkeit einer betriebsbedingten Kündigung (vgl. Kündigungsschutzgesetz (KSchG)) ist es erforderlich, dass der Arbeitgeber die letztlich zu kündigenden Arbeitnehmer im Rahmen einer S. auswählt. Dabei werden die am wenigsten sozial schutzwürdigen Arbeitnehmer anhand der Kriterien Dauer der Betriebszugehörigkeit, Lebensalter, gesetzliche Unterhaltspflichten (Unterhalt) und anerkannte Schwerbehinderungen bestimmt.

Soziale Rechte

Siehe Grundrechte, soziale

Soziales Entschädigungsrecht

Leistungen des S. sind steuerfinanzierte Sozialleistungen, die der Staat Personen gewährt, die einen Gesundheitsschaden erlitten haben, für dessen Folgen die staatliche Gemeinschaft einsteht (§ 5 SGB I). Eine entsprechende Verantwortung der Allgemeinheit besteht zunächst einmal für diejenigen, denen der Staat einen Wehrdiensteinsatz abverlangt hat und die in dessen Rahmen einen Gesundheitsschaden erlitten haben. Das Recht der Kriegsopferversorgung, das zunächst im Reichsversorgungsgesetz (1920) und in der Bundesrepublik im Bundesversorgungsgesetz aus dem Jahr 1950 geregelt wurde, ist Ausgangspunkt des S. Der Gesetzgeber hat den Kreis der Leistungsberechtigten sukzessive ausgeweitet. Zu nennen sind Regelungen zur Versorgung der Bundeswehrsoldaten (§§ 80 ff. SVG), Zivildienstleistenden (§§ 47 ff. ZDG) und Personen, die infolge einer gesetzlich vorgeschriebenen oder öffentlich empfohlenen Schutzimpfung einen Impfschaden erleiden (§§ 60 ff. IfSG). Versorgung erhalten weiterhin Opfer von rechtsstaatswidrigen Strafverfolgungsmaßnahmen in der DDR (§§ 21 ff. StrRehaG) und Gewaltopfer nach dem Opferentschädigungsgesetz (OEG).
Zum Leistungsspektrum des S. gehören Maßnahmen der Heilbehandlung (§ 10 BVG) und, bei schädigungsbedingter Arbeitsunfähigkeit, Versorgungskrankengeld (§§ 16 ff. BVG). Weiterhin sind im BVG verschiedene Rentenleistungen einschließlich der Hinterbliebenenversorgung geregelt. Den größten Anwendungsbereich der Rentenleistungstatbestände hat die sog. Grundrente (§ 31 BVG), die Beschädigten mit einem Grad von wenigstens 25 (vgl. § 30 Abs. 1 Satz 2 BVG) auf Antrag gewährt wird. Die Bewertung des Grades

der Schädigungsfolgen erfolgt anhand der versorgungsmedizinischen Grundsätze (Grundsätze, versorgungsmedizinische). Derzeit gibt es Bestrebungen, das S. als eigenständiges Buch in das Sozialgesetzbuch (SGB) zu integrieren.

Sozialgeld

Steuerfinanzierte Sozialleistung nach dem Sozialgesetzbuch (SGB) II für nicht erwerbsfähige Leistungsberechtigte, die mit erwerbsfähigen Leistungsberechtigten in einer Bedarfsgemeinschaft leben und die keine Leistungen nach dem Sozialhilferecht erhalten. So erhalten z. B. die noch nicht erwerbsfähigen Kinder der Leistungsberechtigten S. Das S. setzt sich – wie das Arbeitslosengeld II für erwerbsfähige Leistungsberechtigte – zusammen aus dem Regelbedarf, den Leistungen für Unterkunft und Heizung und ggf. Leistungen für Mehrbedarfe (§ 19 Abs. 1 SGB II).

Sozialgericht

Gerichte der Sozialgerichtsbarkeit. S. im engeren Sinne sind die Gerichte, die bei Rechtswegzuständigkeit der Sozialgerichtsbarkeit erstinstanzlich über Klagen und Anträge auf einstweiligen Rechtsschutz (Rechtsschutz, einstweiliger) zu entscheiden haben.

Sozialgerichtsbarkeit

Eigenständige Gerichtsbarkeit. Sie wird durch unabhängige, von den Verwaltungsbehörden getrennte, besondere Verwaltungsgerichte ausgeübt (§ 1 SGG). Die Gerichte der S. entscheiden über öffentlich-rechtliche Streitigkeiten z. B. in Angelegenheiten der gesetzlichen Krankenversicherung, Rentenversicherung und Unfallversicherung (Unfallversicherung, gesetzliche) sowie der Arbeitsförderung (Arbeitslosenversicherung), der Grundsicherung für Arbeitsuchende und des Sozialhilferechts (vgl. § 51 SGG). Gerichte der S. sind in den Ländern die Sozialgerichte sowie die Landessozialgerichte (LSG) und auf Bundesebene das Bundessozialgericht (BSG) (§ 2 SGG).
Die Gerichte der S. werden mit Berufsrichtern und ehrenamtlichen Richtern (Richter, ehrenamtlicher) besetzt (§ 3 SGG).

Sozialgerichtsgesetz (SGG)

Prozessordnung der Sozialgerichtsbarkeit. Prägend für das sozialgerichtliche Verfahren nach dem S. sind die für Versicherte, Leistungsempfänger und Menschen mit Behinderung bestehende Gerichtskostenfreiheit (§ 183 SGG), die Besetzung der Spruchkörper mit Berufsrichtern und ehrenamtlichen Richtern (Richter, ehrenamtlicher), der Amtsermittlungsgrundsatz sowie seine in verschiedenen gesetzlichen Bestimmungen zum Ausdruck kommende Nichtförmlichkeit: Die Realisierung von Leistungsansprüchen soll grundsätzlich nicht an formellen Hürden des Verfahrensrechts scheitern. Damit nimmt das sozialgerichtliche Verfahren stärker als andere Prozessordnungen auf den rechtlich nicht bewanderten Bürger Rücksicht.

Sozialgerichtsprozess

Rechtsstreit, der vor den Gerichten der Sozialgerichtsbarkeit geführt wird.

Sozialgesetzbuch (SGB)

Mit dem S. werden verschiedene Bereiche des Sozialrechts in einem Gesetz zusammengefasst. Hiervon verspricht sich der Gesetzgeber – im Interesse der sozialen Gerechtigkeit und sozialen Sicherheit – eine Vereinheitlichung und Vereinfachung sozialrechtlicher Bestimmungen. Ziel ist ein leistungsfähiges Sozialrecht (vgl. § 1 SGB I). Das S. besteht derzeit aus 12 Büchern. Das S. I enthält eine Art allgemeinen Teil des Sozialrechts. Hier finden sich allgemeine Grundsätze des Sozialrechts, z. B. Regelungen zu den Mitwirkungspflichten der Beteiligten (§§ 60 ff. SGB I). Das S. II behandelt die Grundsicherung für Arbeitsuchende. Das S. III enthält Regelungen der Arbeitslosenversicherung. Im S. IV finden sich die gemeinsamen Vorschriften der Sozialversicherung. Das S. V behandelt die gesetzliche Krankenversicherung. Die gesetzliche Rentenversicherung ist insbesondere im S. VI normiert. Das S. VII enthält Regelungen der gesetzlichen Unfallversicherung (Unfallversicherung, gesetzliche). Das Jugendhilferecht (Kinder- und Jugendhilferecht) ist im S. VIII beheimatet. Das S. IX regelt die Rehabilitation und Teilhabe von Menschen mit Behinderungen. Das S. X enthält die Bestimmungen zum Sozialverwaltungsverfahren und zum Sozialdatenschutz. Die soziale Pflegeversicherung ist im S. XI und das Sozialhilferecht im S. XII normiert. Derzeit gibt es konkrete Überlegungen, das soziale Entschädigungsrecht in das S. zu integrieren und es somit um ein zusätzliches Buch zu erweitern.

Sozialhilfe

Unter S. sind die seit Januar 2005 im SGB XII und zuvor im Bundessozialhilfegesetz geregelten steuerfinanzierten Sozialleistungen zu verstehen. S. soll die Führung eines Lebens ermöglichen, das der Menschenwürde entspricht (§ 1 Abs. 1 Satz 1 SGB XII). S. erhält nach dem Grundsatz des Nachrangs nur, wer sich nicht durch seine Arbeitskraft, sein Einkommen oder Vermögen selbst helfen kann und die erforderliche Hilfe auch nicht von anderen erhält (§ 2 SGB XII). Leistungen der S. sind die Hilfe zum Lebensunterhalt, die Grundsicherung im Alter und bei Erwerbsminderung, die Hilfe zur Gesundheit, die zum 1.1.2020 in das SGB IX zu überführende Eingliederungshilfe, die Hilfe zur Pflege, die Hilfe zur Überwindung besonderer sozialer Schwierigkeiten, die Hilfe in anderen Lebenslagen sowie die jeweils gebotene Beratung und Unterstützung (§ 8 SGB XII). Wünschen der Leistungsberechtigten, die sich auf die Gestaltung der Leistung richten, ist zu entsprechen, soweit diese angemessen sind (§ 9 Abs. 2 Satz 1 SGB XII). Träger der S. sind die kreisfreien Städte und Landkreise (§ 3 Abs. 2 SGB XII) und die nach Landesrecht zu bestimmenden überörtlichen Träger (§ 3 Abs. 3 SGB XII). In Nordrhein-Westfalen sind dies z. B. die Landschaftsverbände Rheinland und Westfalen.

Sozialhilferecht

Siehe Sozialhilfe

Sozialleistungen

Dienst-, Sach- und Geldleistungen (§ 11 SGB I), die ein Sozialleistungsträger (§ 12 SGB I) zum Zwecke der Verwirklichung sozialer Rechte (§ 2 SGB I) einem Einzelnen zuwendet.

Sozialplan

Vereinbarung zwischen Arbeitgeber und Betriebsrat, mit dem im Fall einer Betriebsänderung die damit verbundenen sozialen Nachteile für die Beschäftigten gemildert oder ausgeglichen werden sollen. Betriebsänderungen sind die Einschränkung, Stilllegung oder Verlegung des Betriebs oder von Betriebsteilen, der Zusammenschluss oder die Spaltung von

Betrieben, grundlegende Änderungen der Betriebsorganisation, des Betriebszwecks oder der betrieblichen Anlagen und die Einführung grundlegend neuer Arbeitsverfahren. Der Betriebsrat muss rechtzeitig und umfassend über geplante Betriebsänderungen informier werden. Häufig stehen S. im Zusammenhang mit der Beendigung von Arbeitsverhältnissen (Abfindungen). Da der Arbeitgeber in den genannten Fällen zur Aufstellung eines S. verpflichtet ist, können beide Seiten die Einigungsstelle anrufen, wenn eine freiwillige Vereinbarung nicht erzielt wird. Können sich Arbeitgeber und Betriebsrat trotz Vermittlung nicht einigen, stellt die Einigungsstelle den S. auf. Sie hat dabei sowohl die Belange der betroffenen Arbeitnehmer (z. B. Art, Umfang und Zumutbarkeit der erlittenen Nachteile, Chancen auf dem Arbeitsmarkt) als auch des Unternehmens (wirtschaftliche Gefährdung des Unternehmens, Erhalt verbleibender Arbeitsplätze) in Betracht zu ziehen.

Sozialrecht

Es gibt verschiedene Möglichkeiten zu definieren, was S. ist. Eine formelle Begriffsbestimmung versteht unter S. die Regelungen, die der Gesetzgeber im S. verortet hat. Dies sind zunächst alle Rechtsbereiche, die im Sozialgesetzbuch (SGB) geregelt sind und weiterhin alle diejenigen, die der Gesetzgeber in § 68 SGB I aufgeführt und bis zu ihrer Einordnung in das SGB als besondere Teile des SGB bezeichnet hat. Hierunter fallen etwa die Leistungen der Ausbildungsförderung nach dem BAföG (Berufsausbildungsförderung), das soziale Entschädigungsrecht oder das Wohngeldrecht. Eine materielle Begriffsbestimmung definiert S. inhaltlich. Zur Füllung des Begriffs können etwa die in § 1 Abs. 1 SGB I genannten Aufgaben des SGB herangezogen werden: S. dient der Verwirklichung sozialer Gerechtigkeit und sozialer Sicherheit. Die Leistungen des S. sollen ein menschenwürdiges Dasein sichern, gleiche Voraussetzungen für die freie Entfaltung der Persönlichkeit, v. a. für junge Menschen, schaffen, die Familie schützen und fördern, den Erwerb des Lebensunterhalts durch eine frei gewählte Tätigkeit ermöglichen und besondere Belastungen des Lebens, auch durch Hilfe zur Selbsthilfe, abwenden oder ausgleichen.

Sozialstaat

Gehört neben dem Rechtsstaat und der Demokratie zu den Staatsstrukturprinzipien, die in Art. 20 Abs. 1 GG erwähnt sind und damit der Ewigkeitsklausel des Art. 79 Abs. 3 GG unterliegen, also nicht aufgehoben werden können. Allerdings lässt der S. großen Interpretationsspielraum und dem Gesetzgeber großen Gestaltungsspielraum. Das Bundesverfassungsgericht (BVerfG) hat eine Untergrenze für den S. gezogen und durch das »soziokulturelle Existenzminimum« bestimmt, das für jeden Bürger und jede Bürgerin garantiert sein müsse. Das soziokulturelle Existenzminimum meint mehr als das zum schieren Überleben Notwendige, es meint eine Teilhabe am gesellschaftlichen und kulturellen Leben der Bundesrepublik auf bescheidenem Niveau. Dazu gehört auch die Möglichkeit, Zeitungen zu lesen, ins Kino zu gehen oder an Bildungs- oder Tanzveranstaltungen teilzunehmen zu können. Ein weitergehendes Verständnis des S. stellt auf die Gleichheit der Staatsbürger ab – S. heißt dann, dass ein gewisses Maß an materieller Gleichheit der Bürgerinnen und Bürger existiert.

Sozialversicherung

Öffentlich-rechtlich organisierte Versicherung besonderer Art. Zweige der S. sind die Arbeitslosenversicherung, gesetzliche Krankenversicherung, Pflegeversicherung, Rentenversicherung und Unfallversicherung (Unfallversicherung, gesetzliche). Sie ist eine Institution, die in den Wechselfällen des Lebens für angemessenen Schutz sorgen soll. Anspruchsberechtigt ist nur, wer auch versichert ist. Der Kreis der Versicherten und der abgesicherten Risiken ist groß und wurde vom Gesetzgeber immer stärker ausgedehnt. Weite Teile der Bevölkerung sind in der S. pflichtversichert. Diese grundsätzlich bestehende Versicherungspflicht schützt die Allgemeinheit vor einer mangelnden Risikoabsicherung Einzelner. Dass es sich bei der S. um eine Versicherung handelt, wird daran deutlich, dass sie sich ganz überwiegend durch Beiträge finanziert. Im Unterschied zu sonstigen Versicherungen, bei denen nur beitragspflichtig ist, wer auch als Leistungsempfänger in Betracht kommt, sind in der S. die Arbeitgeber verpflichtet, einen Teil der Beiträge für ihre Beschäftigten zu tragen. Da es sich bei der S. um eine beitragsfinanzierte Versicherung handelt, erwerben die Versicherten Anwartschaften, die unter dem Schutz der Eigentumsgarantie des Art. 14 GG stehen, soweit der Anspruch auf Beitragsleistungen beruht. Die Inanspruchnahme von Leistungen der S. ist nicht von individueller Bedürftigkeit abhängig. Ein zentrales Prinzip der S. ist Solidarität (vgl. § 1, 3 SGB V). Die Beitragshöhe der gesetzlichen Krankenversicherung orientiert sich, anders als bei privaten Versicherungen, nicht am individuellen Risiko des Versicherten (z. B. aufgrund etwaiger Vorerkrankungen oder Risikodispositionen), sondern ist einkommensabhängig. Familienangehörige werden über die Familienversicherung mit abgesichert. Die Versicherten erhalten bei gleichem Bedarf – unabhängig von der Höhe der geleisteten Beiträge – gleiche Leistungen. Es findet mithin ein sozialer Ausgleich zwischen einkommensstarken und einkommensschwachen Versicherten statt. Bestrebungen in der Arbeitswelt, Beitragspflicht in der S., etwa durch den Einsatz vermeintlich Selbstständiger oder den Abschluss von Werkverträgen, zu umgehen, stellen das Recht der S. vor erhebliche Herausforderungen.

Sozialversicherungsbeiträge

Beiträge zur gesetzlichen Arbeitslosenversicherung, Krankenversicherung, Pflegeversicherung, Rentenversicherung und Unfallversicherung (Unfallversicherung, gesetzliche). Sie sind die Hauptquelle der Finanzierung der Sozialversicherung. Die S. werden nach Maßgabe der besonderen Vorschriften der einzelnen Versicherungszweige von den Versicherten und Arbeitgebern und Dritten erbracht (§ 20 Abs. 1 SGB IV). Dritter in diesem Sinne ist der Steuerzahler. Das Sozialversicherungsrecht geht vom Grundsatz der Parität der S. aus, d. h. die versicherungspflichtig Beschäftigten und ihre Arbeitgeber tragen die nach dem Arbeitsentgelt zu bemessenden Beiträge jeweils zur Hälfte (vgl. z. B. § 249 Abs. 1 Satz 1 SGB V; § 168 Abs. 1 Nr. 1 SGB VI). Demgegenüber sind die S. zur gesetzlichen Unfallversicherung von den Arbeitgebern allein aufzubringen (§ 150 SGB VII). Die erhobenen S. unterliegen einer strengen Zweckbindung. Sie dürfen ausschließlich zur Finanzierung der gesetzlichen Aufgaben der Sozialversicherung und damit nicht zur Deckung des allgemeinen Finanzbedarfs des Staates herangezogen werden. Auch die von den Arbeitgebern getragenen S. haben nach der Rechtsprechung des Bundesverfassungsgerichts (BVerfG) Einkommensqualität.

Sozialversicherungsrecht

Siehe Sozialversicherung

Sperrzeit

Rechtsinstitut der Arbeitslosenversicherung. Sie sanktioniert versicherungswidriges Verhalten. Während der S. ruht der Anspruch auf Arbeitslosengeld I. Nach der Intention des Gesetzgebers handelt es sich bei der S. nicht um eine Strafe. Ihre Verhängung ist insbesondere nicht mit dem Ausspruch eines sozialethischen Unwerturteils verbunden. Die Verhängung einer S. soll das Verhalten des Arbeitslosen (Arbeitslosigkeit) im Interesse der Versichertengemeinschaft beeinflussen. Was unter versicherungswidrigem Verhalten zu verstehen ist, ist gesetzlich definiert. So ist es z. B. anzunehmen, wenn der Versicherte sein Beschäftigungsverhältnis löst oder sich arbeitsvertragswidrig verhält und damit vorsätzlich oder grob fahrlässig die Arbeitslosigkeit herbeigeführt hat (§ 159 Abs. 1 Satz 2 Nr. 1 SGB III). Kein versicherungswidriges Verhalten liegt vor, wenn der Versicherte für sein Verhalten einen wichtigen Grund hat.

Spezialprävention

Siehe Strafzweck

Spruchkörper

Organ eines Gerichts, dem Aufgaben der Rechtsprechung zugewiesen sind. S. gibt es in Form des originären Einzelrichters oder in der Form des aus mehreren Richtern (auch Schöffen oder ehrenamtliche Richter) bestehenden Kollegialorgans, des sog. Kollegialgerichts. Auch bei Kollegialgerichten sehen die Prozessordnungen zum Teil die Möglichkeit einer Übertragung von Aufgaben auf den Einzelrichter vor.

Sprungrevision

Mit der S. kann ein Verfahrensbeteiligter gegen ein erstinstanzliches Urteil statt der Berufung sogleich Revision einlegen und damit die Berufungsinstanz überspringen (vgl. § 76 ArbGG; § 161 SGG; § 335 StPO; § 134 VwGO; § 566 ZPO).

Staat

Klassisch wird der S. in der Rechtswissenschaft über die Drei-Elemente-Lehre von Jellinek definiert: Der S. besteht danach aus Staatsvolk, Staatsterritorium und Staatsgewalt. Diese Definition ist etwas schlicht und offenkundig unzureichend, denn man hat bei kurzem Nachdenken Schwierigkeiten, zu erklären, warum z. B. die Europäische Union kein S. sein soll. Ein etwas komplexeres Staatsverständnis müsste folgende Bedingungen umfassen: Der S. erscheint als ein Ensemble von Strukturen und Institutionen mit unterschiedlichen – mehr oder weniger gut – aufeinander abgestimmten Kompetenzen, Aufgaben und Funktionen. Zum S. gehört eine gewisse institutionelle Zentralisation von Macht- oder Zwangsmitteln. Der moderne S. ist zu kennzeichnen durch eine unpersönliche, bürokratische, arbeitsteilige Organisation seiner Institutionen, die regelmäßig auf gesetztes Recht gestützt ist und über die Mechanismen, administrative Macht, Recht und Geld, intentional auf die Gesellschaft eines Territoriums einwirkt – unabhängig davon, ob so eine Ordnung oder »Un-Ordnung« hergestellt wird und unabhängig davon, ob die beabsichtigte Wirkung eintritt oder nicht eintritt. Weiter tritt das (Wieder)-Erkennen der Institutionen als staatliche Institutionen durch die Bürger des S. und ihre Reproduktion durch das Handeln der Bürger hinzu, wobei »Erkennen« nicht Akzeptanz oder Einverständnis meint, sondern sich auf ein Identifizieren des S. als S. beschränkt – auch eine brutale Diktatur wird als S. erkannt und dadurch reproduziert. Dem S. wird in diesem Sinne das Öffentliche zugeordnet, das sich vom Privaten unterscheiden lässt. Der S., insbesondere seine Einheit, ist keine vorgegebene Entität, sondern eine gesellschaftliche Konstruktion. Die verschiedenen Institutionen sind von unterschiedlichen Kräfteparallelogrammen durchzogen, und gleichzeitig sind sie Elemente des Kräfteparallelogramms im staatlichen Feld. Siehe auch Verfassung und Gewaltenteilung.

Staatsangehörigkeit

Siehe Staatsbürger

Staatsanwalt

Verbeamteter Volljurist, der bei der Staatsanwaltschaft arbeitet und im Strafverfahren zusammen mit der Polizei das Geschehen ermittelt. Siehe auch Ablauf des Strafverfahrens

Staatsanwaltschaft

Anklagebehörde, die bei jedem Landgericht (LG) eingerichtet ist. Sie führt die Ermittlungen in Strafsachen, die nicht dem Oberlandesgericht (OLG) zugewiesen sind, im Allgemeinen nach Vorermittlungen durch die Polizeibehörden. Die S. erhebt Anklage bei Vorliegen eines hinreichenden Tatverdachts (Tatverdacht, hinreichender) zum Landgericht oder Amtsgericht (AG). Sonst stellt sie das Verfahren ein, ggf. gegen Auflagen. Anklagen zu den Oberlandesgerichten werden durch die Generalstaatsanwaltschaften erhoben. Für die Vertretung der S. vor dem Bundesgerichtshof (BGH) ist der Generalbundesanwalt zuständig.

Staatsbürger

Natürliche Person, die Angehöriger eines Staates ist. Aus der Zugehörigkeit zu dieser rechtlichen Gemeinschaft entstehen Rechte und Rechtspflichten. Jeder Staat regelt selbst, wer S. ist. In Deutschland gilt das Staatsangehörigkeitsgesetz. Danach ist deutscher S., wer als Kind deutscher Eltern geboren wird. Außerdem kann man deutscher S. insbesondere durch Einbürgerung oder Adoption werden.

Staatsorgan

Siehe Organ

Staatsrecht

Wichtiger Teil des Öffentlichen Rechts, welcher wiederum in 2 Bereiche gegliedert ist: Grundrechte einerseits sowie andererseits der Staat und seine Organe sowie die Gesetzgebung (Gesetzgeber), zusammen das sog. Staatsorganisationsrecht. Siehe auch Gewaltenteilung

Staatszielbestimmung

Der Schutz der natürlichen Umwelt (Umweltschutz) und der Tiere (Tierschutz) in Art. 20a GG wird als S. verstanden, weil die Vorschrift keine individuellen Rechte an den Bürger zuweist, aber dem Staat einen vergleichsweise unbestimmten Auftrag erteilt, nämlich die Umwelt zu schützen. Früher wurde teilweise auch das Sozialstaatsprinzip (Art. 20 GG) als S. verstanden, was aber nicht mehr haltbar ist, nachdem das Bundesverfassungsgericht (BVerfG) ein Grundrecht auf das soziokulturelle Existenzminimum (siehe Sozialstaat) anerkannt hat.

Stabilitäts- und Wachstumspakt

Siehe Maastricht-Kriterien

Stadt

Größere Gemeinden werden als S. bezeichnet. Ab 100.000 Einwohnern spricht man von einer Großstadt. Relevant wird der Unterschied in der Größe dann, wenn aus der kreisangehörigen Gemeinde eine kreisfreie S. wird, was wieder im Kommunalrecht der Länder genauer bestimmt wird.

Stadtrat

Siehe Gemeinderat

Stadtstaaten

3 der 16 deutschen Bundesländer sind S., nämlich Berlin, Hamburg und Bremen. Ihre Existenz als S. lässt sich nur historisch begründen; für Bremen und Hamburg etwa durch die Hanse. Die S. haben auch Landesparlamente, sie heißen in Hamburg und Bremen Bürgerschaft und in Berlin Abgeordnetenhaus. Was in den übrigen Ländern Ministerpräsidenten und Minister genannt wird, heißt in den S. (Erster/Regierender) Bürgermeister und Senatoren. Die Hansestadt Bremen besteht aus 2 Kommunen, nämlich der Stadt Bremen und Bremerhaven. In Hamburg und Berlin gibt es keine eigenständigen Kommunen, sondern nur Bezirke (Bezirke, kommunale).

Stalking

Siehe Nachstellung

Stand der Technik

Weil sich Erkenntnisse über Umweltgefahren und die Technik ändern, mit der z. B. Abgase reduziert werden können, schreiben einige Umweltgesetze, z. B. das Bundesimmissionsschutzgesetz (BImSchG), die Einhaltung des S. generalklauselartig (Generalklausel) vor. Um festzustellen, was der S. ist, werden aber nicht die verwendeten Techniken bestehender Industrieanlagen miteinander verglichen, sondern regelmäßig in untergesetzlichen Vorschriften Grenzwerte für Emissionen in Luft oder Wasser festgesetzt. Diese geben dann den S. vor, der jedoch nicht unbedingt der Realität, d. h. dem wirklich erreichten Stand, entspricht.

Standardmaßnahme, polizeiliche

Die Polizeigesetze (PolG) der Länder sehen eine Reihe sog. S. vor, welche die Polizei ergreifen kann, um eine Gefährdung der öffentlichen Sicherheit und Ordnung abzuwehren. Dazu gehören: die Identitätsfeststellung sowie jegliche damit zusammenhängenden erkennungsdienstlichen Maßnahmen; die Vorladung zur Vernehmung; die Erhebung von personenbezogenen Daten sowie deren Speicherung und Verarbeitung; der Platzverweis; der Gewahrsam von Personen oder die Freiheitsentziehung; die Durchsuchung von Personen oder Sachen und Wohnungen und schließlich die Beschlagnahme, Verwahrung und Verwertung von Sachen. Die Tatbestandsvoraussetzungen, die vorliegen müssen, um diese Maßnahmen ergreifen zu dürfen, sind unterschiedlich streng gefasst, je nach Maßnahme und je nach Landesgesetz.

Standesamt

Behörde, die neben dem Familiengericht staatliche Aufgaben im Zusammenhang mit dem Recht der Familie erfüllt. Über Geburt, Namen,

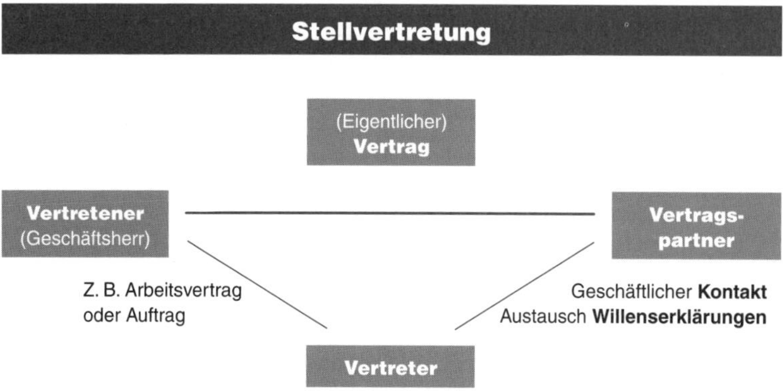

Eheschließung und Tod von natürlichen Personen werden entsprechende Register geführt und Urkunden ausgestellt. Diese Aufgaben sind ausschließlich dem S. vorbehalten und dienen der Umsetzung des Personenstandsgesetzes (PStG).

Statut

Siehe Satzung

Stellvertreter

Siehe Vertreter

Stellvertretung

Kann notwendig sein, v. a., weil Kinder zu ihrem eigenen Schutz nur beschränkte Geschäftsfähigkeit haben und juristische Personen nicht selbst handeln können. Hier ist ein gesetzlicher Vertreter (Vertreter, gesetzlicher) notwendig. Die S. ist in einer modernen arbeitsteiligen Gesellschaft aber auch sehr nützlich (Vertreter, rechtsgeschäftlicher). Sie ist in verschiedenen Zusammenhängen möglich, bei der Abgabe und beim Empfang von Willenserklärungen und vor Gericht. Ausgeschlossen ist die S. bei höchstpersönlichen Rechtsgeschäften wie der Eheschließung.

Jemand (Geschäftsherr) bedient sich bei der S. eines Dritten (Vertreter), um seine rechtlichen Angelegenheiten zu regeln. Der Vertreter handelt nicht nur faktisch für einen anderen, sondern selbstständig und rechtlich relevant.
Es gibt zahlreiche Abgrenzungen und Probleme bei der S.; hier soll nur der Grundfall dargestellt werden. Die ➠ Abb. »Stellvertretung« zeigt die sog. unmittelbare S. beim Abschluss eines Vertrages. Anstelle des Vertretenen (Geschäftsherrn) handelt ein Vertreter, z. B. als Einkäufer. Hintergrund kann ein Arbeitsvertrag zwischen den beiden sein. In diesem Rahmen nimmt der Vertreter Kontakt zum (potenziellen) Vertragspartner des Geschäftsherrn auf. Wenn hier Einigkeit über die Details des zu schließenden Kaufvertrages besteht, gibt der Vertreter eine eigene Willenserklärung ab, aber im fremden Namen (§ 164 BGB), nämlich im Namen des Geschäftsherrn. Der Vertreter macht also im Grundfall deutlich, dass er den Vertrag nicht für sich selbst schließt und ihn auch nicht selbst erfüllen, nicht persönlich zur Zahlung des Kaufpreises verpflichtet sein will. Das entspricht dem Offenkundigkeitsprinzip. Die-

ses schützt den Vertragspartner, der grundsätzlich ein berechtigtes Interesse daran hat zu wissen, mit wem er gerade einen Vertrag schließt. Vielleicht ist der Geschäftsherr jemand, mit dem er keine Verträge abschließen möchte (Vertragsfreiheit). Verstößt der Vertreter gegen diese Offenlegung, wird er nach Wahl der Vertragspartner selbst an den Vertrag gebunden bzw. zum Schadensersatz verpflichtet (§ 179 BGB). Ist der Vertragspartner jedoch mit der S. einverstanden, dann kommt durch die 2 Willenserklärungen (seine und die des Vertreters) der eigentliche Kaufvertrag zwischen Geschäftsherrn und Vertragspartner zustande. Vorausgesetzt, der Vertretende hat mit Vertretungsmacht (Prokura, Vollmacht) gehandelt oder es erfolgt eine nachträgliche Genehmigung durch den Vertretenen, schuldet nun der vertretene Geschäftsherr den Kaufpreis, obwohl er selbst gar nicht gegenüber dem Vertragspartner aktiv geworden ist. Aber er kann dafür auch vom Vertragspartner die Übergabe und Übereignung der vom Vertreter gekauften Sache direkt an sich selbst verlangen. Die sog. mittelbare S. (bewusstes Handeln des »Vertreters« in eigenem Namen, ohne Offenlegung, dass die Vorteile des Geschäfts einem Hintermann, dem wahren »Geschäftsherrn« zugutekommen sollen) ist genau genommen gar keine S., die Bezeichnung ist irreführend. Hier ist der »Vertreter« die einzige für den Vertragspartner erkennbare Person und wird deshalb selbst berechtigt und verpflichtet. Er muss dann ein weiteres Rechtsgeschäft mit seinem »Geschäftsherrn« vornehmen, z. B. das selbst erworbene Eigentum übertragen.

Sterbehilfe

Es ist zu unterscheiden zwischen dem aktiven Fördern des Todes eines anderen und dem passiven (z. B. durch Unterlassen lebenserhaltender Maßnahmen auf Wunsch oder Überlassen von Gift bei selbstbestimmter Einnahme als Beihilfe zu Selbsttötung, siehe Selbstmordversuch). Die aktive S. ist in Deutschland als Totschlag (Tötung auf Verlangen) mit Strafe bedroht. Hinsichtlich der passiven S. besteht Straflosigkeit nach dem StGB. Die geschäftsmäßige Förderung der Selbsttötung ist jedoch unter Strafe gestellt (§ 217 StGB).

Steuern

Geldleistungen, die anders als Beiträge nicht eine potenzielle Gegenleistung für eine besondere Leistung darstellen und von einem öffentlich-rechtlichen Gemeinwesen zur Erzielung von Einnahmen allen auferlegt werden, bei denen der Tatbestand zutrifft, an den das Gesetz die Leistungspflicht knüpft (§ 3 Abs. 1 Abgabenordnung).

Steuerrecht

Umfasst gleichsam die Steuerverpflichtungen, welche die Bürger treffen, von der Lohn- und Einkommenssteuer über Tabak- und Alkoholsteuer bis zur Umsatzsteuer.

Dieses Steuerrecht ändert sich verhältnismäßig schnell, weil es dem Haushalt des Bundes und der Länder angepasst wird. Daneben gibt es das öffentliche Steuerrecht, das die Verteilung der eingenommenen Steuern zwischen Bund, Ländern und Gemeinden betrifft. Die Grundzüge finden sich im Grundgesetz (GG).

Stiftung

Einem bestimmten Zweck gewidmete Vermögensmasse. Der Stifter kann eine Privatperson oder eine private Gesellschaft sein, dann handelt es sich um eine privatrechtliche S. Privatrechtliche

S. dienen teilweise gemeinnützigen Zwecken, andere werden mit dem Ziel der Steuervermeidung gegründet. Die S. im Öffentlichen Recht ist eine vom Staat einem öffentlichen Zweck gewidmete Vermögensmasse, wie z. B. die Stiftung Preußischer Kulturbesitz oder die Hamburger Museums-Stiftungen. Zweck, Aufgaben und Organisation der S. werden durch ihre Satzung bestimmt. S. unterliegen der Rechtsaufsicht durch den Staat. Einzelheiten werden in den Stiftungsgesetzen der Länder geregelt. Sie sind von öffentlich-rechtlichen Körperschaften (Körperschaft, öffentlich-rechtliche) und Anstalten zu unterscheiden.

Störer

Im präventiven Polizeirecht Menschen, welche die öffentliche Sicherheit und Ordnung (Sicherheit und Ordnung, öffentliche) stören, also gegen Gesetze verstoßen. Gegen solche S. darf die Polizei grundsätzlich Maßnahmen ergreifen, um die Gefährdung der öffentlichen Sicherheit und Ordnung zu beseitigen. Man unterscheidet Verhaltensstörer und Zustandsstörer. Erstere sind Personen, die durch ihre Handlung eine Gefahr verursachen, z. B. viel zu schnell mit dem Auto durch die Stadt rasen. Zustandsstörer sind Menschen, die verantwortlich für eine Sache sind, meist deren Eigentümer, die unter Umständen eine Gefahr für andere darstellt. Z. B. wenn der entwurzelte Kirschbaum droht, auf die Straße zu fallen, kann der Eigentümer als Zustandsstörer verpflichtet werden, den Baum zu fällen. Schwieriger ist das polizeiliche Einschreiten gegenüber Nichtstörern, das nur ausnahmsweise erlaubt ist, und den Betroffenen i. d. R. zu Schadensersatzforderungen (Schadensersatz) berechtigt.

Strafantrag

Erklärung des durch eine Straftat Verletzten (wenn verstorben, dann teilweise durch Angehörige möglich), dass die Strafverfolgung gewünscht wird. Kann in manchen Fällen auch durch den Dienstvorgesetzten des Verletzten (z. B. bei Polizisten, Beamten, Lehrern) gestellt werden. Der S. ist fristgebunden (3 Monate ab Kenntnis von Tat und Täter). Bei einigen Straftatbeständen (z. B. Beleidigung, Hausfriedensbruch) ist der S. Strafverfolgungsvoraussetzung, d. h., ohne S. kann keine Strafverfolgung stattfinden, da die Staatsanwaltschaft das (besondere) öffentliche Interesse (Interesse, öffentliches) nicht annehmen kann. Zu unterscheiden von der Strafanzeige. Ein zurückgenommener Strafantrag kann nicht erneut gestellt werden.

Strafanzeige

Mündliche oder schriftliche (auch per E-Mail) Mitteilung eines Sachverhalts, der eine Straftat darstellen kann. Üblich ist die S. an die Polizeibehörde oder die Staatsanwaltschaft (bei Gericht zur Niederschrift). Sie ist durch jedermann oder auch durch eine Behörde möglich. Nicht zu verwechseln ist die S. mit dem Strafantrag. Eine Pflicht zur S. besteht grundsätzlich nicht, nur bei erheblichen Straftaten, die sich in der Planung befinden (§ 138 StGB), um diese ggf. verhindern zu können.

Strafaussetzung zur Bewährung

Möglichkeit des Gerichts, eine Freiheitsstrafe vorerst nicht vollstrecken zu lassen. Das Gericht gibt dem Verurteilten damit die Chance zu zeigen, dass er in Zukunft ein straffreies Leben führen wird. Es verbindet die S. oftmals mit Auflagen oder Weisungen (z. B. Bewährungshelfer, Schadenswiedergutmachung, Zahlung von Unterhalt). Bei einer Freiheitsstrafe bis zu 1 Jahr *soll* die Freiheitsstrafe zur Bewährung ausgesetzt werden (§ 56 StGB). Bei einer Freiheitsstrafe von bis zu 2 Jahren *kann* diese zur Bewährung ausgesetzt werden. Bei höheren Freiheitsstrafen ist dies nicht möglich; Gleiches gilt für die Jugendstrafe. Das Gericht bestimmt zugleich mit der S. die Bewährungszeit. Diese beträgt zwischen 2 und 5 Jahren. Nach Ablauf der Bewährungszeit erlässt das Gericht die Freiheitsstrafe, wenn der Verurteilte keine neuen Straftaten begangen hat und seinen Auflagen und Weisungen nachkam. Andernfalls kann die S. widerrufen werden, die Bewährungszeit kann auch verlängert, weitere Auflagen können erteilt werden. Eine Geldstrafe kann nicht zur Bewährung ausgesetzt werden; dort besteht die Möglichkeit der Ratenzahlung oder des Abarbeitens der Geldstrafe. Auch besteht die Möglichkeit einer Verwarnung mit Strafvorbehalt. Bei einer Freiheitsstrafe, die vollstreckt wird, ist die Aussetzung des Strafrestes zur Bewährung möglich, wenn 2/3 – bei kurzen Freiheitsstrafen die Hälfte – der Strafe verbüßt ist. Auch bei lebenslanger Freiheitsstrafe (Lebenslänglich) ist nach Vollstreckung von 15 Jahren die S. in manchen Fällen möglich.

Strafbarkeit

Ein Verhalten ist strafbar, wenn es einen gesetzlich geregelten Straftatbestand erfüllt, der Täter sein Handeln und den Erfolg wollte (ausnahmsweise genügt Fahrlässigkeit), Rechtswidrigkeit vorliegt und der Täter schuldhaft (Schuld) handelte. Für die Verfolgung der Tat müssen daneben noch weitere Strafverfolgungsvoraussetzungen gegeben sein.

Strafbarkeitsvoraussetzungen

Bedingungen, die vorliegen müssen, um eine rechtswidrige Tat (siehe Rechtswidrigkeit) bestrafen zu können. Es müssen v. a. die Tatbestandsmerkmale einer Strafnorm erfüllt sein. In manchen Fällen muss ein Strafantrag gestellt sein. Strafmündigkeit, Schuld und ggf. weitere Voraussetzungen sind erforderlich.

Strafbefehl

Möglichkeit der Staatsanwaltschaft, ein schriftliches Verfahren ohne Hauptverhandlung vor dem Amtsgericht (AG) zu beantragen. Der S. kommt in Betracht bei einfachen Sachverhalten. Zulässige Rechtsfolgen sind Geldstrafen, Freiheitsstrafen mit Bewährung, Fahrverbot und Entziehung der Fahrerlaubnis. Das Gericht ist an den Antrag der Staatsanwaltschaft nicht gebunden und kann eine (mündliche) Hauptverhandlung ansetzen.
In der Praxis hat das Strafbefehlsverfahren eine große Bedeutung, da es eine Entlastung der Justiz, z. B. bei Ladendiebstählen, darstellt. Noch in der (mündlichen) Hauptverhandlung kann ein S. erlassen werden, wenn der Angeklagte nicht erscheint. Im Verfahren gegen Jugendliche ist der S. nicht zulässig.

Strafe

Siehe Freiheitsstrafe, Geldstrafe, Jugendstrafe, Nebenstrafe

Strafgerichtsbarkeit

Teil der ordentlichen Gerichtsbarkeit (Gerichtsbarkeit, ordentliche). Siehe Strafrecht

Strafgesetzbuch (StGB)

Beruht im Wesentlichen auf dem Reichsstrafgesetzbuch von 1871, hat aber im Laufe der Zeit durch Reformen und Ergänzungen viele Änderungen erfahren. Diese wurden durch technische Entwicklungen (z. B. moderne Computer) oder durch geänderte Moralvorstellungen (z. B. bezüglich Homosexualität oder Ehebruch) notwendig. Das StGB gliedert sich in einen Allgemeinen Teil und in einen Besonderen Teil, der einzelne Verhaltensweisen unter Strafe stellt.

Strafklageverbrauch

Siehe Doppelbestrafung, Verbot der

Strafmündigkeit

Alter, ab dem man bestraft werden kann. Im deutschen Strafrecht liegt die S. mit Vollendung des 14. Lebensjahres vor, § 19 StGB. D. h. nicht, dass eine Person auch immer verurteilt wird. Die Staatsanwaltschaft und der Jugendrichter prüfen im konkreten Fall, ob der Beschuldigte nach seiner sittlichen und geistigen Reife in der Lage war, das Unrecht der Tat einzusehen. S. liegt mit Vollendung des 18. Lebensjahres immer vor. Siehe auch Jugendstrafrecht, Schuldfähigkeit und Altersstufen

Strafprozessordnung (StPO)

Regelt das Prozessrecht, d. h. den formellen Weg der Urteilsfindung im Strafrecht. Die heute geltende S. beruht auf einer S. aus dem Jahr 1877 und hat aufgrund technischer Entwicklung viele Ergänzungen erfahren, da Medien, die erst erfunden bzw. verbreitet wurden (z. B. Telefon, Computer) zur Begehung von Straftaten genutzt werden. Auch wurden Regelungen geschaffen, die zur Aufklärung und Bekämpfung organisierter Kriminalität notwendig erschienen. Der Gesetzgeber ist regelmäßig bemüht, die StPO den zeitlichen Entwicklungen anzupassen, um eine effektive Strafverfolgung zu gewährleisten.
Die S. gilt nicht nur für das Hauptverfahren, sondern bereits für das Ermittlungsverfahren und damit für polizeiliche Maßnahmen, soweit sie zum Zwecke der Strafverfolgung erfolgen (Polizeiaufgaben, repressive). Auch finden sich in der StPO Regelungen über die Strafvollstreckung, die ergänzt werden durch die Strafvollstreckungsordnung. Für die Sanktionierung von Handlungen Jugendlicher und Heranwachsender gilt ergänzend das Jugendgerichtsgesetz (JGG), im Steuerstrafrecht die Abgabenordnung. Für Straftaten, die einen Auslandsbezug haben, gilt daneben das Gesetz über die internationale Rechtshilfe in Strafsachen (IRG). Die Gerichtsorganisation und damit auch die Zuständigkeit der Gerichte ist im Gerichtsverfassungsgesetz (GVG) geregelt.

Strafrecht

Das materielle S. ist im Strafgesetzbuch (StGB) und strafrechtlichen Nebengesetzen (z. B.: Betäubungsmittelgesetz (BtMG), Straßenverkehrsgesetz (StVG), Wehrstrafgesetz) geregelt. Es nennt die Tatbestandsvoraussetzungen, die zur Bestrafung führen. Das prozessuale S. ist in der Strafprozessordnung (StPO) und für Ordnungswidrigkeiten ergänzend im Gesetz über Ordnungswidrigkeiten (OWiG) geregelt und beschreibt den rechtsstaatlichen Weg, der zur Verurteilung bzw. Sanktionierung führt. Es hat auch Geltung für die strafrechtlichen Nebengesetze. Besonderheiten für das Strafverfahren gelten im Jugendstrafrecht. Das deutsche Strafrecht (StGB und Nebengesetze) gilt für Taten, die auf dem Boden der Bundesrepublik

Deutschland begangen werden oder auf deutschen Schiffen und Luftfahrzeugen (§§ 3, 4 StGB, Territorialprinzip). Für einzelne Tatbestände ist auch die Geltung für Auslandstaten vorgesehen, wenn Inlandsbezug besteht oder wenn ein deutscher Staatsbürger Täter oder Opfer einer Straftat (§§ 5, 7 StGB) ist.

Strafregister
Siehe Bundeszentralregister und Führungszeugnis

Strafrestaussetzung
Nach der Verbüßung von 2/3 (unter Umständen bereits nach der Hälfte) einer Freiheitsstrafe besteht die Möglichkeit, den Rest der Strafe zur Bewährung (Strafaussetzung zur Bewährung) auszusetzen (§ 57 StGB). Der Verurteilte muss einverstanden sein. Zudem sind die Interessen der Allgemeinheit (Schutzbedürfnis) und das Interesse des Verurteilten (Wiedereingliederung in die Gesellschaft) abzuwägen. Bei lebenslanger Freiheitsstrafe kommt eine S. nach 15 Jahren Strafverbüßung in Betracht (§ 57 a StGB), wenn nicht die besondere Schwere der Schuld dem entgegensteht. Eine ähnliche Regelung findet sich in § 88 JGG, wobei hier der Erziehungsgedanke des Jugendstrafrechts im Vordergrund steht.

Strafrichter
Siehe Richter, gesetzlicher

Straftat
Tatsächliches Verhalten, das vom Gesetzgeber bei Vorliegen aller Strafbarkeitsvoraussetzungen (z. B. Strafantrag, Strafmündigkeit, Geltung des deutschen Strafrechts mit Geldstrafe oder Freiheitsstrafe bedroht ist. Beispiele: Diebstahl, Totschlag, Körperverletzung.

Straftatbestand
Rechtsnorm, die für ein bestimmtes Verhalten Strafe androht.

Strafverfahren
Siehe Ablauf des Strafverfahrens

Strafverfolgungsvoraussetzungen
Zu den S. gehören neben der Geltung des deutschen Strafrechts auch das Nichtvorliegen von Verfolgungshindernissen wie z. B. Verjährung der Tat oder Immunität von Abgeordneten oder Diplomaten. Teilweise gehört das Vorliegen eines Strafantrages zu den S., in jedem Falle Strafmündigkeit.

Strafvollstreckung
Erfolgt nach rechtskräftigem Urteil im Strafverfahren durch die Strafvollstreckungsbehörde. Dies ist bei Geldstrafen und Freiheitsstrafen die Staatsanwaltschaft, bei Strafen und Maßnahmen nach dem Jugendstrafrecht der Jugendrichter. Die grundsätzlichen Regelungen finden sich in der Strafprozessordnung (StPO), ergänzt durch die Strafvollstreckungsordnung.

Strafvollstreckungsbehörde
Zuständig für die Vollstreckung von Geldstrafen und Freiheitsstrafen ist grundsätzlich die Staatsanwaltschaft. Gegen deren Entscheidungen können im Vollstreckungsverfahren die Gerichte angerufen werden. Für die Vollstreckung nach Jugendstrafrecht ist das Jugendgericht zuständig. Dieses kann jedoch bei älteren Heranwachsenden die Vollstreckung an die Staatsanwaltschaft abgeben.

Strafzumessung
Im Rahmen des gesetzlich vorgegebenen Strafrahmens hat das Strafgericht verschiedene Faktoren zu berücksich-

tigen, die bei der Findung der jeweils angemessenen Strafe zu berücksichtigen sind. Diese sollen die persönliche Schuld des Täters angemessen berücksichtigen, aber auch die Auswirkungen auf das Opfer nicht außer Betracht lassen. Auch ist das Verhalten vor der Tat (Vorstrafen, siehe Bundeszentralregister) und danach (Entschuldigung, Wiedergutmachung) mit einzubeziehen, ebenso das Maß an krimineller Energie (lange Planung oder Spontantat).

Strafzweck

Ziel der Strafe ist es, einerseits den jeweiligen Täter von der Begehung weiterer Strafen abzuhalten (Spezialprävention), andererseits andere mögliche Täter durch die Strafandrohung von der Begehung von Straftaten abzuhalten (Generalprävention). Auch das Vertrauen der Gesellschaft in die Rechtsordnung und deren Wiederherstellung werden als S. angesehen, d. h., der Täter muss für sein Verhalten gerecht bestraft werden, wobei die Schuld eine entsprechende Strafe begründet und begrenzt. Im Jugendstrafrecht hingegen steht der Erziehungsgedanke im Vordergrund.

Straßenverkehrsgefährdung

Siehe Gefährdung des Straßenverkehrs

Straßenverkehrsgesetz (StVG)

Regelt die Zulassung zum öffentlichen Straßenverkehr für Personen und Fahrzeuge, die Fahrerlaubnis sowie zivil- und strafrechtliche Folgen von Fehlverhalten. Das S. wird v. a. durch die Straßenverkehrsordnung (StVO) mit Verhaltensanordnungen und den Bußgeldkatalog ergänzt.

Streik

Siehe Arbeitskampf

Strengbeweis

Bestimmtes Beweismittel (Beweis), das dazu dient, im Strafverfahren den Angeklagten der Tat zu überführen (Einlassungen des Angeklagten, Zeugen, Sachverständiger, Urkunden und Augenscheinsobjekte). S. müssen in die mündliche Hauptverhandlung eingeführt werden.

Stundung

Wenn für eine Leistung eine Leistungszeit vereinbart bzw. diese fällig ist, der Schuldner aber Zahlungsschwierigkeiten hat, so kann der Gläubiger einen Aufschub gewähren. Eine S. kann der Schuldner jedoch nicht einseitig verlangen. Der Gläubiger kann also stattdessen auch den Anspruch gerichtlich geltend machen (Rechtsdurchsetzung). Es wird jedoch in manchen Fällen, v. a. bei ersichtlich vorübergehenden Zahlungsschwierigkeiten, sinnvoller sein, eine S. zu vereinbaren.

Subjektives Recht

Recht, das einer Person bzw. einem Rechtssubjekt zusteht. Im Zivilrecht siehe Anspruch und Eigentum, im Öffentlichen Recht vor allem Grundrechte. Einfache Gesetze können die Grundrechte konkretisieren und so speziellere subjektive Rechte normieren. Das allgemeine Rücksichtnahmegebot im Baurecht etwa konkretisiert grundrechtliche Ansprüche aus dem Schutz des Eigentums (Art. 14 GG) oder dem Gesundheitsschutz (Art. 2 Abs. 2 GG), aus dem sich das Recht ergibt, nicht unverhältnismäßig gestört oder belästigt zu werden. Grundsätzlich gilt, dass im öffentlichen Recht nur subjektive Rechte eingeklagt werden können, nicht aber für andere Personen, im Interesse der Allgemeinheit oder im Namen der Umwelt geklagt werden kann. Ausnahmen gelten für die Verbandsklage.

Subordinationsverhältnis

Heißt übersetzt: Unterordnungsverhältnis, womit – etwas altmodisch – die Beziehung von Bürger und Staat charakterisiert wird.

Subsidiärer Schutz

Siehe Schutz, subsidiärer

Subsumtion

Herstellung eines Zusammenhanges zwischen einem Sachverhalt (Fall) und dem Tatbestand einer Rechtsnorm. Auf einer oberflächlichen Ebene betrachtet erscheint dies die wesentliche Arbeit der Juristen zu sein: der Vergleich eines tatsächlichen Geschehens (Tatsachen) mit den einzelnen Tatbestandsmerkmalen. Auf den ersten Blick ein simpler, rein logischer Vorgang, der auch durch IT übernommen werden könnte. Übersehen wird dabei jedoch, dass nicht alle möglichen Anwendungen eines Gesetzes durch den Gesetzgeber vorhersehbar und »programmierbar« sind. Auch Generalklauseln und unbestimmte Rechtsbegriffe (Rechtsbegriff, unbestimmter) helfen hier nur begrenzt weiter und erschweren die (rein logische) S. eher. Deshalb müssen von Juristen ständig Auslegung und damit letztlich Wertungen vorgenommen werden, die die bloße S. ergänzen. Dies geschieht zwar leider nicht immer bewusst, kann jedoch nach dem aktuellen Stand der IT nicht von dieser geleistet werden. Siehe auch Legal Tech

Supranationalität

Sonderbezeichnung für den völkerrechtlichen Zusammenschluss der Europäischen Union, der enger, komplexer und umfassender ist als die vertraglichen Vereinbarungen zu anderen internationalen, völkerrechtlichen Organisationen wie z. B. die United Nations Organization (UNO).

Tarifautonomie

In Art. 9 Abs. 3 GG geschütztes Grundrecht, frei von staatlichen Eingriffen Vereinbarungen über Arbeits- und Wirtschaftsbedingungen zu schließen. Siehe Tarifvertrag und Arbeitskampf.

Tarifvertrag

Zwischen den Tarifvertragsparteien geschlossene Verträge, die der Vereinbarung von Rechtsnormen zu den Arbeits- und Wirtschaftsbedingungen dienen. Das Recht, T. abzuschließen, ist verfassungsrechtlich durch die in Art. 9 Abs. 3 GG garantierte Tarifautonomie geschützt. Der Abschluss von T. setzt die Tariffähigkeit und -zuständigkeit der Tarifvertragsparteien voraus. Auf Arbeitgeberseite sind dies sowohl einzelne Arbeitgeber als auch Arbeitgeberverbände. Auf Arbeitnehmerseite sind Gewerkschaften tariffähig. Tarifzuständigkeit bezeichnet das Recht, für einen bestimmten Wirtschaftszweig und einen bestimmten räumlichen Geltungsbereich T. abzuschließen. Sie wird von den Arbeitgeberverbänden und den Gewerkschaften in deren Satzungen festgelegt. T. bestehen aus einem schuldrechtlichen und einem normativen Teil. Die schuldrechtlichen Vereinbarungen des T. verpflichten ausschließlich die Vertragspartner untereinander. Die wichtigste schuldrechtliche Verpflichtung ist die Friedenspflicht, also das Verbot während der Laufzeit des T. durch Arbeitskampfmaßnahmen (Arbeitskampf) dessen Bestand oder Inhalt anzugreifen. Kern des T. und für den einzelnen Arbeitnehmer wichtig, sind die im T. festgelegten Rechtsnormen. Sie können Vereinbarungen zur Arbeitszeit und -vergütung, zur Begründung, Befristung und Beendigung von Arbeitsverhältnissen und zu Ansprüchen neben der Vergütung (z. B. Urlaub, Sonderzahlungen) enthalten. Die Normsetzungsbefugnis der Tarifvertragsparteien ist beschränkt. Die Rechtsnormen eines T. wirken für Arbeitnehmer zwingend und unmittelbar. D. h., von ihnen kann nicht zuungunsten des Arbeitnehmers abgewichen werden, und es bedarf zu ihrer Anwendbarkeit keiner zusätzlichen Vereinbarung im Arbeitsvertrag. Die Anwendbarkeit von Tarifnormen auf das Arbeitsverhältnis setzt die Tarifgebundenheit der Vertragspartner voraus. Tarifbindung entsteht durch die Mitgliedschaft in den Organisationen, die den T. geschlossen haben oder durch die Erklärung eines T. für allgemein verbindlich. Tritt der Arbeitgeber aus dem Arbeitgeberverband aus, wirkt die Tarifbindung nach, bis der T. endet. Das geschieht mit dem Ablauf der vereinbarten Laufzeit, durch Kündigung einer Vertragspartei oder durch den Abschluss eines neuen T. Für die Kündigung gilt eine dreimonatige Frist, solange die Parteien nichts Abweichendes vereinbart haben. Eine außerordentliche Kündigung kommt nur in streng zu begrenzenden Ausnahmefällen in Betracht. Die Rechtsnormen eines gekündigten oder abgelaufenen T. gelten weiter, bis sie durch eine andere Vereinbarung ersetzt werden. Sie verlieren also ihre zwingende Wirkung. Auch die Friedenspflicht entfällt mit dem Ende des T.

Taschengeld

Es gibt keinen rechtlichen Anspruch auf T., nur Empfehlungen, Kindern und Jugendlichen altersabhängig ein solches zu zahlen. Für ihre Bedürfnisse haben sie einen Unterhaltsanspruch. Das T. sollte dazu dienen, die Selbstständigkeit und den Umgang mit Geld zu entwickeln. Siehe auch Geschäftsfähigkeit

Tatbestand

Eine Rechtsnorm enthält einen T. und eine Rechtsfolge. Der Tatbestand bezeichnet in sehr abstrakter Weise die Summe der Voraussetzungen (Tatbestandsmerkmale), die vorliegen müssen, damit die Rechtsfolge eintritt. Durch Subsumtion wird ermittelt, ob der T. gegeben ist. Ist auch nur eine der Voraussetzungen nicht erfüllt, dann tritt die Rechtsfolge nicht ein.

Tatbestandsirrtum

Liegt im Strafrecht vor, wenn ein Täter einen Umstand nicht kennt, der für das Vorliegen eines Straftatbestandes erforderlich ist. Beispiele: Wegnahme oder Beschädigung einer Sache, von der der Täter glaubt, sie gehöre ihm selbst; Zutritt zu einer entgeltpflichtigen Veranstaltung, von der der Täter annimmt, es bestehe freier Eintritt (Erschleichen von Leistungen); Verlassen eines Unfallortes in der Annahme es sei kein Schaden eingetreten (siehe Unerlaubtes Entfernen vom Unfallort). Da Voraussetzung für die Bestrafung grundsätzlich Vorsatz hinsichtlich aller Tatbestandsmerkmale ist, kommt eine Strafe trotz T. nur in Betracht, wenn die Tat auch bei fahrlässiger Begehung unter Strafe gestellt ist (z. B. Trunkenheit im Verkehr, fahrlässige Körperverletzung).

Tatbestandsmerkmale

Den Tatbestand einer Rechtsnorm kann man in die einzelnen Voraussetzungen zerlegen. Z. B. ist Diebstahl die Zueignung einer »fremden, beweglichen Sache«. Jedes dieser Wörter (Sache;

Sache, fremde; Sache, bewegliche) bezeichnet ein T., das geprüft werden und erfüllt sein muss, damit die Rechtsfolge (»wird bestraft«) eintritt.

Tateinheit

Gleichzeitige Verletzung mehrerer Straftatbestände durch eine Handlung. Z. B. ist ein Faustschlag gegen einen Polizisten sowohl eine Körperverletzung als auch Widerstand gegen Vollstreckungsbeamte. Die Bestrafung erfolgt nach dem Strafrahmen für das schwerere Delikt.

Täter-Opfer-Ausgleich (TOA)

Möglichkeit, ein Ermittlungsverfahren bzw. Strafverfahren ohne Anklage bzw. Urteil zu beenden. Er kann z. B. durch Wiedergutmachung des verursachten Schadens oder durch Entschuldigung erfolgen. Der auf diese Weise wiederhergestellte Rechtsfrieden soll die Beteiligten miteinander versöhnen und ihnen ermöglichen, ohne negative Erinnerung an die Tat und das Strafverfahren zu leben. Im Jugendstrafrecht wird der T. häufig genutzt, weil die Beteiligten oft in derselben Gegend wohnen oder auf dieselbe Schule gehen. Im allgemeinen Strafrecht kann das Gericht bei einem T. nach Anklageerhebung den Strafrahmen mildern.

Täterschaft

Strafbar macht sich nicht nur der direkt (unmittelbar) handelnde Täter, sondern auch derjenige (mittelbar), der die Tat plant, sie als eigene Tat will, selbst wenn er gar nicht am Tatort ist (z. B. Bandenchef im Hintergrund). Hierfür ist lediglich Voraussetzung, dass grundsätzlicher Einfluss auf den Tatablauf vorliegt (Tatherrschaft). Die mittelbare T. ist bei den sog. eigenhändigen Delikten (z. B. Unerlaubtes Entfernen vom Unfallort, Meineid) ausgeschlossen. In Betracht kommt T. auch, wenn der Handelnde keine Kenntnis der durch ihn begangenen Straftat hat und als Werkzeug des Täters missbraucht wird (sog. Täter hinter dem Täter). Von der T. abzugrenzen ist die Teilnahme an einer fremden Tat in Form der Beihilfe oder Anstiftung.

Tatsachen

Vorgänge der Vergangenheit, Gegenwart oder Zukunft, die einem Wahrheitsbeweis zugänglich sind, der allerdings schwierig ist und fast immer subjektiven Einflüssen unterliegt. Selbst Beobachtungen der scheinbar exakten Physik, weiß man inzwischen, werden durch subjektive Faktoren verändert.

Tatsachengericht

Gerichte, die Feststellungen zu einem im Streit stehenden Lebenssachverhalt treffen, um den Rechtsstreit auf dieser Grundlage entscheiden zu können. Demgegenüber sind die Revisionsgerichte grundsätzlich an die Feststellungen in dem mit der Revision angegriffenen Urteil gebunden (§ 163 SGG; § 137 Abs. 2 VwGO; § 559 Abs. 2 ZPO).

Tatsacheninstanz

Siehe Berufung und Revision

Tatverdacht, dringender

Bedeutet, dass die Wahrscheinlichkeit einer Verurteilung bei Würdigung der bisherigen Beweislage hoch ist. T. ist Voraussetzung für einige (erhebliche) Eingriffe in Grundrechte im Strafverfahren vor rechtskräftiger Verurteilung, z. B. für einen Haftbefehl. Siehe auch Untersuchungshaft. Ähnliche Voraussetzungen hat die vorläufige Entziehung der Fahrerlaubnis.

Tatverdacht, hinreichender

Voraussetzung für die Einreichung einer Anklage (§ 170 Abs. 1 StPO) durch die Staatsanwaltschaft bei den Strafgerichten. Er liegt vor, wenn bei vorläufiger Würdigung der Beweislage nach Abschluss der Ermittlungen eine deutliche Wahrscheinlichkeit für die Verurteilung des Beschuldigten besteht. Gleichzeitig Prüfungsmaßstab des Strafgerichts für den Eröffnungsbeschluss des Gerichts (§ 203 StPO). Siehe auch Strafverfahren.

Tausch

Vertrag, bei dem mindestens 2 Sachen dauerhaft überlassen werden. Beide Vertragspartner übertragen jeweils das Eigentum. Der T. ist der historische Vorläufer des Kaufvertrages, d. h., er existierte schon vor Erfindung klar definierter und i. d. R. staatlich organisierter Zahlungsmittel. Die rechtlichen Regelungen sind aber bis heute grundsätzlich die gleichen wie beim Kaufvertrag (§ 480 BGB) mit der Ausnahme, dass beide Sachen mangelhaft sein können und gegenseitig Gewährleistung in Betracht kommt.

Technische Anleitung Lärm (TA-Lärm)

Allgemeine Verwaltungsvorschrift (VV), die zur Konkretisierung des Bundesimmissionsschutzgesetzes (BImSchG) erlassen wurde. Sie enthält für die unterschiedlichen nach der Baunutzungsverordnung (BauNVO) definierten Siedlungstypen wie Wohngebiet oder Industriegebiet unterschiedliche Grenzwerte für Lärmemissionen, die gewisse Lärmpegel noch erlauben, aber darüber hinausgehende verbietet. Die Zulässigkeit des Lärms hängt nicht nur von der Siedlungsstruktur, sondern auch von den Zeiten ab, in denen er verursacht wird. Geregelt ist auch, wie und wo der Lärm zu messen ist.

Technische Anleitung Luft (TA-Luft)

Allgemeine Verwaltungsvorschrift (VV), die zur Konkretisierung des Bundesimmissionsschutzgesetzes (BImSchG) erlassen wurde. Sie enthält für die unterschiedlichen nach der Baunutzungsverordnung (BauNVO) definierten Siedlungstypen wie Wohngebiet oder Industriegebiet unterschiedliche Grenzwerte für Immissionen von Schadstoffen, die durch technische Anlagen in die Luft ausgestoßen werden. Gleichzeitig sind auch Grenzwerte für Emissionen normiert sowie höchst komplizierte Messmethoden, um die Immission eines Stoffes zu bestimmen.

Teilzeitarbeit

In § 2 des Gesetzes über T. und befristete Arbeitsverträge (TzBfG) definiert. Einer T. geht nach, wer wöchentlich weniger als vergleichbare vollzeitbeschäftigte Arbeitnehmer arbeitet. Ein Teilzeitarbeitsverhältnis kann von Anfang an geschlossen werden. Aber es kann auch in einem bestehenden Vollzeitarbeitsverhältnis durch Vereinbarung geschaffen und sogar weiter reduziert werden, auf eine nochmals verringerte Teilzeitquote. Für die beiden letzten Fälle kennt das TzBfG Grundlagen, die es dem Arbeitnehmer erlauben, seinen Wunsch nach T. auch ohne ausdrückliches Einverständnis des Arbeitgebers durchzusetzen (§ 8 TzBfG, Arbeitnehmer, die länger als 6 Monate in Betrieben mit mehr als 15 Arbeitnehmern beschäftigt sind). Einigen sich die Vertragsparteien nicht einvernehmlich auf eine Veränderung, hat der Arbeitgeber zuzustimmen, sofern keine betrieblichen Gründe dem Begehren des Arbeitnehmers entgegenstehen.

Ob die vorliegen, kann im Zweifelsfall die Arbeitsgerichtsbarkeit entscheiden. Zwar sieht § 9 TzBfG vor, dass der Wunsch von Arbeitnehmern in Teilzeit, ihre Arbeitszeit zu verlängern, grundsätzlich bevorzugt zu behandeln ist. Dies stellt sich jedoch in der Praxis häufig als schwierig dar. § 9a TzBfG sieht daher eine zeitlich begrenzte Verringerung der Arbeitszeit vor (Brückenteilzeit: mindestens 6 Monate beschäftigt in einem Betrieb mit mindestens 45 Arbeitnehmern). Für Teilzeitbeschäftigte gilt ein gesetzliches Diskriminierungsverbot, sie dürfen gegenüber Vollzeitbeschäftigten nicht sachgrundlos schlechter behandelt werden. Vorschriften, die einen Anspruch auf Verringerung der Arbeitszeit begründen, finden sich z. B. auch im Bundeselterngeld- und Elternzeitgesetz (BEEG) und im Pflegezeitgesetz (PflegeZG). Der Anteil der Teilzeitarbeitsverhältnisse nimmt seit Jahren kontinuierlich zu und liegt in Deutschland deutlich über dem europäischen Durchschnitt. Ganz überwiegend arbeiten Frauen in Teilzeitarbeitsverhältnissen.

Telefonüberwachung

Die T. im Rahmen strafprozessualer Maßnahmen ist als schwerer Eingriff in das Grundrecht aus Art. 10 GG in § 110 a StPO geregelt und erstreckt sich auch auf SMS oder E-Mail-Verkehr. Sie ist nur zulässig beim Verdacht schwerster Straftaten (z. B. Totschlag, Besitz von Kinderpornografie oder Hochverrat). Die T. unterliegt dem Richtervorbehalt und ist zeitlich zu beschränken.

Tenor

Siehe Urteil

Testament

Einseitiges Rechtsgeschäft, mit dem der spätere Erblasser zu seinen Lebzeiten eine Verfügung von Todes wegen errichten kann. Etwa 25 % der Deutschen machen von ihrer Testierfreiheit Gebrauch. Besonders beliebt ist das Berliner Testament. Der in einem wirksamen T. geäußerte Wille ist grundsätzlich verbindlich für die Familie bzw. Erben (Erbrecht). Oft muss ein T. ausgelegt werden, um den wahren Willen des Erblassers zu erforschen und realisieren (Auslegung). Mögliche Inhalte eines T. sind die Einsetzung eines oder mehrerer Erben und/oder Testamentsvollstrecker, Enterbung, Aussetzen eines Vermächtnisses und weitere Regelungen für den Todesfall. Grenzen setzt insbesondere der Pflichtteil. Voraussetzung für die Wirksamkeit eines T. sind die Testierfähigkeit und die Einhaltung einer bestimmten Form (➠ Abb. »Mögliche (wirksame) Testamente«). So lange der Erblasser noch Zeit hat, muss er bzw. sie ein ordentliches T. errichten. In Ausnahmesituationen mit Todesnähe ist auch ein Nottestament zulässig. Die sicherste Variante ist das öffentliche, von einem Notar beurkundete T., die einfachste Variante ist das Privattestament – beide sind aber grundsätzlich gleichwertig. Beim Privattestament ist unbedingt zu beachten, dass es eigenhändig vom Erblasser (also handschriftlich, nicht am PC o. Ä.) verfasst und auch unterschrieben sein muss. Es soll auch Datum und Ort enthalten, aber das dient eher der Klärung von Zweifeln, wenn mehrere T. vorhanden sind und ist nicht zwingend. Es ist unerheblich für die Wirksamkeit, auf welchem Material ein T. verfasst ist. Wenn z. B. ein T. auf einen Bierdeckel geschrieben wird, kann es trotzdem wirksam ein. Ein T. kann widerrufen werden, d. h., der Erblasser ist daran vor seinem Tod nicht gebunden.

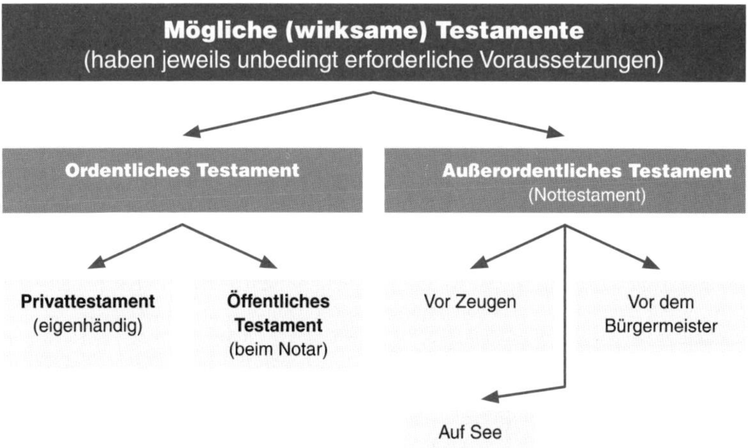

Testamentsvollstrecker

Sofern ein Erblasser ein Testament errichtet hat, kann er auch einen T. bestimmen. Dies ist aber nicht zwingend vorgesehen. Der T. soll gewährleisten, dass der Wille des Erblassers bestmöglich realisiert wird. Dafür hat er bestimmte Rechte und Pflichten (§§ 2204 ff. BGB).

Testierfähigkeit

Um eine wirksame Verfügung von Todes wegen (Testament, Erbvertrag) zu errichten, muss man testierfähig sein. Die T. ist ein Unterfall der Geschäftsfähigkeit und nach § 2229 BGB ausgeschlossen, wenn man das 16. Lebensjahr noch nicht vollendet hat oder sich in einem Zustand der krankhaften Störung der Geistestätigkeit oder Bewusstseinsstörung befindet. Hintergrund ist, dass man sich der Tragweite seines Handelns bewusst und vor unbedachten Entscheidungen und fremden Einflüssen geschützt sein soll.

Testierfreiheit

Ausprägung der Privatautonomie und eine Art Fortsetzung der Eigentumsfreiheit. Durch Verfügung von Todes wegen (Testament, Erbvertrag) hat man die Möglichkeit, über den Tod hinaus über das eigene Vermögen zu verfügen. Begrenzt wird die T. durch den Pflichtteil naher Angehöriger und zwingendes Recht (Recht, dispositives/zwingendes).

Tiere

Vom Gesetz nicht mit Menschen gleichgestellt. Sie haben keine Rechte und Pflichten, d. h., sie sind nicht rechtsfähig (Rechtsfähigkeit). Mit Art. 20a wurde immerhin der Tierschutz in das Grundgesetz (GG) aufgenommen. Zudem gilt das Tierschutzgesetz. Dennoch gibt es weiteren Bedarf für gesetzlichen und praktischen Tierschutz. Nach § 90a BGB sind T. keine Sachen. Es finden allerdings die für Sachen geltenden Vorschriften (v. a. zum Eigentum) Anwendung, soweit nichts anderes bestimmt ist.

Tierhalterhaftung

Wer ein Tier hält, ist grundsätzlich zum Ersatz eines Schadens verpflichtet, den das Tier verursacht (§ 833 Satz 1 BGB). Ein eigenes Verschulden des Halters (siehe Halterhaftung) ist nicht erforderlich, d. h., es handelt sich um eine Form der Gefährdungshaftung. Hintergrund ist die Tatsache, dass man zwar (die meisten) Tiere halten darf, sie aber nicht immer kontrollierbar und berechenbar sind. Dieses Risiko soll der Halter tragen, nicht der Geschädigte. Eine Ausnahme gilt für Haustiere, die wirtschaftlich genutzt werden (§ 833 Satz 2 BGB): Hier kann sich der Halter entlasten, wenn ihn kein Verschulden trifft.

Tierschutz

Das GG gebietet in Art. 20a die »natürlichen Lebensgrundlagen und die Tiere« zu schützen. Der T. wird insbesondere im Tierschutzgesetz (TierSchG) geregelt. Grundsätzliches ist in § 2 TierSchG geregelt. Danach soll der Tierhalter das Tier seiner Art und seinen Bedürfnissen entsprechend angemessen ernähren, pflegen und verhaltensgerecht unterbringen. Außerdem darf er die Möglichkeit des Tieres zu artgemäßer Bewegung nicht so einschränken, dass ihm Schmerzen oder vermeidbare Leiden oder Schäden zugefügt werden. Genaueres wird in verschiedenen Rechtsverordnungen geregelt. Siehe auch Artenschutz

Titel

Siehe Vollstreckungstitel

Todeserklärung

Eine verschollene natürliche Person kann durch richterlichen Beschluss für tot erklärt werden. Die Voraussetzungen enthält das Verschollenheitsgesetz.

Todesstrafe

Das Grundgesetz (GG) hat 1949 die T. in Deutschland abgeschafft (Art. 102 GG). Übrig geblieben ist noch der Begriff Kapitaldelikt (von lat. caput = Kopf). Solche Delikte waren früher mit T. (Enthauptung) verbunden.

Totschlag

Verbrechen der Tötung eines Menschen mit Vorsatz. Die genaueren Tatbestände finden sich in den §§ 212 ff. StGB. Vom Mord wird der T. durch das Nichtvorliegen der Mordmerkmale unterschieden. Kein T. liegt vor, wenn der Tod nur als ungewollte Folge einer Körperverletzung eintritt. Der T. kann auch durch Unterlassen begangen werden (Unterlassungsdelikte), wenn eine Rechtspflicht zu handeln vorliegt. Das Strafmaß liegt bei einer Freiheitsstrafe von 5 bis 15 Jahren, in besonders schweren Fällen bei lebenslanger Freiheitsstrafe (Lebenslänglich). Für den minder schweren Fall (z. B. anknüpfend an das Vorverhalten des Getöteten) ist eine Mindestfreiheitsstrafe von 1 Jahr vorgesehen. Soweit der Getötete seinen Tod wünschte (§ 216 StGB: Tötung auf Verlangen), kommt eine Freiheitsstrafe von 6 Monaten bis zu 5 Jahren in Betracht. Siehe auch Sterbehilfe

Tötung auf Verlangen

Siehe Totschlag und Sterbehilfe

Tötungsdelikte

Siehe Totschlag, Sterbehilfe und Mord

Treu und Glauben

Wichtiger Grundsatz im Zivilrecht, der für jeden Vertrag gilt. Jeder sollte sich anständig und redlich verhalten, v. a. gegenüber seinem Vertragspartner. Ursprünglich war dieser unbestimmte Rechtsbegriff (Rechtsbegriff, unbestimmter) vom Gesetzgeber in § 242 BGB nur für die Frage aufgenommen worden, wie der Schuldner seine Leistung zu erbringen habe. Durch wissenschaftliche Literatur und Rechtsprechung wurde daraus jedoch eine Art Generalklausel, um verschiedene juristische, nicht detailliert geregelte Probleme in den Griff zu bekommen, z. B. den Wegfall der Geschäftsgrundlage oder das Verschulden bei Vertragsschluss.

Trunkenheit im Verkehr

Straftat, wenn die Voraussetzungen des § 316 StGB vorliegen. T. ist gegeben bei Führen eines Fahrzeugs (auch Fahrrad) unter Einfluss von Alkohol (oder anderer berauschender Mittel). Für Kraftfahrzeugführer wird die absolute Fahruntauglichkeit bei 1,1 Promille Blutalkoholkonzentration angenommen, für Radfahrer bei 1,6. Der Straftatbestand kann jedoch auch bei geringerer Blutalkoholkonzentration vorliegen, wenn weitere Beweisanzeichen dafür gegeben sind, dass der Täter nicht in der Lage war, das Fahrzeug sicher zu führen (relative Fahruntauglichkeit). Solche Anzeichen sind z. B. das Fahren in Schlangenlinien, Übersehen der Vorfahrt oder einer roten Ampel, mehrfacher missglückter Einparkversuch, Vergessen des Lichteinschaltens. Bei einer Blutalkoholkonzentration ab 0,3 Promille mit erheblichen Fahrfehlern kann der Straftatbestand bereits erfüllt sein. Liegt die Blutalkoholkonzentration zwischen 0,5 und 1,1 Promille ohne weitere Beweisanzeichen, stellt die Tat eine Ordnungswidrigkeit dar. Für den Fall, dass während der Fahrt eine Gefährdungslage eintritt, kommt auch der weitere Straftatbestand der Gefährdung des Straßenverkehrs in Betracht. Im Regelfall ist die Folge die Entziehung der Fahrerlaubnis (Maßregeln der Besserung und Sicherung). Strafbar ist auch die fahrlässige Begehung, mit gleichem Strafrahmen.

Übereignung

Möglichkeit, durch Rechtsgeschäft das Eigentum an einer Sache zu erwerben. Es handelt sich um ein Verfügungsgeschäft. Veräußerer und Erwerber müssen darüber einig sein, dass das Eigentum an einer bestimmten Sache auf den Erwerber übergehen soll. Die weiteren Voraussetzungen bestimmen sich danach, ob es sich um eine bewegliche Sache (Sache, bewegliche) oder ein Grundstück handelt (➠ Abb. »Übereignung«, S. 262). Sollen bewegliche Sachen veräußert werden, ist neben der Einigung grundsätzlich auch die Übergabe der betreffenden Sache erforderlich (§ 929 Satz 1 BGB). Mit der Übergabe ist die Verschaffung des Besitzes gemeint. So wird die Änderung der Rechtslage auch für Dritte erkennbar (Publizität). Auch der Erwerb von Grundstücken setzt zunächst eine Einigung voraus. Eine Besonderheit besteht insofern, als dies in einer bestimmten Form zu erfolgen hat. Es gilt hier also keine Formfreiheit. Gemäß § 925 BGB nennt man diese Einigung »Auflassung«. Bei Grundstücken genügt es nicht, dass der Besitz übergeht, sondern die Ü. muss auch in das Grundbuch eingetragen werden. Ähnlich wie die Übergabe einer beweglichen Sache, erfüllt beim Erwerb von Grundstücken die Eintragung im Grundbuch die Publizitätsfunktion. Eine Ü. kann auch von jemandem vorgenommen werden, der nicht Eigentümer und nicht zu diesem Verfügungsgeschäft befugt ist. Hierbei besteht ausnahmsweise die Möglichkeit des gutgläubigen Erwerbs der Sache. Die genaueren Voraussetzungen sind in

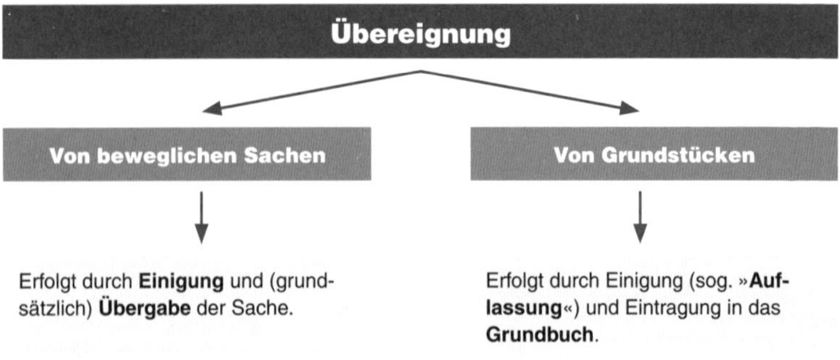

den §§ 932 ff., 892 BGB geregelt. Der ursprüngliche Eigentümer verliert sein Eigentum, erhält aber zum Ausgleich einen Anspruch nach Bereicherungsrecht. Dieser Eingriff in das Eigentumsrecht ist damit gerechtfertigt, dass zum einen ein Rechtsschein gesetzt worden sein muss und zum anderen der Erwerber nicht wusste, dass der Veräußerer nicht Eigentümer der Sache war (Gutgläubigkeit).

Übergangsgeld

Laufende Sozialleistung mit Lohnersatzfunktion. Es gehört zu den unterhaltssichernden und anderen ergänzenden Leistungen des Rehabilitationsrechts. Es soll den Lebensunterhalt des Rehabilitanden sichern, während er eine Leistung zur Teilhabe am Arbeitsleben oder der medizinischen Rehabilitation (Leistungen zur medizinischen Rehabilitation) absolviert. Vor diesem Hintergrund ist die Gewährung von Ü. von der Bewilligung einer entsprechenden Hauptleistung abhängig (sog. Akzessorietät). Die Höhe des Ü. hängt v. a. von den bisherigen Einkommensverhältnissen des Rehabilitanden ab. Während des Bezugs von Ü. erzieltes Einkommen wird angerechnet (s. §§ 66 ff. SGB IX).

Überhangmandat

Entstehen durch die personalisierte Verhältniswahl (Verhältniswahl, personalisierte). Bei den großen Parteien (Partei, politische) kann es passieren (und die Wahrscheinlichkeit steigt, je mehr Parteien im Bundestag vertreten sind), dass sie mehr Direktmandate erobern, als ihnen Mandate nach der Zahl der Zweitstimmen zustehen würden. Beispiel: Die X-Partei gewinnt im Bundesland N 80 % der Wahlkreise, aber nur 30 % der Stimmen. Dann übernimmt sie schon durch die Direktmandate 40 % der Mandate des Bundeslandes im Bundestag, obwohl ihr nur 30 % nach der Zweitstimme zustehen würden – 10 % sind dann Ü. Diese Ü. waren lange Zeit gleichsam ein Bonus für die großen Parteien. Inzwischen werden sie aber durch sog. Ausgleichsmandate ausgeglichen. Das bedeutet, dass die Mandate der anderen Parteien anteilsmäßig erhöht werden.

Überschuldung

Siehe Insolvenz

Überstunden/Mehrarbeit

Arbeitsstunden, die der Arbeitnehmer auf Anordnung oder mit Billigung des Arbeitgebers über die festgelegte, geschuldete Arbeitszeit hinaus leistet. Der Arbeitgeber ist nicht grundsätzlich zur einseitigen Anordnung von Ü. berechtigt. Es bedarf dafür einer Grundlage im Arbeits- oder Tarifvertrag oder einer Betriebsvereinbarung. Existiert ein Betriebsrat, ist zusätzlich dessen Zustimmung notwendig. Die zulässige Höchstarbeitszeit nach dem Arbeitszeitgesetz bleibt unberührt von solchen Vereinbarungen, ebenso wie von freiwillig geleisteten Ü., die übrigens nur als Ü. gelten, wenn der Arbeitgeber von dieser Leistung Kenntnis hat. Es bedarf zumindest der stillschweigenden Billigung durch diesen. I. d. R. ist für jede geleistete Ü. die Vergütung in Höhe des normalen Stundenlohns zu bezahlen. Ü. können auch durch Freizeitausgleich unter Fortzahlung der Vergütung ausgeglichen werden. Da der Arbeitgeber durch den Arbeitsvertrag verpflichtet ist, den Arbeitnehmer zu beschäftigen, darf eine Freistellung zwecks Freizeitausgleich nicht einseitig erfolgen. Erforderlich ist auch hier eine rechtliche Grundlage im Arbeits- oder Tarifvertrag oder Einvernehmen zwischen Arbeitgeber und Arbeitnehmer. V. a. in Tarifverträgen werden darüber hinaus häufig Vereinbarungen getroffen, nach denen für Ü. ein Zuschlag auf das normale Stundenentgelt zu zahlen ist.

Üble Nachrede

Siehe Beleidigung

Umdeutung

Ist im Zivilrecht ein Rechtsgeschäft aus formellen Gründen unwirksam, genügt es aber den Erfordernissen eines anderen Rechtsgeschäfts, so gilt das andere wirksame Rechtsgeschäft als vereinbart, wenn anzunehmen ist, dass dessen Geltung bei Kenntnis der Nichtigkeit von den Parteien gewollt sein würde (§ 140 BGB). Damit soll der wirtschaftliche Erfolg eines nichtigen Rechtsgeschäfts erhalten werden, wenn ein anderer Weg zur Verfügung steht, der nicht dem Willen der Parteien erkennbar widerspricht. Öffentliches Recht: Die U. ist auch ein Rechtsinstitut des Verwaltungsverfahrensrechts (vgl. § 128 AO; § 43 SGB X; § 47 VwVfG). Mit ihr kann ein fehlerhafter Verwaltungsakt (VA) dadurch aufrechterhalten werden, dass er in einen rechtmäßigen Verwaltungsakt umgedeutet, d. h. uminterpretiert, wird. Damit soll eine fehlerhafte Regelung in einem bekannt gegebenen Verwaltungsakt – dem Rechtsgedanken des § 140 BGB folgend – nicht zurückgenommen werden müssen, wenn sie jedenfalls dem rechtmäßigen Inhalt einer vergleichbaren Regelung entsprechen würde. Eine solche U. ist allerdings im Interesse des Bürgers nur möglich, wenn der andere Verwaltungsakt auf das gleiche Ziel gerichtet ist und die Rechtsfolgen für den Bürger nicht ungünstiger sein würden als die des fehlerhaften Verwaltungsaktes.

Umgang

Gehört zunächst zum elterlichen Sorgerecht. Ein Kind hat ein Recht auf U. mit seinen Eltern und umgekehrt. Aber auch der leibliche, nicht rechtliche Vater und weitere Personen (z. B. Großeltern) haben dieses Recht, sofern nicht das Kindeswohl gefährdet wird.

Umweltrecht

Unter dem Begriff U. wird eine Reihe von Gesetzen zusammengefasst, deren Ziel es ist, die Umwelt vor Zerstörung zu schützen. Dazu gehören das Naturschutzgesetz, das Wasserrecht, das Bundesimmissionsschutzgesetz

(BImSchG), das Kreislaufwirtschafts- und Abfallgesetz und viele andere.

Umweltschutz

Erhielt erst durch eine Grundgesetzänderung im Jahre 1993 Verfassungsrang. Eingefügt wurde Art. 20 a GG. Danach soll der Staat »in Verantwortung für die künftigen Generationen die natürlichen Lebensgrundlagen und die Tiere« schützen. In der Norm findet sich der Gedanke der Nachhaltigkeit. Die Sorge um zukünftige Generationen umfasst das Vorsorgeprinzip. Geschützt werden die »natürlichen Lebensgrundlagen«, was eine vom Menschen ausgehende, d. h. eine anthropozentrische Sichtweise nahelegt – die Natur wird nicht um ihrer selbst willen, sondern als Lebensgrundlage für die Menschen geschützt. Der U. wird als Staatszielbestimmung verstanden, die von Bürgern nicht einzuklagen ist. Kritiker werfen der Formulierung im GG vor, dass sie zu eingeschränkt sei und der Artikel in der Praxis wenig bis keine Bedeutung erlangt hat.

Unbefugter Gebrauch eines Fahrzeugs

Siehe Diebstahl

UN-Behindertenrechtskonvention (UN-BRK)

Völkerrechtlicher Vertrag (Vertrag, völkerrechtlicher) zwischen den Vereinten Nationen und den Vertragsstaaten, die ihn im Wege der Ratifikation für rechtsverbindlich erklärt haben. Aufgrund des entsprechenden Zustimmungsgesetzes ist die U. in Deutschland seit März 2009 rechtsverbindlich und hat den Rang eines Bundesgesetzes. Die Konvention hat dem Verständnis von Behinderung einen nicht zu unterschätzenden Modernisierungsschub gegeben. So wird bereits in der Präambel der Konvention eine Abkehr von einem rein medizinischen Verständnis von Behinderung postuliert und zutreffend hervorgehoben, dass Behinderung aus der Wechselwirkung zwischen Menschen mit Beeinträchtigungen und einstellungs- und umweltbezogenen Barrieren entsteht. Dieses Verständnis von Behinderung hat in der Neufassung des Behindertenbegriffs durch das Bundesteilhabegesetz zum 1.1.2018 seinen Niederschlag gefunden. Auch Fragen der Barrierefreiheit (Art. 9) und der Inklusion in der Schule (vgl. Art. 24) sind durch die U. in den gesellschaftlichen Fokus gelangt.

Unbestimmter Rechtsbegriff

Siehe Rechtsbegriff, unbestimmter

UN-Charta

Basis oder das Gründungsdokument der UNO. Sie wurde am 26.6.1945 durch 50 Gründungsmitglieder in San Francisco unterzeichnet und trat am 24.10.1945 in Kraft, nachdem sie von den damals 5 ständigen Mitgliedern des Sicherheitsrates sowie der Mehrheit der unterzeichnenden Staaten ratifiziert (Ratifikation) worden war. Heute hat die UNO 193 Mitgliedsstaaten, die die U. ratifiziert haben. Die U. beschreibt die Ziele und Aufgaben der Vereinten Nationen und benennt ihre Organe und Kompetenzen. Ziele sind, den Weltfrieden und internationale Sicherheit zu wahren; die Achtung der Menschenrechte ungeachtet der »Rasse« (leider wird dieser Begriff in Rechtstexten immer noch verwendet), des Geschlechts oder der Religion; die friedliche Schlichtung aller Streitigkeiten und der Verzicht auf Gewaltanwendung; Förderung der internationalen Zusammenarbeit, um wirtschaftliche, soziale, kulturelle und humanitäre Probleme zu lösen; die Gleichheit und nationale

Souveränität aller Staaten zu achten. Zu den wichtigsten Institutionen, die durch die U. geschaffen wurden, gehören der UN-Sicherheitsrat und die UN-Vollversammlung oder -Generalversammlung.

Unechte Rückwirkung

Siehe Rückwirkung, echte und unechte

Unerlaubtes Entfernen vom Unfallort

Es besteht die Rechtspflicht, als Beteiligter eines Unfalls zur Klärung des Unfallgeschehens beizutragen. Dies dient dem Schutz privater Rechte: Geschädigten soll es ermöglicht werden, den Schädiger festzustellen und ggf. Schadensersatz geltend machen zu können. Die Pflicht besteht unabhängig von der Frage, wer den Unfall verschuldet hat. Sollte (z. B. bei einem Unfall mit einem parkenden Fahrzeug) keine Person vorhanden sein, die bereit ist, die notwendigen Feststellungen zu treffen (insbesondere Polizei, aber auch andere Beteiligte oder Zeugen), ist eine Wartepflicht während eines angemessenen Zeitraums einzuhalten. Wer sich nach Ablauf der Wartepflicht entfernt, hat die Feststellungen unverzüglich nachzuholen, z. B. durch Meldung bei der Polizei. Anderenfalls macht er sich nach § 142 StGB strafbar. Soweit jedoch kein Fremdschaden eingetreten ist, ist das Entfernen erlaubt. Allerdings ist auch ein Schaden, der durch den Unfall z. B. an einer Laterne oder einem Verkehrsschild verursacht wurde, Fremdschaden. Eine Strafmilderung ist vorgesehen für Unfälle mit geringem Schaden im ruhenden Verkehr (Parkschäden), wenn der Täter die notwendigen Angaben binnen 24 Stunden nachholt. Hiermit will der Gesetzgeber dem Problem begegnen, dass bei Unfallverursachung unter Alkoholeinfluss der Fahrer sich unter Umständen selbst belasten müsste. Siehe auch Trunkenheit im Verkehr

Unfall

Plötzliches, unvorhergesehenes Ereignis, das einer natürlichen Person oder Sache einen Schaden zufügt. Wenn jemand für den U. verantwortlich ist (Delikt, Gefährdungshaftung), so ist er zum Schadensersatz verpflichtet.

Unfallflucht

Siehe Unerlaubtes Entfernen vom Unfallort

Unfallversicherung, gesetzliche

Zweig der Sozialversicherung. Die zentralen Vorschriften der U. sind im Sozialgesetzbuch (SGB) VII normiert. Zu den Versicherten zählen u. a. Beschäftigte, Lernende während der beruflichen Aus- und Fortbildung, Kinder in Kindertagesstätten, Schüler während des Besuchs von allgemein- und berufsbildenden Schulen und Studierende während der Aus- und Fortbildung an Hochschulen (§ 2 SGB VII). Versicherungsfreiheit besteht z. B. für Personen, soweit für sie entsprechende beamtenrechtliche Unfallverhütungsvorschriften oder Grundsätze gelten (§ 4 Abs. 1 Nr. 1 SGB VII). Auch in der U. besteht die Möglichkeit, sich freiwillig zu versichern (§ 6 SGB VII). Die U. finanziert sich im Falle der Berufsgenossenschaften über Sozialversicherungsbeiträge, die von den Unternehmern allein aufgebracht werden (§ 150 SGB VII). Die öffentlichen Unfallversicherungsträger finanzieren sich aus öffentlichen Haushaltsmitteln. Träger der U. sind die gewerblichen und landwirtschaftlichen

Berufsgenossenschaften und die Unfallversicherungsträger der öffentlichen Hand (§ 114 ff. SGB VII). Aufgabe der U. ist es, Arbeitsunfälle (Arbeitsunfall) und Berufskrankheiten sowie arbeitsbedingte Gesundheitsgefahren zu verhüten und nach dem Eintritt von Arbeitsunfällen und Berufskrankheiten die Leistungsfähigkeit der Versicherten wiederherzustellen und sie oder ihre Hinterbliebenen ggf. zu entschädigen (§ 1 SGB VII). Die Prävention gehört daher zu den zentralen Aufgaben der U. (§ 14 SGB VII). Zu diesem Zweck sind die Unfallversicherungsträger zum Erlass von Unfallverhütungsvorschriften berechtigt (§ 15 SGB VII). Die Unfallversicherungsträger überwachen die Einhaltung der gebotenen präventiven Maßnahmen und stehen den Unternehmern und Versicherten beratend zur Seite (§ 17 SGB VII). Ist ein Arbeitsunfall oder eine Berufskrankheit eingetreten, gehören zum Leistungsspektrum der U. u. a. Maßnahmen der Heilbehandlung (§§ 27 ff. SGB VII), Leistungen zur Teilhabe am Arbeitsleben (§ 35 SGB VII), Leistungen bei Pflegebedürftigkeit (§ 44 SGB VII), Verletztengeld, Leistungen der Verletztenrente und, im Falle des Todes des Versicherten durch einen Versicherungsfall Leistungen an Hinterbliebene und hierbei insbesondere Hinterbliebenenrenten (§ 63 Abs. 1 Satz 1 Nr. 3, Satz 2 SGB VII).

Unionsbürgerschaft

Bezeichnung für den Bürgerschaftsstatus aller Staatsbürger der Mitgliedsstaaten der Europäischen Union, die deshalb gleichzeitig auch Unionsbürger sind. Eher eine symbolische Rechtsstellung, weil sie nicht über die aus der Staatsbürgerschaft eines Mitgliedstaates sich ergebende Position hinausgeht.

United Nations Organization (UNO)

Weltorganisation aller Staaten, die ihr beigetreten sind. Bei ihrer Gründung 1945 hatte die UNO 54 Mitglieder, inzwischen ist die Zahl auf 193 Staaten angestiegen. Die UNO ist gleichsam die Nachfolgerin des Völkerbundes, der nach dem Ersten Weltkrieg gegründet wurde, um einen weiteren verheerenden Krieg zu verhindern. Nach dem Zweiten Weltkrieg beschlossen die Siegermächte jedoch erneut, den Versuch zu unternehmen, eine weltweite Organisation zu gründen, deren Ziel die Bewahrung des Weltfriedens ist. So verbietet Art. 2 UN-Charta die Anwendung von Gewalt, die nur zur Selbstverteidigung nach Art. 51 zulässig ist oder wenn der UN-Sicherheitsrat sie als UN-Maßnahme beschlossen hat.

Unmittelbarer Zwang

Siehe Zwang, unmittelbarer

Unmittelbarkeit, Grundsatz der

Die Beweisaufnahme im Strafverfahren (Hauptverhandlung) muss das unmittelbare, originäre Beweismittel (Beweis) heranziehen. Das bedeutet u. a., dass Zeugen durch das Gericht selbst zu hören sind. Nur in wenigen Ausnahmen ist die Verlesung einer Zeugenaussage zulässig. Ein Sachverständiger, der das Gutachten zu einer Frage erstellt hat, ist ebenfalls selbst zu hören und kann nicht vertreten werden. Konsequenz des Grundsatzes der U. ist, dass nur der/die Richter (einschließlich der Schöffen), die an der gesamten Beweisaufnahme teilgenommen haben, das Urteil sprechen können.

Unmöglichkeit

Variante der Leistungsstörung. Sie liegt vor, wenn ein Schuldner zwar an sich zu einer Leistung an einen Gläubiger verpflichtet ist, dies aber selbst nicht kann (subjektive U.) oder niemand dies kann (objektive U.). In diesem Fall wird der Schuldner von seiner Pflicht befreit (§ 275 BGB), aber zum Schadensersatz verpflichtet, wenn ihn ein Verschulden an der U. trifft. Bei einem gegenseitigen Vertrag kann der Gläubiger zudem unter den Voraussetzungen des § 326 BGB vom Vertrag zurücktreten (Rücktritt).

UN-Sicherheitsrat

Der Sicherheitsrat der United Nations Organization (UNO) besteht aus 15 Mitgliedern. 1965 wurde der U. von 11 auf 15 Mitglieder erweitert. Dabei sind ständige Mitglieder mit einem Vetorecht zu unterscheiden von weiteren, auf Zeit gewählten Mitgliedern. Zu den ständigen Mitgliedern gehören nach Art. 23 UN-Charta China, Frankreich, die Union der Sozialistischen Sowjetrepubliken (also heute Russland), Großbritannien sowie die USA. Die Generalversammlung der UNO wählt 10 weitere Mitglieder der Vereinten Nationen für 2 Jahre zu nicht ständigen Mitgliedern des U. Die Mitglieder der UNO übertragen dem U. die Hauptverantwortung für die Wahrung des Weltfriedens und der internationalen Sicherheit und erkennen an, dass der U. bei der Wahrnehmung der sich aus dieser Verantwortung ergebenden Pflichten in ihrem Namen handelt.

Als einziges Organ der UNO kann der U. bindende Beschlüsse fassen. Zur Erfüllung seiner Aufgabe hat der U. verschiedene Möglichkeiten, nämlich die friedliche Streitbeilegung, Sanktionsmaßnahmen gegen einzelne Staaten bei Friedensbedrohung und Angriffen und militärische Missionen. Bei der friedlichen Streitbeilegung sollen die Streitparteien zunächst durch verschiedene Maßnahmen (z. B. Verhandlungen, Vergleiche oder Inanspruchnahme regionaler Einrichtungen wie heute etwa der OSZE) selbst für eine Beilegung ihres Konflikts sorgen. Der U. kann Empfehlungen zu ihrer friedlichen Beilegung aussprechen. Sanktionsmaßnahmen des U. können »bei Bedrohung oder Bruch des Friedens und bei Angriffshandlungen« erfolgen. Solche Sanktionsmaßnahmen sind i. d. R. nicht militärische Schritte wie die Unterbrechung wirtschaftlicher oder diplomatischer Beziehungen. Schließlich kann der U. nach Art. 42 der UN-Charta »mit Luft-, See- oder Landstreitkräften die zur Wahrung des Weltfriedens und der internationalen Sicherheit erforderlichen Maßnahmen durchführen«. Da die UNO nicht über eigene Streitkräfte verfügt, werden militärische Sanktionsmaßnahmen in der Praxis von einzelnen oder mehreren Staaten durchgeführt. Die Truppen können selbst militärisch intervenieren – was die Ausnahme ist – oder eine Friedensmission erfüllen und gleichsam durch Bildung eines Puffers die Konfliktparteien auseinanderhalten.

Unterbringung in Psychiatrie/Entziehungsanstalt

Für den Fall der nicht ausschließbaren Schuldunfähigkeit (Schuldfähigkeit) während einer Tatbegehung hat das Strafgericht – je nach Ursache der möglichen Schuldunfähigkeit – die Möglichkeit der U. des Täters in einem psychiatrischen Krankenhaus (§ 63 StGB) oder in einer Entziehungsanstalt (§ 64 StGB). Voraussetzung ist, dass weitere erhebliche rechtswidrige Taten vom Täter zu erwarten sind und er deshalb für die Allgemeinheit als gefährlich einzustufen ist. Es muss aber in regelmäßigen Abständen die Gefährlichkeitsprognose überprüft werden. Eine U. in einer Entziehungsanstalt (z. B. bei Drogenabhängigkeit) kommt jedoch nicht in Betracht, wenn sie keine Aussicht auf Erfolg hat. Eine Aussetzung zur Bewährung (Strafaussetzung zur Bewährung) ist möglich.

Unterhalt

Voraussetzung für einen Anspruch auf U. ist eine gesetzliche Norm (Gesetz) oder eine entsprechende (wirksame) vertragliche Vereinbarung (Vertrag). Im Gesetz gibt es Tatbestände für den U. der Ehegatten untereinander (§§ 1360 ff., 1570 ff. BGB), für Verwandte in gerader Linie (§ 1601 BGB, siehe auch Verwandtschaft) sowie für die nicht verheiratete, alleinerziehende Mutter bzw. den Vater (§ 1615l BGB). Verlobte und Partner einer nichtehelichen Lebensgemeinschaft haben hingegen keinen Anspruch auf U., ebenso wenig Geschwister untereinander, es sei denn, sie haben dies vertraglich vereinbart. Voraussetzung der gesetzlichen Ansprüche ist jeweils, dass der Gläubiger bedürftig ist, d. h. selbst kein Vermögen oder Einkommen hat und auch nicht erzielen kann, d. h., keine Obliegenheiten hat oder diese erfüllt. Nimmt z. B. derjenige, der U. fordert, keine zumutbare Arbeit auf, dann entfällt der Unterhaltsanspruch. Außerdem muss der verpflichtete Schuldner leistungsfähig sein, ohne seinen eigenen Lebensunterhalt zu gefährden. Ihm muss ein sog. Selbstbehalt verbleiben. Es gelten auch hier Obliegenheiten, d. h., man darf sich nicht leistungsunfähig machen. Erzielt der zum U. Verpflichtete schuldhaft kein (ausreichendes) Einkommen, so ist er dennoch verpflichtet. Die Rechtsdurchsetzung ist in solchen Fällen allerdings – meist aus tatsächlichen Gründen – schwierig. Die (nachweisbare) Verletzung der Unterhaltspflicht ist strafbar. Zur Höhe des U. und zum Selbstbehalt des Schuldners gibt die Düsseldorfer Tabelle (unverbindliche) Anhaltspunkte.

Unterhaltsanspruch

Siehe Unterhalt

Unterhaltspflicht (Verletzung der)

Wer einer gesetzlichen Verpflichtung zum Unterhalt nicht nachkommt, obwohl er selbst dazu in der Lage ist (Vermögen oder Einkünfte über der Selbstbehaltsgrenze der Düsseldorfer Tabelle hat) und dadurch den Lebensbedarf des Berechtigten gefährdet, macht sich nach § 170 StGB strafbar.

Unterhaltsvorschuss

Nach dem Unterhaltsvorschussgesetz (UhVorschG) eine vom Bund und den Bundesländern finanzierte Sozialleistung, die Kindern alleinerziehender Mütter und Väter gewährt wird, wenn der andere Elternteil keinen, keinen vollständigen oder keinen regelmäßigen Kindesunterhalt zahlt. Durch den U. soll den Schwierigkeiten begegnet werden, die alleinstehende Elternteile und ihre Kinder haben, wenn sich ein Elternteil den Zahlungsverpflichtungen gegenüber einem unterhaltsberechtigten Kind entzieht, hierzu ganz oder teilweise nicht in der Lage ist oder ein Elternteil verstorben ist. Mit der Zahlung des U. geht der Unterhaltsanspruch des Kindes in Höhe des U. auf das zuständige Land über (§ 7 Abs. 1 UhVorschG). Dieses kann den gezahlten U. für die Vergangenheit und ggf. auch die Zukunft beim Unterhaltspflichtigen einklagen (§ 7 Abs. 4 UhVorschG). Den Antrag auf U. für das Kind hat der Elternteil zu stellen, bei dem das Kind wohnt (§ 9 UhVorschG).

Unterhaltsvorschussgesetz

Siehe Unterhaltsvorschuss

Unterlassen

Untätigkeit hat nur dann juristische Konsequenzen, wenn eine Rechtspflicht zum Handeln bestand. Diese Pflicht kann sich im Strafrecht zum einen aus einer Garantenstellung ergeben. Wer als Garant (z. B. Eltern gegenüber ihren Kindern, Ehegatten untereinander) für das Wohl eines anderen einstehen muss und nichts unternimmt, um diesen vor einem vorhersehbaren Schaden zu bewahren, macht sich bei Vorliegen aller Strafbarkeitsvoraussetzungen strafbar. Zum anderen gibt es (echte) Unterlassungsdelikte, insbesondere Unterlassene Hilfeleistung, die für jeden relevant sind, auch wenn er kein besonderes Näheverhältnis zum Opfer hat. Im Zivilrecht begründen Schutz- und Verkehrssicherungspflichten eine Handlungspflicht. Wer z. B. ein Grundstück mit Gehweg hat, ist meist auch zum Schneeschieben verpflichtet. Unterlässt er dies und rutscht jemand aus, so kann ein Anspruch auf Schadensersatz entstehen.

Unterlassene Hilfeleistung

Wer bei einem plötzlich eintretenden Ereignis, das eine Gefährdung von bedeutenden Rechtsgütern herbeiführt (Unglücksfall), gemeiner Gefahr (z. B. Brand) oder Not (z. B. Naturkatastrophe) keine Hilfe leistet, obwohl dies erforderlich (keine andere Hilfsmöglichkeit vorhanden) ist und keine Gefährdung der eigenen Person eintreten würde, macht sich nach § 323c StGB strafbar.

Unterlassungsdelikte

Grundsätzlich sind nur aktive Handlungen strafbar, ausnahmsweise auch das Unterlassen derselben. Das Strafrecht unterscheidet echte U., die in eigenen Strafvorschriften benannt werden (z. B. Unterlassene Hilfeleistung oder Nichtanzeige von schweren Straftaten im Vorfeld derselben, § 138 StGB, siehe Strafanzeige) von unechten. Für die Strafbarkeit von unechten U. ist eine besondere Rechtspflicht zum Handeln erforderlich, für die eine Garantenstellung (z. B. unter Ehegatten) Voraussetzung ist. Die Strafbarkeit ist nicht in speziellen Strafvorschriften geregelt, sondern ergibt sich aus § 13 StGB. Das Gericht kann hier die Strafe mildern.

Unternehmen, kaufmännisches

Hat Überschneidungen, ist aber nicht identisch mit »Unternehmer« im verbraucherrechtlichen Sinne bzw. mit dem kommunalen Unternehmen (Unternehmen, kommunales) im öffentlich-rechtlichen Zusammenhang. U. ist eine Gesamtheit von Sachen (z. B. Warenlager), Rechten (z. B. Forderungen) und sonstigen Beziehungen (u. a. Organisation). Inhaber, d. h. Träger aller Rechte und Pflichten, kann ein Kaufmann sein oder eine Handelsgesellschaft (Gesellschaft, die ein Handelsgewerbe betreibt).

Unternehmen, kommunales

Aus der unmittelbaren Verwaltung ausgegliederte, selbstständige Einheiten zur Erfüllung öffentlicher Aufgaben. Sie sind somit eine Unterform öffentlicher Unternehmen, die von Land, Bund oder den Kommunen betrieben werden. U. können privatrechtlich (Unternehmen, kaufmännisches) oder öffentlich-rechtlich organisiert sein. Für die U. statuieren die meisten Gemeindeordnungen (GO) ein mehr oder weniger strenges Konkurrenzverbot. In Nordrhein-Westfalen dürfen

Gemeinden ein U. nur dann betreiben, wenn ein öffentlicher Zweck verfolgt wird und wenn »außerhalb der Wasserversorgung, des öffentlichen Verkehrs sowie des Betriebes von Telekommunikationsleitungsnetzen einschließlich der Telekommunikationsdienstleistungen der öffentliche Zweck durch andere Unternehmen nicht besser und wirtschaftlicher erfüllt werden kann« (§ 107 GO-NRW). »Andere Unternehmen« sind in diesem Zusammenhang private Unternehmen.

Unternehmer

Kann verschiedene Bedeutungen haben (siehe auch Unternehmen, kaufmännisches und Unternehmen, kommunales). Im Zusammenhang mit dem Verbraucherschutz enthält § 14 BGB eine Legaldefinition. Danach ist jede natürliche oder juristische Person U., die im Rahmen gewerblicher oder selbstständiger beruflicher Tätigkeit, also professionell handelt. Es reicht schon, wenn jemand auf eBay regelmäßig verkauft und dafür Zeit fest einplant oder sogar ein sog. Powerseller ist.

Unterschlagung

Unter Strafe gestellte Aneignung einer Sache, die der Täter zum Zeitpunkt der Aneignung bereits in Besitz hat. Allein die objektive Weiternutzung einer geliehenen oder gemieteten Sache reicht für das Vorliegen der U. nicht aus, es sei denn, die Sache wird zurückgefordert. Für die strafrechtliche Bedeutung ist ansonsten eine Erklärung oder Handlung des Täters erforderlich, aus der zu erkennen ist, dass er die Sache dauerhaft für sich nutzen will (Zueignungsmanifestation nach außen). Hierbei reicht das Verstecken der Sache oder Leugnen des Besitzes, um die Rückgabe zu verhindern, aus. Ebenso ist das Verkaufen mit Weggabe der Sache, u. U. auch bereits das Verpfänden (d. h. das Bestellen eines Pfandrechts). Auch für die U. im familiären Bereich ist ein Strafantrag für die Strafverfolgung notwendig.
U. eines Fundes liegt vor, wenn eine Pflicht zur Fundanzeige besteht (§ 965 BGB, bei Sachen mit Wert über 10 €).

Unterschrift

Siehe Schriftform

Untersuchungshaft

Kann nach § 112 StPO angeordnet werden, bei Vorliegen eines dringenden Tatverdachts (Tatverdacht, dringender). Außerdem muss ein Haftgrund vorliegen. Zudem hat das Gericht die Verhältnismäßigkeit der U. zu prüfen (zur vorgeworfenen Tat und der zu erwartenden Strafe) und, ob mildere Mittel den Zweck der Sicherung des Strafverfahrens auch erfüllen können (z. B. Haftverschonung gegen Meldeauflagen, Kaution, Abgabe des Reisepasses). Nach einer vorläufigen Festnahme durch die Polizei darf der Beschuldigte nur bis zum Ende des folgenden Tages festgehalten werden, ohne dass ein Richter die U. anordnet (Art. 104 GG; Richtervorbehalt). Spätestens nach 6 Monaten muss das Oberlandesgericht (OLG) über deren Fortdauer entscheiden (Haftprüfung von Amts wegen). Das anordnende Gericht kann auch selbst jederzeit von Amts wegen prüfen, ob die Voraussetzungen der U. noch vorliegen. Auch im Falle der Festnahme aufgrund eines bestehenden Haftbefehls ist der Betroffene bis zum Ablauf des Folgetages einem Richter vorzuführen, der ihm den Haftbefehl verkündet und ihn über seine Rechte belehrt. Zweck der U. ist die Sicherung der Anwesenheit des Angeklagten in der Hauptverhandlung und in der Strafvollstreckung. Gegen die U. stehen als Rechtsmittel Haftprüfungsantrages und Haftbeschwerde zur Verfügung. Soweit die bisherigen Ermittlungen ergeben, dass der Beschuldigte zum Tatzeitpunkt schuldunfähig war (Schuldfähigkeit) und daher Unterbringung in Psychiatrie/Entziehungsanstalt in Betracht kommt, kann diese einstweilig angeordnet werden (§ 126 a StPO). Außer der zuvor beschriebenen U. im Ermittlungsverfahren, kann U. auch angeordnet werden, wenn der Angeklagte unentschuldigt zur Hauptverhandlung nicht erscheint (§ 230 StPO, Ungehorsamshaft), wenn binnen 1 Woche im beschleunigten Verfahren verhandelt werden soll (§ 127 b StPO, Hauptverhandlungshaft) oder zur Strafvollstreckung (§ 457 StPO). Im letzteren Fall wird der Haftbefehl von der Strafvollstreckungsbehörde (i. d. R. die Staatsanwaltschaft) erlassen, da bereits eine richterliche Entscheidung (das Urteil) vorliegt. Auch für den Fall des drohenden Widerrufs einer Bewährung (Strafaussetzung zur Bewährung) kann die U. angeordnet werden (§ 453 c StPO), um das Widerrufsverfahren zu sichern.

Unterzeichnung völkerrechtlicher Verträge

Zwischenschritt bei der Vereinbarung völkerrechtlicher Verträge (Vertrag, völkerrechtlicher). Mit ihr erklärt die Regierung eines Staates, dass sie mit dem Vertragsentwurf einverstanden ist und diesen in ihrem Land in das Gesetzgebungsverfahren einbringen will. Abgeschlossen wird der völkerrechtliche Vertrag durch die Ratifikation.

Untreue

Straftatbestand zum Schutz des Vermögens, wenn jemand über fremdes Vermögen zwar verfügen kann, aber gegenüber dem Geschädigten nicht darf (§ 266 StGB).

Unveräußerliche Rechte

Siehe Menschenrechte

UN-Vollversammlung oder -Generalversammlung

Siehe Generalversammlung der UNO

Unzurechnungsfähigkeit

Siehe Schuldfähigkeit

Urheberrecht

Begriff mit 2 Bedeutungen: persönliche, geistige Schöpfungen (Werke) der Literatur, Wissenschaft und Kunst werden durch das U. (als Rechtsgebiet) geschützt. Dazu gehören z. B. Bilder, Filme und Computerprogramme. Zugleich wird mit U. das individuelle (subjektive) Recht des Künstlers oder Forschers (Urheber) zur Verwertung seines Werkes bezeichnet. Zur Verwertung gehören u. a. das Recht zur Vervielfältigung und Verbreitung (genauer siehe § 15 UrhG). Durch die technischen Entwicklungen (z. B. Kopierer, Internet) hat das Rechtsgebiet in den letzten Jahrzehnten eine enorme Bedeutung bekommen. Es dient dem Ausgleich zwischen den (ideellen und wirtschaftlichen) Interessen des Schöpfers und dem Interesse anderer Individuen und der Allgemeinheit an der Nutzung der Werke. Das U. wird als »geistiges Eigentum« (»normales« Eigentum ist nur an Sachen möglich) v. a. durch das Urhebergesetz (UrhG) sowie durch das BGB und das Europarecht geschützt. Grundsätzlich ist die Einwilligung des U. (als Person) in die Verwertung (Nutzung) seines Rechts erforderlich. Dies geschieht oft sehr allgemein, indem sog. Verwertungsgesellschaften (z. B. VG Wort, GEMA) Nutzungsrechte zur teilweisen oder alleinigen Verwertung eingeräumt werden. Die Verletzung des Rechts kann einen Anspruch auf Schadensersatz oder Unterlassen künftiger Verletzungen begründen und auch eine Straftat darstellen (§ 106 UrhG). Das U. kann vererbt (Erbe) werden (§ 28 UrhG), endet aber 70 Jahre nach dem Tode des Schöpfers (§ 64 UrhG). Danach ist das Werk »gemeinfrei«. Technisch-naturwissenschaftliche Erfindungen können durch das Patentrecht geschützt werden.

Urkunde

Verkörperte Gedankenerklärung, die den Aussteller erkennen lässt und bestimmt und geeignet ist, im Rechtsverkehr einen Beweis zu erbringen. Die U. ist auch Beweismittel, u. a. im Strengbeweis im Strafverfahren (Hauptverhandlung). Durch öffentliche Verlesung des Inhalts der U. wird sie in das Verfahren eingeführt. Siehe auch Unmittelbarkeit, Grundsatz der. Die Urkundenfälschung ist wegen des Wertes von U. als Beweismittel und zum Schutz des Rechtsverkehrs strafbar.

Urkundenfälschung

Bereits ein Fahrschein oder ein Schülerausweis kann eine Urkunde darstellen. Wer zur Täuschung im Rechtsverkehr eine solche Urkunde herstellt, verfälscht oder gebraucht, wird bestraft. Ergänzt wird der § 267 StGB durch Straftatbestände, die die Fälschung technischer Aufzeichnungen, die nicht eine Urkunde darstellen müssen (§ 268 StGB), und Fälschung beweiserheblicher Daten (§ 269 StGB) mit Strafe bedrohen. Für Geld und Wertzeichen gelten die §§ 146 ff. StGB.

Urlaub

Zeitraum, in dem der Arbeitnehmer nicht arbeiten muss, also keine Leistung erbringen muss, der Arbeitgeber aber verpflichtet ist, das vereinbarte Entgelt weiterzuzahlen. Wichtig ist auch der Anspruch auf Erholungsurlaub, der im Bundesurlaubsgesetz (BUrlG) geregelt ist. Anspruchsberechtigt nach dem BUrlG sind alle Arbeitnehmer, Auszubildende sowie Arbeitnehmerähnliche Personen. Die Höhe des gesetzlichen Urlaubsanspruchs beträgt 24 Tage jährlich, wenn der Arbeitnehmer an allen 6 wöchentlichen Werktagen zur Arbeit verpflichtet ist. Für den Regelfall der 5-Tage-Woche reduziert sich die Anspruchshöhe verhältnismäßig auf 20 Tage im Jahr (4 Wochen). Diese Reduktion ist auch bei Teilzeitbeschäftigten, die weniger als 5 Tage wöchentlich arbeiten, vorzunehmen. Der Urlaubsanspruch bezieht sich auf das Kalenderjahr und entsteht am 1.den Jahres. In neu begründeten Arbeitsverhältnissen entsteht der Gesamturlaubsanspruch erstmals nach einer sechsmonatigen Wartezeit. Vorher beträgt er ein Zwölftel des vollen Urlaubsanspruchs für jeden gearbeiteten Monat. Der Urlaubsanspruch ist nicht an die tatsächliche Arbeitsleistung geknüpft, er entsteht z. B. auch bei dauerhafter Arbeitsunfähigkeit infolge von Erkrankung. Von diesen Regelungen kann tarif- oder arbeitsvertraglich zugunsten der Arbeitnehmer abgewichen werden. So finden sich v. a. in Tarifverträgen häufig Regelungen, die über die gesetzlichen hinausgehen. Der Arbeitgeber ist an den Urlaubsantrag (Forderung des gewünschten Urlaubszeitraums) gebunden, solange ihm keine dringenden betrieblichen Belange oder aber Urlaubsbegehren sozial schutzwürdigerer Arbeitnehmer entgegenstehen. Die Beeinträchtigung betrieblicher

Abläufe durch den beantragten U. reicht zur Ablehnung desselben nicht aus. Der Erholungsurlaub ist zusammenhängend zu gewähren. Ist dies aus dringenden betrieblichen Gründen unmöglich, ist dem Arbeitnehmer ein U. von mindestens 12 zusammenhängenden Werktagen zu gewähren, da andernfalls der Urlaubszweck der Erholung nicht erreicht wird. Eine Übertragung des Urlaubsanspruchs in das erste Quartal des folgenden Jahres ist möglich, wenn dringende betriebliche oder in der Person des Arbeitnehmers liegende Gründe die Inanspruchnahme im eigentlichen Urlaubsjahr verhindern. Im Fall langwährender Erkrankung ist darüber hinaus eine Übertragung bis in das erste Quartal des übernächsten Jahres möglich. Der Arbeitgeber ist für die Zeit des U. zur Zahlung von Urlaubsentgelt verpflichtet. Dessen Höhe bestimmt sich nach dem durchschnittlichen Verdienst der letzten 13 Wochen vor Antritt des U. Besteht zum Zeitpunkt der Beendigung des Arbeitsverhältnisses noch gesetzlicher Urlaubsanspruch ist dieser abzugelten, verwandelt sich also in einen Geldanspruch des Arbeitnehmers. Daneben hat die überwiegende Zahl der Bundesländer Regelungen zur Arbeitnehmerweiterbildung geschaffen, aus denen sich weitere, an spezifische Bedingungen geknüpfte Urlaubsansprüche ergeben. Vollzeitbeschäftigte Schwerbehinderte habe einen zusätzlichen gesetzlichen Urlaubsanspruch von 5 Tagen jährlich. Für Beschäftigte in Teilzeit ist die Höhe im Verhältnis anzupassen.

Urlaubsgeld

Siehe Sonderzahlung

Urteil

Mögliche gerichtliche Entscheidung über eine Anklage oder Klage. Ist eine Klage bereits aus formalen Gründen unzulässig, handelt es sich um ein Prozessurteil. Entscheidet das Gericht in der Sache über das Klagebegehren, handelt es sich um ein Sachurteil.
Das U. ergeht im Namen des Volkes, wodurch die Autorität des Gerichts aufgrund demokratischer Legitimation zum Ausdruck gebracht wird. Regelmäßig entscheidet das Gericht aufgrund einer mündlichen Verhandlung (vgl. § 90 Abs. 1 FGO; § 124 Abs. 1 SGG; § 101 Abs. 1 VwGO; § 310 ZPO). Die Verkündung des U. erfolgt im Wege der Verlesung der Urteilsformel (z. B. § 311 Abs. 2 Satz 1 ZPO). Nach seiner Verkündung muss das U. zwingend schriftlich abgefasst werden. Bestandteil des schriftlichen U. (siehe dazu: § 105 Abs. 2 FGO; § 136 SGG; § 117 Abs. 2 VwGO; § 313 ZPO) ist zunächst das Rubrum, in welchem die Beteiligten und ihre Vertreter aufgeführt werden. Des Weiteren sind das Gericht und die Namen der mitwirkenden Mitglieder des Gerichts sowie der Ort und Tag der mündlichen Verhandlung aufzuführen. Weiterer Bestandteil ist die Urteilsformel, der sog. Tenor, mit welcher das Gericht zum Ausdruck bringt, ob und ggf. in welchem Umfang es der Klage stattgegeben hat. Dem schließt sich eine Darstellung des Sach- und Streitstandes im Tatbestand an. In den Entscheidungsgründen sind die Gründe anzugeben, die für die Entscheidung leitend gewesen sind. Die öffentlich-rechtlichen Prozessordnungen schreiben zusätzlich als Bestandteil des U. eine Rechtsmittelbelehrung vor, sofern ein Rechtsmittel gegeben ist. Schließlich wird das U. unterschrieben. Die Verfahrensbeteiligten erhalten vom U. eine Ausfertigung (Art Kopie). Wird gegen das U. nicht innerhalb der gesetzlichen Frist ein Rechtsmittel eingelegt, wird das U. rechtskräftig (Rechtskraft).

Urteilstenor

Siehe Urteil

Vater

Wer leiblicher (biologischer) V. ist, muss nicht mit der Frage übereinstimmen, wer V. im rechtlichen Sinne ist. Nach § 1592 BGB ist automatisch derjenige Mann V., der mit der Mutter verheiratet ist. Es kommt allerdings eine Anfechtung der Vaterschaft in Betracht, wenn er nicht der leibliche V. ist. Bei nicht miteinander verheirateten Eltern (Nichteheliche Lebensgemeinschaft) muss das Kind anerkannt oder die Vaterschaft durch das Familiengericht festgestellt werden. Mit der rechtlichen Vaterschaft ist nur im Falle der Ehe automatisch das Sorgerecht verbunden. Siehe auch Abstammung und Kindschaftsrecht

Verbandsklage

Klagemöglichkeit für (vor allem) Umweltverbände, die nicht eigene Rechte vor Gericht geltend machen können (subjektives Recht), sondern im Namen der Umwelt oder Natur auf Einhaltung umweltrechtlicher Normen klagen können.

Verbot der geltungserhaltenden Reduktion

Siehe Allgemeine Geschäftsbedingungen (AGB)

Verbotene Kraftfahrzeugrennen

Mit Strafe bedroht ist die Teilnahme sowie die Durchführung und Ausrichtung (Organisation) eines nicht erlaubten Kraftfahrzeugrennens im Straßenverkehr (§ 315d StGB). Als Rennen ist eine wettbewerbsähnliche Situation anzusehen, bei der es darauf ankommt, als Erster am Ziel zu sein. Eine ausdrückliche Verabredung ist nicht erforderlich; das Rennen kann sich auch aus einer alltäglichen Situation im Straßenverkehr ergeben (Spontanrennen). Ein »Alleinrennen« ohne Konkurrenten ist ebenfalls strafbar. Hierbei ist jedoch ein grob verkehrswidriges und rücksichtsloses Verhalten (Gefährdung des Straßenverkehrs) Strafbarkeitsvoraussetzung, sodass zu schnelles Fahren allein nicht darunterfällt. Letzteres stellt jedoch eine Ordnungswidrigkeit dar. Für den Fall der konkreten Gefährdung von Menschen oder Sachen (Schadenseintritt nicht erforderlich) ist ein erhöhter Strafrahmen vorgesehen, ebenso für den Fall des Todeseintritts. Das Tatfahrzeug kann als Tatmittel eingezogen werden.

Verbotsirrtum

Fehlt dem Täter bei der Begehung einer Tat die Einsicht, Unrecht zu tun (Rechtswidrigkeit), handelt er ohne Schuld, wenn er den Irrtum nicht vermeiden konnte (§ 17 StGB). Für den Fall des vermeidbaren V. ist eine Strafmilderung vorgesehen. Es gilt der Grundsatz »Unwissenheit schützt nicht vor Strafe«, zumindest hinsichtlich der rechtlichen Einordnung der Tat. Unter Umständen ist es dem Handelnden zuzumuten, sich hinsichtlich der Strafbarkeit Rechtsrat einzuholen, v. a. bei Handlungen im komplexen kaufmännischen Bereich.

Verbraucher

In § 13 BGB definiert als natürliche Person, die ein Rechtsgeschäft zu überwiegend privaten Zwecken abschließt. V. werden als wichtige Akteure des europäischen Binnenmarktes und besonders schutzwürdig angesehen. Siehe auch Verbraucherschutz

Verbraucherdarlehen

Darlehen zwischen einem Verbraucher als Darlehensnehmer und einem

Unternehmer als Darlehensgeber. Hierfür gilt Verbraucherschutz (v. a. vor Verbraucherinsolvenz), enthalten in den §§ 491 ff. BGB. Dazu gehören umfangreiche Informationspflichten des Unternehmers und ein Widerrufsrecht des Verbrauchers. Außerdem gilt hier nicht die Formfreiheit, sondern der Vertrag muss schriftlich geschlossen werden, um den genauen Inhalt zu dokumentieren. Siehe auch Bonitätsprüfung und Vorfälligkeitsentschädigung

Verbraucherinsolvenz

Wenn eine natürliche Person überschuldet ist (Insolvenz), dann geht es nicht nur darum, die Gläubiger zu befriedigen. Der Private soll auch weiter aus eigener Kraft für seinen Lebensunterhalt aufkommen können und die Chance haben, irgendwann wieder schuldenfrei zu leben. Dazu enthält die Insolvenzordnung besondere Vorschriften (§§ 286 ff. InsO). Dies kann jedoch besondere Anstrengungen des Schuldners bis zu 6 Jahre ab Eröffnung des Insolvenzverfahrens erfordern. U. a. hat er die Obliegenheit, eine angemessene Erwerbstätigkeit auszuüben bzw. sich intensiv darum zu bemühen. Dann kann (muss aber nicht) auf Antrag des Schuldners eine sog. Restschuldbefreiung erfolgen. Vorschriften zum vorbeugenden Schutz vor V. sind beim Verbraucherdarlehen geregelt.

Verbraucherschutz

Einschränkung der Vertragsfreiheit durch zwingendes Recht (Recht, dispositives/zwingendes). Schließen ein Verbraucher und ein Unternehmer bestimmte Verträge, so wird einseitig der Verbraucher besonders geschützt. Dies kann geschehen durch ein Widerrufsrecht des Verbrauchers, Informationspflichten des Unternehmers oder durch die Unwirksamkeit von Allgemeinen Geschäftsbedingungen (AGB). Ein Verbrauchervertrag liegt aber nur vor, wenn der Unternehmer die charakteristische Leistung erbringt (z. B. beim Kauf die Sache übergibt und übereignet), nicht nur das Entgelt (Kaufpreis) zahlt. Anknüpfung für V. sind bestimmte Vertragstypen (Verbrauchsgüterkauf, Verbraucherdarlehen) oder Situationen (Haustürgeschäft, Fernabsatz). Hintergrund für den Schutz ist die Vermutung, dass der Verbraucher entweder strukturell unterlegen ist oder bestimmte Marketingstrategien nicht durchschauen kann, jedenfalls kein Vertragspartner auf Augenhöhe des Unternehmers ist. Die meisten verbraucherschützenden Vorschriften sind heute aufgrund von Richtlinien europaweit vereinheitlicht, weil man Verbraucher als wichtige Akteure zur Herstellung des Binnenmarktes ansieht.

Verbrauchsgüterkauf

Kaufvertrag, bei dem der Verkäufer Unternehmer und der Käufer Verbraucher ist. Hier gilt aufgrund von Vorgaben aus dem Europarecht ein besonderer Verbraucherschutz. Die gesetzlichen Rechte des Verbrauchers, v. a. im Zusammenhang mit der Gewährleistung, dürfen nicht durch den Vertrag verschlechtert werden. Im Gesetz (§§ 474 ff. BGB) ist der V. als Ausnahme vom »normalen« Kaufvertrag nach §§ 433 ff. BGB geregelt, im Alltag ist er jedoch die Regel.

Verbrechen

Straftaten, für die das Gesetz eine Mindestfreiheitsstrafe von 1 Jahr vorsieht (§ 12 StGB, z. B. Totschlag, Mord, Raub, Meineid). Abzugrenzen vom Vergehen. Einige Straftatbestände werden durch das Vorliegen weiterer

Voraussetzungen zum V. (z. B. gefährlicher Eingriff in den Verkehr, Brandstiftung).

Verdacht

Siehe **Anfangsverdacht**; **Tatverdacht, dringender**; **Tatverdacht, hinreichender**

Verdachtskündigung

Kündigung durch den **Arbeitgeber** wegen eines vertragswidrigen Verhaltens, dessen der **Arbeitnehmer** nicht zweifelsfrei überführt ist. An die Wirksamkeit einer V. sind daher strenge Anforderungen zu stellen. Der Arbeitgeber ist vor Ausspruch einer V. verpflichtet, den Sachverhalt im Rahmen seiner Möglichkeiten aufzuklären. Er hat dazu auch den betroffenen Arbeitnehmer zu den konkreten Vorwürfen anzuhören. Der Verdacht muss sich zudem auf eine erhebliche Pflichtverletzung beziehen, die auch eine außerordentliche Tatkündigung rechtfertigen würde, und mit hoher Wahrscheinlichkeit zutreffend sein. Pflichtverletzungen geringer Schwere rechtfertigen eine V. ebenso wenig wie die bloße Vermutung eines Fehlverhaltens. Das Vorliegen dieser Voraussetzungen ist sowohl für eine außerordentliche als auch für eine ordentliche V. erforderlich.

Verdeckte Ermittler

Im Bereich der schweren, v. a. der organisierten Kriminalität können V. auf schriftliche Anordnung der **Staatsanwaltschaft** (in besonderen Fällen nur mit Zustimmung eines Gerichts) zur Aufklärung eingesetzt werden. Es handelt sich um Polizeibeamte, deren Identität geheim gehalten werden kann, auch noch im und nach dem **Strafverfahren**. Dem Gericht und der Staatsanwaltschaft ist die Identität jedoch zu offenbaren. Die Voraussetzungen für den Einsatz sind eng umgrenzt und müssen das letzte Mittel zur Aufklärung sein. Um eine Legende für V. herzustellen und aufrechtzuerhalten, ist auch der Einsatz falscher **Urkunden** zulässig. In Betracht kommt der Einsatz v. a. im Bereich der Banden- und Betäubungsmittelkriminalität sowie des Waffenhandels. Keine V. sind sog. V-Leute des Bundesnachrichtendienstes. Diese unterliegen nicht der Führung und Anweisungsbefugnis der Ermittlungsbehörden.

Verein

Freiwilliger und auf Dauer angelegter Zusammenschluss von **Personen** zu einem oder mehreren bestimmten Zwecken (z. B. Kegelklub, Karnevalsverein, fast 30 % der deutschen Bevölkerung sind in einem Sportverein). Der Zweck ist (neben dem Namen und dem Sitz) in der **Satzung** festzuhalten (§ 25 BGB spricht von **Verfassung**). Um nach außen als V. rechtlich handeln zu können, z. B. einen **Vertrag** zu schließen, braucht der V. **Rechtsfähigkeit**. Diese erwirbt ein V., sofern sein Zweck nicht auf wirtschaftliche Tätigkeit ausgerichtet ist (sog. Idealverein) durch Eintragung in das Vereinsregister des zuständigen **Amtsgerichts (AG)** (eingetragener Verein = e. V., §§ 65, 21 BGB), sonst durch staatliche Verleihung (§ 22 BGB). Der V. muss einen Vorstand haben, der ihn vor **Gericht** und im Rechtsverkehr vertritt (§§ 26-28 BGB). Intern entscheidet die Mitgliederversammlung (vgl. v. a. §§ 32, 36, 37 BGB). Wenn der e. V. gemeinnützig ist und dies vom Finanzamt bestätigt wurde, können Spenden an diesen steuerlich abgesetzt werden. Im Gegensatz zur **Gesellschaft bürgerlichen Rechts** (GbR) bleibt der V. auch bei Wechsel seiner Mitglieder bestehen.

Es gilt Vereins- bzw. Vereinigungsfreiheit, in Deutschland als Grundrecht geschützt (Art. 9 Abs. 1 GG). Auf nicht rechtsfähige Vereine finden die Vorschriften über die Gesellschaft bürgerlichen Rechts (GbR) entsprechende Anwendung.

Vereinigungsfreiheit

Alle Deutschen haben das Recht, Vereine und Gesellschaften zu bilden, soweit diese nicht gegen Strafgesetze verstoßen oder sich gegen die verfassungsgemäße Ordnung richten (Art. 9 Abs. 1 und 2 GG). Ebenso wie die Meinungs- und Versammlungsfreiheit ist die V. konstitutiv für ein demokratisches Gemeinwesen. Sie schützt zivilgesellschaftliche Vereine, die auch am demokratischen Prozess, an der demokratischen Willensbildung einer Gesellschaft teilnehmen. Siehe Bürgerrechte. Besonderheiten gelten für Gewerkschaften und Arbeitgebervereinigungen.

Vereinte Nationen

Siehe United Nations Organization (UNO)

Verfahrensfehler

Für die meisten behördlichen Entscheidungen ist ein mehr oder weniger kompliziertes (Verwaltungs-)Verfahren vorgeschrieben. Soll z. B. ein belastender Verwaltungsakt (VA) erlassen werden, muss der betroffene Bürger angehört werden, soll dagegen eine Mülldeponie genehmigt werden, braucht es ein umfangreiches Planfeststellungsverfahren mit Öffentlichkeitsbeteiligung. Gerade bei komplizierten Verfahren, u. a. eben solchen mit Öffentlichkeitsbeteiligung, unterlaufen den Behörden auch Fehler. Die Gerichte waren schon immer wenig geneigt, eine behördliche Entscheidung aufgrund von V. für rechtswidrig (Rechtswidrigkeit) zu erklären. Das Bundesverfassungsgericht (BVerfG) hat das Verwaltungsverfahren aufgewertet und das Verfahren als »vorgelagerten Grundrechtsschutz« charakterisiert. Trotzdem bleiben Klagen wegen V. meist erfolglos, weil das Verwaltungsverfahrensgesetz (VwVfG) vorschreibt, dass die Fehler eine Auswirkung auf das Ergebnis der Entscheidung gehabt haben müssen, was meist verneint wird. Der Europäische Gerichtshof (EuGH) hat für Klagen von Umweltverbänden eine solche Regelung für europarechtswidrig erklärt. Der deutsche Gesetzgeber hat daraufhin das Umweltrechtsbehelfsgesetz geändert, um der EuGH-Entscheidung nachzukommen.

Verfassung

Grundlegendes Regelwerk eines Staates. Eine moderne Verfassung bestimmt die Organe und Institutionen des Staates (Regierung, Parlament usw.), die Befugnisse der Staatsorgane sowie die Rechte der Bürger, die demokratische (Demokratie) Mitwirkung v. a. bei Wahlen und die Menschenrechte. Die V. enthält die Spielregeln für das Zusammenleben der Gesellschaft; man könnte auch von der Gebrauchsanleitung für den Staat sprechen. Die V. wird als Gesellschaftsvertrag (Gesellschaft) verstanden, über den ein Staat begründet und legitimiert wird. In Deutschland heißt die V. Grundgesetz (GG), weil dieses nach dem Krieg als vorläufige V. verstanden wurde. Es sollte nach der Wiedervereinigung Deutschlands abgelöst werden durch eine V., die durch Volksentscheid angenommen wird. Insbesondere sollte das GG um soziale Grundrechte (Grundrechte, soziale) wie das Recht auf Arbeit oder Wohnung erweitert werden. Weder die Erweiterung um soziale Rechte noch die Volksabstimmung fanden bei der Vereinigung von Bundesrepublik und DDR statt. So heißt die deutsche V. weiter Grundgesetz. Das GG normiert zunächst die Grundrechte, dann die grundlegenden Regeln für Bund und Länder, wie den Vorrang des Bundesrechts. Es folgen die Organe des Staates wie Parlament, Bundeskanzler oder Bundespräsident. Dann werden das Gesetzgebungsverfahren und die Verwaltung geregelt. Der Rechtsprechung u. a. durch das Bundesverfassungsgericht (BVerfG) ist ein besonderes Kapitel gewidmet, ebenso den Finanzen von Bund und Ländern.

Verfassungsbeschwerde

Rechtsmittel, mit dem Bürgerinnen und Bürger vor dem Bundesverfassungsgericht (BVerfG) geltend machen können, durch den Staat oder eine andere öffentliche Stelle in ihren Grundrechten verletzt worden zu sein. Die Voraussetzungen, unter denen eine V. erhoben werden kann, sind streng. Sie verlangen u. a., dass der Rechtsweg erschöpft und der Bürger selbst unmittelbar und gegenwärtig in seinen Grundrechten betroffen ist.

Verfassungsgericht

Siehe Bundesverfassungsgericht (BVerfG)

Verfassungskonforme Auslegung

Gebot zur Auslegung von Gesetzen, das sich aus Art. 1 Abs. 3 GG ergibt, der normiert, dass die Grundrechte »Gesetzgebung, vollziehende Gewalt und Rechtsprechung als unmittelbar geltendes Recht« binden. D. h.: Bei der Arbeit mit einfachgesetzlichen Normen sind die Normgehalte der (höherrangigen) Verfassung zu berücksichtigen. Z. B. muss auch bei der Frage, ob rechtlich eine Beleidigung vorliegt, die Meinungsfreiheit berücksichtigt werden und die Rechtsgüter beider Beteiligten müssen gegeneinander abgewogen werden.

Verfassungsrecht

Siehe Verfassung, Bundesverfassungsgericht (BVerfG) und Verfassungskonforme Auslegung

Verfassungswidrigkeit

Gesetze, Normen sowie deren Anwendung oder Vollzug in der Praxis können gegen die Bestimmungen des Grundgesetzes verstoßen und sind damit verfassungswidrig. Die V. muss vom Verfassungsgericht (bei Bundesgesetzen des Bundes oder bei Landesgesetzen des Landes) festgestellt werden. Folge ist, dass die Norm nichtig ist und nicht mehr gilt. Nur das Bundesverfassungsgericht kann eine Partei (Partei, politische) für verfassungswidrig erklären und sie damit verbieten.

Verfolgungsverjährung

Form der Verjährung, im Strafrecht und in den §§ 78 ff. StGB geregelt. Sie schließt die Verfolgung einer Straftat durch die Ermittlungsbehörden und die Strafgerichte aus. Die V. richtet sich grundsätzlich nach der Höchststrafe, die das Gesetz für die Tat abstrakt androht. Ausnahmen gelten für Mord und Völkermord, die gar nicht verjähren. Die V. beträgt bei Taten, die mit lebenslanger Freiheitsstrafe bedroht sind, 30 Jahre, bei einigen schweren Straftaten 10 oder 20 Jahre, bei den meisten Delikten jedoch 5 Jahre. Für einzelne Straftaten der leichteren Kriminalität beträgt die V. nur 3 Jahre (z. B. Hausfriedensbruch, Fahren ohne Fahrerlaubnis, Beleidigung). Die Frist der V. beginnt mit der Beendigung der Tat. Einzelne Ermittlungshandlungen (z. B. erste Vernehmung des Beschuldigten oder Erlass eines Durchsuchungsbeschlusses) oder prozessuale Handlungen (z. B. Erhebung der Anklage oder Anberaumung eines Termins zur Hauptverhandlung) unterbrechen die Verjährung. Dies hat zur Folge, dass die V. von Neuem zu laufen beginnt. Bei einzelnen Tatbeständen (z. B. sexueller Missbrauch, Misshandlung Schutzbefohlener) läuft die Verjährungsfrist erst mit Ablauf des 30. Lebensjahres des Opfers (Ruhen der Verjährung). Trotz Unterbrechung(en) der V. tritt nach dem Doppelten der gesetzlich grundsätzlich vorgesehenen Verjährungsfrist die absolute, d. h. endgültige V. ein. Für den Bereich der Ordnungswidrigkeiten gibt es ähnliche Regelungen, die sich nach der höchstmöglichen Geldbuße richten (§§ 31 OWiG). Siehe auch Vollstreckungsverjährung.

Verfügung, einstweilige

Vorläufige Anordnung eines Gerichts zur Sicherung von Rechtspositionen im Falle der Dringlichkeit, die kein Abwarten auf eine endgültige Entscheidung zulässt (§§ 935 ff. ZPO). Siehe Rechtsschutz, einstweiliger

Verfügungsgeschäft

Einwirkung auf ein bestehendes Recht durch Rechtsgeschäft. Die Einwirkung kann in der Aufhebung, Übertragung, Belastung oder Inhaltsänderung des jeweiligen Rechts bestehen. Z. B. dient die Übereignung der rechtsgeschäftlichen Übertragung des Eigentums. Wenn durch die Verfügung ein Anspruch aus einem Verpflichtungsgeschäft erfüllt wird, spricht man auch von Erfüllungsgeschäft. Das V. muss klar vom zugrunde liegenden Verpflichtungsgeschäft getrennt werden und kann unabhängig davon wirksam sein. Siehe auch Abstraktionsprinzip

Verfügung von Todes wegen

Zu Lebzeiten kann man von seiner Privatautonomie auch insofern Gebrauch machen, als man Regelungen über das eigene Vermögen trifft, die nach dem Tod (von Todes wegen) gelten sollen. Man kann insbesondere Erben einsetzen oder enterben (Enterbung) oder ein Vermächtnis aussetzen. Dies geschieht durch Testament oder Erbvertrag. Etwa ein Viertel der Deutschen machen davon Gebrauch. Ohne (wirksame) V. gilt die gesetzliche Erbfolge, die der Erblasser allerdings auch erhalten und z. B. nur durch ein Vermächtnis beschweren kann. Siehe auch Erbrecht

Vergehen

Straftaten, die mit einer Mindestfreiheitsstrafe von unter 1 Jahr oder mit Geldstrafe bedroht sind (§ 12 StGB) im Gegensatz zum Verbrechen, das eine Mindestfreiheitsstrafe von 1 Jahr vorsieht.

Vergewaltigung

Siehe Sexualdelikte

Vergleich

Vertrag, durch den der Streit oder die Ungewissheit der Parteien über ein Rechtsverhältnis im Wege des gegenseitigen Nachgebens beseitigt wird (Legaldefinition in § 779 BGB). Ein V. kann vor einem Gericht (Prozessvergleich) oder auch außergerichtlich geschlossen werden und dient der Beendigung eines Konflikts.

Verhaftung

Siehe Festnahme

Verhältnismäßigkeit

Staatliche Eingriffe in Rechte und Freiheiten der Bürger müssen prinzipiell verhältnismäßig sein. Mit der Prüfung der V. wird eine Rechtsgüterabwägung vorgenommen, wobei einem Prüfungsschema gefolgt wird, das so aussieht: Das Ziel des Eingriffs muss verfassungskonform sein. Der Eingriff muss geeignet sein, das Ziel zu erreichen. Es darf kein milderes Mittel aufseiten des Staates geben, um das Ziel in gleich effektiver Weise zu erreichen. Und schließlich muss das Mittel angemessen sein, um das Ziel zu erreichen oder: Ziel und Mittel, mit dem der Rechtseingriff verbunden ist, müssen in einem angemessenen Verhältnis stehen.

Verhältniswahl, personalisierte

Bei Bundestagswahlen wird nach dem System der V. gewählt. D. h., 50 % der Abgeordneten werden nach dem Mehrheitswahlrecht in ihren Wahlkreisen gewählt, und zwar mit der Erststimme, während die anderen 50 % mit der Zweitstimme nach dem System der Verhältniswahl gewählt werden. Zunächst werden (mit der Erststimme) Direktkandidaten in den Wahlkreisen gewählt, nämlich genau die Hälfte der Anzahl der gesetzlichen Mitglieder des Bundestages, also 299. Wer im Wahlkreis die relative Mehrheit (Mehrheit, absolute, einfache und relative) erhält, bekommt einen Sitz im Bundestag. Die restlichen 299 Sitze werden über die Landeslisten, die in den Bundesländern aufgestellt werden, nach dem Verhältniswahlrecht (mit der Zweitstimme) gewählt. Dann wird pro Land errechnet, wie viele Abgeordnete eine Liste (Partei) proportional, also nach ihrem Stimmenanteil, bei der Listenwahl über die Zweitstimme erhalten hat. Die direkt gewählten Abgeordneten werden davon abgezogen und der Rest nach der Reihenfolge der Kandidaten auf der Liste aufgefüllt. Es überwiegt der Aspekt der Verhältniswahl, da die Anzahl der über die Wahlkreise erlangten Abgeordneten einer Partei (Partei, politische) nur erweitert wird, wenn die Partei mehr Stimmen mit der Zweitstimme erhalten hat, also mehr Prozente gewonnen hat, als ihr Anteil an Abgeordneten ausmacht, die direkt gewählt worden sind. Hat eine Partei mehr Direktmandate gewonnen, als sie prozentual an Stimmen erlangt hat, spricht man von Überhangmandaten.

Verhältniswahlrecht

Damit wird ein Wahlsystem bezeichnet, in dem Parteien (Partei, politische) oder Listen nach ihrem Stimmenanteil eine proportional gleiche Zahl von Abgeordneten erhalten. Das Verhältnis von Stimmenanteil, z. B. 20 %, und Anzahl der Abgeordneten, ebenfalls 20 %, ist gleich.

Verhandlungsfähigkeit

Fähigkeit, körperlich und geistig an einer Gerichtsverhandlung teilzunehmen.

Verhör

Umgangssprachlich für Vernehmung.

Verjährung

Hat Bedeutung in allen Rechtsgebieten. Sinn der V. ist es, nach längerer Zeit Rechtsfrieden und Rechtssicherheit herzustellen. Im Zivilrecht führt V. dazu, dass ein (theoretisch weiterhin bestehender und erfüllbarer) Anspruch nicht mehr gegen den Willen des Schuldners durchgesetzt werden kann. Die wichtigsten Regelungen zu Fristen und Hemmung der V. sind in §§ 194 ff. BGB enthalten. Das Öffentliche Recht folgt bei der V. grundsätzlich dem Zivilrecht, vgl. aber auch § 53 Abs. 2 VwVfG. Im Strafrecht ist die V. Strafverfolgungsvoraussetzung und damit jederzeit durch das Gericht zu prüfen. Sie spielt als Verfolgungsverjährung und Vollstreckungsverjährung also eine wichtige Rolle für die Strafbarkeit.

Verkehrsrecht

Ist sehr vielfältig, denn es berührt je nach Fragestellung verschiedene Rechtsgebiete. Beispiele sind die Straßenverkehrsregeln der StVO und die Voraussetzungen der Fahrerlaubnis, die Öffentliches Recht sind. Im Strafrecht wird verkehrswidriges Verhalten bestraft, z. B. Trunkenheit im Verkehr, Gefährdung des Straßenverkehrs, Verbotene Kraftfahrzeugrennen, Unerlaubtes Entfernen vom Unfallort und Fahren ohne Fahrerlaubnis. Daneben kann Fehlverhalten im Verkehr auch nach dem Recht der Ordnungswidrigkeiten mit einem Bußgeld oder Verwarnungsgeld geahndet werden. Das Zivilrecht dient v. a. dem Ersatz eines evtl. entstandenen Schadens (siehe auch Halterhaftung).

Verkehrszentralregister

Siehe Fahreignungsregister

Verlagsrecht

Ausschließliches Nutzungsrecht, ein Werk der Literatur oder Tonkunst (Noten) zu vervielfältigen und zu verbreiten. Siehe auch Urheberrecht.

Verletztengeld

Leistung der gesetzlichen Unfallversicherung (Unfallversicherung, gesetzliche). Sie hat Lohnersatzfunktion und wird v. a. dann erbracht, wenn Versicherte nach § 7 Abs. 1 SGB VII einen Arbeitsunfall oder eine Berufskrankheit erleiden und dadurch arbeitsunfähig (Arbeitsunfähigkeit) sind oder wenn sie wegen einer Heilbehandlung eine ganztägige Erwerbstätigkeit nicht ausüben können und zuvor Anspruch auf Arbeitsentgelt, Arbeitseinkommen oder verschiedene im Gesetz aufgeführte Sozialleistungen hatten (§ 45 Abs. 1 SGB VII). V. wird von dem Tag an gezahlt, ab dem die Arbeitsunfähigkeit ärztlich festgestellt wird, oder mit dem Tag des Beginns einer Heilbehandlungsmaßnahme, die den Versicherten an der Ausübung einer ganztägigen Erwerbstätigkeit hindert (§ 46 Abs. 1 SGB VII). Das V. beträgt 80 % des Regelbruttoentgelts, höchstens aber 100 % des Nettoarbeitsentgelts (§ 47 Abs. 1 SGB VII). Die Zahlung des V. endet mit dem letzten Tag der Arbeitsunfähigkeit oder der Hinderung an einer ganztägigen Erwerbstätigkeit durch eine Heilbehandlungsmaßnahme (§ 46 Abs. 3 Satz 1 Nr. 1 SGB VII). Für den Fall, dass mit einem Wiedereintritt der Arbeitsfähigkeit nicht zu rechnen ist, enthält das Gesetz verschiedene weitere Beendigungszeitpunkte (§ 46 Abs. 3 Satz 2 SGB VII).

Verletztenrente

Sozialleistung der gesetzlichen Unfallversicherung (Unfallversicherung, gesetzliche). Sie wird gewährt, wenn der Versicherte einen Versicherungsfall, d. h. einen Arbeitsunfall oder eine Berufskrankheit, erlitten hat und über die 26. Woche nach dem Versicherungsfall hinaus eine Minderung der Erwerbsfähigkeit (MdE) von wenigstens 20 % besteht (§ 56 Abs. 1 SGB VII). Die Höhe der V. richtet sich nach der Höhe der MdE. Im Falle einer MdE von 100 % wird eine Vollrente gewährt. Bei einer MdE von über 20 %

bis unter 100 % wird eine Teilrente gewährt. Die Vollrente beträgt 2/3 des Jahresarbeitsverdienstes (§ 56 Abs. 3 SGB VII).

Verleumdung

Siehe **Beleidigung**

Verlobung

Siehe **Verlöbnis**

Verlöbnis

Gegenseitiges Versprechen, die **Ehe** eingehen zu wollen. Es hat heute keine so große Bedeutung mehr wie in früheren Zeiten. Spätestens mit der Anmeldung zur **Eheschließung** beim **Standesamt** ist man verlobt. Für ein V. ist also keine ausdrückliche Absprache, keine Form (Ringe o. Ä.) oder Feier erforderlich. Das V. endet durch Eheschließung, übereinstimmende Auflösung, einseitigen **Rücktritt** oder den Tod eines Verlobten. Die aus dem V. entstehende Verpflichtung ist nicht einklagbar (§ 1297 Abs. 1 BGB). Aber die Nichteinhaltung des Versprechens (Rücktritt ohne wichtigen Grund oder Veranlassung zum Rücktritt des anderen z. B. durch Untreue) kann unter Umständen die Verpflichtung zum **Schadensersatz** nach sich ziehen (§§ 1298, 1299 BGB). Ein **Schaden** entsteht z. B. dadurch, dass ein Verlobter (an sich angemessene, nun nutzlose) Aufwendungen in Erwartung der Eheschließung gemacht hat (Kauf von Hochzeitskleidung, Bestellung einer Hochzeitstorte usw.) oder wegen einer gemeinsam für die Ehe geplanten Arbeitsteilung seine Berufstätigkeit aufgegeben hat und keine vergleichbare Tätigkeit findet. Geschenke, wie z. B. ein Verlobungsring, können zurückgefordert werden (§ 1301 BGB). Ein **Anspruch** auf **Unterhalt** entsteht aus V. nicht.

Verlustvortrag

Die Einkommenssteuer ist eine Jahressteuer, die jährlich festgesetzt wird (§ 2 Abs. 7 EStG). Das Rechtsinstitut des V. (§ 10d Abs. 2 EStG) gibt dem Steuerpflichtigen das **Recht**, insgesamt negative Einkünfte eines Kalenderjahres von den Einkünften in den folgenden Veranlagungszeiträumen abzuziehen. Im Sozialversicherungsrecht findet der V. bei der Ermittlung des **Arbeitseinkommens** keine Anwendung.

Vermächtnis

Durch **Verfügung von Todes wegen** (**Testament**, **Erbvertrag**) kann man verschiedene Anordnungen über das eigene **Vermögen** treffen. Sofern jemandem das Vermögen insgesamt übertragen wird (**Gesamtrechtsnachfolge**), ist er **Erbe**. Wenn es hingegen um einzelne **Sachen** oder **Rechte** geht, spricht man von einem Vermächtnisnehmer. Dieser hat (meist gegen den Erben) einen Anspruch auf Herausgabe. Ob ein V. oder eine Erbeinsetzung vorliegt, ist manchmal nicht leicht festzustellen, gerade wenn ein Laie ohne juristische Kenntnisse oder Unterstützung ein ordentliches **Testament** verfasst hat, und muss dann durch **Auslegung** ermittelt werden.

Vermieterpfandrecht

Der Vermieter hat ein **Pfandrecht** an den eingebrachten Sachen des Mieters, § 562 BGB. Dieses sichert seinen **Anspruch** auf Zahlung der **Miete**. Ausgeschlossen sind Sachen, die nicht gepfändet werden dürfen, weil sie existenziell notwendig sind (§ 811 ZPO).

Vermögen

Gesamtheit von Werten (**Eigentum**, **Besitz**, **Rechte**, **Forderung**, **Anspruch**, aber z. B. auch Betriebsgeheimnisse), die einer (natürlichen oder juristischen) Person zusteht; somit alles, was bei seiner Veräußerung einen Preis am Markt erzielen könnte. Die Passiva (Schulden) mindern dabei die Aktiva des V.

Vermummungsverbot

Einschränkung des Grundrechts auf Versammlungsfreiheit unter freiem Himmel durch das Versammlungsgesetz, um die Identifikation von Personen zu ermöglichen.

Vernehmung

Befragung einer Person durch Polizei, Staatsanwaltschaft oder Gericht zu einem strafrechtlich relevanten Sachverhalt. Siehe Ablauf des Strafverfahrens

Verordnung

Die wichtigen Rechtsakte der EU sind V. und Richtlinien. Im Unterschied zur Richtlinie gilt die V. in den Mitgliedsstaaten direkt, d. h., sie muss nicht in nationales Recht überführt werden. Die Bürger werden durch die V. direkt verpflichtet oder ihnen werden Rechte zugeordnet. Auch im nationalen Recht gibt es Verordnungen, die durch die Verwaltung zur Ausgestaltung der Gesetze erlassen werden. Genauer dazu siehe Rechtsverordnung (RVO).

Verpflichtungsgeschäft

Rechtsgeschäft, das einen Anspruch oder Rechte begründet. Man nennt es auch Kausal- oder Grundgeschäft. Die Rechtslage des Rechtsobjekts bleibt zunächst unverändert. Z. B. verpflichtet sich ein Verkäufer mit dem Kaufvertrag, eine Sache zu übergeben und zu übereignen. Das Eigentum geht aber nicht automatisch über, sondern es muss eine Übereignung (als Verfügungsgeschäft) stattfinden. Siehe auch Abstraktionsprinzip

Versammlungsfreiheit

Das Grundgesetz (GG) garantiert ein Recht, sich zu versammeln, ob in Räumlichkeiten oder unter freiem Himmel. In geschlossenen Räumen kann dieses Recht nur zum Schutz anderer Verfassungsgüter eingeschränkt werden. Infrage kommen v. a. Brandschutzbestimmungen oder andere Gefahren für Leib und Leben der Versammlungsteilnehmer. Die Versammlung unter freiem Himmel, also meist eine Demonstration, wird dagegen durch das Versammlungsgesetz eingeschränkt. Das Gesetz schreibt z. B. vor, dass Versammlungen angemeldet werden müssen, obwohl in Art. 8 GG steht, dass ein Recht besteht, »sich ohne Anmeldung oder Erlaubnis« zu versammeln. Dieses Recht kann zwar für Versammlungen draußen eingeschränkt werden, aber – so meint auch das Bundesverfassungsgericht (BVerfG) – nicht vollständig abgeschafft werden. Die Anmeldungspflicht sei verfassungskonform so auszulegen, dass sie den Ordnungsbehörden erlaubt, für einen sicheren und ungestörten Verlauf der Demonstration zu sorgen, nicht aber, um diese zu behindern. Spontanversammlungen sind auch ohne Anmeldung möglich. Die V. ist nur geschützt, soweit sie friedlich und ohne Waffen ausgeübt wird. Das Ausnutzen einer friedlichen Versammlung zum Zwecke des Randalierens rechtfertigt es aber nicht, die gesamte Versammlung aufzulösen oder einzukesseln. Für die friedlichen Teilnehmer muss die Polizei – im Gegenteil – sicherstellen, dass sie ihr Demonstrationsrecht weiterhin ausüben können.

Versäumnisurteil

Ergeht im Zivilverfahren, wenn eine Partei nicht zur Verhandlung erscheint. Dagegen ist das Rechtsmittel des Einspruchs gegeben.

Verschulden

Zum V. im Strafrecht siehe Schuld. Im Zivilrecht ist V. die Voraussetzung für verschiedene Ansprüche, v. a. auf Schadensersatz. V. bedeutet, dass ein Verhalten nicht nur pflicht- oder rechtswidrig war, sondern auch vermeidbar und deshalb vorwerfbar. V. kann als Vorsatz oder Fahrlässigkeit gegeben sein. Im Gesetz steht teilweise auch »Vertretenmüssen«, was beide Verschuldensformen einschließt. Schuldhaft handeln kann aber nur, wer zurechnungsfähig ist (siehe auch Deliktsfähigkeit, im Strafrecht Schuldfähigkeit). Es gibt auch Ansprüche ohne diese Voraussetzung, u. a. die Gefährdungshaftung und die Gewährleistung eines Verkäufers für eine fehlerhafte Kaufsache (Sachmangel).

Verschulden bei Vertragsschluss

Lat. culpa in contrahendo (abgekürzt c. i. c.) ist eine Leistungsstörung, die zu einem Anspruch auf Schadensersatz führt. Wenn ein Vertrag geschlossen werden soll (genauer siehe § 311 Abs. 2 BGB), entwickelt sich ein gewisses Näheverhältnis zwischen den Parteien. Erleidet dann eine Partei durch das Verschulden der anderen einen Schaden, so kann sie diesen ersetzt verlangen (seit der Gesetzesänderung von 2002 nach §§ 280 I, 311 II, 241 II BGB, vorher siehe Treu und Glauben). Berühmte Beispiele aus der Rechtsprechung sind der Salatblatt- und der Linoleumrollen-Fall. Jeweils waren Personen in Geschäfte gekommen, um einzukaufen und erlitten Körperschäden, weil in dem einen Fall ein vor der Gemüsetheke herumliegendes Salatblatt zum Ausrutschen führte, im anderen die Rolle im Teppichgeschäft umfiel. In beiden Fällen war es für den potenziellen Käufer von Interesse, einen Anspruch direkt gegen den Ladeninhaber und nicht nur gegen den weniger zahlungskräftigen Angestellten, der seine Pflichten vernachlässigt hatte, zu haben.

Verschuldensfähigkeit

Siehe Deliktsfähigkeit

Verschuldenshaftung

Prinzip des BGB (Zivilrecht) für den Schadensersatz. Das bedeutet, dass neben der Rechtswidrigkeit einer Handlung grundsätzlich auch ein Verschulden des Schädigers erforderlich ist, damit der Geschädigte Ersatz für seinen Schaden verlangen kann. Siehe auch Delikt. Die Ausnahme von diesem Grundsatz ist die Gefährdungshaftung.

Versicherung

Bedeutet, dass ein mögliches Risiko, das viele Einzelne treffen kann, von einer Gruppe getragen wird. Nach dem Solidarprinzip zahlen alle bei einem Versicherer ein, und wenn der Versicherungsfall bei einem Einzelnen eintritt, erhält er einen Ausgleich. Dieses Grundprinzip gilt auch in der Privatversicherung (Versicherungsvertrag), ist aber in der Sozialversicherung wesentlich stärker ausgeprägt. Eine Übersicht über die wichtigsten Arten der V. mit Beispielen (➠ Abb. »Arten der Versicherung«). Siehe auch Haftpflichtversicherung

Versicherung an Eides statt

Siehe Meineid

Versicherungsfreiheit

Besteht in der Sozialversicherung, wenn eine Person nicht zum Kreis der Pflichtversicherten gehört. Siehe auch Pflichtversicherungsgesetz und Versicherungspflicht

Arten der Versicherung

Sozialversicherung

= Staatlich organisierte und reglementierte Pflichtversicherungen:
- Arbeitslosenversicherung
- Gesetzliche Krankenversicherung
- Pflegeversicherung
- Rentenversicherung
- Unfallversicherung

Privatversicherung

Personenversicherung
- Krankenversicherung
- Unfallversicherung
- Lebensversicherung

Güterversicherung
- Feuerversicherung
- Hausratversicherung
- Rechtsschutzversicherung

Haftpflichtversicherung

Pflicht, z. B. für:
- Kfz-Halter
- Kernkraftwerksbetreiber
- Berufshaftpflicht für Rechtsanwälte

Oder freiwillig, z. B.:
- Private Unfallversicherung
- Private Haftpflichtversicherung

Versicherungspflicht

Eine Pflichtversicherung ist eine Versicherung, die im Falle des Vorliegens bestimmter Sachverhalte zwingend gesetzlich vorgeschrieben ist. So unterliegen z. B. Personen, die gegen Arbeitsentgelt oder zu ihrer Berufsausbildung beschäftigt sind, grundsätzlich der V. in den verschiedenen Zweigen der Sozialversicherung (z. B. § 5 Abs. 1 Nr. 1 SGB V; § 1 Abs. 1 SGB VI). Auch im Zivilrecht besteht teilweise V. Siehe Pflichthaftpflichtversicherung

Versicherungsprämie

Geldbetrag, den man als Versicherungsnehmer an den Versicherer aufgrund eines Versicherungsvertrages zahlen muss. Sie ist in der Privatversicherung – anders als in der Sozialversicherung – abhängig von verschiedenen individuellen Faktoren hinsichtlich der Höhe des Risikos, ob der Versicherungsfall eintritt.

Versicherungsvertrag

Eine Versicherung kann aus Gemeinwohlerwägungen staatlich organisiert sein (sog. Sozialversicherung, z. B. gesetzliche Rentenversicherung) oder dem Markt überlassen werden (Privatversicherung). In letzterem Fall muss man als Versicherungsnehmer (VN) einen V. mit einem Versicherer (VR), der die gewünschte Versicherung anbietet, abschließen. Beispiele sind Rechtsschutzversicherung, Hausratversicherung und Haftpflichtversicherung. Die Vertragsfreiheit ist allerdings aus Gründen des Verbraucherschutzes eingeschränkt, v. a. durch das Versicherungsvertragsgesetz (VVG). Die Details des Vertrags werden i. d. R. mittels Versicherungsbedingungen, die eine Form Allgemeiner Geschäftsbedingungen (AGB) sind, vom VR dem VN vorgegeben. Die wichtigste Pflicht des VN ist die Zahlung der Versicherungsprämie, außerdem muss er zahlreiche Obliegenheiten erfüllen. Der VR gewährt im Gegenzug den vereinbarten Versicherungsschutz.

Versorgungsausgleich

Siehe Scheidungsfolgen

Versorgungsmedizinische Grundsätze

Siehe Grundsätze, versorgungsmedizinische

Verständigung im Strafverfahren

Möglichkeit des Gerichts, in oder außerhalb der Hauptverhandlung mit allen Verfahrensbeteiligten für den Fall eines Geständnisses über die Rechtsfolgen zu sprechen. In der Praxis heißt das Festlegung eines Strafhöchstmaßes oder Strafaussetzung zur Bewährung. Die V. kann zur Vermeidung umfangreicher Beweisaufnahmen und auch zur Vermeidung der Vernehmung des Opfers dienen, um diesem eine weitere Belastung durch seine Aussage zu ersparen. Das Geständnis ist jedoch zu überprüfen. Der gesetzliche Strafrahmen muss eingehalten werden. Die V. ist im Hautverhandlungsprotokoll aufzunehmen, auch wenn sie nicht in der Hauptverhandlung erfolgte. Über Maßregeln der Besserung und Sicherung (z. B.: Entziehung der Fahrerlaubnis, Unterbringung in Psychiatrie/ Entziehungsanstalt, Berufsverbot) als Konsequenz der Tat darf keine V. stattfinden. Eine V. hindert nicht die Einlegung eines Rechtsmittels.

Versuch

Der V. einer Straftat liegt vor, wenn der Täter die Tat will (innere Tatseite) und unmittelbar zur Tatbegehung ansetzt (sich denkt: »Jetzt geht's los«). Hierfür reicht die Verwirklichung eines Teilaktes aus (z. B. Schloss aufbrechen vor der Wegnahme eines Fahrrades). Die Tat wurde beim V. aber noch nicht vollendet, weil z. B. der Täter gestört wurde und die Flucht ergriff. Abzugrenzen vom V. sind reine Vorbereitungshandlungen, die in den meistens Fällen noch nicht mit Strafe bedroht sind. Der V. eines Verbrechens ist generell strafbar, bei Vergehen nur, wenn dies vom Gesetzgeber ausdrücklich bestimmt ist, was aber bei der überwiegenden Zahl der Strafnormen des StGB der Fall ist. Strafgrund ist die verwerfliche Einstellung des Täters, die sich bereits im V. einer Straftat zeigt. Aus den gleichen Erwägungen ist auch der untaugliche V., der zur Herbeiführung des rechtswidrigen Erfolges ungeeignet ist, mit Strafe bedroht. Der V. einer Straftat kann milder bestraft werden als die vollendete Tat. Der Täter, der freiwillig die weitere Tatausführung aufgibt oder den Erfolgseintritt verhindert (sog. Rücktritt), wird nicht bestraft, um jedem die Möglichkeit zu geben, noch bis zum Schluss den richtigen Weg einzuschlagen. Wenn der Erfolg der Tat eintritt, obwohl der Täter sich ernsthaft bemühte, diesen abzuwenden, kann trotzdem Straflosigkeit eintreten.

Verteidiger

Rechtsanwalt (oder Rechtslehrer an einer Hochschule, der Volljurist ist), der die Einhaltung der Rechte des Beschuldigten im Strafverfahren sicherstellen soll. Der Beschuldigte kann sich in jeder Lage des Verfahrens eines V. bedienen. Der V. kann vom Beschuldigten frei gewählt werden, wobei der Beschuldigte nicht mehr als 3 V. wählen kann. In schwerwiegenden Fällen ist die Mitwirkung eines V. notwendig (z. B. bei Verbrechen, wenn der Beschuldigte sich in Untersuchungshaft befindet oder wenn das Verfahren zu einem Berufsverbot führen kann). Auch ist die Mitwirkung vorgeschrieben bei schwieriger Sach- oder Rechtslage. Wählt der Beschuldigte in diesen Fällen keinen V., wird ihm vom Gericht ein V. bestellt (Pflichtverteidiger). Der V. hat uneingeschränktes Umgangsrecht (mündlich und schriftlich) mit dem Beschuldigten, auch wenn sich dieser in Untersuchungshaft befindet. Eine inhaltliche Kontrolle der Kommunikation findet nicht statt. In der Hauptverhandlung hat der Verteidiger ein umfassendes Fragerecht gegenüber Zeugen und Sachverständigen sowie das Recht, Beweisanträge zu stellen. Er hat ab Erhebung der Anklage ein unbeschränktes Einsichtsrecht in die Strafakten. Der V. ist zur Einlegung von Rechtsmitteln berechtigt, jedoch nicht gegen den ausdrücklichen Willen des Mandanten. Es besteht das Verbot der Mehrfachverteidigung, d. h. in einem Strafverfahren oder wegen derselben Tat darf ein V. nicht 2 Beschuldigte vertreten. Unter sehr engen Voraussetzungen ist die Ausschließung eines V. vom Verfahren möglich (z. B. Mittäter, Gefährdung der Vollzugsanstalt durch den Umgang des Beschuldigten mit dem V.).

Verteidigung, notwendige

Siehe Verteidiger

Vertrag

Vereinbarung, ein Versprechen, zwischen mindestens 2 Vertragspartnern. Aus dem V. entstehen Rechte und Rechtspflichten. Siehe Vertrag, privatrechtlicher und Vertrag, völkerrechtlicher

Vertrag über die Arbeitsweise der Europäischen Union (AEUV)

Teil des Europarechts, enthält Regelungen über die Organe (Rat der EU, Europäischer Gerichtshof (EuGH) usw.), Kompetenzen und Vorgaben für die Politik der EU (Maastricht-Kriterien, Grundfreiheiten, usw.). Der AEUV gehört zusammen mit dem Vertrag über die Europäische Union (EUV) und der Grundrechtecharta zum Primärrecht der EU, d. h., die drei Teile bilden gleichsam die Verfassung der EU.

Vertrag über die Europäische Union (EUV)

Erster Teil des Lissabonner Vertrages, der allgemeine Prinzipien und Grundsätze der Union enthält.

Vertrag, privatrechtlicher

Einer der Grundbegriffe des Privatrechts und das häufigste Rechtsgeschäft. Der Begriff ist gesetzlich nicht definiert. Durch das gegenseitige Versprechen binden sich die Parteien, d. h., es entstehen Rechte und Rechtspflichten, die erfüllt werden müssen (Bindung an Rechtsgeschäfte). Die meisten V., die einen Anspruch begründen, haben eine Gegenleistung (z. B.

Kaufvertrag, Miete, Dienstvertrag, Werkvertrag, Reisevertrag, siehe auch Vertragstypen). Das typischste Beispiel für einen unentgeltlichen V. ist die Schenkung. Durch V. kann aber auch ein Recht übertragen oder erlassen werden (Verfügungsgeschäft, Übereignung). Im Familienrecht gibt es z. B. den Ehevertrag, im Erbrecht den Erbvertrag. Es gilt der Grundsatz der Vertragsfreiheit einschließlich Formfreiheit, wobei jedoch die Ausnahmen zu beachten sind. Damit ein V. rechtliche Wirkungen entfaltet, muss er wirksam sein, was unter Umständen eine komplizierte juristische Prüfung erfordert (siehe Geschäftsfähigkeit, Konsens, Anfechtung, Stellvertretung). Werden die Verpflichtungen aus dem V. nicht freiwillig erfüllt, kann man sie gerichtlich durchsetzen (Rechtsdurchsetzung) und es kommt z. B. ein Anspruch auf Schadensersatz in Betracht.

Vertrag, völkerrechtlicher

Vertrag zwischen 2 oder mehreren Staaten, mit dem sie sich auf eine gemeinsame Politik in einem sehr speziellen Bereich – z. B. der Reinhaltung der Ostsee oder auf umfassende gemeinsame Politiken, Maßnahmen und Rechtsstellungen – z. B. Freihandelsverträge, World Trade Organization (WTO), Vertrag über die Europäische Union (EUV) – einigen. Üblicherweise wird in einem solchen V. bestimmt, was zu tun ist. Oft werden noch Institutionen eingerichtet, denen bestimmte Funktionen zugewiesen werden, die z. B. dem Vollzug des V. dienen sollen. Durch den EU-Vertrag wurden umfassende Institutionen wie die Kommission (Kommission, EU) oder das Europäische Parlament (EP) mit weitreichenden Rechten errichtet. V. müssen durch den nationalen Gesetzgeber, in Deutschland also durch den Bundestag beschlossen werden, dadurch werden sie ratifiziert (Ratifikation). Die Bindungswirkung solcher V. ist jedoch problematisch, weil zwischen zwei Staaten i. d. R. mangels Gewaltmonopol keine Sanktionsmöglichkeiten bestehen. Die Vertragsparteien sind also auf den guten Willen der anderen angewiesen, müssen ihrer Absicht vertrauen, den V. auch einzuhalten. Das funktioniert mal besser, mal schlechter, bedeutet aber nicht, dass solche V. keine Wirkung hätten. Wirkung für den Bürger entfaltet ein V. erst, wenn er durch nationale Gesetze umgesetzt wurde. Mit der Ausnahme von EU-Recht kommt völkerrechtlichen Verträgen, so das Bundesverfassungsgericht (BVerfG), kein Vorrang, kein höherer Rang zu als nationalen Gesetzen. Völkerrechtlichen Verträgen kommt wegen Art. 59 Abs. 2 Satz 1 GG innerstaatlich der Rang eines einfachen Bundesgesetzes zu. Das hat dann zur Konsequenz, dass der Gesetzgeber mit jüngerem Recht gegen den völkerrechtlichen Vertrag verstoßen darf. Der demokratische Gesetzgeber muss seine Meinung ändern können und sein Gesetz revidieren können, auch wenn er damit gegen den Vertrag verstößt. Wörtlich formulierte das BVerfG: »Die Verfassungswidrigkeit völkerrechtswidriger Gesetze lässt sich nicht unter Rückgriff auf den ungeschriebenen Grundsatz der Völkerrechtsfreundlichkeit des Grundgesetzes begründen. Dieser Grundsatz hat zwar Verfassungsrang, beinhaltet jedoch keine verfassungsrechtliche Pflicht zur uneingeschränkten Befolgung aller völkerrechtlichen Normen.« Die Wiener Vertragsrechtskonvention, ebenfalls ein völkerrechtlicher Vertrag, meint dagegen, dass Verträge bindend seien und eine Vertragspartei erst dann gegen die Pflicht zur Umsetzung des Vertrages

Vertragsfreiheit und ihre Grenzen			
Elemente	**Inhalt der Freiheit**	**Gesetzliche Regelung**	**Einschränkung/ Durchbrechung**
Abschlussfreiheit	»Ob« und »mit wem« Vertrag geschlossen wird	Selbstverständlich vorausgesetzt + Art. 2 I GG	Abschlussgebote + Verbote
Inhalts- oder Gestaltungsfreiheit	D. h. bezüglich vertraglicher Inhalte	§§ 241, 311 BGB	Zwingendes Recht, z. B. AGB-Kontrolle; gilt nicht im SachenR, FamilienR und ErbR
Formfreiheit	Mündlicher Abschluss genügt grundsätzlich	Nur der Ausnahmen, d. h. wenn doch Form erforderlich	Z. B. § 311b I 1, § 518 BGB

verstoßen könne, wenn die andere Partei vertragsbrüchig geworden sei.

Vertragsfreiheit

Wichtige Ausprägung der Privatautonomie. Jeder hat grundsätzlich das Recht, seine privaten Verhältnisse durch Vertrag (Vertrag, privatrechtlicher) zu gestalten. Man kann Verträge schließen und dabei selbst entscheiden, mit wem und über welchen Inhalt. Dadurch entstehen gerichtlich durchsetzbare Rechte und Pflichten (siehe auch Bindung an Rechtsgeschäfte und Rechtspflicht). Voraussetzung der V. ist allerdings Geschäftsfähigkeit. Gewisse jeweils mehr oder weniger verbindliche Standards enthalten die Vertragstypen. Außerdem gilt der Grundsatz der Formfreiheit. Es gibt Einschränkungen der V., z. B. muss ein Stromversorger oder Kfz-Haftpflichtversicherer grundsätzlich einen Vertrag schließen. Es gilt hier im Interesse der Kunden ein Abschlussgebot (Kontrahierungszwang). Auch inhaltliche Grenzen der V. sind erforderlich, z. B. durch die Kontrolle von Allgemeinen Geschäftsbedingungen (AGB) oder sonst durch zwingendes Recht (Recht, dispositives/zwingendes). Im 3. bis 5. Buch des Bürgerlichen Gesetzbuches (BGB) (Sachenrecht, Familienrecht und Erbrecht) gilt die V. noch eingeschränkter, d. h., es sind nur die dort ausdrücklich gestatteten Verträge möglich (➠ Abb. »Vertragsfreiheit und ihre Grenzen«).

Vertragsklauseln

Siehe Allgemeine Geschäftsbedingungen (AGB)

Vertragstypen

Bestimmte, besonders häufige Verträge (Vertrag, privatrechtlicher) hat der Gesetzgeber bereits ausgestaltet. Dazu gehören der Kaufvertrag, der Werkvertrag und das Darlehen. Es gilt der Grundsatz der Vertragsfreiheit. D. h., man kann in den Grenzen, die das zwingende Recht (Recht, dispositives/zwingendes) setzt, beliebige Verträge schließen. Die gesetzlichen Regelungen gelten also nur, wenn die Parteien keine eigenen Vereinbarungen treffen. Sie müssen keine individuellen Überlegungen anstellen, was gelten soll, wenn

z. B. die gekaufte Sache einen Mangel hat, können dies aber tun. Andere V. sind hingegen deshalb geregelt, weil die Vertragsparteien gerade an die gesetzlichen Vorgaben gebunden sein sollen, d. h., dass die Vertragsfreiheit nur hinsichtlich der Abschlussfreiheit, nicht hinsichtlich der Inhaltsfreiheit gilt. Meist geht es um Verbraucherschutz. Beispiele sind der Verbrauchsgüterkauf, das Verbraucherdarlehen und der Versicherungsvertrag. Typische Verträge können aber auch überhaupt nicht geregelt sein. Etwa der Leasingvertrag hat sich trotzdem entwickelt. Hier setzt wieder nur das zwingende Recht Grenzen, insbesondere die Kontrolle der Allgemeinen Geschäftsbedingungen (AGB). Gerade neue technische und wirtschaftliche Entwicklungen führen oft zu Verträgen, die (noch) nicht gesetzlich geregelt sind.

Vertrauensfrage

Als Pendant zum Misstrauensvotum kennt das Grundgesetz (GG) die V., die vom Bundeskanzler gestellt wird. Meist verbindet der Kanzler die V. mit einem Gesetz: Vertrauen zum Kanzler bedeutet dann auch die Zustimmung zum Gesetz. Das geschieht bei Gesetzen, die im Regierungslager umstritten sind. Der Kanzler stellt »seine« Abgeordneten vor die Wahl, entweder dem Gesetz zuzustimmen oder ihm das Vertrauen zu entziehen. Erhält der Kanzler keine Mehrheit, wenn er die V. gestellt hat, muss der Bundestag einen neuen Kanzler wählen oder der Bundespräsident löst den Bundestag auf, d. h., es gibt Neuwahlen. In der Geschichte der Bundesrepublik erhielt der Kanzler in 2 Fällen keine Mehrheit, nachdem er die V. gestellt hatte. Das erste Mal stellte Helmut Kohl nach erfolgreichem Misstrauensvotum die V., weil er meinte, für seine Kanzlerschaft brauche es die Legitimation des Volkes. Er verlor absichtlich, damit der Bundestag aufgelöst und Neuwahlen durchgeführt werden konnten. Das zweite Mal verlor Gerhard Schröder 2005 ebenso absichtlich die V. – sein Kalkül war nicht ganz klar. Die SPD hatte vorher die Landtagswahl in NRW verloren, sodass im Bundesrat eine Zweidrittelmehrheit für die Opposition existierte. Das hatte zur Folge, dass auch Einspruchsgesetze im Bundesrat blockiert werden konnten. Daran hätte aber auch eine Neuwahl nichts geändert. Gleichzeitig gab es in der SPD großen Widerspruch zur Politik der Umverteilung durch Sozial- und Steuerkürzungen. Das Bundesverfassungsgericht (BVerfG) erklärte in beiden Fällen die Auflösung des Bundestages mit großen Bedenken für verfassungskonform. Sinn der V. sei es nicht, Neuwahlen herbeizuführen, solange es Mehrheiten für die Regierung im Bundestag gibt. Erst, wenn diese nicht mehr existieren, solle die Verfassung über Neuwahlen die Möglichkeit schaffen, stabile Mehrheiten zu schaffen. Im Falle der Vertrauensfrage von Helmut Kohl sei die FDP, die gerade die Regierungskoalition gewechselt hatte, ein unsicherer Kandidat gewesen, weshalb die Neuwahl verfassungskonform gewesen sei, so das BVerfG. Diese Begründung wurde als politische Entscheidung kritisiert, welche die realen Mehrheiten im Bundestag nicht korrekt beschrieben hat. Schließlich war Kohl gerade von den Abgeordneten der FDP zum Kanzler gewählt worden.

Vertreter

Handelt im Rahmen einer Stellvertretung für einen anderen, indem er ein Rechtsgeschäft oder eine rechtsgeschäftsähnliche Handlung (z. B.

Einwilligung) für diesen anderen vornimmt. Er gibt eine eigene Erklärung ab, die aber nicht für ihn selbst, sondern für den Vertretenen wirkt. Wenn z. B. der V. einen Kaufvertrag schließt, wird nicht er selbst Käufer oder Verkäufer, sondern er vermittelt den Vertrag (Vertrag, privatrechtlicher) nur zwischen den eigentlichen Parteien. Die Befugnis des V., für jemanden anderen verbindlich zu handeln (Vertretungsmacht), kann sich aus einer entsprechenden Vereinbarung (Vollmacht, Genehmigung) mit dem Vertretenen, d. h. aus Rechtsgeschäft ergeben oder aus dem Gesetz (Vertreter, rechtsgeschäftlicher; Vertreter, gesetzlicher). Tritt jemand als V. auf, obwohl er diese Befugnis nicht hat, so haftet er demjenigen, dem gegenüber er als V. aufgetreten ist. Abzugrenzen ist der V. vom Boten.

Vertreter, gesetzlicher

Es gibt Personen, die nicht für sich selbst rechtlich verbindlich handeln können und einen Vertreter benötigen, um am Rechtsverkehr teilzunehmen, z. B. um einen Vertrag (Vertrag, privatrechtlicher) schließen zu können (Stellvertretung). Bei natürlichen Personen, v. a. Kindern bis zur Vollendung des 18. Lebensjahres und unter Betreuung stehenden Erwachsenen, dient dies ihrem eigenen Schutz, soweit ihnen die Geschäftsfähigkeit fehlt. Für Kinder sind grundsätzlich deren Eltern im Rahmen der elterlichen Sorge (Sorgerecht) gesetzliche V. (§ 1629 BGB). Wenn das Gericht einen Vormund für Kinder (Vormundschaft) oder Betreuer für Erwachsene (Betreuung) bestellt, dann entscheidet es auch über den Umfang von dessen Vertretungsmacht. Juristische Personen sind hingegen als abstrakte Gebilde faktisch nicht in der Lage zu handeln und benötigen daher ebenfalls einen V. Z. B. bei der Gesellschaft mit beschränkter Haftung (GmbH) ist dies der Geschäftsführer, beim eingetragenen Verein der Vorstand. Auch Ehegatten sind unter den engen Voraussetzungen des § 1357 BGB (Geschäfte zur Deckung des Lebensbedarfs) gesetzlich berechtigt, für den anderen Ehegatten verbindliche Rechtsgeschäfte zu tätigen.

Vertreter, rechtsgeschäftlicher

Ein Vertreter kann seine Vertretungsmacht aus dem Gesetz (Vertreter, gesetzlicher) oder aus Rechtsgeschäft haben. Letzteres liegt vor, wenn ein Geschäftsherr dem V. Vollmacht erteilt, im Rahmen einer Stellvertretung für ihn verbindlich zu handeln. Auch die nachträgliche Genehmigung des Vertreterhandelns durch den Geschäftsherrn ist möglich.

Vertretungsmacht

Wenn jemand als Vertreter für eine andere Person tätig wird, z. B. einen Vertrag mit einem Dritten abschließt, dann ist dieser Vertrag nur dann zwischen dem Anderen und dem Dritten rechtlich verbindlich, wenn der Vertreter mit V. gehandelt hat. Die V. kann z. B. auf einer Vollmacht beruhen oder sich aus Gesetz ergeben (Vertreter, gesetzlicher). Siehe auch Stellvertretung; Vertreter, rechtsgeschäftlicher; Prokura; Bindung an Rechtsgeschäfte

Verursacherprinzip

Grundsatz, der besagt: (Umwelt-)Schäden sind von demjenigen zu beseitigen oder auszugleichen, der sie verursacht hat.

Verwaltung

Führt Gesetze aus und wendet die abstrakt generelle Norm damit auf den Einzelfall an. Im Rechtsstaat muss sich die V. an Gesetz und Recht halten. D. h., sie darf den Bürger nur belasten, in seine Rechte eingreifen, wenn eine gesetzliche Norm besteht, die sie dazu ermächtigt (Ermächtigungsgrundlage). V. ist grundsätzlich Angelegenheit der Länder, unabhängig davon, wer die Gesetzgebungskompetenz hat. Bundesverwaltung gibt es nur dort, wo das Grundgesetz (GG) dies ausdrücklich vorsieht, etwa für den auswärtigen Dienst, den Zoll, Wasserstraßenverwaltung oder das Bundeskriminalamt (Art. 87 ff GG).

Verwaltungsakt (VA)

Im Volksmund heißt der V. »Bescheid«. Dabei handelt es sich um die Anordnung einer Behörde gegenüber einem oder mehreren Bürgern, etwas Konkretes zu tun, zu dulden oder zu unterlassen (Regelung eines Einzelfalls), z. B. einen Baum zu fällen oder ein Bußgeld (Ordnungswidrigkeiten) wegen Falschparkens zu zahlen. Der Verwaltungsakt betrifft das Öffentliche Recht, was ihn vom privatrechtlichen Handeln einer Behörde unterscheidet. Wenn diese etwa Bleistifte oder neue Stühle einkauft, geschieht dies durch einen privatrechtlichen Vertrag (Vertrag, privatrechtlicher). Der V. ist an Bürger gerichtet (Außenwirkung), deshalb sind Anordnungen innerhalb der Behörde keine V. Die Bürger können gegen alle Maßnahmen einer Behörde klagen, die sie in ihren Rechten verletzt (vgl. Art. 19 Abs. 4 GG). Wichtig ist aber, dass der V. bestandskräftig wird, wenn der Bürger nicht rechtzeitig mit Widerspruch oder Klage gegen den V. vorgeht. Rechtzeitig bedeutet hier 1 Monat bei ausdrücklichem Hinweis auf die Frist unter dem Bescheid, d. h. mit einer Rechtsbehelfsbelehrung. Ohne Belehrung gilt eine Frist von 1 Jahr. Bestandskräftig bedeutet, dass der V. auch dann wirksam ist und vollzogen werden kann, wenn er eigentlich rechtswidrig (Rechtswidrigkeit) ist. Kurz: Der Bürger kommt dann nur noch unter erschwerten Bedingungen zu seinem Recht.

Verwaltungsgerichtsordnung (VwGO)

Prozessordnung für die Verwaltungsgerichte, regelt insbesondere das Klage-, Berufungs- und Revisionsverfahren vor diesen Gerichten. Siehe auch Verwaltungsrechtsweg

Verwaltungsrecht, allgemeines

Umfasst die Grundsätze und Verfahrensregeln für das Handeln der Verwaltung. Es ist zu unterscheiden vom besonderen Verwaltungsrecht, das Normen für einzelne Rechtsgebiete vom Asylrecht über das Polizeirecht bis zum Wasserrecht enthält.

Verwaltungsrechtliche Anhörung

Ein wichtiger Grundsatz des Rechtsstaates ist, dass die »andere Seite« gehört werden muss. So gilt im Verwaltungsverfahren, dass der Betroffene eines belastenden Verwaltungsaktes (VA) vorher von der Behörde anzuhören ist. Diese grundsätzliche Pflicht wird in vielen Spezialgesetzen ausgeweitet, etwa im Baurecht, wenn die Nachbarn zu hören sind, bevor eine Baugenehmigung erteilt werden kann. Die Anhörung wird in einigen Gesetzen ausgeweitet zur allgemeinen Öffentlichkeitsbeteiligung. Siehe auch Verfahrensfehler

Verwaltungsrechtsweg

Gegeben u. a. gegen einen Verwaltungsakt (VA) einer Behörde (§ 40 VwGO) und Ausdruck der Rechtsweggarantie des Art. 19 Abs. 4 GG. Für besondere Sachgebiete des Verwaltungsrechts gibt es spezielle Gerichtsbarkeiten, die Finanzgerichtsbarkeit und namentlich die Sozialgerichtsbarkeit.

Verwaltungsverfahrensgesetz (VwVfG)

Enthält die Verfahrensgrundsätze für das Handeln von Behörden. Der Bund und jedes Land haben eigene Verwaltungsverfahrensgesetze, die aber fast identisch sind oder sich zumindest sehr ähneln.

Verwaltungsvorschrift (VV)

Interne Dienstanweisungen innerhalb einer Behörde an eine unbestimmte Anzahl von Beschäftigten der Behörde. V. können Banalitäten regeln, wie die Nutzung der Kaffeemaschine oder mehr oder weniger tief in die Rechte der Beschäftigten eingreifen, wie etwa Regelungen zur Haarlänge bei Polizisten oder Soldaten. Obwohl es interne Anweisungen sind, können auch die Bürger betroffen sein, die mit der Behörde zu tun haben. Das betrifft wiederum eher einfache Fälle, wie die Öffnungszeiten der Behörde, aber auch schwierigere, wenn nämlich durch V. bestimmt wird, wie ein Gesetz auszulegen ist, d. h., wie bestimmte Anträge, Anliegen usw. der Bürger zu bescheiden sind. Weil es nur interne Anweisungen sind, kann der Bürger keinen gerichtlichen Schutz gegen sie beantragen.

Verwandtschaft

nennt man die rechtlichen Beziehungen in einer Familie. Es wird unterschieden zwischen Abstammung in gerader Linie (Großeltern – Eltern – Kinder usw.) bzw. in der Seitenlinie (Onkel, Cousinen usw.) und Schwägerschaft. Die meisten Regelungen zur V. im 4. Buch des BGB (Familienrecht) beziehen sich auf die Eltern-Kind-Beziehung (Kindschaftsrecht). Wichtig ist außerdem, dass (nur) Verwandte in gerader Linie einander gegenseitig (!) zum Unterhalt verpflichtet sind. Außerdem spielt die V. im Erbrecht (insbesondere gesetzliche Erbfolge (Erbfolge, gesetzliche)) eine große Rolle.

Verwarnung

Förmlicher Ausspruch im Jugendstrafrecht neben dem Schuldspruch, durch den dem Jugendlichen das Unrecht seiner Straftat eindringlich vorgehalten wird. Die V. ist ein sog. Zuchtmittel. I. d. R. ist sie mit der Ankündigung verbunden, dass bei der nächsten Verfehlung freiheitsentziehende Maßnahmen erfolgen werden. Bei erneuter Strafffälligkeit folgt i. d. R. Jugendarrest oder Jugendstrafe.

Verwarnung mit Strafvorbehalt

Möglichkeit des Gerichts, eine Geldstrafe bis zu 180 Tagessätzen vorzubehalten. Sie entspricht im Ergebnis einer Geldstrafe mit Strafaussetzung zur Bewährung. Hierbei ist die Bewährungszeit nicht über 2 Jahre festzusetzen. Ebenso wie bei einer Freiheitsstrafe, die zur Bewährung ausgesetzt wird, können Auflagen und Weisungen erteilt werden. Nach Ablauf der Bewährungszeit wird die Geldstrafe erlassen.

Verzug

Variante der Leistungsstörung. Er liegt grundsätzlich vor, wenn der Schuldner nicht pünktlich seine Leistung an den Gläubiger erbringt. Dem Gläubiger soll aus einem solchen Verhalten des Schuldners kein Nachteil erwachsen bzw. er soll dafür einen Ausgleich fordern können. Voraussetzung ist eine fest vereinbarte Leistungszeit, die nicht eingehalten wird, oder eine Mahnung, auf die der Schuldner nicht leistet (siehe genauer in § 286 BGB). Befindet sich der Schuldner in V., so steigt sein Risiko (Gefahrtragung, vgl. § 287 BGB) und er ist zur Zahlung von Verzugszinsen (§ 288 BGB) und ggf. zum Schadensersatz (§§ 280, 286 BGB) verpflichtet. Siehe auch Annahmeverzug des Gläubigers

Völkerrecht

Verträge (Vertrag, völkerrechtlicher) mit rechtlichen Verpflichtungen, die zwischen Staaten abgeschlossen werden. Es begründet durch Vertrag oder Gewohnheitsrecht Rechtssätze, die in Frieden und Krieg die Rechte und Pflichten, die Beziehungen der Staaten untereinander regeln sollen. Das V. gilt zunächst zwischen den Staaten und nur mittelbar für die Bürger, denn die Staaten verpflichten sich über Abkommen und Konventionen, etwas zu regeln und sich entsprechend zu verhalten. Deshalb gelten zunächst die Staaten als sog. Völkerrechtssubjekte. Der Kreis wurde erweitert um internationale Organisationen wie die Europäische Union und schließt – historisch überliefert – bestimmte Hilfsorganisationen wie den Malteserorden oder das Internationale Komitee des Roten Kreuzes ein. Die umfassendste Organisation des V. ist die United Nations Organization (UNO), die Vereinten Nationen, die mit der UN-Charta konstituiert wurden. Siehe auch Gewohnheitsrecht

Völkerrechtlicher Vertrag

Siehe Vertrag, völkerrechtlicher

Volksabstimmung

Siehe Volksgesetzgebung

Volksbegehren

Siehe Volksgesetzgebung

Volksentscheid

Siehe Volksgesetzgebung

Volksgesetzgebung

In einer parlamentarischen Demokratie (Demokratie, parlamentarische) ist das Parlament der wichtigste Gesetzgeber. Daneben können einzelne – meist wichtige – Gesetze auch direkt vom Volk in einer Volksabstimmung verabschiedet werden. Auf der Bundesebene sind in Deutschland keine Volksgesetzgebungsverfahren vorgesehen. Das Grundgesetz (GG) kennt nur einen Fall der Volksabstimmung, nämlich, wenn die Bundesländer verändert, also z. B. zusammengelegt werden sollen. Dagegen ist in allen Landesverfassungen eine V. vorgesehen. Die V. läuft regelmäßig in 3 Phasen ab: Am Anfang steht die Volksinitiative. Das ist eine formlose Sammlung von Unterschriften zu einem Gesetzesvorschlag. Dann folgt das Volksbegehren. Das ist eine förmliche Sammlung von Unterschriften der stimmberechtigten Bürgerinnen und Bürger zu dem Vorschlag. Die Form ist in den Ländern unterschiedlich, teilweise wird z. B. verlangt, dass die Unterschrift im Rathaus oder anderen Behörden geleistet werden muss. Werden ausreichend Unterschriften gesammelt, muss sich der Landtag mit dem Gesetzentwurf beschäftigen. Stimmt er zu, ist das Verfahren zu Ende. Lehnt das Parlament den Vorschlag ab, kommt es zum Volksentscheid, d. h. zur förmlichen Abstimmung aller Wahlberechtigten an einem festgesetzten Termin über den Vorschlag. Das Problem beim Volksgesetzgebungsverfahren sind die Quoren, die auf den 3 Stufen erreicht werden müssen. Sie sind in den Verfassungen der Länder geregelt, aber sehr unterschiedlich. Auf der Ebene der Kommunen und Kreise gibt es Bürgerbegehren und Bürgerentscheide.

Volksinitiative

Siehe Volksgesetzgebung

Volljährigkeit

Tritt mit Vollendung des 18. Lebensjahres ein (§ 2 BGB), also am 18. Geburtstag. Bis dahin spricht man von Minderjährigkeit. V. ist die wichtigste der Altersstufen im Recht.

Volljurist

Jurist, der die Befähigung zum Richteramt besitzt. Diese erwirbt, wer ein rechtswissenschaftliches Studium an einer Universität mit der ersten Staatsprüfung und einen anschließenden Vorbereitungsdienst mit der zweiten Staatsprüfung erfolgreich abschließt (§ 5 Abs. 1 DRiG). Nicht nur, wer Richter werden möchte, muss über die Befähigung zum Richteramt verfügen. Dies gilt ebenso für Notare (§ 5 BNotO), Rechtsanwälte (§ 4 Satz 1 Nr. 1 BRAO) und Staatsanwälte (§ 122 Abs. 1 DRiG).

Vollmacht

Einseitiges Rechtsgeschäft und im Zusammenhang mit der Stellvertretung in §§ 167 ff. BGB geregelt. Damit wird eine Ermächtigung zum Handeln unter fremdem Namen erteilt (Vertretungsmacht). Die V. kann entweder gegenüber dem Bevollmächtigten (Innenverhältnis) oder gegenüber einem Dritten (Außenverhältnis), etwa dem potenziellen Vertragspartner, erklärt werden. Auch gibt es die V. für eine Vertretung in allen Bereichen (Generalvollmacht) oder für einzelne Angelegenheiten, z. B. den Kauf einer einzelnen Sache (Spezialvollmacht). Wenn der Vertreter im Rahmen der V. tätig geworden ist, kann sie grundsätzlich nicht mehr beseitigt werden. Vorher kann die V. aber nach § 168 Abs. 2 BGB frei widerrufen werden, es sei denn, es wurde ausdrücklich darauf verzichtet. Die V. kann grundsätzlich mündlich erteilt werden (Formfreiheit), selbst für formbedürftige Rechtsgeschäfte. Ausnahmen gelten, wenn die V. unwiderruflich ist. Schwierigkeiten können entstehen, wenn zwar ausdrücklich keine V. erteilt war, aber ein Verhalten des Geschäftsherrn vorliegt, das diesen Rechtsschein erweckt. Hier müssen die Interessen des Rechtsverkehrs und des Geschäftsherrn sinnvoll abgewogen werden. Siehe auch Prokura und Patientenverfügung

Vollrausch

Straftatbestand (§ 323a StGB). Wenn eine andere Tat wegen Schuldunfähigkeit (siehe Schuldfähigkeit) aufgrund Alkohol- und/oder Rauschmittelkonsums des Täters nicht bestraft werden kann, kommt die Bestrafung wegen V. sowohl für das vorsätzliche als auch für das fahrlässige Versetzen in einen derartigen Zustand in Betracht. Zweck der Strafbarkeit ist v. a. der Schutz der Allgemeinheit aus der Erfahrung heraus, dass von erheblich alkoholisierten oder berauschten Personen oft Straftaten begangen werden, zu denen es im nüchternen Zustand nicht gekommen wäre. Die Höchststrafe beträgt 5 Jahre, auch wenn eine Tat begangen wurde, die eine höhere Höchststrafe vorsieht.

Vollstreckung

Ausübung staatlicher Gewalt zur Rechtsdurchsetzung. Für die verschiedenen Rechtsgebiete gelten jeweils spezielle Regelungen. Siehe z. B. Zwangsvollstreckung für das Zivilrecht, für das Strafrecht siehe Strafvollstreckung. Siehe auch Gerichtsvollzieher, Vollstreckungsverjährung

Vollstreckungstitel

Amtliche Urkunde und Voraussetzung der Zwangsvollstreckung. V. kann insbesondere ein für vollstreckbar erklärtes Urteil oder ein Beschluss aus einem Zivilverfahren sein, aber auch eine vor einem Notar beurkundete Erklärung oder ein Steuerbescheid. Es gilt das Verbot der Selbsthilfe, d. h. die Vollstreckung erfolgt v. a. durch den Gerichtsvollzieher.

Vollstreckungsverjährung

Form der Verjährung im Strafrecht und in den §§ 79 ff. StGB, § 34 OWiG geregelt. Sie schließt die Durchsetzung einer Strafe oder Geldbuße aus. Die V. richtet sich nach der im Urteil oder Bußgeldbescheid ausgesprochenen Strafe bzw. Geldbuße. Bei Geldstrafen und Freiheitsstrafen bis zu 1 Jahr beträgt sie 5 Jahre. Eine lebenslängliche Freiheitsstrafe ist immer vollstreckbar. Bei Geldbußen bis zu 1.000 € beträgt die V. 3 Jahre, bei höheren Geldbußen 5 Jahre. Die V. kann ruhen, z. B. bei Ratenzahlungsbewilligung.

Vollziehende Gewalt

Siehe Exekutive

Vollzugsdefizit

Von einem V. spricht man, wenn das Gesetz oder einzelne seiner Normen in der Praxis nur unzureichend angewendet werden, das Gesetz also besser ist als die Wirklichkeit. Das V. wurde zunächst v. a. im Umweltrecht konstatiert, besteht aber auch in anderen Bereichen. Die Gründe sind unterschiedlich und werden unterschiedlich gewichtet. Zu ihnen gehören die politische Macht und die Verhandlungsmacht großer Unternehmen, die schlechte personelle Ausstattung der Behörden, gesetzliche Generalklausel und eine unklare Rechtslage.

Vorabentscheidungsverfahren (EuGH)

Zweifelt ein Gericht in einem Mitgliedsstaat, also z. B. ein deutsches Gericht, daran, dass das nationale Recht mit den europäischen Vorgaben, also mit einer Richtlinie, einer Verordnung oder dem Primärrecht vereinbar ist, kann das Gericht sein Verfahren aussetzen und die problematischen Vorschriften dem Europäischen Gerichtshof (EuGH) mit der Frage vorlegen, ob sie mit Europarecht vereinbar sind (Art. 267 AEUV).

Vorbehalt des Gesetzes

Mit dem V. ist gemeint, dass bestimmte Regelungen, insbesondere Eingriffe in Grundrechte, nur durch Gesetz und nicht durch untergesetzliche Normen wie etwa Rechtsverordnungen (RVO) geregelt werden dürfen. Art. 8 Abs. 2 GG bestimmt etwa, dass Versammlungen unter freiem Himmel nur durch ein Gesetz oder aufgrund eines Gesetzes beschränkt werden dürfen. Durch ein Gesetz meint, das Gesetz schränkt selbst ein wie etwa die Bannmeilengesetze. »Aufgrund eines Gesetzes« heißt, die Verwaltung entscheidet im Einzelfall, aber ihre Entscheidung braucht eine gesetzliche Ermächtigungsgrundlage. Der V. ist eine Ausformung des Demokratieprinzips und wurde durch die »Wesentlichkeitstheorie« des Bundesverfassungsgerichts (BVerfG) noch einmal ausdrücklich betont. Danach muss der Gesetzgeber wichtige, wesentliche Entscheidungen selbst treffen und darf sie nicht der Administration überlassen. Wesentlich sind v. a. Entscheidungen mit Grundrechtsbezug.

Vorfälligkeitsentschädigung

Wird üblicherweise bei einem Darlehen vereinbart, wenn der Darlehensnehmer die Kreditsumme früher zurückzahlen möchte. Dem Darlehensgeber entgehen dann nämlich Zinsen für die restliche Vertragslaufzeit. Für das Verbraucherdarlehen enthält § 502 BGB besondere Regelungen.

Vorlagebeschluss

Entscheidung eines nationalen Gerichtes, das Verfahren auszusetzen und die Sache dem EUGH mit der Frage vorzulegen, ob die nationale Rechtslage mit dem europäischen Recht übereinstimmt. Der Vorlagebeschluss ähnelt der konkreten Normenkontrolle im deutschen Verfassungsrecht.

Vormundschaft

Kann durch das Familiengericht für Kinder und Jugendliche angeordnet werden, die keinen gesetzlichen Vertreter (Vertreter, gesetzlicher) haben. Dies ist der Fall, wenn die Eltern des Minderjährigen gestorben sind oder diesen das Sorgerecht durch das Familiengericht entzogen wurde. In den meisten Fällen ist das Jugendamt der sog. Amtsvormund. Auch unbegleiteten minderjährigen Flüchtlingen soll ein Vormund bestellt werden. Bei Erwachsenen entspricht der V. die Betreuung.

Vorrang des Gesetzes

Mit dem V. wird die Hierarchie der Rechtsnormen in der Rechtsordnung auf einen anderen Begriff gebracht. Parlamentsgesetze stehen, weil sie durch das Parlament beschlossen wurden und damit demokratisch legitimiert wurden, über administrativen Entscheidungen wie Rechtsverordnungen (RVO) oder Satzungen.

Vorsatz

Wissen und Wollen eines rechtswidrigen Erfolges. Er ist eine Form der Schuld im Strafrecht bzw. des Verschuldens im Zivilrecht. Im Strafrecht ist V. überwiegend als Voraussetzung der Strafbarkeit erforderlich. Hierbei reicht ein bedingter V. regelmäßig aus, d. h., der Täter nimmt billigend in Kauf, dass ein Erfolg eintritt oder eine Gefahrenlage geschaffen wird. In einigen Fällen ist zur Strafbarkeit die Absicht als gesteigerte Form des V. erforderlich, d. h., dem Täter muss es genau auf das erstrebte Ziel ankommen.

Vorsitzender Richter

Siehe Richter, gesetzlicher

Vorsorgeprinzip

Das europäische Umweltrecht ist vom V. gesteuert. Die Vorsorge knüpft an die polizeiliche Gefahr an. D. h., es kann zum Zwecke des Umweltschutzes durch die entsprechenden Behörden auch präventiv vorgegangen werden. Liegt eine Gefahr etwa für die Gesundheit von Menschen vor, dürfen die Behörden unzweifelhaft einschreiten. Bei der Umweltnutzung ist aber oft unsicher, ob schon eine Gefahr vorliegt. Man kann bestimmte Kausalketten nicht nachweisen oder ist unsicher, wann und wo der Schaden eintritt. Bestehen aber ausreichend Anhaltspunkte, dass ein Stoff, eine Handlung usw. möglicherweise zu einem Schaden führt, spricht man von einem Risiko, gegen das der Staat vorsorglich etwas unternehmen kann, also bevor sicher ist, dass ein Schaden eintritt. Dem Risiko entspricht die Vorsorge, d. h., der Vorsorgegrundsatz greift schon beim

Risiko, nicht erst bei der Gefahr. Das nordamerikanische Umweltrecht folgt einem anderen Prinzip, man spricht vom Nachsorgeprinzip. Einschreiten darf der Staat erst dann, wenn wissenschaftlich exakt bewiesen ist, dass etwas zu einem Schaden führt, also eine Gefahr vorliegt, nicht schon bei wissenschaftlicher Unsicherheit, also beim bloßen Risiko. Entsteht aber ein Schaden, weil etwa ein Produkt trotz des bekannten Risikos zugelassen war, dann müssen die Verursacher mit hohen Schadensersatzzahlungen (Schadensersatz) rechnen.

Vorsorgevollmacht

Siehe Patientenverfügung

Vorstrafe

Siehe Bundeszentralregister

Vorverfahren

Besteht die gesetzlich eingeräumte Befugnis, gegen einen Verwaltungsakt (VA) den Rechtsbehelf des Widerspruchs zu erheben, überprüft die zuständige Behörde im Rahmen des V. die Rechtmäßigkeit und Zweckmäßigkeit dieses mit dem Widerspruch angegriffenen Ausgangsbescheids (§ 68 VwGO). Soweit das V. gesetzlich vorgeschrieben ist, ist es Prozessvoraussetzung. Es dient der Selbstkontrolle der Behörde und entlastet dadurch die Gerichte. Wird der Widerspruch für begründet gehalten, erlässt die zuständige Behörde einen Abhilfebescheid. Anderenfalls erlässt diese zum Abschluss des V. einen Widerspruchsbescheid.

Waffengesetz

Regelt den Umgang mit Waffen (Schusswaffen und sonstige Waffen) zu dem Zweck, die Allgemeinheit zu schützen. In der Anlage 2 zum W. ist eine Vielzahl von Gegenständen aufgelistet, für deren Besitz oder Führen (Umgang in der Öffentlichkeit) eine Erlaubnis erforderlich ist. Diese Erlaubnis kann in Form eines Waffenscheins oder einer Waffenbesitzkarte erteilt werden. Für Schusswaffen wird die Genehmigung für Jäger, Sport- oder Brauchtumsschützen i. d. R. erteilt, wenn keine Anzeichen für Missbrauch vorliegen, wobei strenge Auflagen einzuhalten sind (z. B. sicherer Transport und Aufbewahrung). Gleiches gilt für das Bewachungsgewerbe. Die Zuverlässigkeit und persönliche Eignung werden durch eine Behörde überprüft. Kommt jemand durch Erbfall in den Besitz einer Waffe, ist dies binnen 1 Monats anzuzeigen. Neben den Schusswaffen sind auch gefährliche Gegenstände (z. B. Wurfsterne, Nunchakus, Stahlruten, Butterflymesser) als verbotene Waffen gelistet, deren Besitz oder Führen mit Strafe oder Bußgeld bedroht sind. Ergänzt wird das W. durch das Kriegswaffenkontrollgesetz, das z. B. schon den Besitz von Leuchtspurmunition mit erheblicher Strafe bedroht. Nicht alle Verstöße gegen das W. sind mit Kriminalstrafe bedroht, sondern lediglich mit Bußgeld (Ordnungswidrigkeiten).

Wahlen

Siehe Wahlrecht, Mehrheitswahlrecht, Verhältniswahl, personalisierte und Verhältniswahlrecht

Wahllichtbildvorlage

Möglichkeit der Täteridentifizierung durch Zeugen (neben der Einsichtnahme in die Lichtbildvorzeigekartei), wenn ein Verdacht gegen eine bestimmte Person bereits vorliegt (z. B. Halter des Tatfahrzeugs der Unfallflucht). Hierbei werden dem Zeugen 8 bis 12 Lichtbilder von typenähnlichen

Personen vorgelegt, unter denen sich der Verdächtige befindet.

Wahlrecht

Das W. findet man in den Wahlgesetzen des Bundes und der Länder. Es unterscheidet sich in den Ländern erheblich. In einigen Ländern wird mit einer Stimme eine geschlossene Liste gewählt, d. h., die Reihenfolge der Mandatsvergabe wird von der die Liste aufstellenden Partei (Partei, politische) bestimmt. In anderen Ländern wird kumuliert und panaschiert, d. h., jeder Wähler hat mehrere Stimmen, die er auf Kandidaten der Liste verteilen kann, um somit Kandidaten von den hinteren Plätzen auf vordere Plätze zu wählen. Im Bund gilt das personalisierte Verhältniswahlrecht (Verhältniswahl, personalisierte), eine Mischung aus Mehrheitswahl und Verhältniswahl. Verfassungsrechtliche Vorgaben für das W. in Bund und Ländern finden sich in den Wahlrechtsgrundsätzen des Art. 38 GG. Das aktive und das passive W. können als strafrechtliche Nebenfolge aberkannt werden. Eine Wahlpflicht besteht in Deutschland nicht.

Wahlrechtsgrundsätze

Anforderungen, die Art. 38 Abs. 1 GG an Wahlen stellt. Danach werden die Abgeordneten des Bundestages in »allgemeiner, unmittelbarer, freier, gleicher und geheimer Wahl« gewählt. Allgemeine und gleiche Wahl bedeutet, dass alle Bevölkerungsgruppen an der Wahl teilnehmen können und ihre Stimmen das gleiche Gewicht haben. Die Stimmen haben, so das Bundesverfassungsgericht (BVerfG), den gleichen Zählwert und den gleichen Erfolgswert. Gleicher Zählwert heißt, dass jede Person, die 1 Stimme hat, auch als 1 Stimme gezählt wird. Der gleiche Erfolgswert bezieht sich auf die Chance, mit der Stimme auch einen Abgeordneten in den Bundestag zu entsenden. Wegen der Fünfprozentklausel ist der Erfolgswert der Stimmen ungleich, weil die Stimmen für Parteien (Partei, politische) unter 5 % keine Abgeordneten stellen. Um eine stabile Regierungsbildung zu ermöglichen, wird die Klausel allerdings als verfassungskonform erachtet. Das gilt dann nicht mehr, wenn das Parlament nicht die Regierung wählt, wie das Europäische Parlament (EP) oder die Gemeinderäte. Gleichheit der Wahl gebietet auch, dass die eine oder andere Partei nicht vonseiten des Staates oder der Regierung bevorzugt oder benachteiligt wird. Freie Wahl heißt, dass sich die Wähler frei, also ohne Zwang zwischen verschiedenen Parteien entscheiden dürfen. Geheim heißt, dass niemand offenbaren muss, wen er wählt.

Warenverkehrsfreiheit

Die Europäische Union bildet eine Zollunion, innerhalb der erstens keine Zölle erhoben werden dürfen und zweitens der Warenverkehr zwischen den Mitgliedsstaaten nicht eingeschränkt werden darf. Art. 34 und 35 AEUV bestimmen, dass mengenmäßige Ein- und Ausfuhrbeschränkungen »sowie alle Maßnahmen gleicher Wirkung« zwischen den Mitgliedsstaaten verboten sind. Mengenmäßige Beschränkung bedeutet schlicht, dass ein Staat vorschreibt, von einer Ware darf nur eine bestimmte Menge eingeführt werden, also könnte z. B. nur der Import von 1.000 Tonnen Stahl als erlaubt gelten. Der Europäische Gerichtshof (EuGH) hat die Maßnahme gleicher Wirkung in der Dassonville-Entscheidung im Jahre 1974 sehr weit interpretiert und gefordert, dass jede nationale Regelung abgeschafft werden muss, »die geeignet ist, den innergemeinschaftlichen Handel unmittelbar oder mittelbar, tatsächlich oder potenziell zu behindern«. Das war offensichtlich zu weit, so ist der EuGH zurückgerudert und hat nationale Regelungen mit dem Keck-Urteil eingeschränkt. Danach ist zwischen produktbezogenen Regulierungen und Verkaufsmodalitäten zu unterscheiden. Diskriminierungsfreie Verkaufsmodalitäten, z. B. Ladenöffnungszeiten, sind vom Anwendungsbereich der Art. 34 ff. AEUV ausgeschlossen. Produktbezogene Regulierungen wie etwa Regelungen über die Form, Abmessung, Gewicht, Etikettierung und Verpackung der Ware, gelten als Beschränkung im Sinne des Art. 34 AEUV, selbst wenn sie diskriminierungsfrei angewandt werden. Im letzten Schritt prüft der EuGH aber noch, ob diese Beschränkung trotz des generellen Verbots gerechtfertigt ist. Einschränkungen der Warenverkehrsfreiheit können nämlich nach Art. 36 AEUV »aus Gründen der öffentlichen Sittlichkeit, Ordnung und Sicherheit, zum Schutze der Gesundheit und des Lebens von Menschen, Tieren oder Pflanzen, des nationalen Kulturguts von künstlerischem, geschichtlichem oder archäologischem Wert oder des gewerblichen und kommerziellen Eigentums« gerechtfertigt sein. Als Faustregel gilt, dass nationale Regelungen nicht dazu dienen dürfen, die Produkte aus anderen Staaten zu diskriminieren. Mit dieser weiten Interpretation der Warenverkehrsfreiheit hat der EuGH – jenseits seiner Kompetenzen – dem Europäischen Binnenmarkt einen gewaltigen Anstoß gegeben, welchem die eigentlich zuständige Politik eher gefolgt ist, als dass sie – wie es nach der Kompetenzverteilung innerhalb der EU richtig gewesen wäre – sie vorgegeben hätte.

Wartezeit

Siehe Allgemeine Wartezeit

Wasserrahmenrichtlinie

Die W. der Europäischen Union (Richtlinie 2000/60/EG) hat ein neues System der Wasserplanung eingeführt. Statt Wasser nach Landesgrenzen zu bewirtschaften, wurden Flussgebietseinheiten festgelegt, die nicht nur mehrere Bundesländer, sondern auch mehrere Mitgliedsstaaten der EU umfassen und für die ein einheitliches Konzept der Wassernutzung erarbeitet werden soll. Das war eine sinnvolle Idee, da ansonsten die Anrainer des unteren Flusslaufes immer mit dem Dreck der Nachbarn weiter oben zu kämpfen haben. Um die Wasserplanung zu ermöglichen, sind Wasserräte (mit unterschiedlichem Namen) gebildet worden, in denen diejenigen sitzen sollen, die ein Interesse an der Wassernutzung und Reinhaltung haben. Deren Konzepte sollen dann in einer zweiten Stufe der Öffentlichkeitsbeteiligung der allgemeinen Öffentlichkeit zugänglich gemacht werden, sodass diese Einwendungen erheben kann.

Wasserrecht

Für das W. sind der Bund und die Länder zuständig. Nach der missglückten Regelung in Art. 72 Abs. 3 GG gilt bei widersprüchlichen Regelungen das jeweils neuere Gesetz. Der Bund hat das Wasserhaushaltsgesetz erlassen. Mit dem Beginn der Industrialisierung wurde die Sauberkeit des Wassers zu einem Problem. Deshalb ist das W. nicht nur das älteste Recht, das in den Bereich des Umweltrechts gehört, sondern es folgt auch besonderen Grundsätzen, die vorkapitalistische Spuren aufweisen. Im W. gilt – anders als in allen anderen Umweltgesetzen – das Prinzip der Bewirtschaftung. Um Wasser in ausreichender Qualität und ausreichender Menge zur Verfügung zu haben, wird es vom Staat bewirtschaftet. Oberirdische Gewässer sollen z. B. so bewirtschaftet werden, dass »eine Verschlechterung ihres ökologischen und ihres chemischen Zustands vermieden wird und ein guter ökologischer und ein guter chemischer Zustand erhalten oder erreicht werden« (§ 27 WHG). Ähnliches gilt dann für Grundwasser und Meeresgewässer. Zu diesem Zweck soll es eine Wasserplanung geben. Das Instrument, um den guten Zustand durchzusetzen, sind Regelungen zur Wassernutzung als Wasserrechtliche Erlaubnis und Wasserrechtliche Bewilligung und zur Abwasserbeseitigung.

Wasserrechtliche Bewilligung

Siehe Wasserrechtliche Erlaubnis

Wasserrechtliche Erlaubnis

Die Genehmigung zur Nutzung von Gewässern wird im Wasserhaushaltsgesetz (WHG) in eine Erlaubnis und eine Bewilligung unterteilt. Die Voraussetzungen für beide werden in § 12 WHG gleich definiert. Erlaubnis und Bewilligung müssen versagt werden, wenn schädliche, unvermeidbare oder nicht ausgleichbare Gewässerveränderungen zu erwarten sind. Ein Anspruch auf eine Nutzung besteht nicht, d. h. die Erteilung einer Bewilligung und Erlaubnis steht im Ermessen der Behörde. Der Unterschied zwischen Bewilligung und Erlaubnis definiert das Gesetz in § 10 WHG so: »Die Erlaubnis gewährt die Befugnis, die Bewilligung das Recht, ein Gewässer zu einem bestimmten Zweck in einer nach Art und Maß bestimmten Weise zu benutzen.« Die Erlaubnis ist schwächer, weil grundsätzlich widerruflich. Die Bewilligung ist dagegen mit einer stärkeren, weil festeren Rechtsposition verbunden. Die Bewilligung erwächst in Bestandskraft und darf deshalb auch nur erteilt werden, wenn die Gewässerbenutzung dem Benutzer ohne eine gesicherte Rechtsstellung nicht zugemutet werden kann (§ 14 Abs. 1 WHG).

Wegfall der Geschäftsgrundlage

Siehe Geschäftsgrundlage

Wehrrecht

Betrifft die Voraussetzungen des Einsatzes der Bundeswehr, die Verfassungsrang haben. Im Inland darf die Bundeswehr nur bei Naturkatastrophen oder großen Unfällen eingesetzt werden. Im Ausland darf sie nur zur Verteidigung oder zur Wahrnehmung von Bündnisverpflichtungen eingesetzt werden. Dem Einsatz muss der Bundestag, so das Bundesverfassungsgericht (BVerfG), zustimmen. Das Wehrrecht betrifft aber auch die Rechtsstellung der Soldaten, ihre Rechte und Pflichten im Dienst.

Weisung

Aus einem Über- und Unterordnungsverhältnis (Subordinationsverhältnis) kann sich das Recht des Übergeordneten ergeben, rechtlich verbindliche Anordnungen gegenüber den Untergeordneten zu treffen, sog. W. Beispiele: Weisungsrecht im Arbeitsschutzgesetz (ArbSchG), Militär. Strafrecht: Erziehungsmaßregeln im Rahmen des Jugendstrafrechts Gebot oder Verbot hinsichtlich seiner Lebensführung (z. B.: Arbeitsleistungen, Teilnahme an einem Täter-Opfer-Ausgleich (TOA)).

Weisungsrecht

Eine Eigenart des Arbeitsverhältnisses ist es, dass der Arbeitnehmer in der Erfüllung seiner arbeitsvertraglichen Verpflichtung dem W. des Arbeitgebers unterworfen ist. Der Arbeitgeber kann Inhalt, Ort und der Zeit der Arbeitsleistung ohne Einverständnis mit dem Arbeitnehmer festlegen. Das W. ist somit ein einseitiges Leistungsbestimmungsrecht. Es erlaubt dem Arbeitgeber, z. B. inhaltlich-fachliche Anweisung zur Art und Weise, wie die Arbeit erledigt werden soll, und Verhaltensregel zum Umgang mit Dritten, z. B. Kunden, aufzustellen, den Beginn und das Ende der täglichen Arbeitszeit und die Verteilung der Arbeitszeit auf die Wochentage festzulegen und den Arbeitnehmer zu versetzen. Die Weisungen müssen unter Abwägung der Umstände des Einzelfalls und unter Berücksichtigung der beiderseitigen Interessen erfolgen. Darüber hinaus ist das W. durch den Inhalt des Arbeitsvertrags begrenzt. Ist die geschuldete Arbeitsleistung dort durch die Bestimmung einer Tätigkeit konkretisiert (»... *wird als Gesundheitspfleger eingestellt.*«), ist der Arbeitgeber hieran gebunden und kann nicht einseitig davon abweichen. Gleiches gilt für die Festlegung der Arbeitszeit oder des Arbeitsortes. Weitere Grenzen des W. stellen kollektivrechtliche Vereinbarungen (Betriebsvereinbarungen, Tarifverträge), Gesetze und Grundrechte der Arbeitnehmer dar. Auch Weisungen, die das Verhalten des Arbeitnehmers außerhalb der Arbeitszeit betreffen, sind i. d. R. unzulässig.

Weiterbeschäftigung

Wird vor Gericht über den (Fort-) Bestand eines Arbeitsverhältnisses gestritten (z. B. weil die Wirksamkeit einer Kündigung oder Befristung strittig ist), stellt sich regelmäßig die Frage, ob der betroffene Arbeitnehmer bis zur rechtskräftigen Klärung der Sache vom Arbeitgeber weiter zu beschäftigen ist. Dies ist der Fall, wenn der Arbeitnehmer einen Weiterbeschäftigungsanspruch geltend machen kann. Zu unterscheiden sind der betriebsverfassungsrechtliche Weiterbeschäftigungsanspruch (§ 102 V BetrVG), nach dem der Arbeitnehmer auf sein Verlangen weiter zu beschäftigen ist, wenn der Betriebsrat einer ordentlichen Kündigung widersprochen hat, und der allgemeine Weiterbeschäftigungsanspruch. Letzterer ist vom Bundesarbeitsgericht entwickelt worden und kann nur geltend gemacht werden, wenn das Interesse des Arbeitnehmers an einer W. das Interesse des Arbeitgebers an der Nichtbeschäftigung überwiegt. Dies ist der Fall, wenn das Arbeitsgericht der Klage des Arbeitnehmers erstinstanzlich stattgegeben hat oder die Befristung bzw. Kündigung offensichtlich unwirksam ist.

Weiterbildung

Berufliche Bildungsmaßnahme, die an eine vorhandene berufliche Vorbildung anknüpft und diese erweitert oder vertieft. Demgegenüber setzt eine Ausbildung bereits vorhandene Kenntnisse und Fertigkeiten nicht voraus, sondern soll diese erstmalig vermitteln. Eine berufliche W. kann als Leistung zur Teilhabe am Arbeitsleben gefördert werden (§ 49 Abs. 3 Nr. 4 SGB IX).

Welthandelsorganisation

Siehe World Trade Organization (WTO)

Werbungskosten

Im Bereich des Einkommenssteuerrechts können Steuerpflichtige von ihren steuerrechtlich relevanten Einkünften (§ 2 EStG) W. steuermindernd in Abzug bringen. W. sind Aufwendungen zur Erwerbung, Sicherung und Erhaltung der Einnahmen (§ 9 Abs. 1 EStG). Arbeitnehmer haben die Möglichkeit, W. im Rahmen eines Pauschbetrags in

Höhe von 1.000 € geltend zu machen, wenn sie keine höheren W. nachweisen können (§ 9a EStG).

Werkstatt für behinderte Menschen

Einrichtung zur Teilhabe behinderter Menschen am Arbeitsleben (Leistungen zur Teilhabe am Arbeitsleben) und zur Eingliederung ins Arbeitsleben (§ 219 Abs. 1 Satz 1 SGB IX). Sie soll Menschen mit Behinderung, die nicht oder noch nicht auf dem allgemeinen Arbeitsmarkt beschäftigt werden können, eine angemessene berufliche Bildung und Beschäftigung verschaffen und dafür zu sorgen, dass sie ihre Leistungs- oder Erwerbsfähigkeit erhalten, entwickeln, erhöhen oder wiedergewinnen können und dabei ihre Persönlichkeit weiterentwickeln (§ 219 Abs. 1 Satz 3 SGB IX). Das Gesetz sieht vor, dass die W. den Übergang geeigneter Personen auf den allgemeinen Arbeitsmarkt fördert (§ 219 Abs. 1 Satz 3 SGB IX). In der Praxis sind entsprechende Übergänge jedoch verschwindend selten.

Werkunternehmerpfandrecht

Der Unternehmer eines Werkvertrages kann bis zur Bezahlung seiner Forderungen (Werklohn, ggf. Materialkosten u. a.) die Sache, an der er gearbeitet oder die er hergestellt hat, zurückhalten (§ 647 BGB), d. h., er hat ein Pfandrecht. Wird z. B. ein Pkw in die Werkstatt zur Reparatur gebracht, so liegt ein Werkvertrag vor. Der Werkstattinhaber muss das reparierte Fahrzeug erst herausgeben, wenn seine (korrekte) Rechnung bezahlt ist.

Werkvertrag

Vertrag zwischen 2 Parteien, Besteller und Unternehmer. Der Unternehmer verpflichtet sich zu einem bestimmten Werk und der Besteller zur Bezahlung der vereinbarten Vergütung (§ 631 BGB; Anspruch). Im Unterschied zum Dienstvertrag ist ein bestimmter Erfolg geschuldet. Das Werk kann in der Herstellung einer neuen Sache oder in der Veränderung einer vom Besteller bereitgestellten Sache bestehen. Beispiele: der Bau eines Hauses, das Schaffen eines Kunstwerkes oder die Reparatur eines Pkw. Wenn das Werk mangelhaft ist, hat der Besteller Gewährleistungsrechte. Siehe auch Werkunternehmerpfandrecht

Wettbewerbsrecht

Ist durch die EU und national geregelt. Nach EU-Recht sollen vor allem Wettbewerbsverzerrungen ausgeschlossen werden, welche entstehen können, wenn die Mitgliedsstaaten »ihre« Unternehmen bevorzugen. Zum europäischen und nationalen Wettbewerbsrecht gehört auch das Kartellrecht, mit dem Kartell- und Monopolbildungen im Interesse eines fairen Wettbewerbs verhindert werden sollen, was aber nur beschränkt erfolgreich ist, weil es immer wieder Absprachen der Unternehmen gibt. Fusionen großer Unternehmen müssen von der EU und/oder der Bundesregierung genehmigt werden.

Wettbewerbsverbot

Bei Arbeitnehmern mit besonderen Fähigkeiten und Kenntnissen ist es für den Arbeitgeber wünschenswert, dass diese nicht während oder nach Beendigung des Arbeitsverhältnisses für ihre Wettbewerber tätig sind. Im bestehenden Arbeitsverhältnis ist es dem Arbeitnehmer daher grundsätzlich untersagt, für Konkurrenten des Arbeitgebers ohne dessen Einwilligung tätig zu sein. Soll ein solches W. auch auf die

Zeit nach Ende des Arbeitsverhältnisses erstreckt werden, bedarf es dafür einer schriftlichen Vereinbarung zwischen den Vertragsparteien. Wegen der damit verbundenen erheblichen Einschränkung der Berufsausübung des Arbeitnehmers ist ein nachträgliches W. nur bis zu einer Höchstdauer von 2 Jahren und gegen Zahlung einer Karenzentschädigung zulässig. Die Höhe der Karenzentschädigung hat mindestens die Hälfte der zuletzt bezogenen Vergütung zu betragen. Verstößt der Arbeitnehmer gegen das W., stehen dem Arbeitgeber ein Unterlassungsanspruch und ggf. ein Anspruch auf Schadensersatz zu.

Widerruf

Grundsätzlich ist man an ein wirksames Rechtsgeschäft gebunden (Bindung an Rechtsgeschäfte). Durch W. kann ausnahmsweise ein Rechtsgeschäft beseitigt werden. Ein allgemeines Rückgaberecht gibt es nicht. V. a. aus Gründen des Verbraucherschutzes räumt das Gesetz in bestimmten Situationen dem Verbraucher das Recht zum W. ein (siehe Fernabsatz, Haustürgeschäft). Der W. muss grundsätzlich innerhalb von 14 Tagen gegenüber dem Unternehmer erklärt werden, wobei die Absendung des W. zur Wahrung der Frist genügt (§ 355 BGB). Der Unternehmer muss allerdings korrekt über den W. belehrt haben. Durch den W. wird der Vertrag beseitigt, und ggf. bereits erbrachte Leistungen (z. B. ein gezahlter Kaufpreis) müssen zurückgegeben werden.

Widerruf der Bewährung

Siehe Strafaussetzung zur Bewährung

Widerspruch

Rechtsbehelf gegen einen Verwaltungsakt (VA). Gegen einige Verwaltungsakte kann und muss der Bürger erst W. bei der Behörde einlegen, bevor er vor Gericht klagen kann. Die Behörde prüft die Argumente des Bürgers, meist bleibt der W. aber erfolglos. Gegen welche Anordnungen zunächst W. einzulegen ist, ist gesetzlich unterschiedlich geregelt.

Widerspruchsbescheid

Ein Verwaltungsakt (VA), mit dem die Widerspruchsbehörde einem Widerspruch gegen einen Verwaltungsakt nicht abhilft und ihn dementsprechend stattdessen entweder aus verfahrensrechtlichen Gründen als unzulässig verwirft oder als unbegründet zurückweist (vgl. § 85 SGG; § 73 VwGO). Die Widerspruchsbehörde kann in einen W. eine Teilabhilfeentscheidung aufnehmen. Der W. schließt das Vorverfahren ab. Gegen ihn kann Klage erhoben werden.

Widerstand gegen Vollstreckungsbeamte

Das Widerstandleisten gegen rechtmäßige Amtshandlungen von Amtsträgern (i. d. R. Polizisten, aber z. B. auch Gerichtsvollzieher) ist in § 113 StGB mit Strafe bedroht, sofern es mit Gewalt oder durch Drohung mit Gewalt erfolgt. Die Rechtmäßigkeit der Amtshandlung ist formell zu betrachten, d. h., der zuständige Amtsträger muss im Rahmen seiner Befugnisse und aufgrund gesetzlicher oder richterlicher Anordnung handeln. § 113 Abs. 4 StGB enthält spezielle Regelungen für den Fall, dass der Täter sich im Irrtum über die Rechtmäßigkeit des staatlichen Handelns befand. Grundsätzlich sollte man aber von der Rechtmäßigkeit staatlichen Handelns ausgehen. In den Schutzbereich des Gesetzes sind nach § 115 StGB auch Personen aufgenommen worden, die zwar selbst keine hoheitlichen Amtshandlungen durchführen, jedoch bei Unglücksfällen oder gemeiner Gefahr tätig werden (Feuerwehr – auch freiwillige –, Rettungsdienste, Katastrophenschutz, Notärzte) soweit sie durch Drohung mit Gewalt oder Gewalt an ihrer Tätigkeit gehindert werden. Soweit die Gewaltanwendung einen tätlichen (körperlichen) Angriff darstellt, gilt ein erhöhter Strafrahmen mit mindestens 3 Monaten Freiheitsstrafe (§ 114 StGB). Neben der Gewalt gegen Personen kann auch die Gewalt gegen Sachen ausreichen, wenn diese sich auf Personen auswirkt. Wenn man sich beim Wegführen durch Polizeibeamte gegen die Laufrichtung stemmt oder an Sachen festhält, kann das für eine Verurteilung bereits ausreichen. Rein passives Verhalten wird nicht als Gewalt angesehen, auch wenn die Amtshandlung dadurch erschwert wird (Sitzenbleiben, sich selbst Einsperren). Auch reicht die Gewaltandrohung gegen sich selbst (z. B. mit Selbsttötung) nicht aus.

Wiederaufnahmeverfahren

Der Grundsatz der endgültigen Rechtskraft von strafgerichtlichen Entscheidungen (Urteil) wird nur unter engen Voraussetzungen durchbrochen. Beispiele sind nachträglich als falsch erwiesene Aussagen eines Zeugen oder Sachverständigen. Das W. ist auch zum Nachteil eines Freigesprochenen möglich, wenn dieser ein Geständnis ablegt.

Wiedereinsetzung in den vorherigen Stand

Rechtsinstitut des Verfahrens- und Prozessrechts. Im Interesse der Rechtssicherheit enthalten die verschiedenen Gesetze über das Verwaltungsverfahren und die Prozessordnungen gesetzliche Fristen, innerhalb derer bestimmte Rechtshandlungen zu erfolgen haben. Wenn jemand ohne Verschulden verhindert war, eine gesetzliche Verfahrensfrist einzuhalten, so ist ihm auf Antrag oder von Amts wegen Wiedereinsetzung in den vorigen Stand zu gewähren. Es muss sich bei der versäumen Frist um eine gesetzliche Frist handeln. Das Verschulden eines gesetzlichen Vertreters (Vertreter, gesetzlicher), Verfahrens- oder Prozessbevollmächtigten ist dem Antragsteller zuzurechnen, nicht jedoch das Verschulden des Verteidigers. Hat der Verfahrensbeteiligte die Frist ohne Verschulden versäumt, ist der Antrag innerhalb einer je nach Rechtsgebiet differierenden Frist zu stellen und die versäumte Handlung ist nachzuholen. Die Tatsachen zur Begründung des Antrags sind glaubhaft zu machen. Wird W. gewährt, gilt die versäume Rechtshandlung als rechtzeitig erfolgt.

Willenserklärung

Auf einen rechtlichen Erfolg gerichtete Willensäußerung. Sie ist der »Baustein« für ein Rechtsgeschäft, z. B. für einen Vertrag oder ein Testament. Typische Problemkreise sind die Auslegung (gerade auch beim Testament), Willensmängel (die z. B. zur Anfechtung berechtigen können), Geschäftsfähigkeit und Stellvertretung.

Wirtschaftlichkeitsgebot

Tragendes Prinzip des Sozialleistungsrechts. Sein Inhalt wird im Krankenversicherungsrecht dahingehend ausgefüllt, dass Leistungen ausreichend, zweckmäßig und wirtschaftlich sein müssen, aber nicht das Maß des Notwendigen überschreiten dürfen (§ 12 Abs. 1 SGB V). Das W. führt also nicht dazu, dass ausschließlich auf den Preis einer Leistung geschaut wird. Es kommt auf die sachgerechte Kosten-Nutzen-Relation an. Kostenintensive Mehrausstattungen, die in erster Linie der Bequemlichkeit und dem Komfort bei der Nutzung eines Hilfsmittels dienen, sind hingegen nach dem W. nicht von der gesetzlichen Krankenversicherung zu tragen.

Wirtschaftsordnung/Wirtschaftsverfassung der EU

Siehe Europäische Wirtschaftsordnung

Wohngeld

Steuerfinanzierte Sozialleistung, die auf der Grundlage des Wohngeldgesetzes (WoGG) gewährt wird. W. dient der wirtschaftlichen Sicherung angemessenen und familiengerechten Wohnens (§ 1 Abs. 1 WoGG). Es wird als Zuschuss zur Miete oder, im Falle von Wohneigentum, als Lastenzuschuss für den selbst genutzten Wohnraum geleistet, wenn das Einkommen der Leistungsberechtigten nicht zur Bewältigung der Kosten angemessenen Wohnraums ausreicht. Der Anspruch auf W. richtet sich nach der Anzahl der zu berücksichtigenden Haushaltsmitglieder, der Höhe der zu berücksichtigenden Miete oder Belastung und dem Gesamteinkommen der Haushaltsmitglieder (§ 4 WoGG). Die zu berücksichtigende Miete bzw. Belastung wird dabei durch Höchstbeträge gedeckelt (§ 12 WoGG). Kein Anspruch auf W. besteht, soweit die betreffende Person andere Sozialleistungen erhält, bei denen ein Bedarf für die Aufwendungen für die Unterkunft Berücksichtigung findet. Dies gilt etwa für Empfänger von Arbeitslosengeld II (§ 7 Abs. 1 Satz 1 Nr. 1 WoGG). Der Leistungsausschluss greift hingegen nicht ein, wenn durch die Bewilligung des W. der Bezug von Arbeitslosengeld II vermieden werden kann (§ 7 Abs. 1 Satz 3 WoGG). Zuständig für die Entscheidung über den Antrag auf W. ist die nach Landesrecht zu bestimmende Wohngeldbehörde (§ 24 Abs. 1 WoGG). Diese ist zumeist bei den Landkreisen oder kreisfreien Städten angesiedelt.

Wohnungseigentum

Eigentum ist nicht nur an beweglichen Sachen (Sache, bewegliche) und Grundstücken möglich, sondern auch an einzelnen Wohnungen. Spezielle Regelungen hierfür enthält das Gesetz über das Wohnungseigentum und das Dauerwohnrecht (WEG).

World Trade Organization (WTO)

Der Freihandel erlebte seine Blüte in den 1990er-Jahren. Einer der wichtigsten Schritte war die Gründung der W. im Jahre 1994. Die W.-Rechtsordnung besteht aus über 22.000 Seiten und ist damit eines der umfangreichsten Übereinkommen im Völkerrecht. Ein wichtiger Bestandteil der W. ist weiterhin das General Agreement on Tariffs and Trade (GATT), das aber seit 1947 neoliberal reformiert wurde, also von den Staaten eine Deregulierung ihrer Märkte fordert, um das Ziel, den »Freihandel«, zu verwirklichen. Zu den zentralen Regelwerken der W. zählt der Vertrag über die Gründung der Handelsorganisation, mit dem die verschiedenen Institutionen der W. eingerichtet wurden. Weitere Vertragsbestandteile der W.-Verträge sind das GATS (General Agreement on Trade in Services, Übereinkommen zum Dienstleistungshandel), dessen Ziel ist es, einen offenen Weltmarkt für Dienstleistungen zu schaffen, mit der Perspektive bisher staatliche Dienstleistungen zu privatisieren; zur W. gehört das TRIPs, es ist das Agreement on Trade-Related Intellectual Property Rights (Abkommen über handelsbezogene Aspekte der Rechte am geistigen Eigentum); geschützt werden sollen geistige Eigentumsrechte, d. h. v. a. Urheberrechte, Markenrechte und Patente gegen ihre Nutzung durch Unberechtigte.

Wucher

Unterfall der Sittenwidrigkeit (§ 138 Abs. 2 BGB). Ein Vertrag ist grundsätzlich nichtig (unwirksam), wenn er unter Ausbeutung der Zwangslage, der Unerfahrenheit, des Mangels an Urteilsvermögen oder der erheblichen Willensschwäche eines anderen zu einem krassen Missverhältnis zwischen Leistung und Gegenleistung führt. Erforderlich ist neben dem objektiven Missverhältnis zwischen Leistung und Gegenleistung auch die subjektive Komponente, d. h. der ausbeuterische Wille, die Schwäche des anderen auszunutzen. Dabei muss der Wucherer nicht selbst profitieren, sondern es reicht, wenn einem Dritten der Vermögensvorteil versprochen wird. Typisches Beispiel für W. ist ein Darlehen mit besonders hohen Zinsen, das jemand bewusst an eine Person vergibt, die bei Banken nicht kreditwürdig ist, aber dringend Geld braucht. Neben der Unwirksamkeit und Rückabwicklung des Vertrages kommt zum Schutz des Übervorteilten auch eine gerichtliche Regelung der Rechtsfolge (statt Nichtigkeit) in Betracht, z. B. beim sog. Mietwucher, da der Mieter sonst auch die Wohnung verlieren würde. W. hat unter Umständen auch strafrechtliche Konsequenzen, vgl. § 291 StGB.

Zeitarbeit

Siehe Arbeitnehmerüberlassungsgesetz

Zensur

Die Freiheit der Presse und der Berichterstattung vor staatlichen Eingriffen werden durch das Zensurverbot des Art. 5 Abs. 1 S. 3 GG verboten. Gemeint ist damit eine Vorkontrolle von Veröffentlichungen durch staatliche Behörden. Zulässig sind aber freiwillige Selbstkontrollen, die im Bereich des Jugendschutzes etwa bei pornografischen Schriften stattfinden.

Zeuge

Natürliche Person, die (nicht als Partei bzw. Verfahrensbeteiligter) über wahrgenommene Tatsachen aussagen soll. Der Z. kann durch das Gericht vereidigt werden. Auch die uneidliche bewusste Falschaussage ist strafbar (siehe Meineid). Der Beweis durch Z. ist in allen Prozessordnungen (z. B. § 373 ff. ZPO, § 58 Abs. 2 ArbGG, § 106 Abs. 3 Nr. 4 SGG) vorgesehen. Der Z. ist verpflichtet, vor Gericht zu erscheinen und nach bestem Wissen und Gewissen auszusagen. In der Praxis häufiges Beweismittel, u. a. im Strafverfahren (Hauptverhandlung, Strengbeweis). Für den Fall des unentschuldigten Fernbleibens oder der unberechtigten Zeugnisverweigerung kann hier das Gericht den Z. durch die Polizei vorführen lassen und ein Ordnungsgeld bzw. für den Fall der Nichtbeitreibung Ersatzhaft (Ersatzfreiheitsstrafe) verhängen.

Zeugenbeistand

Ein Zeuge kann bei seiner Vernehmung einen Rechtsanwalt heranziehen. Dieser soll ihm für schwierige Aussagen Rechtsrat erteilen, v. a. um den Zeugen vor Selbstbelastung zu schützen (siehe Zeugnisverweigerungsrecht). Bei für den Zeugen (strafrechtlich oder psychisch) belastenden Aussagen kann ein Z. auch von Amts wegen beigeordnet werden. In der Praxis kommt dies v. a. im Bereich der Sexualstraftaten

oder bei kindlichen oder jugendlichen Zeugen in Betracht, insbesondere wenn diese gegen nahe Angehörige aussagen wollen.
Außerdem kann der Z. die sonstigen Interessen des Zeugen wahrnehmen, z. B. einen Anspruch auf Schadensersatz geltend machen.

Zeugnis

Siehe Arbeitszeugnis

Zeugnisverweigerungsrecht

Grundsätzlich ist ein Zeuge verpflichtet, vor Gericht auszusagen. Ausnahmsweise hat er jedoch ein Z., wenn ein besonders schützenswertes persönliches oder ein sonstiges Vertrauensverhältnis vorliegt. Nahe Angehörige (v. a. Ehegatten, Verlobte, Lebenspartner, Kinder) und Berufsgeheimnisträger (z. B. Geistliche, Rechtsanwälte), Ärzte, Pressemitarbeiter) haben dieses Recht. Das Z. ist ein in allen Prozessordnungen geregeltes Recht des Zeugen (vgl. etwa §§ 383 ff. ZPO, 52 ff. StPO).
Bei eigenen Interessen des Zeugen, die seiner Aussagepflicht ebenfalls entgegenstehen können, kommt ein Auskunftsverweigerungsrecht in Betracht. Das Z. ist kein Recht der Partei eines Prozesses oder des Angeklagten. Berufsgeheimnisträger können sich bei einer Aussage ohne Entbindung von der Verschwiegenheitspflicht selbst strafbar machen (§ 203 StGB, Verletzung von Privatgeheimnissen).

Zivilprozessordnung (ZPO)

Im Zivilrecht geltende Prozessordnung. Die Z. regelt u. a. den Ablauf des Zivilverfahrens in den verschiedenen Instanzen (Instanzenzug) der Zivilgerichte (§§ 253 ff. ZPO) sowie das Zwangsvollstreckungsrecht (§§ 704 ff. ZPO) und enthält auch Regelungen zu schiedsgerichtlichen Verfahren (§§ 1317 ff. ZPO). Da es sich bei der Z. um das detailreichste Regelwerk des deutschen Prozessrechts handelt, verweisen z. B. das Sozialgerichtsgesetz (SGG) und die Verwaltungsgerichtsordnung (VwGO), soweit in ihnen keine entsprechende Regelung zum Verfahren getroffen wurden, auf die Bestimmungen der Z. (§ 202 Satz 1 SGG; § 173 VwGO).

Zivilrecht

Auch Privatrecht, von lat. civis = der Bürger. Regelt die rechtlichen Beziehungen der Rechtssubjekte untereinander. Abzugrenzen vom Öffentlichen Recht. Das Z. enthält sowohl die materiellen (inhaltlichen) Vorschriften als auch die prozessualen (Zivilverfahren). Das Hauptgebiet Bürgerliches Recht gilt für alle Personen und ist zentral im BGB geregelt. Die zivilrechtlichen Nebengebiete gelten nur für bestimmte Personen oder Lebensbereiche, z. B. das Handelsrecht unter Kaufleuten (Kaufmann) oder das Recht der privaten Versicherung für diesen Bereich. Sie sind außerhalb des BGB in separaten Gesetzen (z. B. im HGB und VVG) geregelt. Siehe auch Grundbegriffe des Privatrechts

Zivilverfahren

Verfahren vor Gericht zur Rechtsdurchsetzung im Zivilrecht. Die wichtigsten Regelungen zum formalen Ablauf sind in der Zivilprozessordnung (ZPO) enthalten. Das Verfahren wird durch die Einreichung einer Klageschrift begonnen. Kläger und Beklagter stehen sich als Parteien gegenüberstehen. Der Kläger muss beweisen (Beweis), dass vom Beklagten bestrittene Voraussetzungen seines behaupteten Anspruchs oder Rechts vorliegen. Auch sonst wird das Z. wesentlich durch die Parteien bestimmt. Die Dispositionsmaxime besagt, dass die Parteien – anders als im Strafverfahren – großen Einfluss auf den Gegenstand des Verfahrens und teilweise auch auf den Ablauf haben. Wenn der Kläger vor Gericht Erfolg hat, erhält er einen Vollstreckungstitel.

Zuchtmittel

Ahndungsmöglichkeiten des Jugendgerichts, die jedoch nicht Strafe darstellen sollen. In Betracht kommen die Verwarnung, der Jugendarrest sowie die Erteilung von Auflagen.

Zuflusstheorie

Ist nach der Rechtsprechung des Bundessozialgerichts (BSG) von Bedeutung bei den steuerfinanzierten Sozialleistungen – u. a. der Grundsicherung für Arbeitsuchende und des Sozialhilferechts – zur Abgrenzung von Einkommen und Vermögen und zur Beurteilung, in welchem Zeitraum Einkommen zu berücksichtigen ist. Einkommen ist grundsätzlich alles, was jemand nach der Antragstellung wertmäßig dazu erhält, und Vermögen ist das, was jemand vor der Antragstellung bereits hatte, wobei man den Zeitpunkt des tatsächlichen Zuflusses zugrunde legen muss, es sei denn, rechtlich ist ein anderer Zeitpunkt maßgeblich. Ist nach dieser Abgrenzung davon auszugehen, dass es sich bei den streitigen Einnahmen um Einkommen handelt, ist die modifizierte Z. auch bei der Entscheidung, in welchem Monat das Einkommen anzurechnen ist, anzuwenden. Grundsätzlich sind laufende Einnahmen in dem Monat zu berücksichtigen, in dem sie zufließen, es sei denn, ein anderer Zuflussmonat wird – z. B. aufgrund einer besonderen Zweckbestimmung einer einkommensrelevanten Sozialleistung – als rechtlich maßgeblich angesehen.

Zugangsfaktor

Faktor bei der Rentenformel zur Ermittlung des Monatsbetrags der Rente in der gesetzlichen Rentenversicherung. Er berücksichtigt das Alter des Versicherten zu dem Zeitpunkt, an dem die Inanspruchnahme von Rentenleistungen beginnt. Werden etwa Renten wegen Alters vorzeitig in Anspruch genommen, so vermindert sich der Z. dauerhaft von 1,0 für jeden Kalendermonat um 0,003. Werden Rentenleistungen hingegen nach Erreichen der Regelaltersgrenze trotz erfüllter Wartezeit nicht in Anspruch genommen werden, so ist der Z. für jeden Kalendermonat um 0,005 höher als 1,0 (§ 77 Abs. 2 Satz 1 Nr. 2 SGB VI).

Zugewinngemeinschaft

Wenn 2 Menschen eine Ehe eingehen, stellt sich die Frage, inwiefern dies Einfluss auf ihre finanziellen Verhältnisse haben soll (Güterstand). Soll jeder sein Vermögen für sich behalten, auch im Fall der Scheidung? Soll alles beiden gemeinsam gehören? Dies können die Ehegatten in einem Ehevertrag grundsätzlich selbst entscheiden. Die meisten schließen aber keinen Ehevertrag, weshalb das Gesetz Regelungen bereithält, nach denen zu entscheiden ist, wenn es Streitigkeiten gibt. Die in den §§ 1363 ff. BGB vorgesehene Z. ist somit der Standard. Danach behält jeder zwar während der Ehe sein Vermögen, aber im Fall der Scheidung oder des Todes (Ehegattenerbrecht) findet ein Ausgleich des sog. Zugewinns statt. Der Zugewinn wird berechnet als Differenz zwischen dem, was jeder am Anfang und am Ende der Ehe hatte. Wer danach

Die wichtigsten Zuständigkeiten der Strafgerichte

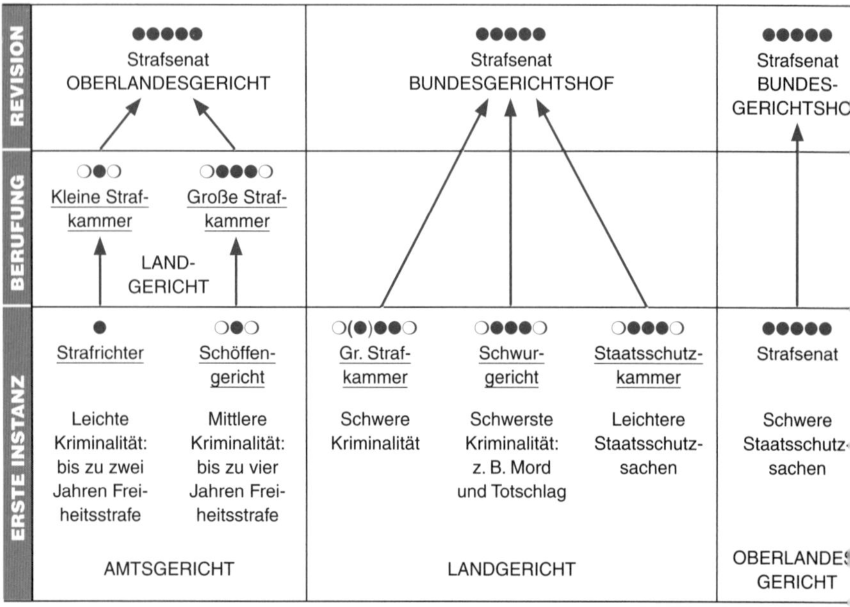

Legende ❍ = Schöffe, ● = Berufsrichter , (●) = optionale Besetzung

am Ende mehr hinzugewonnen hat (typischerweise in Einverdienerehen), muss dem anderen die Hälfte abgeben. Dies gilt aber nicht für Vermögen, das ein Ehegatte durch Schenkung oder Erbschaft erhalten hat. Dies behält er für sich allein.

Zulässigkeit

Bei Gerichtsprozessen prüfen die Gerichte zunächst, ob die Klage zulässig ist, und im nächsten Schritt, ob sie begründet ist. Insbesondere im Öffentlichen Recht werden hohe Anforderungen an die Zulässigkeit gestellt. Regelmäßig muss der Kläger nicht nur eine Verletzung des objektiven Rechts geltend machen, sondern auch eine Verletzung seiner persönlichen, subjektiven Rechte. Das fällt z. B. im Umweltrecht oft auseinander, sodass Klagen wegen der Verletzung von Umweltbestimmungen oft unzulässig sind.

Zuständigkeit

Das Handeln einer Verwaltung oder eines Gerichts muss rechtmäßig sein (Legitimität). Dafür gibt es nicht nur Vorschriften, was getan werden darf oder soll, sondern auch wer jeweils zuständig ist. Dies entspricht den Grundsätzen der Gewaltenteilung und des Rechtsstaats. Die Entscheidung einer unzuständigen Behörde ist rechtswidrig

(Rechtswidrigkeit). Es wird zwischen sachlicher (inhaltlicher) und örtlicher Z. unterschieden. Ein Beispiel: Wichtig für ein korrektes Strafverfahren ist zum einen die örtliche Z. (Gerichtsstand), welche grundsätzlich nach dem Tatort bestimmt wird; im Jugendstrafrecht jedoch nach dem Wohn-/Aufenthaltsortes, bei Heranwachsenden überwiegend auch. Zum anderen stellt sich die Frage, welche Instanz zuständig ist (➠ Abb. »Die wichtigsten Zuständigkeiten der Strafgerichte«, S. 310). Letzteres richtet sich nach der begangenen Straftat und ob das Verfahren erstmalig eröffnet wird (erste Instanz) oder ob es um Rechtsmittel geht. Z. B. entscheidet der Strafrichter beim Amtsgericht (AG) über Vergehen, für die nicht mehr als zwei Jahre Freiheitsstrafe zu erwarten sind. In der Rechtsmittelinstanz entscheidet dann das Landgericht (LG) über eine Berufung gegen ein Urteil des Amtsgerichts. Das Oberlandesgericht (OLG) entscheidet über die direkte Revision gegen das Urteil des Amtsgerichts (Sprungrevision) und gegen Berufungsurteile des Landgerichts. Siehe auch Gerichtsverfassungsgesetz (GVG), Allzuständigkeit und Polizeigesetz (PolG)

Zustimmungsgesetz

Ist zu unterscheiden vom Einspruchsgesetz. In beiden Fällen geht es um die Mitwirkungsrechte des Bundesrates (BR) bei der Gesetzgebung. Beim Z. ist – wie der Name schon sagt – eine Zustimmung des Bundesrates, und zwar mit der Mehrheit seiner Mitglieder, zu dem Gesetzesvorhaben erforderlich. Wann ein Z. vorliegt, regelt das Grundgesetz (GG) enumerativ. D. h.: Wenn es im Grundgesetz ausdrücklich bestimmt wird, muss der Bundesrat einem Gesetz mit Mehrheit zustimmen, damit dieses in Kraft treten kann. Alle übrigen Gesetze des Bundes, also diejenigen für die eine Zustimmung im Grundgesetz nicht ausdrücklich vorgeschrieben sind, sind Einspruchsgesetze. In vielen Fällen ist die Zustimmungsbedürftigkeit eines Gesetzes allerdings umstritten, weil das Grundgesetz bestimmt, dass für die Länder finanzwirksame Gesetze oder Gesetze, die deren Verwaltung ändern, der Zustimmung des Bundesrates bedürfen.

Zwang, unmittelbarer

Anwendung von Gewaltmitteln seitens des Staates, um eine Anordnung durchzusetzen. Dazu gehört die körperliche Gewalt etwa von Polizeibeamten, aber auch der Einsatz von Hilfsmitteln wie Fesseln oder Wasserwerfern sowie von Waffen. Als Waffen sind z. B. in NRW »Schlagstock, Pistole, Revolver, Gewehr und Maschinenpistole zugelassen« (§ 58 PolG-NRW). Bei der Anwendung von Z. ist streng auf den Grundsatz der Verhältnismäßigkeit zu achten. Für die Bundespolizei gibt es ein spezielles Gesetz, nämlich das Gesetz über den Z. bei Ausübung öffentlicher Gewalt durch Vollzugsbeamte des Bundes (UZwG), für die Landespolizeien finden sich die Regelungen in den Polizeigesetzen oder in einem Landes-UZwG (Berlin).

Zwangsgeld

Kommt ein Bürger einer behördlichen Anordnung oder einer gesetzlichen Pflicht nicht nach, kann er gezwungen werden, die entsprechende Handlung vorzunehmen. Neben der Ersatzvornahme und dem unmittelbaren Zwang (Zwang, unmittelbarer) kann die Behörde ein Z. bzw. bei Nichtbezahlung eine kurze Ersatzzwangshaft verhängen, um so den Bürger zu »motivieren«, seiner Pflicht nachzukommen. Z. und

Zwangshaft müssen vorher angedroht werden, was aber gleichzeitig mit der eigentlichen Anordnung geschehen kann.

Zwangsvollstreckung

Rechtlich vorgeschriebener Weg der Rechtsdurchsetzung im Zivilrecht. Voraussetzung ist ein Vollstreckungstitel, durch den der Schuldner zu einer Leistung verpflichtet ist. Die Z. kann in einzelne Gegenstände des Schuldners nach den Regelungen der Zivilprozessordnung (ZPO) (8. Buch, §§ 704 ff. ZPO) erfolgen, z. B. durch einen Gerichtsvollzieher. Oder die Vollstreckung geht in das gesamte Vermögen (siehe Insolvenz).

Autorin und Autoren

Lennart Alexy
geb. 1983, Jurist mit Schwerpunkt Arbeitsrecht, derzeit Arbeitsrechtler bei ver.di.

Andreas Fisahn
geb. 1960, Dr. jur., Professor für Öffentliches Recht, Umweltrecht, Technikrecht und Rechtstheorie an der Universität Bielefeld.

Susanne Hähnchen
geb. 1969, Dr. jur., Professorin für Bürgerliches Recht, Deutsche und Europäische Rechtsgeschichte sowie Privatversicherungsrecht an der Universität Bielefeld, 2018 Ars legendi-Lehrpreis für exzellente Hochschullehre.

Tobias Mushoff
geb. 1976, Dr. jur., Richter am Sozialgericht in Dortmund und Lehrbeauftragter an der Universität Kassel, Institut für Sozialwesen.

Uwe Trepte
geb. 1961, Staatsanwalt bei der Staatsanwaltschaft Berlin.